本书受中国人民大学科学研究基金项目暨中央高校基本科研业务费专项资金支持

百家廊文丛
BAIJIALANG WENCONG

汉唐美术空间表现研究

以敦煌壁画为中心

Representations of Space in Chinese Art from the Han to the Tang Dynasty

A Study Based on Dunhuang Murals

张建宇◎著

中国人民大学出版社
·北京·

编委会名单

序　言

中国人民大学建校八十年，也是中国共产党创办新型高等教育的八十年。从1937年到2017年，从延安的陕北公学，到晋察冀边区的华北联合大学、正定的华北大学，再到北京的中国人民大学，八十年历史沧桑，斗转星移，中国人民大学始终与党和国家同呼吸、共命运。八十年来，几代学人进行了殚精竭虑的学术探索，在治学方面取得了令人瞩目的杰出成就。

改革开放以来，中国人民大学的学者在马克思主义指导下，努力继承中华传统文化精粹，发扬老一辈学者的笃实学风，同时借鉴了西方学术研究的新方法、新成果，解放思想，大胆创新，有力推动了我国人文社会科学的深入发展。经过数十年的建设与积淀，中国人民大学在人文社会科学各领域内学科门类建设齐全，研究领域日渐拓展，研究水准不断提升，呈现出人才辈出、欣欣向荣的学术繁荣景象。

2017年9月，经国务院批准，教育部等部门下发了《关于公布世界一流大学和一流学科建设高校及建设学科名单的通知》，中国人民大学入选A类一流大学建设名单，哲学、理论经济学、应用经济学、法学、政治学、社会学、马克思主义理论、新闻传播学、中国史、统计学、工商管理、农林经济管理、公共管理、图书情报与档案管理等14个一级学科入选一流学科建设名单。入选学科除统计学为理学学科外，其余全部为人文社会学科。

中国人民大学入选“双一流”建设高校和14个学科入选“双一流”建设学科，既体现了党和国家对人文社会科学的重视，同时也是对中国人民大学八十年发展成就的充分肯定，是鼓励和认可，更是鞭策和期许。我们感觉肩上的担子更重了。

习近平总书记指出："人类社会每一次重大跃进，人类文明每一次重大发展，都离不开哲学社会科学的知识变革和思想先导。"如果我们将"双一流"的入选视为中国高等教育在新的历史阶段开展新的征程的信号，那么当前，中国人民大学已经站在新的历史坐标点上。我们需要总结历史，更需要开拓未来。

2016年中，学校科研处的同志与我们谈起，他们准备在校庆年启动一项名为"百家廊文丛"的持续支持工程，希望通过多年连续性的资助，把学校各学科卓有成就的学者所撰写的代表性学术成果择优出版，系统性地展示中国人民大学近年来的整体学术水平。科研处作为管理和服务教师科学研究的机构，一直把提升科研品质、打造学术精品作为部门的责任。但是，客观地讲，中国高校的文科科研经费投入还是有限的，怎样把有限的资源配置到最需要、最出成效的地方，是中国人民大学多年来认真思考的问题。为了把"好钢用在刀刃上"，科研处也做了许多有益的谋划，推动了学校科研事业的蓬勃发展。

在校庆年首度推出"百家廊文丛"，具有几层特殊的意义。首先，"百家廊文丛"反映了中国人民大学在人文社会科学方面的深厚学术实力。入选的多部著作各具特色，有的资料翔实，有的论述细密，有的条理畅达，有的富有文采，足以彰显中国人民大学近年来的学术实绩。其次，体现出中国人民大学学者群体持续关注和深入研究我国发展面临的重大理论和实践问题的深沉人文情怀。有的学者耐得住寂寞，苦坐书斋；有的学者读万卷书行万里路，遍寻一手数据。再次，丛书是一个对外交流的窗口，在中国人民大学的学者与国内外的学者之间架起了一个交流的平台。"百家廊文丛"如能持续坚持下去，就是一项规模较大的学术文化工程，值得期待。

大学因学术而显厚重，因学者而富气象。"百家廊文丛"首批推出的著作，选题丰富多元，特别是对基础学科和学科基础中的一些重要问题进行了专题研讨。对于"基础学科和学科基础"的强调和看重，一直以来也是中国人民大学科研工作的指导方针。"百家廊文丛"如果能做到叫得响、传得开、留得住，就成功了。好的学术成果一定要能沉淀下来，而非过眼云烟。

习近平总书记《在哲学社会科学工作座谈会上的讲话》指出：“这是一个需要理论而且一定能够产生理论的时代，这是一个需要思想而且一定能够产生思想的时代。我们不能辜负了这个时代。自古以来，我国知识分子就有‘为天地立心，为生民立命，为往圣继绝学，为万世开太平’的志向和传统。一切有理想、有抱负的哲学社会科学工作者都应该立时代之潮头、通古今之变化、发思想之先声，积极为党和人民述学立论、建言献策，担负起历史赋予的光荣使命。”中国人民大学长期秉持立学为民、治学报国的优良传统，始终践行着实事求是的学术良知。不论是在抗战烽火中，还是在新中国成立伊始；不论是遭受了“文革”的磨难，还是在改革开放中凤凰涅槃，中国人民大学的学者一方面坚守书斋、甘于清贫，另一方面又关心国家、民族的命运，关心社会的进步。中国人民大学的命运从来与党和国家的命运休戚相关，而中国人民大学学者从来志向远大，他们为构建具有中国特色、中国风格、中国气派的哲学社会科学做出了积极贡献。今天，我们推出这套文丛，正是传承中国人民大学八十年文脉，弘扬砥砺奋进、实事求是精神的有益之举。

“百家廊文丛”的名字，非常契合中国人民大学的实际。因为“百家廊”是中国人民大学校内的著名风景，在李东东同志创作的《人民大学赋》中有云：“百家廊，檐飞七曜，柱立八荒，凝古今正气，汇中外学术。”我们认为，这几句话就是对即将面世的首批“百家廊文丛”的最好诠释。“百家廊中百家争鸣”，这套文丛是献给历经岁月沧桑、培育桃李芬芳的中国人民大学八十年校庆的一份心意，祝愿这所伟大的学校在新的历史征程中继往开来、再续辉煌。

是为序。

靳诺 刘伟

目　录

绪 论

第一节　敦煌艺术研究史回顾

清光绪二十六年（1900），道士王圆箓（约1849—1931）在敦煌莫高窟中发现了储藏大量中古写本和艺术遗珍的藏经洞（现编号第17窟）。藏经洞是中国近代学术史上的“四大发现”之一①，从而开启了被陈寅恪（1890—1969）称为“今日世界学术之新潮流”的敦煌学（Dunhuang Studies）②，同时这一事件也拉开了敦煌艺术研究的序幕。

至20世纪末，敦煌学早已发展成为国际学林中的一门显学。敦煌学的主要研究方向和史料来源是敦煌文书和敦煌艺术，二者关系犹如“鸟之双翼，车之两轮”。百余年间，敦煌艺术研究所取得的成果可谓汗牛充栋，方雅之作亦难胜数③。从学术史角度，约可分为三大阶段：20世纪40年代之前是起步阶段，中国学者对敦煌石窟尚未展开系统研究，这一阶段的重要成果多由欧美和日本学者完成。从1940年代初期开始，中国的敦煌艺术研究全面展开，特别是敦煌艺术研究所（敦煌研究院前身）的成立，体现出中国学者的担当，这一良好势头一直延续到1966年前后，此为第二阶段。

---

① 所谓中国近代学术史上的“四大发现”，即殷墟甲骨、西陲木简、敦煌文书和明清内阁大库档案。这是王国维（1877—1927）首先提出的，后来前三大发现各自发展出独立的学科，即甲骨学、简牍学（简帛学）和敦煌学。王国维《最近二三十年中中国新发见之学问》：“自汉以来，中国学问上之最大发现有三：一为孔子壁中书，二为汲冢书，三则今之殷虚（墟）甲骨文字、敦煌塞上及西域各处之汉晋木简、敦煌千佛洞之六朝及唐人写本书卷、内阁大库之元明以来书籍档册，此四者之一已足当孔壁、汲冢所出……故今日之时代可谓之发见时代，自来未有能比者也。”该文是1925年暑期（约7月）王国维在清华研究院的演讲稿。王国维．最近二三十年中中国新发见之学问// 傅杰．王国维论学集．北京：中国社会科学出版社，1997：207-211.

② 陈垣《敦煌劫余录》序// 陈寅恪．金明馆丛稿二编．北京：三联书店，2001：266.

③ 台湾学者郑阿财、朱凤玉主编的《敦煌学研究论著目录（1908—1997）》（台北：汉学研究中心，2000）和《敦煌学研究论著目录（1998—2005）》（台北：乐学书局，2006）共收录1908年至2005年的敦煌学研究论著目录，收入“艺术”部分的论文或著述共计2671篇，其中1908—1997年1712篇，1998—2005年959篇。“艺术”部分所收录的论著还包括“音乐”、“舞蹈”及“相关石窟”（敦煌以外石窟），篇目相对较少，此外部分论著有重复收录现象，譬如某些日文论著可能将日文版本和中译本算为两篇，或者研讨会论文又在期刊上发表等。

1970 年代末敦煌学再次步入正轨，1980 年代兴起了“敦煌热”，乃至“丝绸之路热”，学界同欧美、日本及中国港台地区的学术交流日趋频繁，敦煌艺术成为跨学科、跨国界的经典研究领域。

在回顾学术史之前，先就研究综述所论及的范围做两点说明。其一，敦煌艺术包括石窟建筑、雕塑、壁画、藏经洞艺术品和（敦煌文书）书法几大方面，其中敦煌石窟是建筑、雕塑和壁画“三位一体”的艺术整体，它是敦煌艺术的主体，被称为“敦煌石窟艺术”。下文所论述的学术史脉络，主要围绕着石窟艺术研究展开，藏经洞遗画和敦煌书法暂不涉及。其二，从学科划分角度，敦煌艺术研究主要属于考古学（archaeology）和艺术史（art history）范畴，此外还涉及历史学、宗教学、社会学、民俗学、美学等众多人文社会学科。为了避免牵扯过远，以下学术史回顾主要选取艺术史和考古学研究成果进行综述。

一、起步阶段（1900—1940）

（一）欧美

1907 年 3 月，英籍匈牙利人斯坦因（Marc Aurel Stein，1862—1943）在其第二次中亚探险期间来到敦煌，他以极低的价格从王圆箓处骗购到大量经卷文书以及绢画等艺术品 536 件，其中 282 件收藏于英国伦敦大英博物馆（The British Museum），254 件收藏于印度的新德里国立博物馆（National Museum, New Delhi）[①]。

翌年 2 月，正在新疆考察的法国汉学家伯希和（Paul Pelliot，1878—1945）在得知藏经洞之事后，旋即奔赴敦煌，又劫去经卷文物数千卷。在敦煌期间，伯希和还与摄影师努埃特（Charles Nouette，1869—1910）、测绘师路易・瓦扬（Louis Vaillant，

① 斯坦因论及敦煌石窟的著作主要有：西域考古图记（*Serindia: Detailed report of explorations in Central-Asia and Westernmost China*. Oxford, 1921). 桂林：广西师范大学出版社，1998；千佛洞：中国西部边境敦煌石窟寺所获之古代佛教绘画（*Ancient Buddhist Paintings from Caves of the Thousand Buddhas on the Westernmost Border of China*. London, 1921）；斯坦因西域考古记（*On Ancient-Asian Tracks: Brief Narrative of Three Expeditions in Innermost Asia and North-West China*. London, 1932）. 向达，译. 上海：中华书局，1936。其中《西域考古图记》（另译作《塞林底亚》）附件五标题为《论敦煌千佛洞佛教绘画》（*Essays on the Buddhist Paintings from Caves from Cave of the Thousand Buddhas*），包括拉斐尔・皮特鲁西（Raphael Petrucci，1871—1917）和罗伯特・劳伦斯・宾雍（Robert Laurence Binyon，1869—1943）的四篇文章。《西域考古图记》与同年出版的斯坦因《千佛洞：中国西部边境敦煌石窟寺所获之古代佛教绘画》是关于敦煌艺术最早的著述。

1876—1963）等人首次对莫高窟进行了系统考察，开展包括编排洞窟号（共编窟 182 号）、绘制窟形草图、记录壁画内容和题记等科学性工作，此外他们还拍摄了大量壁画照片，于 1920 年至 1924 年陆续出版了 6 卷本的《敦煌石窟图录》[①]，公布近 400 张照片。这是最早的敦煌莫高窟图录，影响深远，早期敦煌艺术研究者多依据此书。

1914 年 8 月，奥登堡（S. F. Oldenburg，1863—1934）带领俄国西域考察队来到敦煌，对莫高窟开展了全面而细致的综合性考察，他们逐窟测绘、记录，对重点洞窟进行临摹，并拍摄照片 2000 余张，他们的考察工作一直持续到 1915 年 1 月。遗憾的是，奥登堡考察队的成果长期被束之高阁，未能整理、出版，现分藏在圣彼得堡的艾尔米塔什博物馆（Hermitage Museum）和俄罗斯科学院东方文献研究所（Institute of Oriental Manuscripts, Russian Academy of Sciences）。直到 2000 年至 2005 年，上海古籍出版社出版《俄藏敦煌艺术品》第 3 至 6 册时，才陆续公布 869 张黑白照片、洞窟测绘图及考察笔记[②]。

1923 年至 1924 年，美国哈佛大学华尔纳（Langdon Warner，1881—1955）也来到敦煌，他盗走第 328 窟一尊唐代供养菩萨塑像，并揭取十余幅唐代壁画。尔后，哈佛大学福格艺术博物馆（Fogg Art Museum）的罗瑟福·盖特斯（R. J. Gettens）博士对这些壁画和彩塑上的颜料做了化学分析，并于 1935 年底写出关于中国古代颜料问题的实验报告[③]。华尔纳后来撰写的《佛教壁画：九世纪万佛峡洞窟研究》（1938）是一本较早的敦煌艺术学术著作，该书讨论了被他编为万佛峡第 5 窟（今榆林窟第 25 窟）的壁画题材、绘画技法及所用颜料等问题[④]。

（二）中国

敦煌文物遭劫掠后，中国学者才开始意识到藏经洞遗珍的巨大价值。

1940 年代之前，中国学者侧重于敦煌文书研究，知名敦煌学者诸如罗振玉

---

① 全名是《敦煌石窟图录：魏、唐、宋代的佛教绘画与雕塑》(*Les Grottes de Touen-houang: peintures et sculptures bouddhiques des epoques des Wei, des T'ang et des Song*. Paris, 1920-1924)。此外，伯希和还做了现场笔记，现已整理并有汉译本刊行：伯希和敦煌石窟笔记（*Grottes de Touen-houang, Carnet de Notes de Paul Pelliot*. Paris, 1980-1992). 耿昇，唐健宾，译. 兰州：甘肃人民出版社，1993. 时至今日，由于自然和人为破坏，部分壁画和题记已残毁，抑或不复辨认，当年伯希和抄录的题记以及努埃特拍摄的照片愈显得弥足珍贵。

② 俄罗斯国立艾尔米塔什博物馆，上海古籍出版社. 俄藏敦煌艺术品：第3-6册. 上海：上海古籍出版社，2000-2005.

③ 盖特斯. 中国颜料的初步研究. 江致勤，王进玉，译. 敦煌研究，1987(1)：98-103.

④ Langdon Warner. *Buddhist Wall-Painting: A Study of a Ninth-Century Grotto at Wan-Fo-Hsia near Tun-huang*. Cambridge, Mass：Harvard University press, 1938.

（1866—1940）、王国维、陈垣（1880—1971）、陈寅恪、胡适（1891—1962）等人，对敦煌文书开展了经籍、史地、宗教、文学以及中亚语言等方面的研究，相比之下对敦煌艺术则关注较少①。

1925年，华尔纳第二次来华，经北洋政府顾问福开森（John C. Ferguson，1866—1945）推荐，北京大学医学院的陈万里（1892—1969）得以随队考察敦煌，陈万里所著的《西行日记》（1926）②是我国学者对敦煌石窟进行的首次科学考察记录。

此外贺昌群（1903—1973）于1931年发表的《敦煌佛教艺术的系统》③一文是中国学者关于敦煌艺术最早的专论，贺昌群的研究主要以伯希和《敦煌石窟图录》所发表的照片和记录为依据，并辅助以敦煌文书及其他文献史料。值得称道的是，贺昌群充分注意到敦煌石窟背后的文化渊源，力求在北传佛教系统的宏观背景下勾勒出敦煌石窟的特色。

（三）日本

大谷探险队带回敦煌文物后，立即引起了日本学界的浓厚兴趣。不久后西方探险者公布敦煌石窟和藏经洞艺术品的图像资料，为敦煌艺术研究创造了条件。东京帝国大学（东京大学前身）教授泷精一（1873—1945）及其弟子松本荣一（1900—1981）成为日本敦煌艺术研究的主要开创者。

早在1920年代，松本荣一便开始在日本的《国华》月刊上发表佛教艺术文章，他的代表性著作《燉煌畫の研究》（1937）④堪称一部划时代的学术著作，被日本学者誉为"当时敦煌佛教美术研究领域的金字塔"⑤。松本氏根据英国、印度、法国和日本所藏的藏经洞绘画，以及伯希和《敦煌石窟图录》公布的敦煌壁画资料，主要运用图像学方法，深入考证了敦煌绘画的图像内容及其经典根据，并将敦煌绘本与印度、西

① 关于中国早期敦煌学的情况，详阅：傅芸子. 三十年来中国之敦煌学. 中央亚细亚，1943，2（4）；收入：冯志文，杨际平. 中国敦煌学百年文库：综述卷（一）. 兰州：甘肃文化出版社，1999：182-190.

② 陈万里. 西行日记. 北平：朴社出版社，1926；兰州：甘肃人民出版社（点校再版），2002.

③ 贺昌群. 敦煌佛教艺术的系统. 东方杂志，1931，28（17）；收入：林保尧，关友惠. 中国敦煌学百年文库：艺术卷（一）. 兰州：甘肃文化出版社，1999：20-43. 贺昌群另著有：近年西北考古的成绩. 燕京学报，1932，12.

④ 松本荣一. 燉煌畫の研究. 东京：东方文化学院东京研究所，1937；东京：岩波书店，1980；东京：同朋舍，1985。泷精一和松本荣一的著作目录，详见：陈民. 松本荣一先生与敦煌学研究. 敦煌研究，2000（3）：183-185；陆庆夫，王冀青. 中外敦煌学家评传. 兰州：甘肃教育出版社，2002：155-172。

⑤ 百桥明穗. 敦煌学百年间美术史研究的轨迹// 敦煌研究院. 2004年石窟研究国际学术会议论文集：下册. 上海：上海古籍出版社，2006：646.

域和日本的佛教艺术进行横向比较。该书可谓敦煌艺术图像学研究的定鼎之作，至今仍具有重要参考价值。

二、展开阶段（1940—1976）

（一）中国

20 世纪 40 年代，中国学界对敦煌石窟的研究才真正起步。张大千（1899—1983）、王子云（1897—1990）、史岩（1904—1994）、向达（1900—1966）、夏鼐（1910—1985）、阎文儒（1912—1994）等历史学家、考古学家、艺术史家或画家先后来到敦煌，进行实地踏查，他们不仅进行诸如著录石窟内容、考证建窟年代等工作，张大千等先生还临摹了大量敦煌壁画。

1942 年和 1944 年，以向达为首的两次考察团（西北史地考察团、西北科学考察团）西行敦煌实地调查，考察团的规模和所取得的成果远超过 1920 年代陈万里的调查。1996 年方得以出版的石璋如（1902—2004）三卷本《莫高窟形》就是“西北史地考察团”最重要的考察成果之一，此书逐窟记录了莫高窟的洞窟形制、尺寸和内容，并附有每个洞窟的平面图以及 437 幅黑白照片，是莫高窟最早的系统测绘资料①。此外何正璜（1914—1994）《敦煌莫高窟现存佛洞概况之调查》（1943）②和史岩《敦煌千佛洞现状概述》（1943）③也完成于这一阶段，它们是最早的“敦煌石窟内容总目”。

1942 年，“敦煌艺术研究所筹备委员会”成立。1944 年 2 月，隶属民国政府教育部的“国立敦煌艺术研究所”正式成立，常书鸿（1904—1994）出任所长。研究所成立之初的一项主要工作就是组织人力调查洞窟，史岩受委托负责调查并抄录洞窟题记。1947 年印行的史岩《敦煌石室画像题识》④是最早的莫高窟供养人画像题记。

1943 年，时任中央通讯社摄影部主任的罗寄梅（罗吉眉 /James Lo，1902—1987）偕夫人刘先来到敦煌，他们应常书鸿之邀，于 1943 年至 1944 年间，在莫高窟、榆林窟精心拍摄了 2000 余张照片。后来“罗氏档案”为美国和日本的敦煌艺术研究提

① 石璋如. 莫高窟形. “‘中央研究院’历史语言研究所田野工作报告”之三. 台北：“中央研究院”历史语言研究所，1996.

② 何正璜. 敦煌莫高窟现存佛洞概况之调查. 说文月刊，1943，3（10）.

③ 史岩. 敦煌千佛洞现状概述. 社会教育季刊，1943，1（2）.

④ 史岩. 敦煌石室画像题识：上下册. 比较文化研究所，国立敦煌艺术研究所，华西大学博物馆，1947.

供了极大便利[①]，这批照片档案现收藏在美国普林斯顿大学“唐氏东亚艺术研究中心”（Tang Center for East Asian Art, Princeton University）[②]。

在开展科学调查工作的同时，敦煌艺术的意义和地位问题成为1940年代学界讨论的一个热门议题[③]，这反映出学者对文化遗产价值的深切思考。1948年12月，北京大学在五十周年校庆之际举办了“敦煌考古工作展览”，在校庆纪念特刊中，刊登出由向达和王重民（1903—1975）编写的《敦煌考古工作展览概要》和《敦煌〈经卷〉，〈照片〉及〈图书〉目录》[④]，对此前的海内外敦煌学研究史做了全面回顾。

1950年，“国立敦煌艺术研究所”更名为“敦煌文物研究所”，隶属文化部，以石窟保护和壁画临摹为工作重心[⑤]。1951年4月，在北京故宫午门举办了大规模的“敦煌文物展览”。为了配合展览，《文物参考资料》将1951年第2卷第4、5两期作为“敦煌文物展览特刊”，集中发表了一批关于敦煌艺术和考古方面的专题文章，包括常书鸿《敦煌艺术的源流与内容》、向达《敦煌艺术概论》、周一良（1913—2001）《敦煌壁画与佛经》、阎文儒《莫高窟的石窟构造及其塑像》、梁思成（1901—1972）《敦煌壁画中所见的中国古代建筑》、宿白（1922—2018）《敦煌莫高窟中的〈五台山图〉》、夏鼐《漫谈敦煌千佛洞和考古学》等重要文章。此外这一时期还出版了一批敦煌画册和介绍敦煌石窟艺术的专著，其中以谢稚柳（1910—1997）《敦煌艺术叙录》（1955）、姜亮夫（1902—1995）《敦煌——伟大的文化宝藏》（1956）和潘絜兹（1915—2002）《敦煌莫高窟艺术》（1957）这三本著作影响最大[⑥]。

自1950年代始，中国学者开始运用考古学方法研究莫高窟，初步建立起中国石窟寺考古研究体系。1956年，年轻的宿白首次运用考古类型学方法，以有纪年题记的

---

① 1968年，罗氏底片制成一套较大尺寸的照片，收藏在普林斯顿大学，20世纪70年代初，东京大学复制了一套照片。秋山光和. 敦煌壁画研究新资料：罗寄梅氏拍摄的照片及福格、赫尔米达什两美术馆所藏壁画残片探讨. 佛教艺术，1975，100；中译本：刘永增，译. 敦煌研究，1981（1）：181-194。

② 赵声良. 罗寄梅拍摄敦煌石窟照片的意义. 敦煌研究，2014（3）：79-91；经崇仪. 照片档案遗产：敦煌、探险摄影与罗氏档案. 王平先，译. 敦煌研究，2017（2）：48-55.

③ 向达. 敦煌佛教艺术之渊源及其在中国艺术上之地位（讲演稿）. 水天明，记录. 甘肃民国日报，1944；王子云. 敦煌莫高窟在东方文化上之地位. 国立西北大学校刊，1948，35；宗白华. 略谈敦煌艺术的意义与价值. 观察，1948，5（5）.

④ 北京大学五十周年纪念特刊. 北京大学，1948；收入：中国敦煌学百年文库：综述卷（一）. 兰州：甘肃文化出版社，1999：298-324。

⑤ 段文杰. 五十年来我国敦煌石窟艺术研究之概况. 中国敦煌吐鲁番学会成立大会会刊，1983；收入：中国敦煌学百年文库：综述卷（三）. 兰州：甘肃文化出版社，1999：40-45。

⑥ 谢稚柳. 敦煌艺术叙录. 上海：上海出版公司，1955；上海：上海古典文学出版社，1957. 姜亮夫. 敦煌：伟大的文化宝藏. 上海：上海古典文学出版社，1956；潘絜兹. 敦煌莫高窟艺术. 上海：上海人民出版社，1957.

第 285 窟为标尺，对莫高窟北朝洞窟进行了分期排年，撰写出《参观敦煌第 285 号窟札记》[①]。1962年，宿白在敦煌文物研究所做了系列讲座，内容涉及敦煌历史、考古学理论与方法、敦煌石窟的演变，以及敦煌研究简介等。该系列讲座后结集成讲义性质的《敦煌七讲》[②]，在理论和方法上奠定了中国石窟寺考古研究的基础。

这一时期，图像学方法也引入到敦煌艺术研究中，如中央美术学院金维诺（1924—2018）在 1950 年代后期发表的一系列文章，主要利用佛经和榜题文字来考释敦煌壁画的题材，同时还讨论了壁画和佛经以及变文之间的关系，此外部分文章还对不同石窟中同一主题的图像进行了比较研究[③]。

还有学者针对开窟、造像的动机及其用途进行讨论。北京大学刘慧达女史较早注意到禅僧修持与开窟造像之间的关系，她在《北魏石窟与禅》（1962）[④]一文中通过比照佛经与造像题材，重构了北魏至隋代“观像”与石窟造像二者的对应关系，指出：“造像、观像、礼佛和供养，都是禅僧修持的课题，亦即北魏时期禅僧们大行开窟造像的重要原因”。

遗憾的是，1950 年代开启的敦煌研究良好势头未能长期延续，中国的敦煌石窟研究在 1966 年之后的十年中基本处于停滞状态，前述刘慧达《北魏石窟与禅》一文也迟至 1978 年才得以发表。

（二）海外

20 世纪中期，海外的敦煌研究侧重于藏经洞文物（尤其是文书），对石窟艺术的讨论则相对沉寂，但也出现了诸如福山敏男《敦煌石窟编年试论》（1952）[⑤]、索珀（Alexander C. Soper，1904—1993）《北凉和北魏时期的甘肃》（1958）[⑥]等重要研究成果。其中索珀《北凉和北魏时期的甘肃》一文通过考察北凉石塔，总结出北凉佛

---

① 宿白. 参观敦煌第285号窟札记. 文物参考资料，1956（2）：16-21. 收入宿白：中国石窟寺研究. 北京：文物出版社，1996：206-213.

② 宿白. 敦煌七讲. 敦煌文物研究所油印讲稿. 1962.

③ 金维诺. 敦煌《本生图》的内容与形式. 美术研究，1957（3）；金维诺. 敦煌壁画中的中国佛教故事. 美术研究，1958（1）；金维诺. 敦煌壁画《祇园记图》考. 文物，1958（10）；金维诺.《祇园记图》与变文. 文物，1958（11）；金维诺. 敦煌壁画《维摩变》的发展. 文物，1959（2）；金维诺. 敦煌晚期的《维摩变》. 文物，1959（4）.（以上文章均收入：金维诺. 中国美术史论集. 哈尔滨：黑龙江美术出版社，2004。部分文章标题及内容略有调整。）

④ 刘慧达. 北魏石窟与禅. 考古学报，1978（3）：337-350；收入：宿白. 中国石窟寺研究. 北京：文物出版社，1996：331-348。

⑤ 福山敏男. 敦煌石窟编年试论. 建筑史研究，1952（7）；佛教艺术：中亚特集，1953，19.

⑥ Alexander C. Soper. Northern Liang and Northern Wei in Kansu. *Artibus Asiae*, 1958，21（2）：131-164. 索珀. 北凉和北魏时期的甘肃. 殷光明，译. 敦煌研究，1999（4）：60-81.

教艺术的基本特征，进而论及北凉佛教艺术同印度、中亚以及中原佛教艺术之间的关系，文章后半部还提出了对莫高窟早期洞窟的分期意见。

1958年，日本举办了盛况空前的“中国敦煌艺术展”，展品以壁画临摹品为主。为配合展览，当年的《佛教艺术》第34号推出“敦煌佛教美术特集”①，集中刊发了水野清一（1905—1911）《敦煌石窟笔记》、冈崎敬《中国的塑像和敦煌千佛洞》、樋口隆康《敦煌石窟的系谱》等数篇专题文章。

至1960年代，日本学界对敦煌艺术研究的热情依旧，涌现出如秋山光和《敦煌的变文和绘画》（1960）②和《弥勒下生经变白描图和敦煌壁画的制作》（1963）③、藤枝晃（1911—1998）《敦煌千佛洞之中兴》（1964）④、河原由雄《敦煌净土变相的成立和展开》（1968）⑤等研究成果，一些文章还将敦煌壁画和藏经洞艺术品进行了综合考察。继松本荣一之后，东京大学教授秋山光和（1918—2009）成为日本第二代敦煌艺术研究的领军人物，诚如神户大学教授百桥明穗的评价：

> 以秋山光和为代表的东京大学系统的实证考据方法，成为日本敦煌美术史研究的基础方法。⑥

三、深入阶段（1976年至今）

1970年代末，大陆地区的敦煌研究重获新生。首先在1980年代初，由敦煌研究院（1984年之前称“敦煌文物研究所”）主办的《敦煌研究》和兰州大学敦煌学研究所主办的《敦煌学辑刊》等学术刊物相继创刊；其次，敦煌研究院自1983年开始定期举行国际性学术研讨会，并公开出版研讨会论文集；最后，大陆以外地区的学者赴敦煌进行实地考察逐渐方便。这些因素都有力推动了包括石窟艺术在内的敦煌学研究，并为敦煌学的成果发布和学术交流提供了重要平台。

自1980年代至今，敦煌研究院相继推出了凝结几代敦煌学人心血的基础性研究资料，诸如《敦煌莫高窟内容总录》（1982）、《敦煌莫高窟供养人题记》（1986）和

---

① 佛教艺术：敦煌佛教美术特集，1958，34.

② 秋山光和. 敦煌的变文和绘画. 美术研究，1960，211.

③ 西域文化研究会. 历史和美术的诸问题. 西域文化研究，1963，6.

④ 藤枝晃. 敦煌千佛洞の中興：張氏諸窟を中心とした九世紀の佛窟造營. 东方学报，1964，35.

⑤ 河原由雄. 敦煌净土变相的成立和展开. 佛教艺术，1968，68.

⑥ 敦煌研究院. 2004年石窟研究国际学术会议论文集：下册. 上海：上海古籍出版社，2006：651.

《敦煌石窟内容总录》(1996)[①]，以及数套大型图录，如5卷本的《中国石窟·敦煌莫高窟》(1982—1987)、22卷本的《敦煌石窟艺术》(1993—1998)和26卷本的《敦煌石窟全集》(1999—2005)等[②]，另外流失到英国、法国、俄罗斯和印度的藏经洞艺术品也相继以图录形式公布于众[③]，这些出版物无疑为敦煌艺术研究提供了极大便利。

近40年来，敦煌石窟艺术的研究成果可谓汗牛充栋，无法一一列举，以下根据研究思路和方法之别，大致归纳为几个类别，略加论述。当然，笔者的分类难免有人为割裂之嫌，因为在此阶段，不少研究成果都有跨学科、结合不同研究方法的倾向。

（一）石窟考古研究

石窟考古研究的首要重点在洞窟的分期、排年与断代。

在这一学科领域，北京大学教授宿白成就斐然，被公认为中国石窟考古学方法体系的奠基者。宿白在京都帝国大学（京都大学前身）所组织的“石窟调查班”（以水野清一、长广敏雄（1905—1990）为代表）的调查及研究方法基础上，将“类型学”（typology）作为核心手段，同时兼顾“层位学”（stratigraphy）的重叠、打破关系，以及测年技术和历史文献学。具体方法是，首先将石窟形制、壁画布局、壁画和造像题材、造型、技法等方面区分为若干类别，分“类”进行“型”“式”排比，并结合遗迹的叠压层次关系，排出每个类型的相对发展序列，再在多个发展序列中找出共同变化较显著之所在，在此基础上，根据纪年题记或碳14等测年技术确定年代标尺，进而结合历史文献，最终断定洞窟的绝对时代、弄清其背后的历史内涵[④]。利用上述石窟

---

① 敦煌文物研究所. 敦煌莫高窟内容总录. 北京：文物出版社，1982(史苇湘主笔)；敦煌研究院. 敦煌莫高窟供养人题记. 北京：文物出版社，1986(贺世哲主笔)；敦煌研究院. 敦煌石窟内容总录. 北京：文物出版社，1996(王惠民补充修订).

② 敦煌文物研究所. 中国石窟·敦煌莫高窟：共5卷. 北京：文物出版社，东京：平凡社，1982-1987；敦煌研究院，江苏美术出版社. 敦煌石窟艺术：共22卷. 南京：江苏美术出版社，1993-1998；敦煌研究院. 敦煌石窟全集：共26卷. 香港：商务印书馆有限公司，1999-2005.

③ 韦陀，上野阿吉. 西域美术：共3卷. 伦敦：大英博物馆，东京：讲谈社，1982-1984；吉埃，秋山光和. 西域美术：共2卷. 巴黎：吉美博物馆，东京：讲谈社，1994-1995；俄罗斯国立艾尔米塔什博物馆，上海古籍出版社. 俄藏敦煌艺术品：共6册. 上海：上海古籍出版社，1997-2005；Lokesh Chandra and Nirmala Sharma. *Buddhist Paintings of Tun-Huang in the National Museum, New Delhi*. New Delhi：Niyogi Books, 2012.

④ 关于敦煌研究院对莫高窟的分期断代方法，樊锦诗曾做过如下总结：“大量没有纪年的洞窟，采用考古类型学和层位学的方法，对洞窟形制结构、彩塑和壁画的题材布局、内容等区分为若干不同类别，分类进行型式排比，排出每个类型自身的发展系列；又作平行不同类型系列的相互比较，从差异变化中找出时间上的先后关系。将类型相同的洞窟进行组合，从雷同相似中找出时间上的相近关系，并以遗迹的叠压层次关系，判断洞窟及其彩塑、壁画的相对年代。又以有题记纪年的洞窟作为标尺，结合历史文献断定洞窟的绝对时代。”可见，敦煌研究院的石窟考古方法直接来自宿白研究体系。详阅：樊锦诗. 敦煌石窟研究百年回顾与瞻望. 敦煌研究，2000(2)：45.

考古学方法，宿白、马世长（1939—2013）、樊锦诗、李崇峰等考古学者大体完成了对莫高窟各个时代洞窟的断代分期工作，初步揭示出敦煌石窟的总体演变规律[①]。

除此之外，1983年初仕宾撰文首倡“崖面使用论”[②]，这是一种利用石窟外貌为洞窟进行分期、排年、断代的有效辅助手段。敦煌研究院的马德将“崖面使用论”引入到莫高窟的营造研究中，将这种方法与文献研究相结合，撰写出《敦煌莫高窟史研究》（1995）[③]，得到学术界的普遍认可。

（二）图像研究

图像研究的核心是对石窟内容（包括塑像和绘画）的辨识和考证，继而还需要考察某一图像在传播过程中的传承、借鉴与变化关系。从方法论角度，这种研究思路与欧美艺术史学中的“图像学”（iconology）方法旨趣相同。

通观敦煌艺术研究，图像研究的成果最为丰硕，上文提及松本荣一的巨著《燉煌畫の研究》（1937）就是这种研究方法的早期代表。经过数十年学术积累，至今已基本完成了对敦煌壁画中主要题材的辨识工作，包括故事画（佛传、本生、因缘故事）、经变画、密教图像、神话传说、佛教史迹画等。

尤其是经变画，现存敦煌壁画以及藏经洞出土绢画、纸画，经变画共有30余种、1200余铺（幅）之多，它是唐宋敦煌艺术的主体，因此成为研究重点。学者们在浩如烟海的佛教典籍中寻找图像的文献来源，梳理各类经变在不同历史时期的形式演变，进而结合历史文献阐发图像所蕴涵的历史、宗教及文化内涵，取得了令人瞩目的成绩[④]。图像研究要求研究者具有扎实的文献能力，同时还要对佛教典籍谂熟于胸，因此这方面研究

---

① 宿白. 莫高窟现存早期洞窟的年代问题. 香港中文大学. 中国文化研究所学报，1989，20；宿白. 敦煌莫高窟密教遗迹札记. 文物，1988（9），（10）.（这两篇文章均收入：宿白. 中国石窟寺研究. 北京：文物出版社，1996。）樊锦诗、马世长、关友惠. 敦煌莫高窟北朝洞窟的分期；李崇峰. 敦煌莫高窟北朝晚期洞窟的分期与研究（北京大学考古系硕士论文，宿白、马世长指导）；樊锦诗，关友惠，刘玉权. 莫高窟隋代石窟的分期；樊锦诗，刘玉权. 敦煌莫高窟唐代前期洞窟分期；樊锦诗、赵青兰. 吐蕃占领时期莫高窟洞窟的分期研究；赵青兰. 敦煌莫高窟中心塔柱窟的分期研究；刘玉权. 敦煌莫高窟和安西榆林窟西夏洞窟分期。上述七篇文章均收入：敦煌研究院. 敦煌研究文集：敦煌石窟考古篇. 兰州：甘肃民族出版社，2000。李裕群. 北朝晚期石窟寺研究. 北京：文物出版社，2003；梁银景. 隋代佛教窟龛研究. 北京：文物出版社，2004。

② 初仕宾. 石窟外貌与石窟研究之关系：以麦积山石窟为例谈石窟寺艺术断代的一种辅助方法. 西北师范学院学报，1983，4.

③ 马德. 敦煌莫高窟史研究. 广州：中山大学博士论文，1995（姜伯勤指导）；兰州：甘肃教育出版社，1996. 另参阅：马德. 莫高窟崖面使用刍议. 敦煌学辑刊，1990（1）：110-115。

④ 详阅：樊锦诗. 敦煌石窟研究百年回顾与瞻望. 敦煌研究，2000（2）：45-46；王惠民. 敦煌经变画的研究成果与研究方法. 敦煌学辑刊，2004（2）：71-76，附录“敦煌经变画研究论文统计”；郑炳林，沙武田. 敦煌石窟艺术概论. 兰州：甘肃文化出版社，2005：7-10，18-19。

主要由中国和日本学者完成，且成果斐然者多为文史（尤其是历史学）专业出身，如敦煌研究院的贺世哲、施萍婷、孙修身（1935—2000）诸先生，以及年轻一代学者王惠民、张元林等。特别要提及的是贺世哲（1930—2011）的《敦煌图像研究：十六国北朝卷》（2006）①，这部著作几乎凝聚了作者毕生心得，堪称敦煌早期图像研究的集大成之作。书中对敦煌十六国北朝图像做了全面而深入的讨论，尤为值得称道的是，作者不局限于敦煌一地，而在广阔的佛教美术全景下考察某一图像题材，因此其结论更有说服力。

由于佛教文化本身的复杂性，台湾学者李玉珉在图像学理论基础上，针对佛教艺术的特点，进一步提出了“图像义理学”概念，她认为这种研究方向有广阔的发展空间②。近年来，清华大学教授李静杰所关注的佛教美术“图像构成”问题，以及台湾学者赖鹏举（1950—2009）所从事的“造像思想研究”，均可视为“图像义理学”研究的具体实践③。

（三）风格研究

壁画临摹是敦煌艺术研究所（敦煌研究院前身）的早期工作重心之一，常书鸿、段文杰（1917—2011）、史苇湘（1924—2000）、关友惠等一批敦煌学者都出身于画科，因此对敦煌壁画的风格演变、绘画技法等问题颇有心得。譬如，段文杰的学术观点在敦煌学界影响颇大，他通过1970年代末至1990年代中期的一系列著述，系统勾勒出敦煌艺术的宏观发展脉络，以及各时期壁画的主要成就。他的著作以考察敦煌壁画中“面相”“服饰”“晕染”“线描”等问题为主，旨在通过分析这些因素的变化，弄清楚西域画风与中原画风的消长关系④。赵声良等在其新著《敦煌石窟美术史·十六

---

① 贺世哲. 敦煌图像研究：十六国北朝卷. 兰州：甘肃教育出版社，2006.

② 李玉珉. 中国佛教美术研究之回顾与省思. 佛学研究中心学报，1996（1）. 该文列举了三篇“图像义理学”研究实例：John Huntington. The Iconography and Iconology of the “Tan Yao” Caves at Yunkang .*Oriental Art*, Summer, 1986，33(2):142-157; Stanley K. Abe. Art and Practice in a Fifth-Century Chinese Buddhist Cave Temple. *Arts Orientals*, 1990（20）:1-31；李玉珉. 敦煌莫高窟二五九窟之研究. 美术史研究集刊，1995（2）：1-26。

③ 李静杰. 敦煌莫高窟北朝隋代洞窟图像构成试论// 李治国. 2005年云冈国际学术研讨会论文集（研究卷）. 北京：文物出版社，2006：365-393；李静杰. 北朝隋代佛教图像反映的经典思想. 民族艺术，2008（2）：97-108；赖鹏举. 敦煌石窟造像思想研究. 北京：文物出版社，2009.

④ 段文杰. 十六国、北朝时期的敦煌石窟艺术// 敦煌研究文集. 兰州：甘肃人民出版社，1982：1-42；段文杰. 早期的莫高窟艺术// 中国石窟：敦煌莫高窟：第1卷. 北京：文物出版社，东京：平凡社，1982：165-176；段文杰. 唐代前期的莫高窟艺术// 中国石窟：敦煌莫高窟：第3卷. 北京：文物出版社，东京：平凡社，1987：161-176；段文杰. 唐代后期的莫高窟艺术// 中国石窟：敦煌莫高窟：第4卷. 北京：文物出版社，东京：平凡社，1987：161-176；段文杰. 莫高窟晚期的艺术// 中国石窟：敦煌莫高窟：第5卷. 北京：文物出版社，东京：平凡社，1987：161-174. 段文杰重要文章均收入其论文集《敦煌石窟艺术研究》。段文杰. 敦煌石窟艺术研究. 兰州：甘肃人民出版社，2007.

国北朝》(2014)中，沿袭了段文杰风格论的主要观点，用以分析敦煌早期壁画[①]。

有必要指出，段文杰等敦煌学者对艺术风格的描述方式，与西方艺术史学的“风格分析”方法不尽相同。前者的论述主要建立在对绘画技法的切身体会基础上，更加关注构图、线描、晕染、赋彩等技艺问题[②]；而后者在技法问题之外，还同时要考察艺术作品的“视觉结构”(visual structure)和“视觉看法”(mode of seeing)，以此来重构某个时代的视觉习惯、创作机制以及时代集体文化意识。尽管海外学者如亚历山大·索珀(Alexander C.Soper)、方闻(Wen C. Fong)、玛丽琳·丽艾(Marylin M. Rhie)等已将风格学方法引入到敦煌艺术研究中[③]，但总的来说，这方面的成果还非常有限，此研究方向仍处于起步阶段。

(四)石窟与社会情境

社会情境研究主要是关于开窟史、功德主/供养人(patron)、供养机制等问题的讨论，可归于“艺术社会学”研究范畴。社会情境研究包含着两种导向，一方面可以把敦煌艺术作为一种历史证据，继而结合敦煌文书、供养人题记和历史文献等来推绎石窟艺术背后的社会、宗教、民族、中西文化交流等问题；另一方面还可以通过对社会情境的深入讨论，再回归到对艺术现象本身的解释上来，旨在拓宽或丰富艺术研究的视角和话语。前者以艺术作品为“用”(证据/手段)，后者则以艺术作品为“体”(本体/目的)。

以北朝晚期为例，来自中原地区的东阳王元荣(525—约542在任)和建平公于义(565—576在任)先后就任瓜州刺史，他们崇信佛教、积极开窟造像，学者们通过考证其生平政绩、建窟活动与宗教信仰等，还原出确凿可靠的历史背景，继而令人信服的解释了敦煌西魏、北周时期壁画中出现的新题材和新画风，体现了由“物”及

① 赵声良，等. 敦煌石窟美术史·十六国北朝：下卷. 北京：高等教育出版社，2014，第三章“敦煌早期的壁画艺术”.

② 段文杰. 略论敦煌壁画的风格特点和艺术成就. 敦煌研究，1982(2)：1-16.

③ Alexander C. Soper. The“Dome of Heaven”in Asia. *The Art Bulletin*, Dec., 1947，29(4):225-248; Alexander C. Soper. Life-Motion and the Sense of Space in Early Chinese Representational Art.*The Art Bulletin*, Sep., 1948, 30(3):167-186；Wen C. Fong. Ao-t'u-hua or Receding-and-protruding Painting at Tun-huang//*Proceedings of the International Conference on Sinology: Section of History of Arts*.Taipei: Academia Sinica, 1981：73-94；丽艾. 公元618—642年敦煌石窟初唐佛教塑像的风格形成(摘要). 台建群，译. 敦煌研究，1988(2)：72-74；丽艾. 隋代晚期佛教雕塑：一种年代学和地方性的分析. 宁强，译//麦积山石窟艺术研究所. 石窟艺术. 西安：陕西人民出版社，1990：104-125；原载：亚洲艺术档案，1982(35)。

“人”，再由“人”返“物”的治学思路[①]。

敦煌研究院史苇湘撰写的《丝绸之路上的敦煌与莫高窟》（1979）、《世族与石窟》（1982）、《敦煌佛教艺术产生的历史依据》（1982）和《产生敦煌佛教艺术审美的社会因素》（1989）等一系列文章[②]，对产生敦煌艺术的历史背景及社会根源进行深入发掘，其研究方式被认为“与艺术社会学的理论不谋而合”[③]。关于莫高窟的营建史，敦煌研究院马德的《敦煌莫高窟史研究》（1996）和《敦煌莫高窟营建史稿》（2003）是目前研究最系统、全面的论著[④]。马德不仅对莫高窟的营建历史做了全方位考察，还逐一讨论了不同阶层或社会集团（如佛教教团、世家、庶民等）与莫高窟之间的具体关系。

（五）功能学

近年来，学界针对佛教艺术研究提出了“功能学”方法[⑤]。所谓“功能学”研究，旨在使研究者在考古学和图像学等基础研究之上，尽可能站在当事人（如僧侣、供养人、工匠等）立场上，“还原”开窟造像的原初动机和实际功用，从而为石窟艺术提供“文化内部”的解释。

目前讨论最深入的是“禅修”（禅观）问题。北京大学教授汤用彤（1893—1964）之名著《汉魏两晋南北朝佛教史》（1938）首先触及了禅法与造像关系的问题[⑥]。20世纪

① 关于东阳王元荣和建平公于义的论述颇多，要目如下：赵万里. 魏宗室东阳王荣与敦煌写经// 陈国灿，陆庆夫. 中国敦煌学百年文库：历史卷（一）. 兰州：甘肃文化出版社，1999：73-78；施萍婷. 建平公与莫高窟// 敦煌研究文集. 兰州：甘肃人民出版社，1982；宿白. 东阳王与建平公（二稿）// 敦煌吐鲁番文献研究论集：第4辑，1988，收入中国石窟寺研究. 北京：文物出版社，1996：244-259；段文杰. 中西艺术的交汇点：莫高窟第二八五窟// 敦煌石窟艺术·莫高窟第二八五窟（西魏）. 南京：江苏美术出版社，1995；李玉珉. 敦煌428窟新图像源流考. “故宫”学术季刊，1993，10（4）：1-34；施萍婷. 关于莫高窟第四二八窟的思考. 敦煌研究，1998（1）；施萍婷，贺世哲. 近承中原、远接西域：莫高窟第四二八窟研究// 敦煌石窟艺术·莫高窟第四二八窟（北周）. 南京：江苏美术出版社，1998；文梦霞. 再论东阳王元荣领瓜州刺史的时间. 敦煌研究，2006（2）：101-105；贺世哲. 敦煌图像研究：十六国北朝卷. 兰州：甘肃教育出版社，2006：339-341.

② 史苇湘的重要文章均收入其论文集《敦煌历史与莫高窟艺术研究》。史苇湘. 敦煌历史与莫高窟艺术研究. 兰州：甘肃教育出版社，2002.

③ 李玉珉. 敦煌石窟研究的传承与省思. 敦煌研究，2006（6）：6.

④ 马德. 敦煌莫高窟史研究. 兰州：甘肃教育出版社，1996；马德. 敦煌莫高窟营建史稿. 台北：新文丰出版公司，2003.

⑤ 颜娟英. 佛教艺术方法学的再检讨// 中华民国史专题第四届讨论会秘书处. 中华民国史专题论文集：第四届讨论会. 台北：国史馆，1998：647-666；郑炳林，沙武田. 敦煌石窟艺术概论. 兰州：甘肃文化出版社，2005：19-21.

⑥ 详阅汤用彤《汉魏两晋南北朝佛教史》第十四章“佛教之北统”和第十九章“北方之禅法、净土与戒律”。

中期，北京大学的刘慧达，以及日本学者横超慧日、高田修等人都对此问题进行过考察[①]。1980年代初，贺世哲撰写的《敦煌莫高窟北朝石窟与禅观》（1982）和《敦煌莫高窟隋代石窟与“双弘定慧”》（1983）这两篇文章延续了上述议题，尔后贺世哲对该问题进行了持续的讨论，从禅观的角度系统诠释莫高窟北朝壁画的图像[②]。禅观问题普遍为学者所重，以此为契机的研究成果屡出[③]。

由芝加哥大学教授巫鸿倡导的“建筑和图像程序”（architectural and pictorial program）研究方法，也可归于“功能学”中。巫鸿将他的研究思路定义为“中层研究”：

> “中层研究”的目的是揭示一个石窟寺（或墓葬、享堂以及其他礼仪建筑）及所饰画像和雕塑的象征结构、叙事模式、设计意图，及“主顾”（patron）的文化背景和动机。[④]

利用这种方法，巫鸿讨论了莫高窟初唐323窟和盛唐172窟图像的“内在逻辑”，尽管他没有再继续开展敦煌洞窟个案研究，但其治学思路在中国美术史学界影响深远。

（六）其他

另外一种思路以敦煌艺术为“用”，利用石窟中丰富的图像资料研究中古时期某项专门史。譬如，萧默（1938—2013）通过考察敦煌壁画中的建筑图像，借此丰富中

① 横超慧日. 中国佛教图像の禅观. 印度学佛教学研究，1956，4（1）；刘慧达. 北魏石窟与禅. 考古学报，1978（3）：337-350；高田修. 佛教の起源：“观佛、观像と造像”章. 东京：岩波书店，1967.

② 贺世哲. 敦煌莫高窟北朝石窟与禅观// 敦煌研究文集. 兰州：甘肃人民出版社，1982：122-143；贺世哲. 敦煌莫高窟隋代石窟与“双弘定慧”//1983 年全国敦煌学术讨论会文集：石窟艺术编. 兰州：甘肃人民出版社，1985：17-60；贺世哲. 敦煌图像研究：十六国北朝卷. 兰州：甘肃教育出版社，2006.

③ Stanley K. Abe. Art and Practice in a Fifth-century Chinese Buddhist Cave Temple. *Ars Orientalis*, 1991 (20):1-31; Jennifer Noering McIntire. Visions of paradise: Sui and Tang Buddhist Pure Land Representations at Dunhuang. Ph. D. dissertation, Princeton: Princeton University, 2000；赖鹏举. 丝路佛教的图像与禅法. 台湾：圆光佛学研究所，觉风佛教文化艺术基金会，2002；滨田瑞美. 关于敦煌莫高窟的白衣佛. 佛教艺术，2003（267）；中译本见：敦煌研究，2004（4）：7-14。

④ 巫鸿. 敦煌323窟与道宣// 胡素馨. 佛教物质文化：寺院财富与世俗供养国际学术研讨会论文集. 上海：上海书画出版社，2003：334. 该文收入：礼仪中的美术：巫鸿中国古代美术史文编：下卷. 北京：三联书店，2005。

国建筑史研究[①]；再如，扬之水开展过“敦煌艺术中的名物研究”[②]，通过比对佛经和壁画中器物形象，考证某一“物”（器物、纹饰）的名称、起源和演化历程。此外，敦煌壁画丰富的图像资料，还可为诸如服饰、家具、舟车、饮食、乐舞、体育、民俗、科技、军事等众多研究领域提供资料。这类研究成果颇丰，有时还能作为壁画断代的辅助依据，但其终非以敦煌艺术为“体”，故不详述。

须要提及一点，图像资料对于艺术史是直接资料（研究对象），而对于其他专门史或专题研究（如建筑史、服饰史、科技史、名物研究）则是间接资料。从方法论角度考求，图像与历史真实之间经常存在着一定差距，这差距至少源自两方面因素，一是画师多照搬旧图样，二是艺术更接近纯理想，因此“图像证史”须谨慎为之[③]。

总之，百余年来敦煌艺术早已成为中国考古学和艺术史学的经典研究领域，就像欧洲的希腊罗马或文艺复兴研究。如果罗列一下从事过这一领域研究的学者，就会发现一大批杰出学者的名字，如伯希和、松本荣一、夏鼐、饶宗颐（1917—2018）、索珀、秋山光和、宿白、金维诺、方闻、韦陀、巫鸿等等（尚未计专治此学的敦煌研究院学者）。丰厚的学术积累，可以帮助年轻学者在坚实的学术基石上继续追索，但同时也意味着后来者势必将面临更大的挑战。

---

① 萧默. 敦煌建筑研究. 北京：文物出版社，1989；北京：机械工业出版社，2003.

② 扬之水. 曾有西风半点香：敦煌艺术名物丛考. 北京：人民美术出版社，2016.

③ 参阅：曹意强. 论图像证史的有效性与误区// 曹意强，等. 艺术史的视野：图像研究的理论、方法与意义. 杭州：中国美术学院出版社，2007；“图像证史”：两个文化史经典实例：布克哈特和丹纳// 曹意强，等. 艺术史的视野：图像研究的理论、方法与意义. 杭州：中国美术学院出版社，2007。

第二节　方法与问题

一、“分界”和“关联”

通过学术史回顾可知，当代的敦煌艺术研究已呈现出超国界、跨学科、方法多元的良好局面，不同学科间的交流与合作、不同方法的结合与互补，已成为学者的自觉意识。这一良好势头，正如李玉珉在《敦煌石窟研究的传承与省思》（2006）一文中所指出的那样：

> 敦煌石窟艺术内容丰富，研究时必须结合考古学、图像学、风格分析、文献史料等多种不同学科的知识，始能深入。然而每个研究者的专精有别，因此团队合作，无私地分享研究心得，是提高敦煌石窟研究水平的不二法门。[①]

李玉珉的论述涉及一个重要问题，即不同学科和研究方法之间的“分界”与“关联”。神户大学教授百桥明穗在《敦煌学百年间美术史研究的轨迹》一文中有一段话格外发人深省：

> 归根结底敦煌学的研究还应该脚踏实地地立足在敦煌学百年研究成果之上的实证性研究，特别是充分继承日本佛教图像研究的悠久传统及其研究成果才是敦煌学研究的根本。[②]

这段话本是对日本年轻学者的鼓励，它带给笔者的启示是，在面对敦煌艺术这一需要跨学科、多方法的研究领域时，应该注意保持并发扬自己独特的视角和研究特

---

① 李玉珉. 敦煌石窟研究的传承与省思. 敦煌研究，2006（6）：6.

② 百桥明穗. 敦煌学百年间美术史研究的轨迹//2004 年石窟研究国际学术会议论文集：下册. 上海：上海古籍出版社，2006：652-653.

色，只有这样方能在当代学术界占有一席之地。

近年来，人文学科之间的界限已渐趋模糊，至少艺术史学体现得非常突出，“学科中心”模式的学术形态逐渐被“问题中心”模式所取代，有些学者将其解释为“学科形态”向“后学科形态”的转变，总之跨学科的现象渐趋普遍。

跨学科研究，益处在于结合多种研究方法的优势，彼此激活、左右牵制、互为助益。然而不同方法的有机结合，必须以保持各种研究视角和方法论的独特价值为前提，如传统学术的“文献学”“考据学”，考古学的“类型学”“层位学”，艺术史的“图像学”“风格学”，或者人类学的“礼仪研究”等。打一比方，跨学科研究如同多声部合唱，单一学科或方法的研究好像单声部独唱，合唱的成功，必要以每一声部的音准为前提。

换言之，当代人文学者必须处理好不同学科和方法之间“分界”与“关联”两个方面，不可片面强调一方面，顾此失彼。对于学术界整体，应该倡导不同学科和研究方法的合作与圆融；而对于个体学者，或者某专题研究，则应发扬自身独特的学术优长，以各具特色的研究视角和方法体系，为建构起一个广博的学术大语境做出独特的贡献。

二、方法论检讨

（一）风格学与图像学

艺术史学科有两种基础性的研究方法，分别是“风格学”和“图像学”。从学术史角度，上述两种方法体系的成熟标志着艺术史成为一门独立自存的人文学科；从具体操作角度，“形式分析”和“图像志”（iconography）主要关乎作品的形式和内容，因而经常是艺术研究的下手处、立足点。

19 世纪末，风格学体系首先在德语国家成熟。

早在 18 世纪，德国人文学者温克尔曼（Johann Joachim Winckelmann，1717—1768）已经在《古代艺术史》（*History of the Art of Antiquity*，1764）中用“时代风格”模式撰写艺术史，比如他把希腊艺术分为四个阶段，认为每一阶段都有其各自的风格类型：“古拙的”古风时代、“庄严的”菲迪亚斯时代、“漂亮的”普拉克希特里斯时代，以及“颓废的”希腊化时代。

到了 19 世纪末，奥地利学者阿洛伊斯·李格尔（Alois Riegl，1858—1905）和瑞士学者海因里希·沃尔夫林（Heinrich Wölfflin，1864—1945）发展并完善了风格学体系。李格尔是维也纳艺术史学派（the Vienna School of Art History）的主要代表，他认为艺术史是一部从“触觉的”（haptic 或 tactile）知觉方式向“视觉的”（optic）知觉方式进化的历史。在其 1901 年出版的著作《罗马晚期的工艺美术》(*Die Spätrömische Kunstindustrie*)中，李格尔用“触觉的”和“视觉的”这对二元概念，来描述埃及到罗马晚期装饰艺术中“空间模式”的转变。

沃尔夫林是风格学领域最杰出的学者，他继承了他的老师雅各布·布克哈特(Jacob Burckhardt，1818—1897)将艺术史同人类文化活动其他表现形式进行关联考察的传统，并且发展出一套切实可行的形式分析方法。沃尔夫林认为艺术内部的核心因素是艺术形式本身，因此他把描述风格变化作为艺术史的首要任务，而不去过多研究艺术家，从而创立了“无名的艺术史”(art history without names)[①]这一新模式。在其经典著作《艺术风格学》(*Principles of Art History*，1915)中，沃尔夫林运用五对相互对立的范畴来描述文艺复兴艺术和巴洛克艺术中“观看方式”的区别[②]，其中最重要的是第一对范畴，即“线性”(linear)和“涂绘性”(painterly)。沃尔夫林开启了一种新颖的艺术史研究模式，正如 1921 年英国批评家罗杰·弗莱(Roger Fry，1866—1934)在为《艺术风格学》所撰写的书评中所评价的那样：

> 实际上，他(沃尔夫林)是从大多数艺术史家漠然视之的地方着手其研究的。那些艺术史家满足于证明某位艺术家是在这样的年代创作了一幅作品，而他(沃尔夫林)则试图说明为什么在这样的年代和这样的环境中，这幅作品具有了我们所看到的形式。[③]

在风格研究方法之外，沃尔夫林更有价值的成就在于他还提出了一套独特的诠释艺术的理论——“视看方式”(mode of seeing)或“视觉看法”的历史观。根据沃尔夫林的思路，“视看”关乎智力和精神两个方面，每个时代都会对“视看方式”进行文化规定，所以风格具有历史与文化的规定性。进而言之，一部艺术的历史就是一部展现人类视觉经验的历史，对风格详尽的描述犹如解读一本展开了的关乎人类精神、历史和文化的书卷。

20 世纪初，图像学体系也走向成熟。图像学最初在很大程度上源自对风格学理论

---

① 所谓“无名的艺术史”模式主要针对欧洲传统的“传记学”艺术史模式而言，“传记学”艺术史模式以古罗马盖乌斯·普林尼·塞孔都斯(Gaius Plinius Secundus)，约23—79)《博物志》(*Nature History*)，以及意大利文艺复兴时期乔治·瓦萨里(Giorgio Vasari，1511—1574)《画家、雕塑家和建筑家名人传》(*The Lives of the Artists*)为代表。

② 沃尔夫林提出的五对范畴分别是：线性和涂绘性(linear and painterly)，平面和纵深(flatness and depth)，封闭和开放(closed and open form)，多元和统一(multiplicity and unity)，清晰和模糊(clarity and complexity)。

③ Roger Fry. The Baroque. *The Burlington Magazine for Connoisseurs*, Sep., 1921, 39(222):146.

的抵制，后来发展出与“形式学派”相对的“瓦尔堡学派”。

19 世纪末，法国学者马勒（Emile Male，1862—1954）从宗教艺术的角度，提出内容（主题）重于形式的观点[①]。1912年，德国艺术史家阿比·瓦尔堡（Aby Warburg，1866—1929）在一次于罗马举行的国际艺术史学会议中，针对意大利费拉拉城（Ferrara）的斯基法诺亚宫（Palazzo Schifanoia）湿壁画提出了轰动一时的占星术解释，他将这种研究方法称为“图像学分析”（iconological analysis）。瓦尔堡的学术旨趣在于把思想、宗教、神话、哲学和文学史带进艺术史研究，从更广阔的人文背景中揭示隐含在图像中的意义[②]。

瓦尔堡之后，潘诺夫斯基（Erwin Panofsky，1892—1968）建立起了成熟的图像学方法体系。1939 年，潘诺夫斯基在《图像学研究》（*Studies in Iconology*）中提出图像学研究的三个层次：第一个层次是“前图像志（pre-iconography）描述”，它涉及一件艺术品基本的物理事实与视觉事实，包括形式、线条、色彩、材料及技术手段。第二个层次是“图像志（iconography）分析”，这一阶段的解释基础是原典知识，涉及对艺术品图像的知识性解释，须要弄清楚人物身份、故事内容、历史背景以及既定规范等。第三个层次是“广义的图像志”（潘氏 1955 年正式称之为“图像学（iconology）”），这个层次要根据基本的文化原理进行意义解释，从构成作品存在条件的关系网络（如文化、政治、经济、宗教、社会惯例和风俗等）中来证明作品所从属的特定世界观。

通过比较不难发现，沃尔夫林和潘诺夫斯基对于“风格”概念的理解不尽相同，在潘氏理论体系中，艺术风格被定义为“必要的但不足的基础”。尽管“风格学”和“图像学”区别十分显著，但在笔者看来，这两种研究范式都旨在通过人类的创造物（艺术品），推绎其背后的人类精神演变历程，可谓“殊途而同归”。

方法论的成熟，促使艺术史学在欧美大学中发展为一门令人尊重的学科。沃尔夫林和潘诺夫斯基之后，“风格学”和“图像学”均有所发展。形式分析不仅是 20 世纪欧美艺术史研究中最为常用的方法之一，而且还成为了艺术实践的推动力量，英国批评家罗杰·弗莱和美国批评家克莱门特·格林伯格（Clement Greenberg，1909—1994）先后用形式理论为“后印象派”和“抽象表现派”辩护。同样，图像学方法也得到了发展，萨克斯尔（Fritz Saxl，1890—1948）、贡布里希（Ernst H. J. Gombrich，1909—2001）、哈斯克尔（Francis Haskell，1928—2000）等学者都对这种方法体系

① 曹意强. 欧美艺术史学史与方法论. 新美术，2001（1）：32.

② 贡布里希. 阿比·瓦尔堡：他的目的和方法// 范景中. 美术史的形状. 杭州：中国美术学院出版社，2003：439-454.

做出过贡献。如贡布里希在 1972 年出版的著作《象征的图像：文艺复兴艺术研究》（*Symbolic Images: Studies in the Art of the Renaissance*），对作者的意图意义（intended meaning）、涵义（implication）和观者赋予作品的意味（significance）这三者做了明确的辨析，匡正了对图像意义进行任意阐释的不良风气。

（二）中国的艺术史学

下面再看中国艺术史学界的情况。在建立中国艺术史学体系时，可以获得的学术资源不外乎两端：中国传统学术、欧美艺术史学。

1930 年代，滕固（1901—1941）从德国柏林大学留学归国，把流行于德语国家的风格学方法引入中国，准确地说，是引进到中国艺术史研究中来。滕固通过风格学方法考察中国艺术史的变迁，撰写出《唐宋绘画史》（1933）、《霍去病墓上石迹及汉代雕刻之试察》（1935）、《南阳汉画像石刻之历史的及风格的考察》（1936）等论著，被誉为“中国现代艺术史学的奠基者”[①]。令人惋惜的是，滕固英年早逝，风格学方法在中国学界随之销声匿迹。

总体说来，中国学者在借鉴欧美研究方法时，接受了图像学方法，而放弃了风格学体系。笔者觉得这一现象颇值得玩味，它与中国悠久而独特的知识传统密切相关。质言之，中国传统学术主要建立在“文本文化”基础上，无论是义理、考据或辞章，都离不开文字和文本系统[②]。且举一例，欧洲传统的“古物学”重视器型和纹饰，发展到现代考古学，则将器物的类型排比作为断代分期依据。而在中国传统学术体系中，与西方“古物学”可以大体对应的当属“金石学”，而金石学家则更加重视铭文，两者的差异非常显著。在中国传统学者看来，只有释读和考据的方法才能起实现“证经补史”之用。东汉王充（27—约 97）在《论衡・别通》中的一段话，颇有典型性：“人好观图画者，图上所画，古之列人也。见列人之面，孰与观其言行？置之空壁，形容具存，人不激劝者，不见言行也。古贤之遗文，竹帛之所载粲然，岂徒墙壁之画哉？”[③]上述“金石学”与“古物学”之别，鲜明体现出中国和西方在学术导向上的差

---

① 关于滕固的学术方法，详阅：薛永年. 滕固与近代美术史学. 美术研究，2002（1）：4-8；杨振宇. 滕固和中国美术史的现代写作模式. 新美术，2005（3）：16-24；陈池瑜. 中国美术史研究受西方艺术史观的影响及其对策：以滕固、李朴园、柯律格、方闻为例. 南开学报（哲学社会科学版），2012（5）：133-135。

② 郑振铎《〈中国历史参考图谱〉序、跋》（1947）云：“我国史书，素不重图谱。……史学家仅知在书本文字中讨生活，不复究心于有关史迹、文化、社会、经济、人民生活之真实情况，与乎实物图象（像），器用形态，而史学遂成为孤立与枯索之学问。”郑尔康. 郑振铎艺术考古文集. 北京：文物出版社，1988：432-433.

③ 黄晖.《论衡》校释（附刘盼遂《集解》）：第2册. 北京：中华书局，1990：596-597.

异，在中国重文献的学术环境下，非但不可能自觉发展出风格学方法，甚至连接受也并非易事。

然而，中国的艺术史学者对图像学的“接受”则全然不同，这主要由两个原因促成。第一个原因，图像研究不完全是欧洲的产物，古代东方（主要指中国和日本）很早就有对图像进行分类、整理、著录的传统。南北朝时，僧祐（445—518）就在《出三藏记集》卷十二中别立“龙华像会集”和“杂图像集”①，专门著录造像。再如日本，从平安时代到镰仓时代，僧侣们相继整理出《图像抄》《别尊杂记》《觉禅抄》《阿娑缚抄》等汇集了各种佛像图像的书籍②。

更重要的原因是，图像学方法要求研究者具备扎实的古典语言学素养，以及对文献内容的谂熟，而这恰是老一代中国和日本学者的长项。尽管图像学是欧美学者针对西方艺术提出的方法体系，但东方学者在研究佛教艺术时，他们所付诸实践的方法与其西方同行们有很多相似之处，松本荣一《燉煌畫の研究》（1937）一书就是典型的早期实例。再看中国学界，敦煌壁画研究领域的前辈学者如周一良、金维诺，他们都非常注重图像与文献互证。以周一良《敦煌壁画与佛经》（1951）③为例，该文讨论净土变相、本行、本生故事及佛像画与佛经之间的关系，同时还涉及俗讲和变文的问题，作者指出敦煌画师“在故事的大端自然是依据经典”，而“处理细目小节时”则往往参考比佛经更为亲切、熟习的变文。

1984 年，范景中翻译贡布里希著作时，首次将“iconography”和“iconology”译为“图像志”与“图像学”④，把这种西方的艺术史方法推介到中国，现在它已成为佛教艺术研究最常用的方法之一。然而，由于图像辨识是佛教美术的研究基础，前文已述，它有自身（中国和日本）学术传统和外来的“图像学”方法两个来源，所以有些研究者用“图像学”一词，如水野清一、长广敏雄《云冈图像学》（1953）、罗世平《四川唐宋佛教造像的图像学研究》（1990），还有些研究者则用“图像研究”，表明其并非学承欧美，如贺世哲《敦煌图像研究：十六国北朝卷》（2006）。在敦煌艺术研究界，经过多年对敦煌壁画的图像解读，目前内容辨识研究（相当于“图像志”）的空间相对有限，研究重点已经逐步转到对艺术作品的历史、宗教、文化或社会学意义的

① 僧祐. 出三藏记集. 苏晋仁，等点校. 北京：中华书局，1995：486-489.

② 宫治昭. 涅槃和弥勒的图像学：从印度到中亚. 北京：文物出版社，2009：5；颜娟英. 镜花水月：中国古代美术考古与佛教艺术的探讨. 台北：石头出版股份有限公司，2016：22.

③ 周一良. 敦煌壁画与佛经. 文物参考资料，1951（4）：90-106.

④ 该译法首见于范景中所译的贡布里希《〈维纳斯的诞生〉的图像学研究》一文，以前这两个词也常被译作“圣像志”和“圣像学”。贡布里希.《维纳斯的诞生》的图像学研究. 范景中，译. 美术译丛，1984，4.

解释上来（相当于“图像学”[①]）。

（三）风格学、类型学与样式论

还有一个方法论层面上的问题值得探讨，就是“艺术风格学”与“考古类型学”之间的关系。再进一步说，“风格 / 风格学”、“类型 / 类型学”和“样式 / 样式论”这三个词（能指）比较接近，它们的涵义（所指）是否相同呢？

首先看“风格学”和“类型学”。二者有显著的相似之处，比如它们都是从外在形式入手的方法体系，都遵循“时空关系”的解释框架，此外这两种方法同样成熟于19 世纪与 20 世纪之交的欧洲，诸多相似处导致容易将二者混同。

在方法论层面，考古类型学来源于生物分类法，具有自然科学特质，而风格学则更多依赖于主观判断。从词源学角度，“typology”（类型学）一词源于古希腊文 typos 和 logy 的结合，typos（英 type）的本义是指多数个体的共同特征，所以 typology 的基本含义是“一种研究物品所具共有显著特征的学问”[②]。比如在石窟考古研究中，类型学方法通过窟龛和造像的显著特征进行分型、分式，然后再根据类型排比的结果，进行分期、断代，或者判断文化属性。考古类型学与生物分类法具有相同的研究范式，它更关注于某一范畴（类、型、式）的同性特征。然而从逻辑上讲，任何个体都有超出某一“类”（共性）的独特品质，尤其是面对艺术品时，这则是风格学的专长。

正是由于各具特色，这两种方法是大可以并行不悖的。还以石窟造像为例，考古学家往往依据造像威仪（“结跏趺坐”“倚坐”“立像”等）、服饰（“袒右式”“通肩式”“褒衣博带”“双领下垂式”）、面相（“清瘦”“方圆”）、身势（“修长”“健壮”）以及手印等因素进行类型排比，以作为分期依据，或者判断造像的文化属性是“天竺化”抑或“中原化”。而对于风格学来说，无论何种类型，都仅是一种形式意义的“主题”（母题），主题的变化与风格发展并非同一件事，艺术史家的任务更多的是探究类型主题是如何被演绎的[③]。因而风格学势必要深入分析作品的“视觉结构”和“艺

---

① “图像学”方法体系源自欧洲，有其自身的文化情境，用这套方法体系研究东方的佛教艺术时，不可生搬硬套，需要进行相应的调整。宫治昭曾就该问题进行过论述，针对印度和中亚的佛教图像研究，提出佛教图像学的三种方法，分别是：文本与图像对读的古典方法、共时性的横轴研究法、通时性的纵轴研究法。参阅宫治昭《涅槃和弥勒的图像学——从印度到中亚》（1992）“序论”第二部分“本研究的图像解释学方法”。

② 关于“考古类型学”的问题// 俞伟超. 考古类型学的理论与实践. 北京：文物出版社，1989：1.

③ 如1953 年罗樾（Max Loehr，1903—1988）所说：“确实，我们需要认真对待不断扩展的母题宝库：当不朽的古老母题和新的母题相与共生，我们不必将后者视为一种发明。”转引自：Wen Fong. The Study of Chinese Bronze Age Arts: Methods and Approaches//*The Great Bronze Age of China: An Exhibition from The People's Republic of China*. New York: The Metropolitan Museum of Art, 1980: 20-38。

术语言”，如线、面、轮廓、体积、重量、动感、空间、明暗、色彩等。

日本学者常用“样式论”一词。在长广敏雄和宿白那场关于云冈石窟的著名讨论中，长广敏雄反复强调“样式论”的重要性，认为研究石窟艺术的方法“应从石窟构造与佛像及其他一切塑像、彩画的样式出发”，而宿白则说：“有关样式的问题，我们常用类型这一名词。”①颜娟英曾做过这样的阐释：“日文的‘样式’在中文通常指风格（style），也就是讨论艺术作品的个人或流派，时代与地区的创作特色。而中国考古学者往往以类型来代替。”②

在一篇专门讨论“样式论”的文章中，长广敏雄做了更透彻的分析：“以各种作品作比较研究，我们发现了不同点和相同点两个方面，我们容易根据作品的共通性形成样式观。……在样式概念里根本不包括某一作家的个性或特点这一要素的”③。尽管日文中的“样式”，词义本身接近于“风格”（style），但从长广敏雄的论述看，他所使用的“样式”一词，和“类型”有个重要的相同点，就是它们都强调形式的共性特征这一面，而排除了个性那一面，而个性则是“风格学”所讨论的对象，诚如长广敏雄所说：“所谓‘风格’，不过是样式的更加深奥而言罢了”④。也正因为如此，“样式论”（同理也包括“类型学”）才可以和“风格学”配合运用，在“样式 / 类型”考察的基础上，进行更深细的风格分析。

在分析艺术品时，“类型学”、“样式论”和“风格学”还有一个非常显著的区别：前两者基本不涉及“空间表现”问题，而该问题恰是风格研究的重点所在。贡布里希就曾在其论著中明确指出：

> 在艺术史学家论述西方绘画的文章和著作中，几乎没有哪个术语比“空间”这一术语更常见了。⑤

① 宿白.《大金西京武州山重修大石窟寺碑》的发现与研究：与日本长广敏雄教授讨论有关云冈石窟的某些问题// 中国石窟寺研究. 北京：文物出版社，1996：107.

② 颜娟英. 镜花水月：中国古代美术考古与佛教艺术的探讨. 台北：石头出版股份有限公司，2016：323.

③ 长广敏雄. 什么是美术样式. 邓惠伯，译. 美术研究，1980（4）：63.

④ 同③62.

⑤ 贡布里希. 西方艺术与空间知觉// 范景中. 贡布里希论设计. 长沙：湖南科学技术出版社，2001：240.

三、空间表现问题

（一）海外的中国艺术史学

沃尔夫林提出的五对风格范畴中，第二对“平面和纵深”（flatness and depth）就是空间问题。德国艺术史家路德维柯·巴克霍夫（Ludwig Bachhofer，1894—1976）是沃尔夫林的弟子，当他套用欧洲理论模式研究中国艺术史时，自然也将空间问题引入其中。巴克霍夫把沃尔夫林的五对范畴简化为一对概念，即“二维和三维再现”。巴克霍夫以“进化模式”构建出一套风格演变序列，依此分别描述了中国青铜器、雕塑和绘画的发展①。1946 年，巴克霍夫的英文版著作《中国艺术简史》出版后遭到诟病。这主要有两方面原因：其一，其风格演变序列已为每种形式风格“规定”了位置，从而具有历史决定论（目的论）色彩；其二，巴克霍夫把沃尔夫林“从看开始，以描述结束”的模式，发展为一种可以为作品断代的方法，这样就产生了出错的可能，比如巫鸿就曾指出过巴克霍夫推断汉画像石年代的失误②。不仅如此，巫鸿还对形式分析方法的理论基础提出了质疑：

> （形式分析）这种方法论最大危险在于它预设了一种“普遍进化模式”的存在，并由此将中国艺术史转变为西方艺术史的等同物。但谁能够证明汉代艺术的发展之途是与西方艺术史相互平行的呢？③

巴克霍夫也曾论及敦煌艺术，但除了其英文版《中国艺术简史》（1946）一书所引起的方法论讨论外，他的学说本身并未产生多大影响。巴克霍夫的主要成绩在于继承了沃尔夫林关于“视觉看法”的理论，并将其引入到东方艺术研究领域，遗憾的是人们通常更注意他犯错的那一面。

巴克霍夫之后，普林斯顿大学教授乔治·罗利（George Rowley）及其早期弟子

---

① Ludwig Bachhofer. *Chinesische Kunst*. Breslau: Ferdinand Hirt, 1923; Die Raumdarstellung in der chinesischen Malerei des ersten Jahrtausends n. Chr. *Münchner Jahrbuch der Bildenden Kunst*, N.F., 1931; *A short history of Chinese art*. New York: Pantheon House, 1946.

② 巫鸿. 武梁祠：中国古代画像艺术的思想性. 柳扬，岑河，译. 北京：三联书店，2006：62-63.

③ 同②80.

亚历山大·索珀也对中国艺术的空间表现问题有所关注[①]。索珀在著作中多次以敦煌壁画为例说明汉唐间的艺术成就，在索珀看来，六朝至唐代的中国绘画实现了征服三维空间，与欧洲古典艺术有着相同的发展趋势。1947 年，在普林斯顿大学举行的“远东文化与社会”研讨会上，罗利与索珀针对纳尔逊“孝子石棺”的真伪问题展开了激烈辩论。虽然两位学者的学术观点不同，但他们的方法却具有一致性，都注重以风格学视角审视石棺图像中的空间再现（space representation）。1994 年，巫鸿继续了罗利和索珀几十年前讨论的旧话题，他用“反观”（inverted vision）与“二元图像”（binary imagery）等新概念诠释了纳尔逊孝子石棺上的立体绘画空间[②]。

作为罗利的弟子，方闻教授对空间表现问题给予了持续的关注。他在《心印》（1984）[③]等一系列著述中，用三个图式说明 8 至 14 世纪中国山水画家逐渐掌握空间再现的历程。1960 年代，方闻注意到贡布里希《艺术与错觉：图画再现的心理学研究》（*Art and Illusion: A Study in Psychology of Pictorial Representation*, 1962）一书在描述希腊雕塑自然主义风格的形成时，用了“图式加矫正”（scheme plus correction）或“制作先于匹配”（making before matching）公式加以说明，他发现这一模式远胜于沃尔夫林和巴克霍夫所提出的“图绘性—雕塑性—装饰性”风格演变模式，因为“图式与改良”模式“体现了开放性而无决定性的变化过程，它能适合每一时代有不同变化的‘观看’模式（mode of seeing）”[④]。借助贡布里希的模拟理论，方闻克服了巴克霍夫的历史决定论，而且他还注意到中国艺术史中“模拟形似”（前进）和“原始风尚”（后退）往往表现为两种协调共处的互补关系，从而解构了风格理论中“预设的‘普遍进化模式’”[⑤]。

1981 年，方闻教授在《敦煌的凹凸画》中运用风格学方法考察敦煌早期雕塑和壁

---

① George Rowley. *Principles of Chinese Painting*. Princeton, N.J.: Princeton University Press, 1947; Alexander C. Soper. Early Chinese Landscape Painting.*The Art Bulletin*, Jun., 1941, 23（2）: 141-164; Alexander C. Soper. Life-Motion and the Sense of Space in Early Chinese Representational Art. *The Art Bulletin*, Sep.,1948, 30（3）: 167-186.

② Wu Hung. The Transparent Stone: Inverted Vision and Binary Imagery in Medieval Chinese Art. *Representations*, 1994（46）: 58-86. 收入：礼仪中的美术：下卷. 北京：三联书店，2005：672-696。

③ Wen C. Fong. *Images of the Mind: Selections from the Edward L. Elliott Family and John B. Elliott Collections of Chinese Painting and Calligraphy at The Art Museum*. Princeton, N.J.: The Art Museum, Princeton University, 1984: 21-22.

④ 方闻. 中国艺术史与现代世界艺术博物馆：论“滞后”的好处. 黄厚明，尹彤云，译. 清华大学学报（哲学社会科学版），2008（2）：79.

⑤ Wen C. Fong. Archaism as a “Primitive” Style//Christian F. Murck, ed., *Artists and Traditions: Uses of the Past in Chinese Culture*. Princeton, N.J.: Princeton University Press, 1976: 89-109.

画，讨论了来自西域的“凹凸画”是如何逐渐中国化，并最终转变为中国本土绘画笔墨风格的过程①。这篇文章不仅勾勒出早期敦煌壁画的模拟形似史脉络，而且明确提出“中国绘画用它自己的方式实现了对幻觉空间的控制与征服”的主张。针对后现代学者一方面抵制形式研究范式、一方面又过分依赖风格研究结论的不良倾向，方闻教授撰写了长文《为什么中国绘画是历史》(2003)②。这篇文章重申了对中国绘画的视觉语言及其含义进行历史性描述的必要性，并且在方法层面上指出，采用一种移动的视点或者“平行透视”(parallel perspective)进行视觉结构分析，有助于重建中国早期艺术的模拟形似史。

2005年4月，已经退休的方闻教授接受其继任者谢柏柯(Jerome Silbergeld)教授专访，在回答“当前中国艺术史研究的主要议题为何”时，他再次强调了“空间”问题的重要性：

> 重要的例子之一便是中国绘画中如何描绘“空间”的问题，或称之为中国画的“幻觉主义”。因为，当我们面对“视觉”艺术品如绘画或雕塑进行形式分析，以求其中“意义”时，“空间”的描述即是其中的核心。……[中国的]这种空间的再现方式，伴随着中国的用笔技巧，开创了另一种图像表达意义的体系，并且需要有别于西方艺术史学上的分析方法来阐明。③

(二)中国学界

对于中国绘画史的空间表现问题，中国学界的论述集中于诸如“三远法”等问题，其中文献研究占相当大的比重，立足于作品的视觉语言研究则相对有限，但也有一些研究敦煌艺术的重要成果。

向达1951年发表的文章《莫高、榆林二窟杂考》，从“绘画中之空间观念”角度出发，讨论了敦煌经变画的渊源问题，认为其画法“自印度传于西域，如高昌、龟兹

① Wen C. Fong. Ao-t'u-hua or Receding-and-protruding Painting at Tun-huang// *Proceedings of the International Conference on Sinology: Section of History of Arts*. Taipei: Academia Sinica, 1981: 73-94. 中译本见：方闻. 敦煌的凹凸画. 申云艳，译. 故宫博物院院刊，2007(3)：6-15.

② Wen C. Fong. Why Chinese Painting is History?. *The Art Bulletin*, June，2003，85(2)：258-280. 中译本见：方闻. 为什么中国绘画是历史. 李维琨，译. 清华大学学报(哲学社会科学版)，2005(4)：1-17。

③ 方闻. 我的学术思路：回答谢柏柯教授的九个问题(上). 邱士华，译. “故宫”文物月刊(台湾)，2006，279：62-63.

诸国，复由西域东被以至敦煌”[①]。

在论述敦煌壁画时，郎绍君发现莫高窟北朝壁画介于汉、唐风格之间，“但倾向于汉，基本是二次元（二度空间）平面，夹杂着弱三次元（三度空间）的真实感。……三度幻觉与排斥三度幻觉的二度平面并列的奇妙交互……形成早期壁画特殊的绘画性效果”[②]。郎绍君的论述颇具启发性，遗憾的是这篇文章将敦煌北朝壁画作为一种整体性的静态风格加以描述，并未注意到北朝晚期的画风巨变。

傅熹年曾撰文勾勒出中国古代建筑画（界画）的发展脉络[③]，他分别用建筑图法术语如“立面图”、“轴测投影图”以及“近似于透视的画法”来描述战国至唐代的建筑画表现成就，文章把莫高窟第148窟经变画作为唐代“鸟瞰透视”画法的视觉证据。

2002年，敦煌研究院赵声良编著的《敦煌石窟全集·山水画卷》出版，翌年他在日本完成了博士论文《敦煌壁画风景研究》，并于2005年出版[④]。这两本著作是继斯里兰卡裔法国籍女学者安妮尔·德·席尔娃（Anil de Silva，1909—1996）、东京大学教授秋山光和，以及中国美术学院教授王伯敏（1924—2013）之后，对敦煌山水画最全面的研究著作。[⑤]《敦煌壁画风景研究》第二章讨论了唐代壁画的“群像配置方式”“视点”“透视关系”等问题，并引入“鱼骨式构成”概念描述经变画中的空间特征。在最新出版的《敦煌石窟美术史·十六国北朝》（2014）中，赵声良单独列出一节，专门讨论敦煌早期壁画“空间的表现”[⑥]。

---

① 向达. 莫高、榆林二窟杂考. 文物参考资料，1951（5）（“敦煌文物展览特刊”下册）：91.

② 郎绍君. 早期敦煌壁画的美学性格. 文艺研究，1983（1）：59.

③ 傅熹年. 中国古代的建筑画// 傅熹年书画鉴定集. 郑州：河南美术出版社，1999：198-232.

④ 赵声良. 敦煌石窟全集18：山水画卷. 香港：商务印书馆有限公司，2002；赵声良. 敦煌壁画风景研究. 东京：成城大学博士论文，2003；赵声良. 敦煌壁画风景研究. 北京：中华书局，2005.

⑤ Anil de Silva. *The Art of Chinese Landscape Painting: In the Caves of Tun-huang*.New York: Greystone Press, 1968；秋山光和. 唐代敦煌壁画中的山水表现// 中国石窟：敦煌莫高窟：第5卷. 北京：文物出版社，东京：平凡社，1987；王伯敏. 敦煌壁画山水研究. 杭州：浙江人民美术出版社，2000.

⑥ 赵声良，等. 敦煌石窟美术史·十六国北朝：下卷. 北京：高等教育出版社，2014：224-236.

第一章　前敦煌艺术

第一节　引言：风格辨识的意义

任何语言都有其语法，搞清楚语法规律是语言学家的分内之事。视觉语言同样也有一套自己的语法，只有通晓这些规范程式，才可能正确解读出蕴涵于其中的语义，否则恐有误读图像之虞。李凇教授在一篇名为《中国图像的逻辑》（2010）的文章中指出：

> 图像作为解读历史文化的重要平台，是有规则、有层次的表述系统。不论在单件图像作品内，还是在多件相互联系的成套组合之间，图像的配置都存在内在的形式逻辑……其制订和使用都有“潜规则”。理解图像的形式结构才能正确“激活”图像。①

随着艺术史学科中发生的“外史研究为主”的转向②，最近若干年来学者们对风格研究不再那么重视，而偏重于建立全新视角、阐发深层意义。曹意强曾提醒过试图以“图像证史”的史学家，图像与文字一样“有其特殊的语言与形式密码”，并非如人们想象的那样一目了然，如果忽视艺术史的基本方法，“历史研究者必然成为‘视觉盲’”③。

以汉画中的建筑图像为例，黄厚明曾注意到，学术界对所谓的“楼阁图像”产生了普遍的“误读”现象：

> 令人遗憾的是，由于今天的研究者没有弄清楚汉代的制图语法及其变化过

---

① 李凇．中国图像的逻辑 // 第十八届世界美学大会论文摘要集．北京：北京大学，2010：122.

② 所谓“内部艺术史”，一般指鉴定、形式与风格分析和材料研究；与此相对的“外部艺术史”则是指社会学和相关的政治、文化史研究，诸如社会艺术史、图像学研究、心理分析等。详阅：曹意强．新视野中的欧美艺术史学（导论）．新美术，2005（1）：13。

③ 曹意强．可见之不可见性：论图像证史的有效性与误区．新美术，2004（2）：12-13.

> 程，误将图二中的这类庭院建筑视为多层“楼阁”。笔者注意到，在《中国画像石全集》、《汉代画像石综合研究》等重要文献中，此种误读已成为学界普遍接纳的一种“常识”。与此相关，中外考古界和历史学界长期热衷于讨论所谓“楼阁拜谒图”的图像学意义，并因此衍生出数量庞大的学术成果。这种建立在错误判断之上的学术研究，究其原因就在于缺乏对图像空间结构的科学观察。[①]

总之，熟悉图像的“视觉语法”是艺术史研究的必要前提，若忽视图像的内在形式逻辑，就会产生不必要的误读。之于中国艺术风格史，战国至汉代至关重要，可谓再现性意识之初现阶段。本章旨在立足于空间表现问题，考察中国早期艺术的“视觉结构”特点及其演变过程，重点讨论汉代艺术在表现空间场景方面所取得的成就。

① 黄厚明. 艺术史与图像:《图像的意义》读后. 美术研究，2010（1）：73-74.

第二节　早期艺术的视觉结构

本节主要考察中国史前及三代艺术的“视觉结构”特征。具体分为三个步骤（子问题）进行考察：首先分析单个形象母题的形式特征，其次考察多个物象是以何种方式组织起来的，最后分析早期平面性图像如何表现空间场景。

这种研究思路，以哥伦比亚大学教授迈耶·夏皮罗（Meyer Schapiro，1904—1996）的风格理论为基础。夏皮罗在《风格》（1953）一文中提出，风格研究涉及三个层面：第一层是“形式要素和母题”（form elements and motifs）；第二层是“形式之间的关联”（form relationships），即本书所谓的“视觉结构”；第三层是“表现上的品质”（expressive qualities）[①]。

本节所考察的三个子问题，首个子问题对应夏皮罗风格理论中“形式要素和母题”这个层面，后两个子问题对应夏皮罗风格理论中的“形式之间的关联”层面。由于第三个子问题“空间表现”是本书研究焦点所在，故别立一段。

一、母题形式：物象之本

中国已知最早的山岳形象，见于新石器时代晚期的大汶口文化。在山东、安徽等

---

① Meyer Schapiro. Style// Donald Preziosi, ed. *The Art of Art History: A Critical Anthology*. Oxford: Oxford University Press, 1998: 145. 该文中译本：夏皮罗. 艺术的理论与哲学：风格、艺术家与社会. 沈语冰，王玉冬，译. 南京：江苏凤凰美术出版社，2016：53. 案：方闻最早将夏皮罗的风格理论引入到中国艺术史研究中，他强调第二个层次——“形式之间的关联”——在断代和鉴定中具有主导作用，进而将其定义为“视觉结构”（即“视像结构”），并与沃尔夫林的“视觉看法”（mode of seeing）理论相联系，从而将艺术史内部的风格研究与外部的文化史或思想史研究结合起来。关于其学术思路，可参阅：Wen C. Fong. Why Chinese Painting is History?. *The Art Bulletin*, 2003, 85(2): 258-280；方闻. 清华大学中国考古与艺术史研究所学术定位及学科发展问题：答黄厚明、申云艳、邱忠鸣、彭慧萍同学问. 清华大学学报（哲学社会科学版），2006（4）：5-19；方闻，谢伯柯. 问题与方法：中国艺术史研究答问（上）. 何金俐，译. 南京艺术学院学报（美术与设计版），2008（3）：27-44。

图 1–2–1 大汶口灰陶尊刻符［新石器时代，山东莒县陵阳河出土，莒县博物馆藏］

地的大汶口文化晚期遗址中，常见一种刻有符号的陶器，其中一种典型的刻画符号，自上而下分别由太阳、月牙状火焰（另有月亮、云气等说），以及五峰或三峰山峦构成（图 1–2–1），三个部分均呈正面形态。山东莒县陵阳河、诸城前寨及安徽蒙城尉迟寺等遗址，都曾出土过刻有此类符号的陶器，刻符呈现出规范化、程式化趋向，年代大约在公元前 2800 年至前 2600 年之间①。

大汶口陶器刻画符号引起了学界的关注，讨论的焦点集中在对其性质和含义的认定上。多数学者认为它属于古文字，古文字学家于省吾（1896—1984）首先提出“这是原始的旦字”②，继而唐兰（1901—1979）又将其释为“炅”字③。另一种观点否认它是文字，认为其性质应该是“图画记事符号”④。汉字由形、音、义三要素构成，关于大汶口陶器刻画符号性质的争论，焦点在于它是否具有固定的“音”，以及它在多大范围内可以起到表达含义、沟通思想的作用（“义”），而刻符所具有的图画形式（“形”）对于判断其性质是文字还是图像，则几乎起不到多大的作用。

据明末清初学者顾炎武（1613—1682）在《日知录》中的考证，“三代以上，言‘文’不言‘字’”⑤，可知汉字最初称“文”。“文”在甲骨文和金文中很常见，其本义是指人的文身之形⑥。由此可见“图”（图像）和“文”（文字）在根源上的关联性。东汉文字学家许慎（约 58—约 147）在《说文解字 • 叙》中有一段著名的论述，其云：

① 杨晓能. 另一种古史：青铜器纹饰、图形文字与图像铭文的解读. 唐际根，孙亚冰，译. 北京：三联书店，2008：119.

② 于省吾. 关于古文字研究的若干问题. 文物，1973（2）：32.

③ 唐兰. 关于江西吴城文化遗址与文字的初步探索. 文物，1975（7）：72.

④ 汪宁生. 从原始记事到文字发明. 考古学报，1981（1）：28. 另参阅：王恒杰. 从民族学发现的新材料看大汶口文化陶尊的“文字”. 考古，1991（12）：1119-1120。

⑤ 顾炎武. 日知录校注：中册. 陈垣，校注. 合肥：安徽大学出版社，2007：1171.

⑥ 朱芳圃（1895—1973）在《殷周文字释丛》中指出，文身对先民而言，乃人生大事，属于“成丁礼”。通过身上的纹样可区分氏族、年龄、性别及地位等。朱芳圃. 殷周文字释丛. 北京：中华书局，1962；说“文”与“文字”// 刘敦愿. 美术考古与古代文明. 北京：人民美术出版社，2007：31.

仓颉之初作书，盖依类象形，故谓之“文”。其后形声相益，即谓之“字”。文者，物象之本。字者，言孳乳而浸多也。[①]

大汶口陶器刻符的日、火、山均呈“正面律”形象，正好印证了许慎“依类象形”“物象之本”的观点。

进而言之，这种高度图式化的、平面性的、符合正面律的形式特征，是所有原始艺术所共有的。欧美艺术史家曾试图从心理学角度为此种风格提供解释，比如古典考古学家埃马努埃尔·勒维（Emanuel Loewy，1857—1938）在《早期希腊艺术对自然的描绘》（*Die Naturwiedergabe in der älteren griechischen Kunst*，1900）一书中，将流行于上古的这种正面图式称作“记忆形象”（memory-picture）或“心理影像”（mental image）。根据其理论，首先“物象被想象为许多感觉印象的记忆痕迹，那些感觉印象沉积在记忆之中，在那里经过结合就成为典型性状”，制象时“记忆精选出了对象的特征，精选出了以其最具特色的形式表现对象的那些面貌”[②]。埃马努埃尔·勒维的学生贡布里希继承了这种运用心理学法则解释艺术风格的做法，但他同时也指出，埃马努埃尔·勒维的理论混淆了因果关系，“任何人都不太可能只是以这种方式忆起现实，可是这种图式化的图像可以极好地作为辅助记忆的代码”[③]。贡布里希用“概念性物像”（conceptual image）一词取代了勒维的“记忆形象”概念，以概括形形色色的原始艺术：

在最原始的水平上，概念性物像可能就是我们所说的那种最低限度物像，即，使形象适应心理之锁的最低限度，而钥匙的形式既取决于制作它的材料又取决于锁。[④]

根据上述逻辑，贡布里希在《艺术与错觉：图画再现的心理学研究》（*Art and Illusion: A Study in Psychology of Pictorial Representation*，1962）中发展出一个著名的心

① 许慎，撰. 说文解字注. 段玉裁，注. 杭州：浙江古籍出版社，1998：754. 许慎之外，很多学者均表达过类似观点，试举三例。其一，《淮南子·天文训》高诱注：“文者，象也。”其二，南朝梁刘勰（约465—约522）《文心雕龙·练字》：“夫文象列而结绳移，鸟迹明而书契作。”其三，南宋郑樵（1104—1162）《通志》卷31《六书略·象形》：“六书也者，皆象形之变也。”

② 贡布里希. 艺术与错觉：图画再现的心理学研究. 林夕，李本正，范景中，译. 长沙：湖南科学技术出版社，2007：13.

③ 贡布里希. 通过艺术的视觉发现// 范景中. 贡布里希论设计. 长沙：湖南科学技术出版社，2001：5.

④ 贡布里希. 木马沉思录：论艺术形式的根源（Meditations on A Hobby or The Roots of Artistic Form, 1951）// 范景中. 艺术与人文科学：贡布里希文选. 杭州：浙江摄影出版社，1989：31.

理学公式——“图式加矫正”（scheme plus correction）——用以描述艺术从“概念性物像”逐渐过渡到自然主义的发展过程。许慎“物象之本”说与贡布里希“概念性物像”的概念十分接近，二者都可作为中国早期“图”和“文”形式特征的绝佳概括。

在早期艺术中，“概念性物像”方式不仅超越了文字与图像的界限，而且还超越了地域和材料，是所有视觉形式所共有的特征。再看一个南方河姆渡文化（约公元前4400—前3300年）的图像实例，这是再现性程度最高的史前图像。河姆渡文物中有一件著名黑陶钵，出土于浙江省余姚市河姆渡遗址[①]，黑陶钵双外侧各刻有一个猪的图像（图1-2-2），其形象完全符合正面律特征。猪的外轮廓线优美而流畅，与背部鬃毛的短线条构成了对比。值得注意的是，猪背和腹部内侧刻出了平行于外轮廓的另一根线条，猪的躯体内还刻出同心圆及两个花瓣形纹饰，进一步强化了平面感。这个河姆渡的猪纹形象是通过二维、无机的平面轮廓线组织起来的，其视觉结构完全是平面化的，与大汶口陶器刻符并无二致。

在论述中国早期艺术时，英国汉学家威廉·沃特森（William Watson，1917—2007）和杨晓能先后指出，在中国青铜时代艺术（三代艺术）中并存着两种主要风格：主流风格是王室的、神权的和抽象的，可称为“神圣风格”；与此相对的是晚商至周初出现的“自然主义风格”，即一种大众的、世俗的和写实的风格。[②]毋庸置疑，这种风格分类有利于深化对三代艺术的理解，然而当我们比较这两类商周青铜艺术中的对立风格时，则会发现它们虽然在形式上差异明显，却丝毫不妨碍具有深层的一致性。即便是那些“一反当时流行的神迷、变形、杂交的动物造型”[③]的写实主义作品——如河南洛阳北窑西周墓出土的兔纹尊，或者是美国明

图1-2-2 猪纹黑陶钵［新石器时代，浙江省余姚市河姆渡出土，高11.7厘米，浙江省博物馆藏］

① 河姆渡遗址考古队. 浙江河姆渡遗址第二期发掘的主要收获. 文物，1980（5）：7-10；吴玉贤. 河姆渡的原始艺术. 文物，1982（7）：61-69.

② William Watson. *Style in the Arts of China*. Middlesex: Penguin Books, 1974: 25-52; Yang Xiaoneng. *Sculpture of Xia and Shang China*. Hong Kong, 1988: 41-43；杨晓能. 另一种古史：青铜器纹饰、图形文字与图像铭文的解读. 唐际根，孙亚冰，译. 北京：三联书店，2008：383-385.

③ 杨晓能. 另一种古史：青铜器纹饰、图形文字与图像铭文的解读. 唐际根，孙亚冰，译. 北京：三联书店，2008：385.

尼阿波利斯艺术博物馆（The Minneapolis Institute of Arts）所藏的鹿纹青铜卣，也没有超越平面性视觉结构（planar visual structure）范畴。所谓风格，实际包含了表象形式和深层结构两个不同层次，就像语言学中的“词法”和“句法”，研究时需要分别考察。

二、物象组合：平面叠加

接下来的问题是，平面性图像如何将多个物象组织起来？回答这个问题，实际上是考察夏皮罗风格论的第二个层次——“形式之间的关联”。

中国早期视觉艺术中，物象组合方式可分为两大类：无机组合和有机关联。第一类图像缺乏明显的物象组合意识，比如部分原始岩画，各个形象单元彼此孤立，其间缺乏意义或形式的关联，甚至并非画于一时。此类图像中的各个形象之间的关系是无序的，或者说至少不是出于某种特定的“视觉逻辑”①。与此相对，另一类图像则是由彼此关联的若干形象所构成的形式整体，画面能体现出某种整体意识。下面所讨论的物象组合问题，仅限于后一类图像。

前述大汶口陶器刻符就是典型实例。该图形的三个组成部分竖直叠置，各个母题之间既无重合、也无遮挡，因此其整体形象也完全是平面化的，没有表现出任何空间进深关系。

如果说大汶口陶器刻符可能属于古文字范畴，那么请再看两例史前彩陶上的图像。

1958 年，陕西宝鸡北首岭出土过一件彩绘陶壶（过去定名为瓶），属于仰韶早期的半坡类型②，壶身上腹部绘出水鸟衔鱼图像（图 1-2-3），画面左侧的水鸟向右侧立，牢牢衔住右侧一

图 1-2-3　水鸟衔鱼图彩陶壶［新石器时代，陕西宝鸡北首岭出土，中国国家博物馆藏］

① 比如有些岩画出现图形反复重叠现象，推测乃实施巫术的结果。陈兆复. 中国岩画发现史. 上海：上海人民出版社，2009：382-383.

② 考古所宝鸡发掘队. 陕西宝鸡新石器时代遗址发掘记要. 考古，1959（5）：230；中国社会科学院考古研究所. 宝鸡北首岭. 北京：文物出版社，1983：100-131.

尾长鱼，鱼首和鸟尾相逐，环绕壶身一周。除器型本身的圆转造型外，仅就图像而言，两个物象之后丝毫看不出空间前后关系。

1978 年，河南临汝县阎村墓葬中发现一件彩绘陶缸（俗称“伊川缸”），属于仰韶文化庙底沟类型（约公元前 4000—前 3500 年），比北首岭陶壶晚数百年。陶缸高 47 厘米、口径 32.7 厘米，外壁上绘一只眼睛圆睁、口中衔鱼的白色鹳鸟，其右侧有一柄石斧（图 1-2-4）。这是迄今所见新石器时代幅面最大的陶器绘画①，其视觉结构和物象组合方式与北首岭陶壶上的图像相同。据巫鸿分析：“绘画者把所有的形象都放在器物的一侧，以此来确定观赏者的视角。……严格地说，这些形象已经不再是器物的‘装饰’，而是一幅完美的绘画作品了。”②这个陶绘《鹳鱼石斧图》是史前美术中写实性最强的图像，三个物象均呈正面律形式，它们之间互不遮挡，除画面意义上的平面位置关系外，绘制者未曾表现出任何想要描绘出背景或展示空间的意图。

图 1-2-4 鹳鱼石斧图彩绘陶缸［新石器时代，河南临汝阎村出土，中国国家博物馆藏］

① 临汝县文化馆. 临汝阎村新石器时代遗址调查. 中原文物，1981(1)：3-6；张绍文. 原始艺术的瑰宝：记仰韶文化彩陶上的鹳鱼石斧图. 中原文物，1981(1)：21-24；郑杰祥. 鹳鱼石斧图新论. 中原文物，1982(2)：48-51；严文明. 鹳鱼石斧图跋. 文物，1981(12)：79-82；范毓周. 临汝阎村新石器时代遗址出土陶画《鹳鱼石斧图》试释. 中原文物，1983(3)：8-10；牛济普.《鹭鱼石斧图》考. 中原文物，1985(1)：46-53；杨堃，周星. 鹳鱼石斧图与中国古史传说. 史前研究，1990—1991 辑刊：55-65；刘敦愿. 论鹳鱼石斧图的艺术性及其他. “故宫”文物月刊，1995(9)：116-122；李淞. 远古至先秦绘画史. 北京：人民美术出版社，2000：103-107.

② 杨新，等. 中国绘画三千年. 北京：外文出版社，纽黑文：耶鲁大学出版社，1997：18.

有学者指出，中国新石器时代的图案思维，由低到高可分为单相思维、组合思维和复合思维三类[①]。最初出现的“单相”是对单独物象的描绘；“组合”是将多个单相，以分体性方式组合到一起，如大汶口陶器刻符，或者临汝陶绘《鹳鱼石斧图》，就是这种思维阶段的产物；最后是将各种原形糅合为一体的“复合”方式，表现为诸如猪龙、人面鱼纹一类的“联体性组合”。从视觉结构角度考察，所谓“复合”图形仍没有超越平面性结构。以著名的“人面鱼纹”为例，无论人面和数个鱼形母题结合得如何巧妙，都是一种平面性的叠加关系。

史前至汉代，平面性视觉结构一直是绘画的主导性风格。以著名的战国帛画《人物龙凤图》[②]（图1-2-5）为例，画面共出现了侧面女子、龙、凤和月亮（或龙舟）四个形象，各个形象之间的位置关系，仅限于二维的左右和上下，没有出现任何物象间的前后遮挡关系，说明画家对表现空间纵深感毫无兴趣，或者说没有“三维再现”意识。刘敦愿曾注意到，战国铜器与漆器上的画像“特别注意保持每个或每组物象轮廓的完整”，有意避免物象之间互相遮掩，“这种做法影响及于帛画，长沙出土的《人物龙凤图》便把凤鸟上张的双翅省作了一个”[③]。概言之，从视觉结构角度，战国帛画和史前岩画、彩陶绘画一样，同属于“概念性艺术”。

在描述东汉武梁祠（151）屋顶的石刻画像时，巫鸿引入了“图录式”（cataloguing style）概念：

> 一整幅构图由若干单元组成，每一单元包含一个图像和一段相应榜题。每个形象都相当规范化而且自成一体，缺乏任何背景和环境表现。我们可以把这种形式称为“图录式”（cataloguing style）的设计，其在古今中外的动植物图典中屡见不鲜。[④]

毫无疑问，史前图像不可能出现相应的“榜题”，除此之外，上述对图录风格的界定，完全适用于大汶口陶器刻符，或者临汝陶绘《鹳鱼石斧图》。迄今所见的所有史前图像均符合“每个形象都相当规范化而且自成一体，而且缺乏任何背景和环境表现”的描述。

---

① 卜工. 文明起源的中国模式. 北京：科学出版社，2007：124-125.

② 湖南省博物馆. 新发现的长沙战国楚墓帛画. 文物，1973（7）：73-74.

③ 试论中国古代绘画中的透视观// 刘敦愿. 美术考古与古代文明. 北京：人民美术出版社，2007：36-37.

④ 巫鸿. 武梁祠：中国古代画像艺术的思想性. 柳杨，岑河，译. 北京：三联书店，2006：94-96.

图 1–2–5 人物龙凤帛画［战国，绢本墨绘淡设色，长 31 厘米，宽 22.5 厘米，湖南长沙陈家大山楚墓出土，湖南省博物馆藏］

三、场景表现：混合视角

“概念性物像”的基本特征是形象清晰、完整，证明早期图像观念以识别之准确无误——让观者“视而可识”——为主要诉求，至于描绘背景和环境，以及表现多个物象的空间位置关系则非主要目的。概念性物像仅能表现两维空间，即上下和左右，多数情况下，这种画法已可满足先民们对图像的功能需求，无须表现空间进深。然而，仍有少数情况下需要描绘三维空间场景，或者说空间场景本身就是该图像所要表现的“内容”，这时就要进行某种变通。

云南沧源县第二号崖画地点有一幅村寨图像（图 1-2-6）[①]，图像中心部分以一个横向的椭圆形表示村寨，沿椭圆形绘出若干个干栏式房屋，均垂直“安立”在椭圆形村寨的轮廓线上，因各自位置不同而产生正立、倒立和斜立三种情况。村寨周围有四条曲线，表示通往寨子的道路，路上有携带武器或驱赶牲畜的人群，很可能表现的是战争后凯旋的景象。据图像内容以及测年技术综合考订，这幅崖画距今大约 3000 年[②]。这幅沧源村寨图崖画的表现手法，与恪守“平面律”规则的埃及绘画非常相似，其背后的“视觉看法”就像贡布里希分析公元前 1400 年的埃及底比斯（Thebes）墓

图 1-2-6　崖画村寨图（摹绘）［新石器时代，沧源第二号崖画地点］

① 李淞. 远古至先秦绘画史. 北京：人民美术出版社，2000：52；陈兆复. 中国岩画发现史. 上海：上海人民出版社，2009：285-287.

② 陈兆复. 中国岩画发现史. 上海：上海人民出版社，2009：329-331.

图 1–2–7 崖画圆舞图（摹绘）[新石器时代，沧源第七号崖画地点]

室壁画时所说的那样：“（埃及）艺术家的任务是要尽可能清楚、尽可能持久地把一切事物都保存下来，所以他们并不打算把自然描绘成从偶然碰上的角度看到的样子。……事实上，他们的做法很像画地图，不像作画。”①

沧源第七号崖画地点有一幅圆舞图（图 1–2–7），运用了相同的表现手法。画面中心是一个圆圈，沿圆圈描绘出五个人物形象，他们“都呈放射状倒向四周，像是五片盛开的花瓣”②。崖画绘制者把地面的圆形形态和舞者的正立面形象组织成一个形象整体，这种形式虽然完全不符合视觉经验，但可以清晰表达出五个舞者围成一圈的情状。

这种别具特色的空间表现方式可称为“混合视角”，即把俯视的平面形态（如椭圆形村寨、舞者围合出的圆形）同平视的立面形态（如房屋、舞者）整合在一起，清晰、简明地表达出三个维度的视觉信息。尽管如此，这种图像仍是平面性的，可视为“概念性”艺术在表现空间场景时的一种变体形式，因为它并不模拟幻觉空间，本质上仍然“画其所知”，而非“画其所见”。

运用“混合视角”画法，可以弥补平面性视像难以表达进深空间关系的缺陷，其代价是与实际视觉经验相去甚远。在研究汉代正面车马图时，缪哲曾将中国早期车马图像归纳为三个主要类型，他认为“从它的初现到战国的中期，中国艺术的车马图，始终以‘古风型’为统治——倘不说‘唯一’——的类型”③。缪哲所谓的“古风型”，就是运用混合视角画法的车马图。现存实例多见于春秋战国之交的青铜器画像，如北京故宫藏战国刻绘燕乐画像铜器残片④等。查尔斯·韦伯（Charles D. Weber）梳理过这批青铜器上的车马图像（图 1–2–8），认为其性质属于“概念性艺术”（conceptual

① E. H. Gombrich. *The Story of Art*. Oxford：Phaidon Press, 1989: 34.

② 陈兆复. 中国岩画发现史. 上海：上海人民出版社，2009：268. 李淞对此图像的解释与众不同。区别有两方面：其一，“其实圆形应当是表示山头或势力范围，站立四周的人表示占有此山”；其二，双手平伸的人物形象并非舞蹈，而是当时岩画中“表示人的一般图像，或称标准像，……只是因为五人连成了一圈，便使令人感觉与舞蹈形式相吻合而误生此意”。参见：李淞. 远古至先秦绘画史. 北京：人民美术出版社，2000：52。

③ 缪哲. 汉代艺术中外来母题举例：以画像石为中心. 南京：南京师范大学博士论文，2007：18. 另，该文第 20 页指出，战国古风型车马图“应是经蒙古远绍中亚和高加索地区的”。

④ 梓溪. 战国刻绘燕乐画象铜器残片. 文物，1962(2)：52. 案：更多的例子可参见缪哲《汉代艺术中外来母题举例》第一章（第 17 页）。

图 1–2–8　青铜画像车马图（摹绘）[春秋战国]

art）或“概念性图像”(conceptual image)[1]。此类车马图像通常画出两匹或四匹马，其特点是人物、车厢（舆）、车轮及马匹皆取侧视，辀（车辕）两侧的马匹互为反向，外侧马背朝上足朝地，里侧马背朝下足朝天，辀或者衡则取俯视。李凇教授把这种战国车马图的画法定义为“混合式的透视法”，认为它解决了难以画出前后重叠物象的透视难题[2]。“混合式的透视法”与笔者所用的“混合视角”含义相同。在概念性艺术时代，这种画法是表达复杂空间时——需要同时表达三个维度的视觉信息——所用的权宜之策。这种混合视角画法还是普遍存在于早期艺术的跨文化艺术现象，在埃及、中亚、东亚和南美洲绘画中，都能找到其身影。

① Charles D. Weber. Chinese Pictorial Bronze Vessels of the Late Chou Period, Part IV. *Artibus Asiae*, 1968, 30(2/3): 145-213.

② 李凇. 远古至先秦绘画史. 北京：人民美术出版社，2000：182.

第三节　东周秦汉：三维再现初现

从空间表现这个角度说，战国（前475—前221年）至汉代（前206—公元220年）是风格史上一个重要的发展阶段。战国中期到西汉，平面性画法仍居主导地位，但少数作品呈现出探索表现空间进深的努力，可谓中国绘画再现性意识之初现。经过了二三百年的探索，至东汉时，画工们已逐步积累起表现三维空间的技巧和经验，但概念性艺术依然继续流行，因而出现了“概念性艺术”和“再现性艺术”①并行一时的局面。

一、空间再现之始

春秋晚期至战国，绘画发展迅速，但绝大多数作品仍沿袭了绘画初始阶段的平面性视像结构，缺乏表现空间进深的“再现”意识。诚如杨泓在《战国绘画初探》（1989）一文中的描述：

> 由于没有掌握事物的透视投影，（战国绘画）缺乏表现远近前后变化的手段，故画面一般采取正侧面的构图，将所描绘的事物情景都侧视压缩在同一平面上，呈现类似剪影的效果。……类似的早期绘画的稚拙技法，直到汉画中还未能完全消失。②

---

① “再现性”，有时也表述为“错觉主义的”（illusionistic），后者是维也纳学派艺术史家弗朗茨·维克霍夫（Franz Wickhoff，1853—1909）在其名著《罗马艺术：它的基本原理及其在早期基督教绘画中的运用》（*Roman Art: Some of Its Principles and Their Application to Early Christian Painting*, 1900）中首创的风格术语，用以描述罗马帝国时期官方艺术及早期基督教艺术风格。范景中. 美术史的形状：从瓦萨里到20世纪20年代. 杭州：中国美术学院出版社，2003：248.

② 杨泓. 战国绘画初探. 文物，1989（10）：58.

杨泓所说的“早期绘画的稚拙技法”，主要是针对战国绘画仍采用平面性结构这一基本特点而言的。实际上一直到东汉初期，流行了数千年之久的概念性画风不仅“未能完全消失”，而且仍占主导性地位。

正值概念性艺术流行之际，部分战国画师开始尝试表现空间进深感。春秋晚期至战国中期，出现了一批表面饰以精美画像的青铜器，重要作品有如下四例：

（1）宴乐渔猎攻战纹铜壶，北京故宫博物院藏①；

（2）水陆攻战纹铜鉴②，1935年河南汲县（现卫辉市）山彪镇一号大墓（M1）出土，现藏台湾“中央研究院”历史语言研究所（图1-3-1）；

（3）宴乐攻战纹铜壶③，1965年四川成都百花潭中学10号墓出土（图1-3-2）；

（4）水陆攻战纹铜壶，保利艺术博物馆藏④。

这些战国青铜器画像构图繁复、场面宏阔、物象瑰玮、制作良巧，因而成为众所瞩目的精品，其异常丰富的视觉效果主要是依靠平面性原则组织起来的，即采用上下分栏的构图方式，每一栏中的物象左右排，绝少出现前后遮挡。然而在个别画像局部，开始出现突破概念性艺术的现象。以北京故宫所藏铜壶和成都百花潭出土铜壶为例，画像最上层都出现了采桑图像（图1-3-3），二者形式非常接近，刘敦愿（1918—1997）推测它们“根据同一粉本而小有变化”⑤。

这两个采桑图与其他部分图像不同，物象（人物和树木）并没有像通常的画法那样安立在同一水平线上，而是呈交错陈列状，因而貌似具有一定空间感。有的学者指出，战国绘画有意避免物象相互遮掩，当需要区别前后关系时，就以物象的上下位置暗示三维中的远近关系。笔者以为，这种假说似有“以今例古”之嫌，除非能证明当时已具备错觉性艺术的“视觉看法”，只有出现画面下方物象遮掩上方物象的情况，才能证明“在下者就是在前，在上者也就是在后”。总之，采桑图不足以证明画师有意表现三维空间，因为画面虽有物象的位置上下交错关系，但没有出现前后遮挡关系⑥，因此很可能是无意为之。

---

① 故宫博物院. 故宫青铜器. 北京：紫禁城出版社，1999：图版281.

② 郭宝钧. 山彪镇与琉璃阁. 北京：科学出版社，1959：18-23.

③ 四川省博物馆. 成都百花潭中学十号墓发掘记. 文物，1976（3）：40-46；杜恒. 试论百花潭嵌错图象铜壶. 文物，1976（3）：47-51.

④ 孙华. 嵌错社会生活图画壶// 保利艺术博物馆. 保利藏金（续）. 广州：岭南美术出版社，2001：186-199；中国的水陆攻战图和亚述的水陆攻战图// 李零. 入山与出塞. 北京：文物出版社，2004：269.

⑤ 青铜器采桑图像的主题思想商榷// 刘敦愿. 美术考古与古代文明. 北京：人民美术出版社，2007：228.

⑥ 故宫所藏铜壶画像中出现三条横穿树木和人物的直线，看上去颇似背景中的栏杆，而实际上这是贯穿整个壶颈外部一周的水平向装饰线。

图 1–3–1 青铜画像水陆攻战图（摹绘）［战国，河南汲县山彪镇 M1 出土铜鉴，现藏台湾“中央研究院”历史语言研究所］

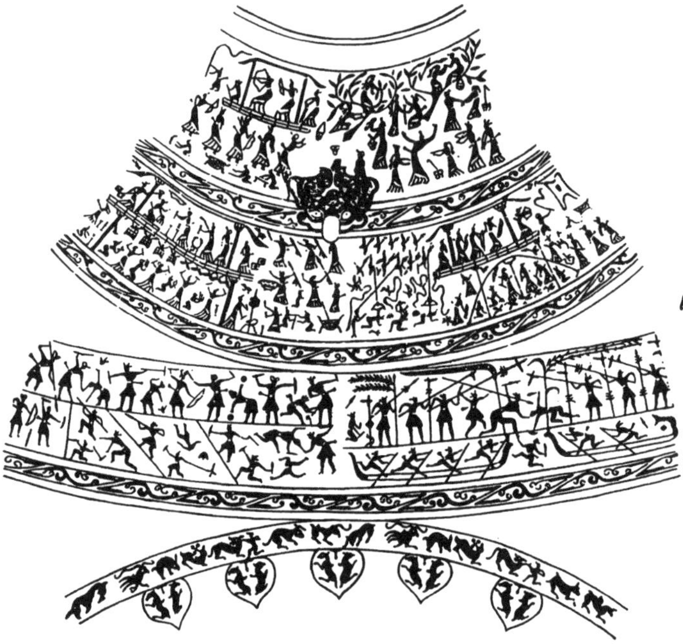

图 1–3–2 青铜画像宴乐攻战图（摹绘）［战国，四川成都百花潭出土铜壶］

图 1–3–3 青铜画像采桑图［上：北京故宫藏铜壶纹饰局部；下：成都百花潭出土铜壶纹饰局部］

战国时出现了车马画法的新样式，这种新画法可以作为战国绘画朝再现性方向探索的视觉证据。楚国包山漆奁画《车马出行图》[①]是最早运用车马图新画法的作品之一。漆奁出土于湖北荆门包山2号楚墓，约为战国中晚期之物。漆画绘于奁盖立面，环外部一周，共5棵树、26人、4辆马车，其中两车驾三匹马，另两车驾两匹马（图1-3-4）。关于其图像内容，有“聘礼行迎图”“金秋郊游图”“婚礼图”等多种意见。画中的车马图像均采用侧面角度，为了表示有多匹马，画师将马背以上下叠加的方式加以表现，成功描绘出马匹的前后遮挡关系。虽然该车马图像还有不尽完美之处，比如后面的马腿均被隐去，车也仅绘出一轮[②]，但它在创造空间深度方面已实现了重大突破，正如李凇教授的评价：

> 这正是新透视方法的巨大历史意义，即突破画面的单层平面感，制造三度空间感。……它的意义或许并不在于开创了一种具体的图像方式，更在于发现了平面绘画中的空间深度。这是革命性的创造。[③]

图1-3-4 车马出行图（摹绘）[战国，木胎漆画，湖北荆门包山2号楚墓出土，湖北省博物馆藏]

这是战国新发明的车马画法，缪哲在他的早期车马图谱系中，将包山漆奁画之车马图定义为“战国新型”[④]。实际上，包山漆奁画在艺术风格史上的意义不止于类型学

① 湖北省荆沙铁路考古队包山墓地整理小组. 荆门市包山楚墓发掘简报. 文物，1988(5)；胡雅丽. 包山2号墓漆画考. 文物，1988(5)；陈振裕. 楚国车马出行图初论. 江汉考古，1989(4)；湖北省荆沙铁路考古队. 包山楚墓. 北京：文物出版社，1991：144-146；张闻捷. 包山二号墓漆画为婚礼图考. 江汉考古，2009，4.

② 皮道坚. 楚艺术史. 武汉：湖北教育出版社，1995：282-286；李凇. 马车画法与制图方式：从甲骨文到画像石// 上海师范大学美术学院. 艺术史与艺术理论Ⅱ. 杭州：中国美术学院出版社，2004：478-480.

③ 李凇. 远古至先秦绘画史. 北京：人民美术出版社，2000：221.

④ 缪哲. 汉代艺术中外来母题举例：以画像石为中心. 南京：南京师范大学博士论文，2007：18.

层面，甚至不仅局限于车马图像本身。这幅漆奁画的高度仅有 5.2 厘米，然而画师已经掌握了利用有限的高度来传达含义（形式意义）的方法：画中的树木和背朝观者的人物安立在底边基准线上，说明处于道路较近的一侧；与之相对，车马和侧面人物位置稍高，暗示着正在道路中央行进。

包山漆奁画被认为展现出了“一个前所未有的复杂空间体系”[①]，通过前面的形式分析，可知这位战国画师已经掌握了两种表现空间关系的技巧：一是通过物象的遮挡来表现位置的前后关系，二是把物象安置在画面不同高度上，以区分空间远近。

战国出现的新画风，并非楚国美术的专利，类似的车马画法还见于北方。1979 年考古工作者发掘了秦都咸阳宫第 3 号宫殿遗址，他们在一条走廊的东西两壁发现了巨幅长卷式壁画（图 1–3–5），时代约为战国中期，抑或秦代[②]。壁画中保存了七组车马图，每辆车均由四匹奔马牵拉，每组车马图像同样以马背上下叠加的方式描绘，空间进深感较包山漆奁画更强烈，后面马的腿也画了出来。和包山漆奁画一样，咸阳宫壁画也绘出了道路，并在画面上下部位画出树木，暗示它们分别被植在道路远近两侧。

图 1–3–5 咸阳宫壁画车马图（局部）［战国至秦，咸阳宫第 3 号宫殿遗址东壁，陕西省秦都文物管理委员会藏］

美国克利夫兰艺术博物馆（The Cleveland Museum of Art）藏有一枚出自中国的彩绘贝壳，贝壳两内壁各绘一幅狩猎图，其

① 这是巫鸿做出的评价，出自：杨新，等. 中国绘画三千年. 北京：外文出版社，纽黑文：耶鲁大学出版社，1997：21.

② 关于秦都咸阳第 3 号宫殿壁画的年代问题，迄今尚无定说。最初发掘简报称，据中国社会科学院考古研究所实验室碳14年代测定（1 室北门门槽底部出土木炭），该建筑遗址距测定时间（1980 年）2290 ± 80 年，即建筑绝对年代为公元前340 ± 80 年。咸阳市博物馆的李光军继而提出秦始皇三十五年（前212）说，他根据壁画内容并结合相关历史文献，认为壁画的年代应该晚于建筑：“壁画应为秦始皇统一中国之后，更确切地说，应为秦始皇三十五年时所作。”咸阳市文管会，咸阳市博物馆，咸阳地区文管会. 秦都咸阳第三号宫殿建筑遗址发掘简报. 考古与文物，1980(2)：34–50；刘庆柱. 试谈秦都咸阳第三号宫殿建筑遗址壁画艺术. 考古与文物，1980(2)：98–108；李光军. 略谈秦都咸阳第三号宫殿建筑遗址壁画的年代//《考古与文物》第一届年会论文集（光盘版）；陕西省考古研究所. 秦都咸阳考古报告. 北京：科学出版社，2004.

中一面出现了“战国新型”车马图像（图 1–3–6）。在空间感和运动感方面，“克利夫兰藏贝”的侧面车马图都较秦咸阳宫壁画更为显著，甚至有些夸张，由于视角接近俯视，两匹相邻的马身之间首次出现了空当。由于这件彩绘贝壳并非出自考古发掘，年代和产地都不甚明确，博物馆方将其年代笼统地定为公元前 300 年至前 100 年 ①。

图 1–3–6　贝壳彩绘狩猎图［战国至西汉，纵 7.5 厘米，横 9 厘米，美国克利夫兰艺术博物馆藏］

根据空间表现和运动感，上述三件采用新画法的车马图像，包山漆奁画时代最早，次为秦都咸阳宫壁画，“克利夫兰藏贝”所出最晚。无论这个排序正确与否，这一系列出自不同地点但同样展现了空间深度的绘画作品，足以让我们清晰地意识到：在战国中期至西汉这个阶段，数千年来“概念性艺术”一统的局面已经出现了改变，“再现性艺术”正在逐渐萌生。

二、两种画法的并存

如果说再现性艺术在战国还只是初露端倪，那么到了汉代，它在艺术舞台上扮演了更为重要的角色，而此时概念性艺术仍然流行，因此形成了汉代艺术史上不同画法并存的现象。这种画风并存现象，在湖南长沙马王堆帛画中表现得非常突出。

长沙马王堆汉墓是迄今最为重要的西汉考古发现，1970 年代出土了大量考古艺术品，包括帛画、帛书和墓俑，以及由一椁四棺构成的漆绘葬具等，这批文物成为研究

① 据克利夫兰博物馆李雪曼（Sherman Lee）称，该藏品购于河南古董市场，原产地不详，约出自中国北方。关于“克利夫兰藏贝”的时代问题更是众说不一，有战国晚期、西汉初年、两汉之交三种说法。1957 年，李雪曼首先提出，该彩贝应为公元前3 至2 世纪之物，即东周末、秦或西汉初年，李氏更倾向于战国晚期。1980 年代出版的《中国美术全集 · 绘画编》将其定为西汉初年，但并未给出理由。2007 年，缪哲在其博士论文中，通过研究彩贝另一面的正面车马图，提出“其年代就应改定为两汉之交（约相当于奥古斯都时代）”的看法。Sherman Lee. Early Chinese Painted Shells with Hunting Scenes. *Archives of the Chinese Art Society of America*, 1957（11）：74；中国美术全集编辑委员会. 中国美术全集：绘画编：第1册. 北京：人民美术出版社，1988：图版55 文字说明；缪哲. 汉代艺术中外来母题举例：以画像石为中心. 南京：南京师范大学博士论文，2007：16，34.

西汉文化艺术最重要的实物材料，品类囊括了绘画、书法和雕塑[①]。此外对马王堆文物的解读，还引发了那些关注方法论的学者对中国艺术史学独特性的思考和阐发[②]。

马王堆 1 号墓出土的那件著名的 T 形帛画（图 1－3－7），大体说来属于平面性图像。帛画结构自上而下分为数段，不同研究者将其归纳为二至四段，开合各异。在具体的内容解释上（图像志），更是众说纷纭[③]，但都认为它反映了汉代人心中的宇宙图式，可以说 T 形帛画的空间划分，体现的是“其所知”，而非“其所见”。画面中依纵轴被划分出的各个部分，可与多层的宇宙空间相对应，诚如巫鸿的阐释：“作为帛画的内部分界，这些平面界定了不同的存在空间（realms of beings）。……图像的组合是基于它们之间的概念性的联系（conceptual relationship）。通过这种方式，古代中国宇宙观中的基本的二元结构（dualistic structure）被转换成视觉形象”[④]。

然而，T 形帛画也不是完全没有展现出空间关系，它虽然缺乏错觉空间意义上的“远近”关系，却以遮挡的方式暗示出物象的“前后”关系。比如下列几个图像细节，各个形象要素之间穿插、遮挡很明显：

（1）画面上段“人首蛇身”主像（图 1－3－7a）；

（2）画面中部的“二龙穿璧”图像（图 1－3－7b）；

（3）穿璧图上、下有三组侍从像，上方一组侍从像，站在墓主人身后（图 1－3－7c），下方有两组相对的侍从像；

（4）画面下段互相缠绕的两只大鱼（鳌）和蛇。

这些图像都以前后遮挡的形式加以表现，物象关系很像叠在一起的扑克牌，虽可区分出前后层次，但没有创造出实际的空间距离感。那三组侍从像都是三人一组，以左右叠加的方式画出，与包山漆奁画的那种马匹上下叠加的画法不同。绘制马王堆 T

① 湖南省博物馆，中国科学院考古研究所．长沙马王堆一号汉墓．北京：文物出版社，1973；湖南省博物馆，中国科学院考古研究所．长沙马王堆二、三号汉墓发掘简报．文物，1974（7）：39-48，63；中国科学院考古研究所，湖南省博物馆写作小组．长沙马王堆二、三号汉墓发掘的主要收获．考古，1975（1）：47-57，61；湖南省博物馆，湖南省文物考古研究所．长沙马王堆二、三号汉墓（第1卷：田野考古发掘报告）．北京：文物出版社，2004.

② Jerome Silbergeld. Mawangdui, Excavated Materials, and Transmitted Texts: A Cautionary Note. *Early China*, 1982（8）：79-92. Wu Hung. Art in its Ritual Context: Rethinking Mawangdui. *Early China*, 1992(17): 111-145. 巫鸿．礼仪中的美术：马王堆再思// 礼仪中的美术：巫鸿中国古代美术史文编：上卷．陈星灿，译．北京：三联书店，2005：101-122.

③ 关于T 形帛画的研究，陈锽、李凇先后做过梳理或综述，详阅：陈锽．古代帛画．北京：文物出版社，2005：22-23，30-33，145-182；李凇．中国道教美术史：第一卷．长沙：湖南美术出版社，2012：12-25。

④ 巫鸿．礼仪中的美术：马王堆再思// 礼仪中的美术：巫鸿中国古代美术史文编：上卷．陈星灿，译．北京：三联书店，2005：107，110.

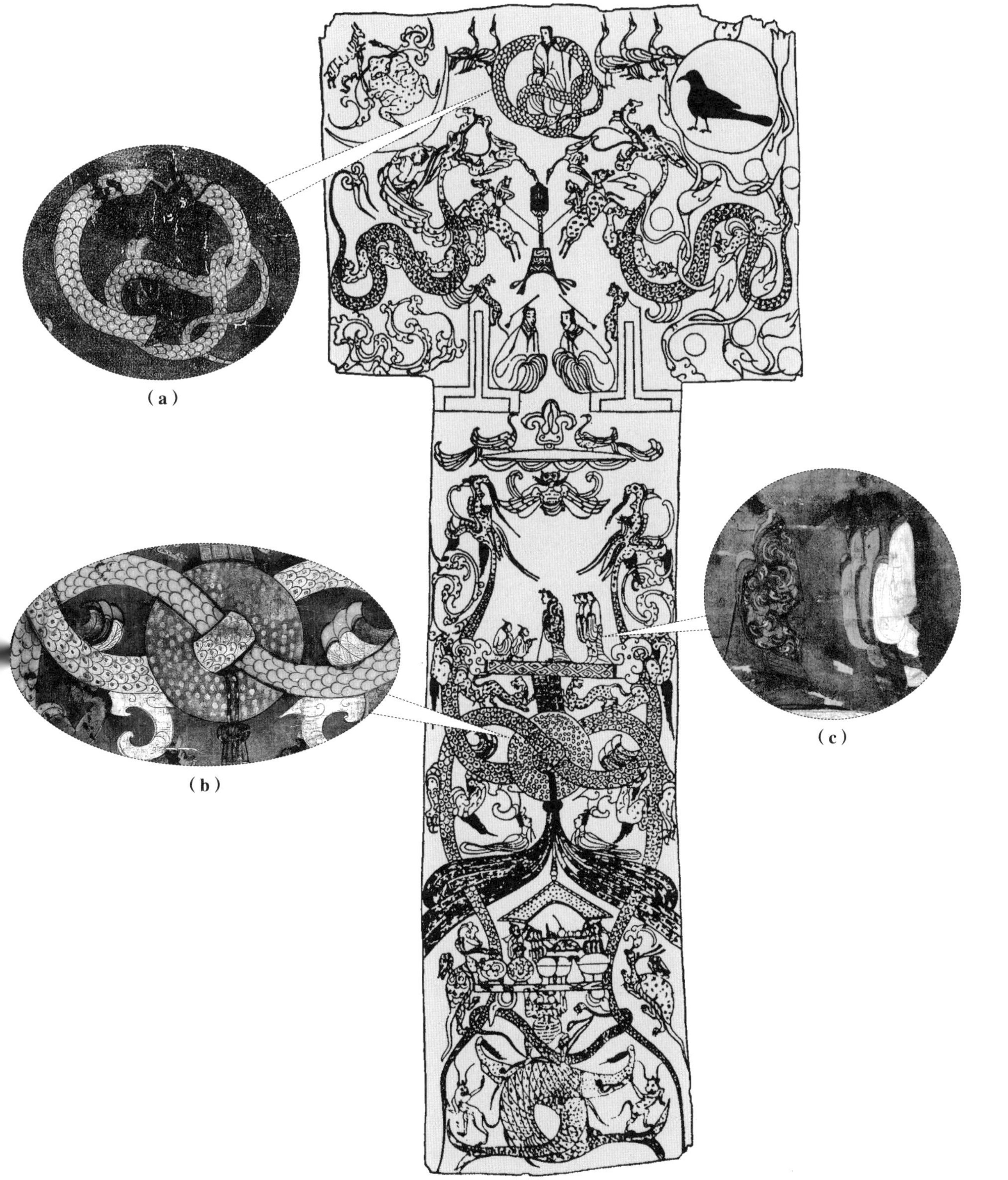

（a）（b）（c）

图 1–3–7　马王堆 1 号墓出土 T 形帛画［西汉初期，纵 205 厘米，上横 92 厘米，下横 47.7 厘米，湖南省博物馆藏］

形帛画的画师，虽然无意建构起有进深感的空间场景，却表现出了丰富的物象前后层次[①]，较之《人物龙凤图》等战国帛画，已经有了显著的变化。

在马王堆3号墓的棺室西壁，考古工作者发现了一幅表现宏大车马仪仗场面的帛画[②]（图1-3-8）。这幅帛画用两幅长绢拼合而成，长2.12米，宽0.94米，画面上共绘出300余人，逾200匹马，以及40余辆马车，可谓物象丰富、气势恢宏。画师选择了俯视角度加以描绘，陈锽称其为"全景式俯视法"，并对这种画法给予了高度赞扬："这种远、中、近景形象的不同展示和车马骑从上而下的纵向排列，很好地传达出画面的空间效果。其画面舒展宏大，也足见画工高效率的空间组织才能。"[③]帛画右上方为车马方阵，每车均驾四马，每组四匹马的颜色相同。马王堆3号墓这幅《车马仪仗图》同样以马背上下叠加的方式来表现马车队列，值得注意的是，画师还有意绘出了后面马匹的马颈和四条马腿，较之包山漆奁画和秦都咸阳宫壁画又有所改进。李

图1–3–8　马王堆3号墓出土帛画《车马仪仗图》（局部）[西汉初期，长2.12米，宽0.94米，湖南省博物馆藏]

① 解释这个现象之成因不是本研究目的所在，有一点需要指出，这并非完全出于视觉逻辑，或与图像功能有关。譬如T形帛画中的"二龙穿璧"图像曾引起学者兴趣，并从图像功能角度进行过阐发。参阅：张正明，邵学海. 长江流域古代美术（史前至东汉）：绘画与雕刻. 武汉：湖北教育出版社，2002：4；巫鸿. 引魂灵璧// 中国古代墓葬美术研究国际学术讨论会论文集. 北京：中央美术学院，2009：101-106。

② 湖南省博物馆，中国科学院考古研究所. 长沙马王堆二、三号汉墓发掘简报. 文物，1974（7）：42；中国科学院考古研究所，湖南省博物馆写作小组. 长沙马王堆二、三号汉墓发掘的主要收获. 考古，1975（1）：55.

③ 陈锽. 古代帛画. 北京：文物出版社，2005：206.

凇曾对这幅帛画的空间表现法做过一个形象的比喻：

> 观者的视线左移，斜视，以看出被遮挡在后面的三匹马。……好比将一个正方体的正面、左侧面和顶面同时画了出来，显然这与只以单一一个正方形来表现六面立方体的方法是不同的。①

或许可顺着此喻进一步比况：概念性艺术的特征正如"只以单一一个正方形来表现六面立方体"；楚包山漆奁画、秦咸阳宫壁画则是以两个面——侧面、顶面——来表现立方体；到了西汉初年，马王堆帛画《车马仪仗图》已经距以三个面表现立方体的阶段非常接近了。这样说意味着这幅帛画和真正的立体画法尚有一定差异，原因在于画师仅将每组四匹马稍转角度（细节调整），以便描绘出后马的颈和腿，然而整个仪仗场面并没有以扭转角度的方式加以表现（整体调整），以至于每列马车仍以垂直线为基础依次向上叠加，宛若"塔"状。

最后再从空间的形式意义角度，对马王堆 T 形帛画与 3 号墓出土帛画《车马仪仗图》略作比较。在马王堆 1 号墓出土的两幅 T 形帛画中，位于画面纵轴不同位置的物象仅表示高度，譬如天界居人间之上，人间又居冥府之上，若要表现有前后关系的物象，则以左右叠加、互相遮挡的方式绘出（如侍从像）；而在《车马仪仗图》中，位于画面不同的高度的物象，不仅单纯地表示形体高低，有时还暗示着空间远近。二者同出一墓，乃两种画风并行之明证。

三、斜边形空间画法

战国至西汉，绘画在表现三维空间方面取得了一系列突破，平面性艺术一统的局面逐渐被打破。取得如上认识经历了一个过程，早在 1930 年代，巴克霍夫就以空间表现为核心，并兼顾其他视觉要素，建立起了汉代艺术风格演进序列②。此后美国艺术史家罗利、索珀及时学颜（Shih Hsio-yen）等人，先后对巴克霍夫的线性序列进行了补充或扩展研究③。随着学术风向标的转变，20 世纪末段以来风格研究逐渐受到冷落，

---

① 李凇. 马车画法与制图方式：从甲骨文到画像石// 上海师范大学美术学院. 艺术史与艺术理论. 杭州：中国美术学院出版社，2004：480.

② Ludwig Bachhofer. *A Short History of Chinese Art*. New York: Pantheon House, 1946: 91-92.

③ George Rowley. *Principles of Chinese Painting*. Princeton：Princeton University Press, 1947. Alexander C. Soper. Life-Motion and the Sense of Space in Early Chinese Representational Art. *The Art Bulletin*, Sep., 1948，30（3）: 167-186. Shih Hsio-yen. Early Chinese Pictorial Style: From the Later Han to the Six Dynasties. Ph. D. dissertation, Bryn Mawr College, 1961.

甚至其理论基础也受到质疑[①]。

近年来，随着一批较为深入的研究成果涌现，汉代艺术再现性发展趋势的观点再次为学者所重视，正如在归纳早期马车画法的“主流性倾向”时，李淞教授所指出的那样：

> 它显示出存在着一种长时段的、群体性的、潜在且未经语言表述的、具有普遍意义的平面图像表达方式的转换趋势，即由形状性象形结构到平面性暗示再到立体性表现视幻觉这样一种逐渐“生长”出体积与空间意识的过程。[②]

学界普遍承认，这种风格演变经历了一个“长时段”的渐变过程[③]，但具体到划定风格转变之关键点时，则存在着不同意见。

一种较有代表性的观点是“东汉晚期说”。以郭晓川的研究为例，他曾对汉代不同地区的画像石做过一次较详尽的视觉形式演进分析，他的研究一方面旨在为那些无纪年的画像石提供年代参考依据，另一方面“更为重要的目标是追寻汉画像石的空间观念从二度空间向三度空间转变的规律，并显示这一转变的具体环节”[④]。郭晓川的研究结论是“中国视觉艺术史上的这一关键性转变是发生在东汉灵、献年间”，即约2世纪后半叶，他认为这一时期“中国视觉艺术已经全面完成从二度空间向三度空间的转变”[⑤]。

---

① 比如巫鸿认为，形式分析“最大危险在于它预设了一种‘普遍进化模式’的存在”。巫鸿. 武梁祠：中国古代画像艺术的思想性. 柳扬，岑河，译. 北京：三联书店，2006：66，80. 另参阅 Benjamin March. linear Perspective in Chinese Painting. *Eastern Art*, 1931(3)：113-139. Benjamin Rowland. Review of Ludwig Bachhofer, A short history of Chinese art. *The Art Bulletin*, 1947, 29(2)：139-141.

② 李凇. 马车画法与制图方式：从甲骨文到画像石// 上海师范大学美术学院. 艺术史与艺术理论. 杭州：中国美术学院出版社，2004：470-471.

③ 如下两例可支持上述观点。其一，郭晓川通过研究汉画像石，把汉代艺术形式演变的过程分解为六个具体环节：1. 平面化的图案；2. 立体化的图案；3. 四分之三侧面的刻画；4. 人物、动物重叠、遮挡排列，部分车轮前后纵深关系的表现；5. 全部车轮前后纵深关系的表现；6. 器具、建筑变形透视。郭晓川强调：“这个‘链条’中的每个环节显示出，中国古代视觉艺术的三度空间是逐项实现的，经过了数代艺匠的实践而逐渐摸索出来的。”(郭晓川. 苏鲁豫皖区汉画像视觉形成演变的分期研究. 考古学报，1997(2)：190）其二，李凇也注意到汉代画法转变的渐进性特点，他认为：“(东汉中期）这种变化不是突现一种全新的陌生样式，……这种变化经历了一个较长的过程，其长短因不同地区而异。”(李凇. 马车画法与制图方式：从甲骨文到画像石// 上海师范大学美术学院. 艺术史与艺术理论. 杭州：中国美术学院出版社，2004：494）

④ 郭晓川. 南阳汉画像视觉形式演变的分期研究. 美术研究，1994(2)：4-9；郭晓川. 苏鲁豫皖区汉画像视觉形式演变的分期研究. 考古学报，1997(2)：171-195.

⑤ 郭晓川. 苏鲁豫皖区汉画像视觉形式演变的分期研究. 考古学报，1997(2)：190. 案：汉灵帝167年至189年在位，汉献帝189年至220年在位。

另一种观点则把转折的关键点提前至东汉中期。通过考察早期马车图像，李淞发现三例西汉马车图最早运用“一种沿斜轴线向上延伸的‘斜透视’，现代绘画术多称之为‘四分之三侧面’”的画法[①]，分别见于洛阳金谷园小学 IM1254 西汉墓出土彩陶壶[②]（图 1-3-9）、扬州甘泉姚庄 1 号木椁墓出土彩绘漆奁，以及西安市红庙坡出土西汉彩绘铜镜。但他同时也指出，这些斜透视马车图“直至东汉中期为止似乎都不是主流画法，勿宁可看作具有探索意识的‘另类’。……主流图像的变化和转折发生在东汉中期的汉安帝时期，即约 108—118 年之间”[③]。李淞以一系列纪年马车图作为立论依据提出“东汉中期说”，比郭晓川的“东汉晚期说”至少提前了 60 年。

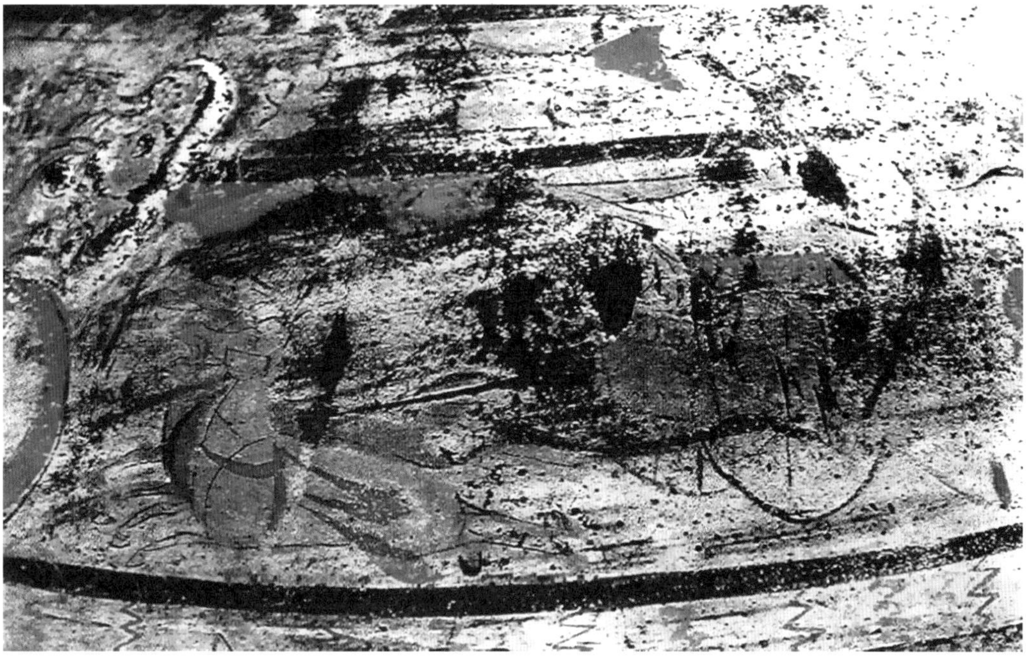

图 1-3-9　陶壶彩绘马车图［西汉中期，洛阳金谷园小学 IM1254 西汉墓出土］

汉代发展出的“斜透视”画法，远非马车图像之专利，它还同时体现在汉代的建筑与山水图像中。因此可以这样说，斜透视画法带给中国绘画一种表现空间场景最基本的手段。黄厚明在比较了东汉中期和西汉晚期建筑图像后，指出中国绘画之空间画法的关键性突破发生在东汉中期：

① 李淞. 马车画法与制图方式：从甲骨文到画像石// 上海师范大学美术学院. 艺术史与艺术理论. 杭州：中国美术学院出版社，2004：484.

② 洛阳市第二文物工作队. 洛阳金谷园小学IM1254 西汉墓发掘简报. 文物，1999（9）: 29-33.

③ 同①493-494.

> 东汉中期是我国视觉艺术表达方式发生巨变的时代，其中最大的一项发明，便是以“平行四边形”来表现物象的结构美术研究空间，而“近小远大”和“近大远小”则属于平行四边形透视画法衍生出来的两种亚型。①

近年来的考古发现提示我们，空间表现的关键性转折发生得更早，可能早至西汉晚期。2004 年初，考古工作者在陕西西安市南郊清理出 40 余座汉墓，其中西安理工大学 1 号墓墓室内发现了大量器物、古代钱币以及大面积壁画②。壁画绘于墓室圆券形顶及四壁上，题材涉及日、月、朱雀、羽人、怪兽、龙、虎，以及车马出行、狩猎、宴乐、斗鸡等内容，丰富异常。尤其值得注意的是，此处壁画运用了一种全新的空间画法：以平行四边形或三角形表示具有空间深度的场景，沿平行四边形或三角形的斜边，安置远近不同的物象。

墓室两侧壁绘出墓主人生活场景，其中东壁绘郊野活动（车马出行、狩猎），西壁则以居家生活为主。西壁共有四幅壁画，有两幅图像保存比较完好，这两幅壁画运用了一种全新的空间画法。北面第二幅图像描绘了斗鸡场景（图 1-3-10），画面共出现 23 人，多数人席地跽坐，围成一圈，此外还有少数侍立的仆人。虽然一部分壁画已经脱落，但仍可辨认出这组向心而坐的人物整体略呈平行四边形。西壁南端为《宴乐图》（图 1-3-11），其场景描绘与那幅《斗鸡图》略有差异。宴乐场景由三组

图 1-3-10 斗鸡图（摹本）[西汉晚期，西安理工大学 M1 墓室西壁中部壁画]

---

① 黄厚明. 艺术史与图像：《图像的意义》读后. 美术研究，2010（1）：73-74. 案：引文中“平行四边形透视画法”概念，即源自方闻提出的“平行透视”（parallel perspective）概念。

② 西安市文物保护考古所. 西安理工大学西汉壁画墓发掘简报. 文物，2006（5）：7-44. 另参阅：程林泉，张翔宇. 关中地区汉代壁画墓浅析. 考古与文物，2006（3）：47-53.

人物构成：第一组是并排跽坐于围屏前木榻上的女主人与宾客，位于画面上方，显示其位置较远。画面下半部左、右两侧各有一组席地而坐的女子，沿斜线依次画出，向着画面两侧下角方向延伸，表示她们依次而坐。这三组人物大致围合成一个三角形场景，三角形之间有两名手执飘带的舞者。

图 1-3-11　宴乐图（摹本）[西汉晚期，西安理工大学 M1 墓室西壁南部壁画]

这两幅《斗鸡图》和《宴乐图》，分别以平行四边形和三角形图式来表现三维空间场景，完成了绘画在空间模拟再现方面的一项关键性的发明，笔者将其定义为“斜边形空间画法”。这是迄今可知最早运用这种新画法的绘画作品，然而对该墓葬时代的认定，还存在一定的分歧。西安理工大学 1 号墓是一座无纪年墓葬，发掘者通过墓葬形制、出土器物特征（特别是五铢钱字体）等因素综合判定，下葬年代应为西汉晚期，即公元前 1 世纪后半叶至纪元前后①。此后诸如罗世平（2009）、贺西林（2009）、黄佩贤（2010）等学者都同意“西汉（晚期）说”②，也有人认为该墓葬属于东汉（不早于公元 70 年）③，两种观点的最大年代差约为 120 年。

西安理工大学 1 号墓的两组壁画是以人物为主的场景表现，除此之外，新画法还运用到了山水和建筑图像中。山西平陆县枣园村发现一座壁画墓，被认为属新莽时期（公元9—24年）或东汉初期，墓内有一幅别具特色的鸟瞰式山水图像（图1-3-12）④。

① 西安市文物保护考古所. 西安理工大学西汉壁画墓发掘简报. 文物，2006(5)：42-43.

② 罗世平. 地下画卷：中国古代墓室壁画. 美术研究，2009(3)：20；贺西林，李清泉. 中国墓室壁画史. 北京：高等教育出版社，2009：21-25(汉代部分由贺西林执笔)；黄佩贤. 汉代壁画墓的分区与分期研究. 考古与文物，2010：75.

③ 黄厚明，叶康宁. 图像与空间：以汉代画像艺术为中心. 中国美术研究，2014(1)：11.

④ 山西省文物管理委员会. 山西平陆枣园村壁画汉墓. 考古，1959(9)：462-464，468. 另参阅：黄佩贤. 汉代墓室壁画研究. 北京：文物出版社，2008：223。

图1–3–12 山水图［新莽或东汉初期，山西平陆枣园村汉墓壁画，高88厘米］

画面中有若干个三角山形母题，左右交迭向上排序，暗示出层层山峦不断向后退缩，画面上方的山峦表示位置更远，而不一定代表更高。近处山脚下有一座三合院式屋舍，建筑围合成平行四边形，其中一面似有重楼。巫鸿曾将枣园村汉墓的山水图像和西汉常见的仙山图像（如马王堆 1 号墓漆棺图像）进行过比较，认为“这幅作品中的山岳与西汉时期绘画中的仙山有很大的差异，后者或为三峰，或呈蘑菇形，与大自然中的山迥然不同”[①]，可以说二者的差异体现出了再现性和概念性艺术的分野。尽管枣园村壁画墓的绘制技艺未尽完善，但该画师已经初步掌握了解决空间再现的基本要领，从这个角度说，它距离真正的山水画相去不远。

四、新画法之流行

东汉中期，新画法在全国各处普及，大量东汉中晚期的墓室壁画、画像石或画像砖采用了这种新的空间画法。限于篇幅，本章不拟对汉画进行详尽分析，仅依地区，胪陈一些重要作品，以便读者对新画法的影响范围有大致了解。

（一）中原地区

广义上的中原，包括以洛阳为中心的河南、山西及河北等地。这一地区以壁画墓为主，南阳及附近区域流行画像石墓。

（1）河南洛阳朱村墓，墓室北壁西部《夫妻宴饮图》（图 1–3–13），东汉晚期，抑或晚至曹魏时期[②]。

（2）河南新密市（原密县）打虎亭 1、2 号墓[③]。东汉晚期墓葬，两墓坐北向南、东西毗邻，两座墓葬均形制复杂、图像丰富，其中 1 号墓以画像石为主（图 1–3–14、图 1–3–15），2 号墓除画像石外还有大面积壁画（图 1–3–16）。尽管两墓装饰手法不同，但出现很多相同的题材，比如规模宏大的《宴饮百戏图》，此外两墓的图像风格同样注重三维再现，该墓的发掘者安金槐（1921—2001）注意到“许多画像的立体感特别强”，他认为这是打虎亭汉墓一项重要的艺术特色[④]。在打虎亭汉墓中，大量具

---

① 杨新，等. 中国绘画三千年. 北京：外文出版社，纽黑文：耶鲁大学出版社，1997：40.

② 洛阳市第二文物工作队. 洛阳市朱村东汉壁画墓发掘简报. 文物，1992（12）：15–20.

③ 河南省文化局文物工作队. 河南密县打虎亭发现大型汉代壁画墓和画象石墓. 文物，1960（4）：49–52；安金槐，王与刚. 密县打虎亭汉代画象石墓和壁画墓. 文物，1972（10）：49–62；河南省文物研究所. 密县打虎亭汉墓. 北京：文物出版社，1993；王建中. 中国画像石全集：第6卷：河南汉画像石. 郑州：河南美术出版社，2000：86.

④ 河南省文物研究所. 密县打虎亭汉墓. 北京：文物出版社，1993：365（安金槐执笔）.

图 1–3–13　夫妻宴饮图（摹本）[东汉晚期，河南洛阳朱村墓北壁西部]

图 1–3–14　打虎亭 1 号墓画像（拓本）[东汉晚期，河南新密市打虎亭 1 号墓北耳室东壁]

图 1–3–15　打虎亭 1 号墓画像（拓本）[东汉晚期，河南新密市打虎亭 1 号墓北耳室北壁]

图 1-3-16 宴饮百戏图(局部)[东汉晚期,河南新密市打虎亭 2 号墓中室北壁壁画]

有三维再现性的画像,被充满平面性几何纹饰的分割带框定在固定画幅内,犹如一个个窗口,视觉效果非常强烈(图 1-3-17)。

(3)河南淮阳北关 1 号墓,出土一块宴饮图画像石(图 1-3-18),虽然残缺不全,但可清晰辨识出卷云纹框内刻有一幅以“平行四边形”形态表现出的宴饮图像。该墓葬时代被断为东汉中期偏晚[①]。

(4)山西夏县王村壁画墓,原四壁皆有壁画,现破坏严重,幸存壁画以北后室东端的《庭院图》(图 1-3-19)最为典型。夏县王村壁画墓时代被推断为东汉晚期,“相当于桓、灵帝之际”[②]。

图 1-3-17 打虎亭 1 号墓东耳室石门背景及甬道[东汉晚期,河南新密市]

① 周口地区文物工作队,淮阳县博物馆. 河南淮阳北关一号汉墓发掘简报. 文物,1991(4):45.

② 山西省考古研究所,运城地区文化局,夏县文化局博物馆. 山西夏县王村东汉壁画墓. 文物,1994(8):34-46;黄佩贤. 汉代墓室壁画研究. 文物出版社,2008:223,225.

图 1–3–18 宴饮图（摹本）[东汉中期，河南淮阳北关 1 号墓出土画像石]

图 1–3–19 庭院图（摹本）[东汉晚期，山西夏县王村壁画墓北后室东端壁画]

（5）河北望都所药村 1 号墓，北壁的《官吏图》（图 1–3–20）人物呈四分之三侧面，场景表现也具有空间感，为东汉晚期之作[①]。

（6）河北安平逯家庄墓，汉灵帝熹平五年（176）[②]。墓室中有场面恢宏的“车马出行图”，以及表现主人奢华生活的“乐舞百戏图”，都展现出空间进深感。特别是一幅采用鸟瞰式构图的《庄园坞堡图》（图 1–3–21），在表现三维空间方面尤为突出。巫鸿对它的描述是：“以俯视角度描绘的建筑群是一幅成熟的古代界画作品。最令人惊奇的是，这里画师采用了透视法技巧，回廊的线条逐渐汇聚，产生一种强烈的立体效果。这在早期中国绘画中是少有的。”[③]虽然这幅《庄园坞堡图》出现“线条逐渐汇聚”现象，但不能因此证明东汉画师已具有视知觉意义上的“焦点意识”，对此问题后文将详加讨论。简单地说，汉唐绘画（乃至于清之前的中国绘画）既有“近大远小”现

① 姚鉴. 河北望都县汉墓的墓室结构和壁画. 文物参考资料，1954(12)：47–63；北京历史博物馆，河北省文物管理委员会. 望都汉墓壁画. 北京：中国古典艺术出版社，1955；李文信. 对望都汉墓壁画内容说明的两点不同看法. 文物参考资料，1956(2)：58；杨泓. 读“望都二号汉墓”札记. 文物，1959(12)：31–32.

② 河北省文物研究所. 安平东汉壁画墓发掘简报. 文物春秋，1989(Z1)：70–77；河北省文物研究所. 安平东汉壁画墓. 北京：文物出版社，1990.

③ 杨新，等. 中国绘画三千年. 北京：外文出版社，纽黑文：耶鲁大学出版社，1997：33.

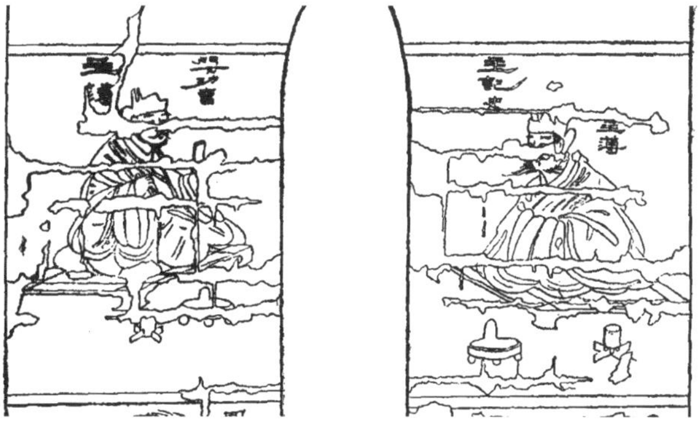

图 1-3-20　官吏图（摹本）［东汉晚期，河北望都所药村 1 号墓北壁壁画］

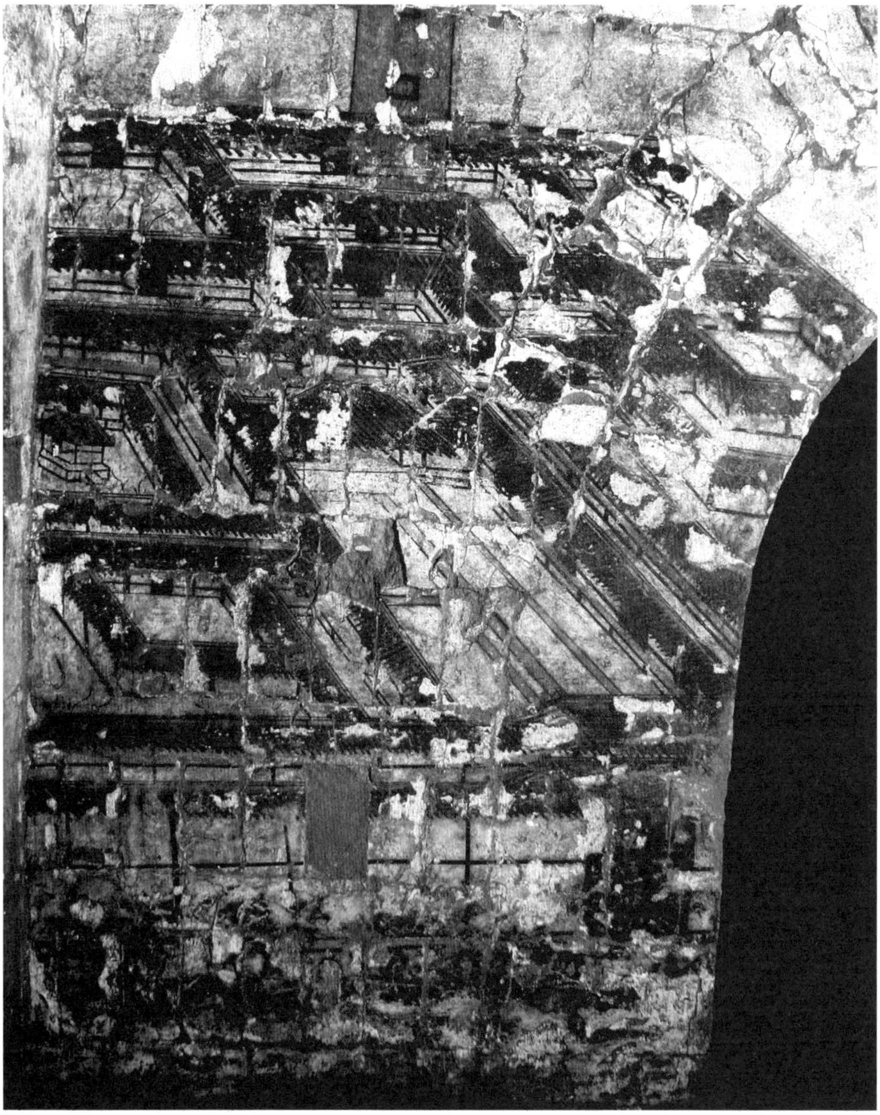

图 1-3-21　庄园坞堡图（局部）［东汉晚期（176），河北安平逯家庄墓室壁画］

象，也出现了“近小远大”现象，笔者更认同黄厚明的看法，把它们理解为“平行四边形透视画法衍生出来的两种亚型”①。

（二）山东及附近地区

该地区以今山东省西南部和江苏省北部的徐州为中心，范围包括山东全省、苏北、皖北及豫东，即汉代兖、青、徐、豫四州。在汉代，这是画像石最流行的区域，汉画界称“齐鲁区”或“苏鲁豫皖区”。

（1）安徽灵璧县阳嘉三年（134）画像石，此系征集品，出土时间、地点未详，纵64厘米，残横152厘米，灵璧县文物管理所藏②。画像上层中部有一座正面的厅堂，两侧廊庑左右对称，以斜向形态表示空间进深，厅堂、两侧廊庑和底边形成了一个梯形，表示堂前的庭院，庭中树一建鼓，并有多人奏乐或起舞（图1–3–22）。该画像石上有东汉阳嘉三年（134）隶书题记。

（2）山东曲阜画像石《庭院图》（图1–3–23），东汉中期，曲阜东风乡旧县村出土。该庭院图像描绘了一座多路多进的大型宅第建筑，图像中出现多个“平行四边形”，表示众多庭院。画面自下到上，依次刻画出庑殿式大门、门阙、便门、庭院、

图1–3–22 阳嘉三年画像石（拓本）［134年，纵64厘米，残横152厘米，安徽灵璧县文物管理所藏］

① 黄厚明. 艺术史与图像：《图像的意义》读后. 美术研究，2010（1）：74.

② 杨爱国. 幽明两界：纪年汉代画像石研究. 西安：陕西人民美术出版社，2006：49.

前堂、天井及后室，此顺序与庭院从外而内空间关系完全一致[①]。

（3）山东诸城前凉台画像石墓，东汉晚期[②]。诸城前凉台墓画像共有18幅，其中《庭院图》（图1–3–24）及《宴饮讲学图》（图1–3–25）的空间表现非常典型，都以平行四边形表现庭院，院中的建筑和人物的空间关系清晰，显示这时的匠师用斜边形表现空间进深的技巧已很娴熟，较更早的灵璧阳嘉三年（134）画像石更趋成熟。此外该墓还有一幅庖厨图像，任日新认为像这样“用散点透视法刻画一个庞大、复杂、忙碌的庖厨场面，在汉画像石中尚不多见”[③]。这幅庖厨图物象极繁多，从这点上看的确“在汉画像石中尚不多见”，但是画面组织如此复杂物象时所采用的空间画法——任日新所谓“散点透视法”——在东汉晚期已很普遍。

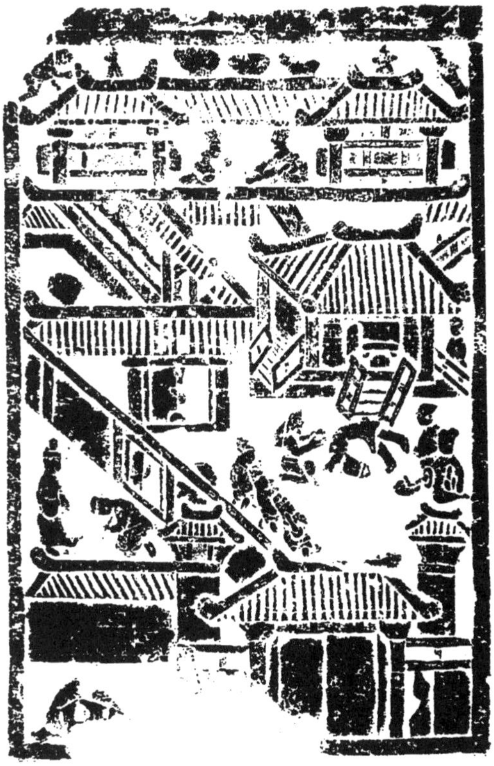

图1–3–23　庭院图（拓本）[东汉中期，山东曲阜东风乡旧县村出土画像石]

图1–3–24　庭院图（摹本）[东汉晚期，山东诸城前凉台墓]

① 王建中. 汉代画像石通论. 北京：紫禁城出版社，2001：399；黄厚明. 艺术史与图像：《图像的意义》读后. 美术研究，2010（1）：74.

② 诸城县博物馆，任日新. 山东诸城汉墓画像石. 文物，1981（10）：14-21.

③ 同②16. 图像载于第19页，图七。

图 1–3–25 宴饮讲学图（摹本）[东汉晚期，山东诸城前凉台墓]

（4）山东沂南北寨村画像石墓，东汉晚期[①]。该墓葬规模宏大、画像内容丰富，前室东、西两壁横额上的《上计图》[②]，中室南壁门楣东段的《庖厨图》、东壁门楣上的《乐舞百戏图》（图 1–3–26）等多处画像，都以平行四边形表现出有进深感的空间场景。特别是沂南汉墓画像中的建筑形象（图 1–3–27），画师常以俯视角度加以表现，刻意强化空间进深感。

（5）山东金乡县朱鲔石室，这是迄今已知最大的汉代墓地石祠堂，可惜早已被拆散。1930 年代，美国学者费慰梅（Wilma Fairbank，1909—2002）对朱鲔石室进行过复原研究，并绘制了东、西、北三壁展开图[③]（图

图 1–3–26 乐舞百戏图（拓本局部）[东汉晚期，山东沂南北寨村画像石墓中室东壁门楣]

① 曾昭燏，蒋宝庚，黎忠义. 沂南古画像石墓发掘报告. 北京：文化部文物管理局，1956.

② 沂南汉墓前室东、西、南三壁横额图像，过去一直称《祭祀图》，扬之水考证后，更名为《上计图》。扬之水. 沂南画像石墓所见汉故事考证. 故宫博物院院刊，2004（6）：26–33.

③ Wilma Fairbank. A Structural Key to Han Mural Art. *Harvard Journal of Asiatic Studies*, 1942, 7（1）: 52-88.

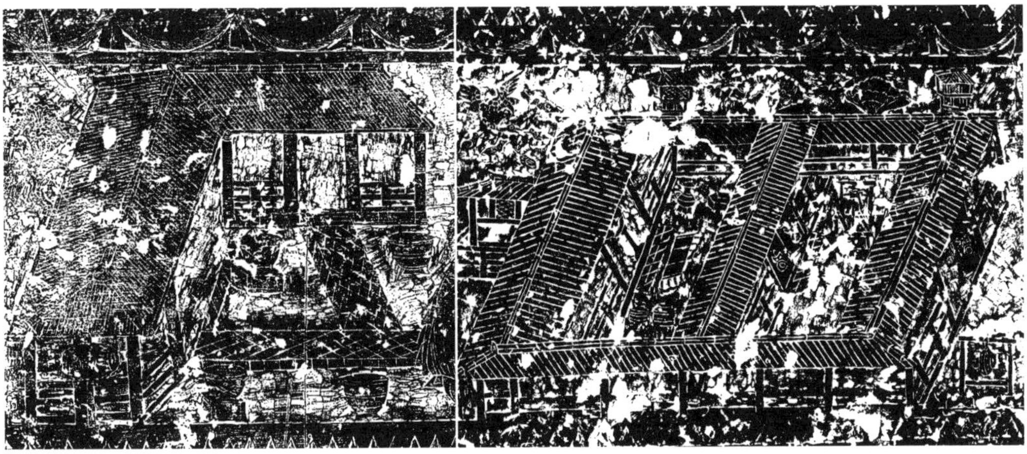

图 1-3-27　建筑图（拓本）［左：沂南北寨村画像石墓前室东壁横额；右：沂南北寨村画像石墓中室南壁横额。东汉晚期］

1-3-28）。蒋英炬、杨爱国和蒋群所著的《朱鲔石室》（2015）一书，推定其为东汉晚期画像，最大可能是 2 世纪下半叶，并指出："特别是在人物的侧面形象与其立体感、透视感上，朱鲔石室与打虎亭画像有着近似同步的水平"[①]。朱鲔石室的每幅画像都具有很强的空间进深感，的确和河南打虎亭画像很接近。根据费慰梅的复原图进行整体观察，东、西、北三壁的画像，都大体沿中心立柱与斗栱左右对称，每壁又被横枋分割为上下两个区域，各个区域的左右两部分都构成一个"三角形"（横枋下部）或"梯形"（横枋上部）的图式组合（图 1-3-29），这样三壁共构成六组图像单元。如上所述，将立柱左右的画像看作一个画面整体，那么其形式与西安理工大学 1 号墓西壁南部的《宴乐图》很接近，是否朱鲔石室的工匠或雇主就具有这样的"看法"呢？这实在值得我们思考。

（6）画像石宴饮图，收藏地未详。傅惜华（1907—1970）在其主编的《汉代画象

图 1-3-28　朱鲔石室画像分布图（摹本）［东汉晚期，山东金乡县，费慰梅绘制］

① 蒋英炬，杨爱国，蒋群. 朱鲔石室. 北京：文物出版社，2015：78-84.

图 1-3-29 朱鲔石室北壁画像复原图（摹本）[东汉晚期，山东金乡县，费慰梅绘制]

全集·初编》中著录了拓本，拓本纵 89.5 厘米，横 124.5 厘米。图版说明谓："山东省，县名地方不详；出土后，不知归于何人"[①]。画像上下分三列，中列右部为《宴饮图》（图 1-3-30），一人居中而坐，位于画面中部高处，他身旁有两列人物，与画像底边围合出一个三角形，两列人物之间似有两名乐舞者（图像漫漶难辨）。该画像石无纪年，为东汉中晚期风格。

（三）陕北与内蒙古

（1）陕西定边县郝滩汉墓，位于定边县郝滩乡，发掘者推测其时代为新莽到东汉初期[②]。郝滩汉墓壁画内容丰富，目前仅公布了部分图片，其中墓室南壁有一个庭院图像（图 1-3-31），院落呈平行四边形，院旁有堆积的粮食和粮仓。画师以规整、均匀的墨线绘制出建筑图像，不似徒手而为，应该是借助了界尺一类的工具。

（2）陕西绥德延家岔画像石墓，东汉中期偏晚[③]。延家岔墓前室东、西两壁横额

① 巴黎大学北京汉学研究所，傅惜华. 汉代画象全集：初编. 上海：商务印书馆，1950：图二七三图版说明.

② 陕西省考古研究所，榆林市文物管理委员会. 陕西定边县郝滩发现东汉壁画墓. 考古与文物，2004，5.

③ 戴应新、李仲煊根据绘画风格类比，推定延家岔画像石墓的"时代当在东汉章帝、和帝时期，约公元100 年前后"。王建中则将其定为"东汉中期偏晚阶段，下限不晚于公元140 年"。详阅：戴应新，李仲煊. 陕西绥德县延家岔东汉画像石墓. 考古，1983（3）：233–237；王建中. 汉代画像石通论. 北京：紫禁城出版社，2001：224–227。

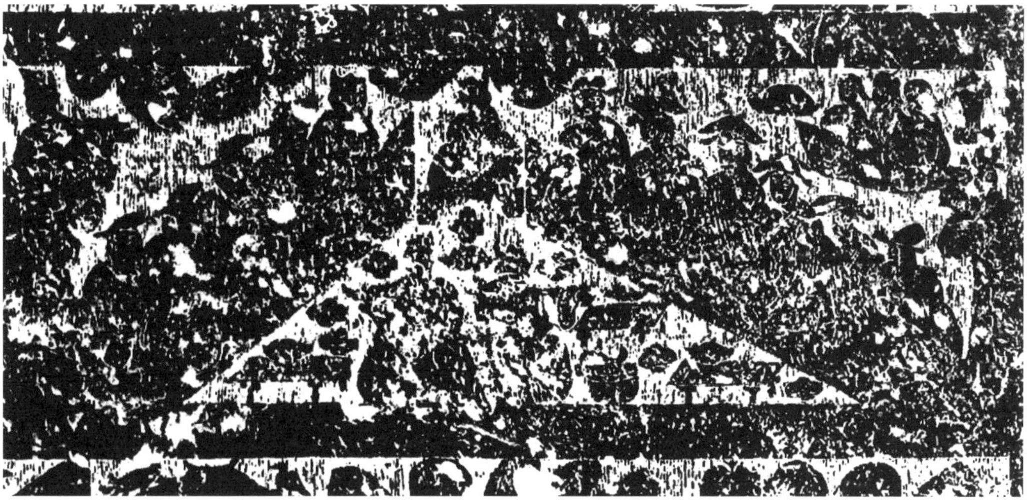

图 1-3-30 画像石宴饮图（拓本）[东汉中晚期，山东出土，藏地未详]

右侧，都出现了呈平行四边形的庭院图像，其中东壁图像已残，西壁保存尚好（图 1-3-32），其形式与前述山西夏县王村汉墓的《庭院图》壁画很相似。

图 1-3-31 庭院图 [新莽到东汉初期，陕西定边郝滩汉墓墓室南壁]

（3）陕西靖边杨桥畔壁画墓，时代被断为东汉[①]。墓葬分前、后室，壁画内容丰富，有太一天庭、孔子见老子、秋胡戏妻、车马出行等，画风具有浓郁的陕北地方气息。前室东壁下层有一幅《乐舞图》（图 1-3-33），画面上部（远处）八人围坐，后设步障，围合出一个平行四边形场域，画面下部（近处）为乐舞百戏表演。

（4）内蒙古和林格尔新店子 1 号墓，约东汉桓帝或灵帝初年（约 150—180 年）[②]。

① 陕西省考古研究院，榆林市文物研究所，靖边县文物管理办公室. 陕西靖边东汉壁画墓. 文物，2009（2）：43.

② 内蒙古文物工作队，内蒙古博物馆. 和林格尔发现一座重要的东汉壁画墓. 文物，1974（1）：8-23；金维诺. 和林格尔东汉壁画墓年代的探索. 文物，1974（1）：47-50；内蒙古自治区文物考古研究所. 和林格尔汉墓壁画. 北京：文物出版社，2007.

图 1-3-32 庭院图（拓本局部）[东汉中期偏晚，陕西绥德延家岔画像石墓前室西壁横额]

图 1-3-33 乐舞图 [东汉，陕西靖边杨桥畔壁画墓前室东壁下层]

这是迄今发现壁画面积最大、题榜数量最多的汉代壁画墓，墓主人官至护乌桓校尉。那幅著名的《宁城图》（图 1-3-34）绘在墓葬中室东壁，画面中布满人物与建筑，多次出现了平行四边形或三角形图式，“平行四边形既是地席与建筑轮廓的形状，还暗示出空间中物象的位置”①。值得注意的是，画面上部和右侧的建筑皆为矩形形式，犹若建筑图纸，可见画师在绘制时并非平均着力：画中主要图像以描绘性的斜边形画法绘出，比如“幕府院落”，而次要部分则以更简洁的概念性方式描绘，比如画面右

① Wen C. Fong. Why Chinese Painting is History?. *The Art Bulletin*, 2003, 85(2): 272.

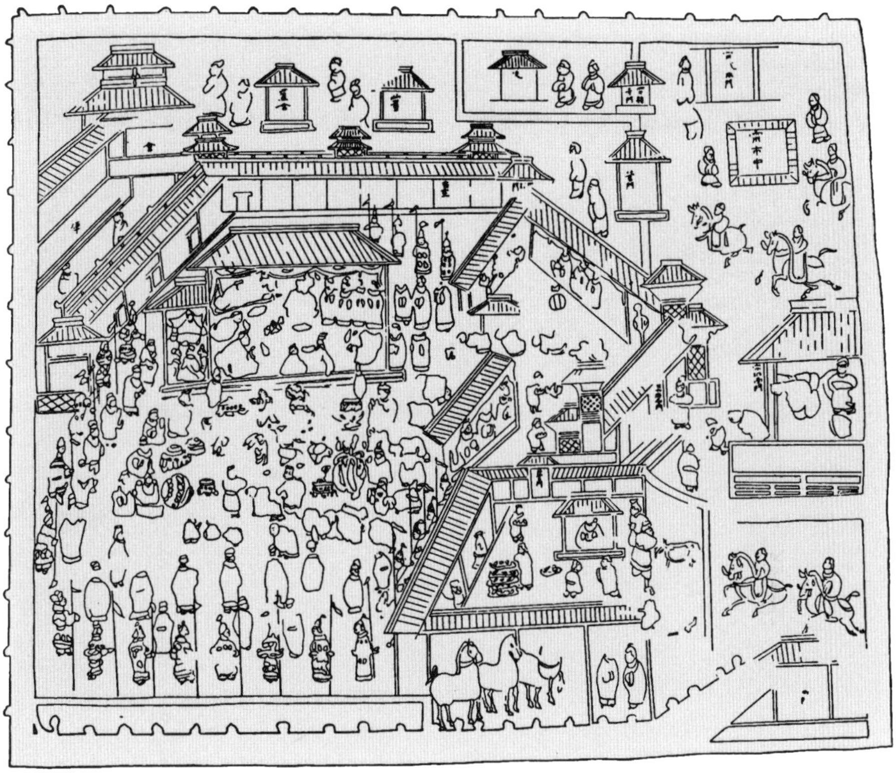

图 1–3–34　宁城图（摹绘）[东汉晚期，内蒙古和林格尔新店子 1 号墓中室东壁]

上角的“宁市中”好像平面图，“宁县寺门”“营曹”“司马舍”等则以类似立面图的方式绘出，示意性很强。其实，和林格尔墓很多壁画并未运用斜边形画法，典型者如中室南壁的《繁阳县城图》（图 1–3–35）、后室北壁的《武成城图》等，说明东汉时两种画法并存。

（5）内蒙古鄂托克凤凰山 1 号汉墓，东汉晚期至曹魏[①]。墓室东、西两壁壁画中，出现了运用斜边形画法的宅院或庄园图像（图 1–3–36）。

（四）东北地区

（1）辽宁辽阳棒台子屯 1 号墓，东汉晚期[②]。该墓壁画较多，其中乐舞百戏、庖厨、墓主饮食（图 1–3–37）以及楼阁井亭等图像均运用了斜边形画法。

（2）辽宁辽阳棒台子屯 2 号墓，东汉晚期[③]。壁画内容与棒台子屯 1 号墓颇多类似，

① 内蒙古文物考古研究所. 内蒙古中南部汉代墓葬. 北京：中国大百科全书出版社，1998：161-175 页；马利清. 内蒙古凤凰山汉墓壁画二题. 考古与文物，2003（2）：60-69.

② 李文信. 辽阳发现的三座壁画古墓. 文物参考资料，1955（5）：15-28，38.

③ 王增新. 辽阳市棒台子二号壁画墓. 考古，1960（1）：20-23.

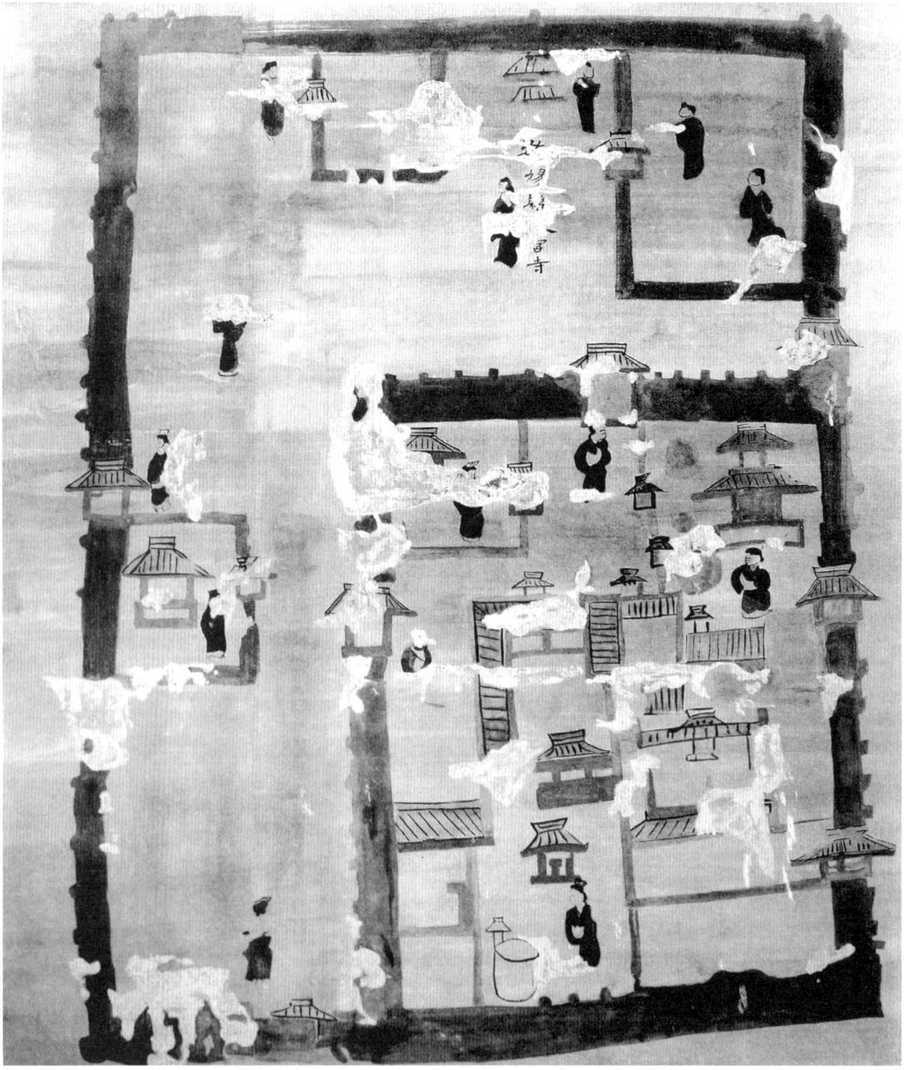

图 1–3–35 繁阳县城图（摹绘）[东汉晚期，内蒙古和林格尔新店子 1 号墓中室南壁]

图 1–3–36 院落、山峦、车骑出行图（摹绘）[东汉晚期至曹魏，内蒙古鄂托克凤凰山 1 号汉墓西壁壁画]

其中的《宴饮图》（图 1–3–38）和《楼宅图》明显具有空间进深感。

（3）辽宁辽阳三道壕窑业第四现场墓，东汉晚期①。左小室左壁绘《墓主夫妇对坐宴饮图》（图 1–3–39），墓主夫妇各自坐在一方形床榻上，后有屏障，右侧男主人身前设几案。床榻、屏障和几案均呈平行四边形，二床左右相对，中间形成了个三角形空间，一高髻长袍女侍立于其间。此种画法在该壁画墓多次出现。

图 1–3–37　墓主饮食图（摹绘）［东汉晚期，辽宁辽阳棒台子屯 1 号墓］

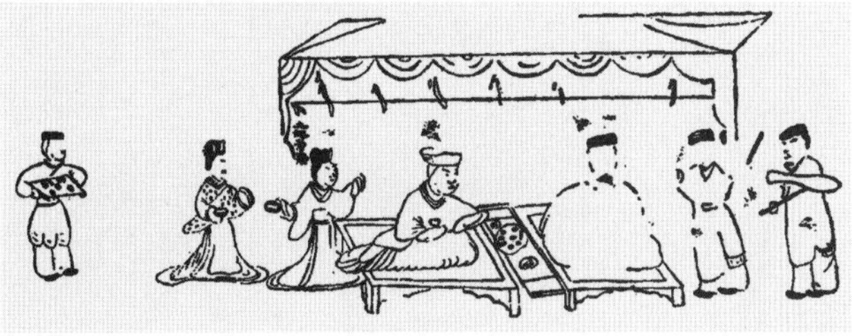

图 1–3–38　宴饮图（摹绘）［东汉晚期，辽宁辽阳棒台子屯 2 号墓］

（五）西南地区

（1）四川成都曾家包汉墓，东汉晚期②。墓葬东后室后壁的《农作及养老图》（图 1–3–40）有三座建筑形象，空间画法很典型。

图 1–3–39　墓主夫妇对坐宴饮图（摹绘）［东汉晚期，辽宁辽阳三道壕窑业第四现场墓］

（2）四川成都羊子山汉墓，东汉晚期③。羊子山汉墓中很多画像都具进深感，尤以前室画像石《宴乐图》（图 1–3–41）最为突出。

（3）四川乐山沱沟嘴东汉崖墓出土石棺，东汉④。石棺左侧上部的《宴饮图》（图 1–3–42）创造出一个具有深度的横向空间场景，人物前后错落、疏密有致地踞

① 李文信. 辽阳发现的三座壁画古墓. 文物参考资料，1955（5）：28–34，38.

② 成都市文物管理处. 四川成都曾家包东汉画像砖石墓. 文物，1981（10）：25–32.

③ 于豪亮. 记成都扬子山一号墓. 文物参考资料，1955（9）：70–77. 案："羊子山"亦作"扬子山"。

④ 乐山市崖墓博物馆. 四川乐山市沱沟嘴东汉崖墓清理简报. 文物，1993（1）：40–50；罗二虎. 汉代画像石棺. 成都：巴蜀书社，2002：55–61. 案：《四川乐山市沱沟嘴东汉崖墓清理简报》仅泛论沱沟嘴崖墓"年代应为东汉"（第 50 页）。罗二虎《汉代画像石棺》156 页将沱沟嘴崖墓石棺断为东汉晚期；此后在"画像石棺分类一览"表中又将其断为东汉中期（第 229 页）；在讨论石棺分期问题时，该书又把沱沟嘴崖墓石棺划分至第一期（第 244 页），即东汉早期和帝至东汉中期质帝时期（89—145 年）。

图 1–3–40 农作及养老图（拓本局部）[东汉晚期，四川成都曾家包画像砖石墓东后室后壁，成都市博物馆藏]

图 1–3–41 宴乐图（拓本局部）[东汉晚期，四川成都羊子山 1 号汉墓画像石，重庆市博物馆藏]

图 1–3–42 宴饮图（拓本局部）[东汉，四川乐山沱沟嘴东汉崖墓石棺左侧，石棺藏于乐山麻浩崖墓博物馆]

坐其间。

此外，汉代四川一带流行浅浮雕形式画像砖①，在巴蜀画像砖中，斜边形空间画法极常见，尤其是在建筑（图1-3-43）、宴饮（图1-3-44）、传经讲学（图1-3-45）、乐舞百戏等题材中表现得尤为突出②。

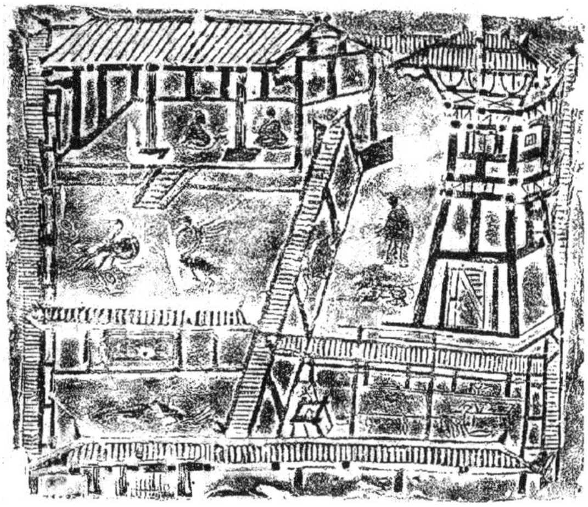

图1-3-43　庭院图（拓本）[东汉晚期，纵40厘米，横44.8厘米，四川成都羊子山2号汉墓出土画像砖，四川博物院藏]

图1-3-44　宴饮图（拓本）[东汉，纵39厘米，横46.6厘米，四川成都市郊出土画像砖，四川博物院藏]

图1-3-45　讲学图（拓本）[东汉，纵39.5厘米，横41厘米，四川成都站东乡青杠坡3号墓出土画像砖，四川博物院藏]

---

① 余德章，刘文杰. 试论四川汉代画像砖的分布地区、刻塑技法及其史料价值. 考古与文物，1986（5）：103-107。

② 详阅如下图录：重庆市博物馆. 重庆市博物馆藏四川汉画像砖选集. 北京：文物出版社，1957；刘志远. 四川汉代画像砖艺术：四川省博物馆研究图录. 北京：中国古典艺术出版社，1958；龚廷万，龚玉，戴嘉陵. 巴蜀汉代画像集. 北京：文物出版社，1998.

（六）河西地区

河西地区流行壁画墓，但是至今在河西汉代墓葬中，尚未能见到新画法的身影。学者通常认为，汉代河西地区的绘画水平较内地有较大差距①。就本书所考察的绘画空间表现问题而言，此说可从。

三国时，曹魏力主俭葬，壁饰墓葬（包括壁画、画像石、画像砖）鲜见于中原，壁画墓传统在河西走廊及东北辽阳地区得以延续。曹魏至十六国，河西壁画墓主要发现于酒泉、敦煌二郡②，其中以酒泉丁家闸5号墓最引人注目，有学者认为它与早期敦煌洞窟及壁画（尤其是西魏249、285窟）关系密切③。丁家闸5号墓的时代约在后凉至北凉之间（386—439），墓室中的壁画仍没有表现空间进深的意图，其他河西砖画墓也都流行平面性画法。

以上列举的汉代作品实物，能帮助我们了解东汉以来“斜边形空间画法”的流行程度及影响范围，由此可知此种新画法不仅是跨地区的，同时也是跨形式的，多见于壁画、画像石和画像砖中。如今能见到的汉代文物，几乎全部来自墓葬，然而这些美术作品也仅是当时物质文化的一部分，其余大量的艺术品要么早已湮灭不存，抑或有待未来发现。

---

① 贺西林. 古墓丹青：汉代墓室壁画的发现与研究. 西安：陕西人民美术出版社，2001：94；罗世平，廖旸. 古代壁画墓. 北京：文物出版社，2005：33；黄佩贤. 汉代墓室壁画研究. 北京：文物出版社，2008：121.

② 以嘉峪关新城墓群（8座有壁画，3世纪下半叶至4世纪初）、酒泉丁家闸墓群（7座，五凉时期）和敦煌佛爷庙湾墓群（西晋时期）最具代表性。甘肃省文物考古研究所. 酒泉十六国墓壁画. 北京：文物出版社，1989；郑岩. 魏晋南北朝壁画墓研究. 北京：文物出版社，2002：44-60，159-166.

③ 张朋川. 酒泉丁家闸古墓壁画艺术. 文物，1979（6）：18-21；苏莹辉. 略论河西发现的墓室壁画与石窟寺壁画的画艺传承：兼谈山水画之南北分宗问题. 故宫季刊，1981（2）：71-88；道教题材是如何进入佛教石窟的：莫高窟249窟窟顶壁画内容探讨// 段文杰. 敦煌石窟艺术研究. 兰州：甘肃人民出版社，2007：363-377；杨新，等. 中国绘画三千年. 北京：外文出版社，纽黑文：耶鲁大学出版社，1997：18；贺西林. 古墓丹青：汉代墓室壁画的发现与研究. 西安：陕西人民美术出版社，2001：184-191.

第四节　问题辨析：关于汉画新风

一、新画法之定名

汉代开始流行的这种可以表达空间进深的新画法，笔者称其为“斜边形空间画法”。这一概念来自方闻教授的“平行透视”（parallel perspective）或“平行四边形透视”（parallelogram perspective）概念。

作为方闻的中国艺术史学核心术语之一，“平行透视”这个概念旨在对独具特色的中国式空间场景画法进行概括。比如，方闻教授在《为什么中国绘画是历史》（2003）一文中指出：

> 大卫·萨姆斯（David Summers）在《“视觉艺术”与艺术史的描述问题》一文中提到，除了西方视觉的自然主义（optical naturalism）——绘画乃是视觉世界再现的观念这一传统之外，还有一种“平面的结构（planar structure），不仅在其上建构也成立了图像，同时亦传达了图像的一样”。以图形语汇（graphic conventions）为基础的中国画，即是立基在平面之上而非光学的视觉结构之中。早期的图绘式再现（pictorial representation），使用图像化符号，是沿着画面垂直线与水平线的方式进行观看的。表示空间中人物位置的一个重要构图方法，就是用对角线——从一个斜顶或一座山的三角母题斜肩取来的——形成平行四边形可以提示空间的后退。……与西方绘画采取单一、混合视点的笛卡尔式透视体系相反，中国山水画使用移动的视点或者平行的视点，故又称作平行透视（parallel perspective）。①

① Wen C. Fong. Why Chinese Painting is History?. *The Art Bulletin*, 2003，85（2）：272-273. 中译本见：方闻. 为什么中国绘画是历史. 李维琨，译. 清华大学学报（哲学社会科学版），2005（4）：12-13.

2004年，方闻教授在香港中文大学做了一个题为“中国艺术与文化史”的主题讲座，他再次强调了“平行透视”的概念及特色：

> 在构图方面，中国画的空间由多个“平面”（plane）或平行四边形（parallelogram）组成，采用的多是多点平行透视法（parallel perspective），有别于西方焦点透视法。西方利用单筒镜（monocular）“固定视点”来制造墙上的一扇“窗”，把画面关在窗框之内。至于谢赫的“经营位置”则利用“移动视点”（moving focus），逐步重叠三角山形，创造超越窗框局限的“更开阔视野”（expanded field of vision）。①

2014年出版的《艺术即历史》是方闻教授具有学术总结性质的著作，在这本书中，他依然将空间表现问题作为风格分析的一个主要着眼点，并把“平行透视”概念调整为“平行四边形透视”（parallelogram perspective），将其与西方的单点透视并举：

> 这种平行四边形透视系统（parallelogram perspectival system）在内蒙古和林格尔的一幅2世纪晚期东汉壁画“有围墙的城市”（笔者按：《宁城图》。）中被采用。……事实上，在现代非西方画家接受西方的单点透视（Western one-point perspective）之前，平行四边形透视（parallelogram perspective）被东亚所广泛使用，从中国一直到韩国和日本。②

在空间表现方面，前文所列举的汉画实例，正如方闻教授在《为什么中国绘画是历史》一文中所描述的那样：“以图形语汇为基础……是立基在平面之上而非光学的视觉结构之中”。笔者将这种画法的定义略作调整，表述为“斜边形空间画法”，因为它不只呈现为平行四边形——尽管这种形态更为常见，有时还表现为三角形或者梯形，如前述西安理工大学墓《宴乐图》壁画、傅惜华《汉代画象全集·初编》中著录的山东画像石《宴饮图》等。

进一步说，以平行四边形、三角形或梯形图式所表现的空间场景，都可视为“斜边形空间画法”的亚型。虽然外在形式略有差异，但它们所遵循的视觉原则却是一

---

① 方闻. 中国艺术史九讲. 上海：上海书画出版社，2017：36.

② Wen C. Fong. *Art as History: Calligraphy and Painting as One*. Princeton：Princeton University Press, 2014：264-266.

致的，其表达三维空间进深的基础都是人造的平面图式，并且都要以升高视角的方式加以表现。区别在于，表现为平行四边形图式的作品，画中物象处于半侧面角度，容易表现其立体感，类似于今天的“轴测画法”，同时这种方式易于画幅的延伸，非常适合横向的“卷”和纵向的“轴”，特别是人物和山水主题的长卷，就如方闻在《中国艺术与文化史》中所说：“创造超越窗框局限的‘更开阔视野’（expanded field of vision）”。而呈现为三角形或梯形图式时，既可以表现出空间场景，同时画面往往具有中心，对宗教美术尤为适用。比如佛教的净土式经变画，一方面要突出“主尊”，另一方面还要对佛国世界的庄严景象加以细致描绘，没有哪种画法比采用三角形或梯形图式更适合了，对此后文还要详加考察。有鉴于此，笔者采用“斜边形空间画法”的表述。

二、汉画之视觉语法

接下来，我们对汉代绘画的视觉语言做一总结。从空间表现角度，可将汉画之画法分为三类，或者说汉画存在着三种“视觉语法”结构。

第一类是平面性画法。自图像产生之初至三代，平面性画法始终是图像艺术的主导风格。战国至汉代出现表现空间纵深的新画法后，概念性艺术仍十分常见，大量汉画的视觉结构依然是平面性，尽管有时物象也会以半侧面角度加以描绘（图 1-4-1）。巫鸿在描述东汉武梁祠屋顶画像风格时，使用了“图录风格”（cataloguing style）一词，

图 1-4-1　古帝王图与孝子故事（拓本局部）[东汉元嘉元年（151），山东嘉祥武梁祠西壁上部画像石]

除“榜题”问题之外，巫鸿对“图录风格”的描绘很好地概括了平面性画法的特质：“每个形象都相当规范化而且自成一体，缺乏任何背景和环境表现”[①]。平面性画法仅表现两度空间，即左右（x 轴）和上下（y 轴），清晰简洁、易于辨识。

第二类是矩形空间画法。该画法最早见于战国，它可展现三维空间场景，表现进深的方式是把远近不同的物象，以左右或上下叠加的方式排列起来。进一步可细分为两种形式：一是左右平行叠加（x 轴与 z 轴重合），如前文分析过的马王堆 T 形帛画中的三组侍从像；二是上下垂直叠加（y 轴与 z 轴重合），早期实例有包山楚墓出土漆奁画、秦咸阳宫壁画、“克利夫兰藏贝”、马王堆 3 号墓帛画《车马仪仗图》等，东汉晚期这种画法依然存在，典型实例如河南荥阳苌村壁画墓《车马出行图》（图 1-4-2）。

图1-4-2 车马出行图［东汉晚期，河南荥阳苌村壁画墓前室西壁北端］

第三类是斜边形空间画法。它是在矩形空间画法基础上进一步完善的结果，考古发掘物也可证其晚出于前者，最早见于纪元前后的西安理工大学 1 号墓壁画，到东汉时广为流行。较之矩形空间画法，斜边形空间画法更善于表现复杂的空间场景，它以平行四边形、三角形或梯形为基本图式，利用斜边形的斜向轴线（z 轴）提示空间的远近关系。

通过实物研究可知，这三种画法有比较清晰的发展次第，同时也并非是简单的交

① 巫鸿. 武梁祠：中国古代画像艺术的思想性. 柳扬，岑河，译. 北京：三联书店，2006：96.

替关系，而是走向多层次化的发展。不同风格、画法更像是同台演出的戏剧演员，他们出场有先后之别，在不同场次中彼此的“戏份”也存在着差异，但也经常同台表演，而不是像独唱演出那样简单划一地排序登场。须要附带说明的是，中国绘画中表现空间场景主要是通过图式（平行四边形、三角形、梯形）的手段实现的，因此有可能实现不同画法的转换（比如和林格尔汉墓壁画《宁城图》），从这个角度看，中国古代绘画中不同画法的关系，要比西方绘画中的概念性画法和线性透视术之间的关系更灵活、圆融。

最后再回到本章开头黄厚明对所谓“楼阁图像”的质疑。东汉中后期，此类图像在山东大量出现，除非从空间表现角度对其“视觉语法”进行细致分析，否则很难判断它画的究竟是否为楼阁。以出土于山东曲阜的一块东汉画像石为例（图 1-4-3），该图像残存四格，《中国画像石全集》的解读是：“左上格，刻一楼阁双阙图，楼上三人端坐，阙旁有迎候及卫卒四人”①。左上格的建筑可有两种解读方式：以“平面性画法”解读，应是楼阁（上下关系）；若以“矩形空间画法”解读，则是前后两座单层建筑（前后关系）。这时应该参考该画像石的其余图像。在右上格拜谒场面中，跪拜和躬立的人物都两两成对，为了“面朝”画面左侧的被拜谒者，他们被统一安排到画面右侧，两个跪拜者在图像中被表现为一上一下，没有人误会为在现实空间中他们也

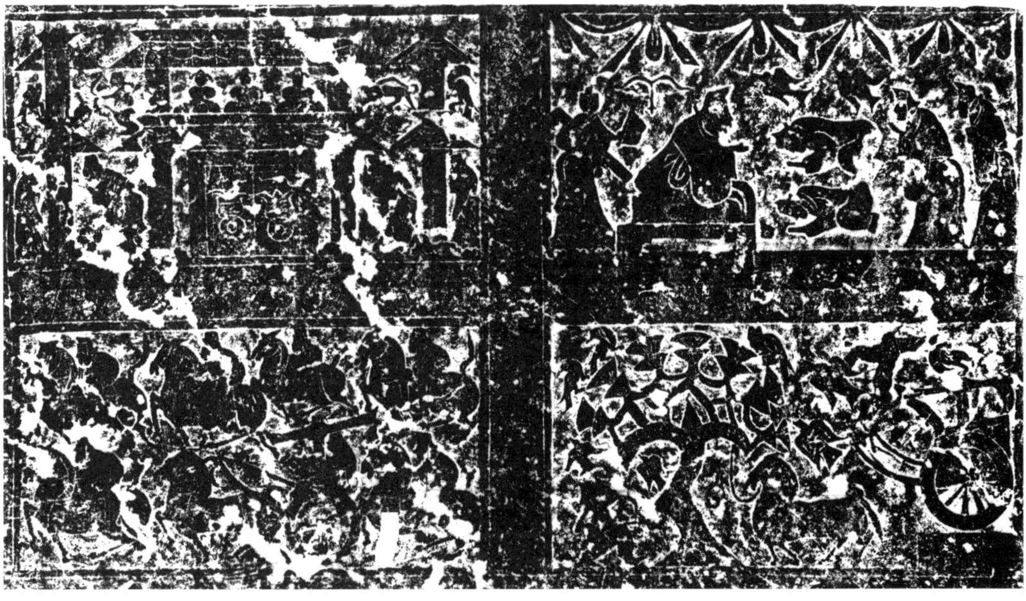

图 1-4-3　山东曲阜出土画像石（拓本）［东汉中期，山东曲阜孔庙藏］

① 赖非. 中国画像石全集：第2卷：山东汉画像石. 济南：山东美术出版社，2000：22.

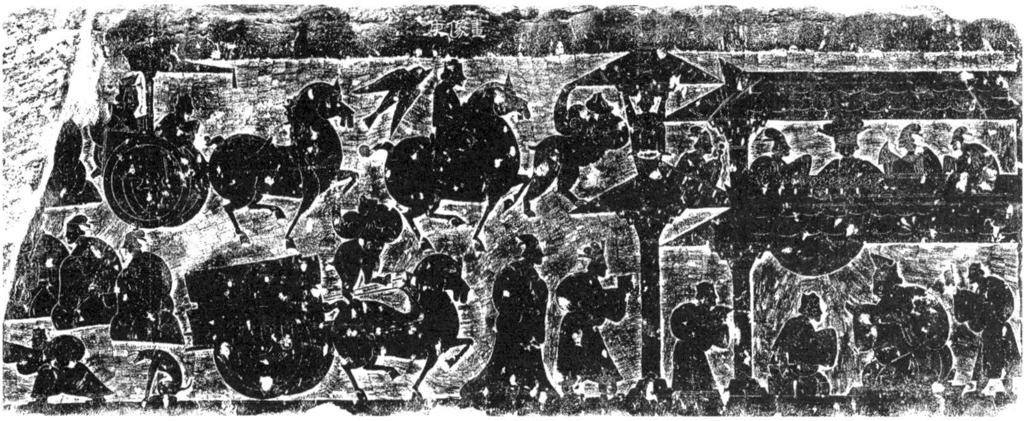

图 1-4-4 隋家庄关庙画像残石（拓本）[东汉中晚期，山东嘉祥隋家庄出土]

处于上下关系。同理画像左下格的车骑出行图像，也是以图像中的上下关系，暗示现实中的左右并列。再如，山东嘉祥隋家庄关庙出土一块画像残石（图 1-4-4），画像左半部的车马图像呈上下结构，代表其空间之远近，那么画像右半部的建筑到底是一座两层的“楼阁”，还是代表前后两座单层建筑呢?

解决“楼阁图像”的质疑并不是本研究的目标，笔者举这个例子只是想提示，在解读貌似清晰、简单的汉代图像时，也有必要持审慎的态度。艺术史学者应该提醒自己，“视觉语法”是艺术史研究的必要基础，诚如石守谦所言：“只有当我们能清晰地描述风格变化的具体内容之后，才有可能由之思索它在文化脉络中的实质意义，并以之与历史上其他类似而实质不同的现象区别开来，从而得出妥适的历史解释。”①

有必要补充说明，不应把图像“误读”的责任完全推卸给观者，因为“矩形空间画法”本身就很容易导致“误读”。原因在于，该画法把 z 轴与 y 轴（有时与 x 轴）重合起来，在缺乏物象遮挡提示时，观者很难判断画面中上下并置的物象在三维空间中究竟是上下关系（y 轴），还是前后关系（z 轴）。借此也可证明斜边形空间画法的优势：这种后出的画法更善于表达复杂空间，由于画出了斜向轴线（z 轴），这样就可以把三个维度分别加以表现，有效避免了观者“误读”的可能。直到透视术传入中国之前，斜边形空间画法始终是中国艺术家表现空间场景的主要方式。

① 石守谦. 风格与世变：中国绘画十论. 北京：北京大学出版社，2008：4.

三、新画法的文化属性

战国至秦汉，绘画一大成就是不断挑战空间，从概念性艺术到矩形空间表现，最终在汉代建立起斜边形空间画法。与此同时，平行于东周秦汉的欧洲希腊罗马艺术在“形似”道路上取得前所未有的突破。因此有必要追问：逐渐趋向再现性的汉代新风格是否接受了外来影响？

通常的看法是，秦汉艺术乃三代传统之承续与发展，然而与此相反的“外来影响说”也由来甚久。在一篇题为《论艺术的普遍进化的历史一致性》（1898）的论文中，维也纳学派艺术史家弗朗茨·维克霍夫（Franz Wickhoff，1853—1909）较早提出了远东艺术（主要指中国和日本艺术）受惠于古希腊之古典错觉主义成就的观点。①此后罗斯托夫采夫（M. Rostovtzeff，1870—1952）进一步明确指出，汉代艺术的颇多特征，诸如“对动态的研究、写实的趣味、风景的使用、人像的引进、描绘现实生活的倾向和对自然动物形体的爱好等等，都是希腊化艺术的特征”②。近年来最有说服力的论证来自缪哲的博士论文《汉代艺术中外来母题举例》（2007），该文通过考察若干汉画母题，有力论证了“汉代艺术是一种深受外来影响的艺术”。其所谓的“外”，包括希腊、罗马、安息、大夏、中亚、印度及欧亚草原等广大区域。至于接受影响的原因，缪氏认为乃“形式的落差”所致：

> 总的看来，当时（笔者按：指前2世纪至公元2世纪的四百余年。）欧亚大陆的两端——一边是中国，一边是希腊与波斯——的艺术，是有着共同的趋向与好恶的。两者都厌倦纹样的或几何的传统，渴望写实的、自然的风格。但因居西方之一端的，在这方面远走在前头，与东方形成了一巨大的形式的落差，故西方的艺术，就如“水之就下”流入中国了。③

缪氏研究汉画母题，主要采用类型学方法，而有意排除了风格考察，如他所说：

---

① Franz Wickhoff. On the Historical Unity in the Universal Evolution of Art (1898)//Gert Schiff, ed., *German Essays on Art History*, translated by Peter Wortsman, New York, 1988. 中译本收入：范景中. 美术史的形状Ⅰ：从瓦萨里到20世纪20年代：257-264。

② M.Rostovtzeff. *The Animal Style in South Russia and China. Princeton Monographs in Art and Archaeology XI V.*（Princeton University Press, 1929）：82. 转引自：缪哲. 汉代艺术中外来母题举例——以画像石为中心：1。

③ 缪哲. 汉代艺术中外来母题举例：以画像石为中心. 南京：南京师范大学博士论文：3.

“我为本文设定的范围，是外来形式对汉代艺术的影响。而所谓的‘形式’，又不包括我们常称的风格，它仅指形式母题的类型。”[①]按照夏皮罗的风格理论，这属于风格第一层面的考察，即“形式要素和母题”，笔者所关注的空间表现问题属于风格的第二层面——“形式之间的关联”，因此可以在认同汉画母题“外来影响说”的同时，得出与之相异的观点。

就空间表现问题而言，汉代发展出的“斜边形空间画法”是一种独特的本土画法。尽管战国秦汉之际，希腊艺术与中国艺术“都厌倦纹样的或几何的传统，渴望写实的、自然的风格”，但这种画法在西方世界——包括写实风格“远走在前头”的地中海世界，以及居间的西亚、中亚和欧亚草原——都找不到它的身影。在希腊罗马绘画中，描绘出令人信服的空间进深主要归功于两项发明：透视缩短法、光线明暗法。[②]与地中海世界不同，中国艺术表现空间场景主要靠斜边形图式的方式实现（汉画以“平行四边形”为主），而缩短法和明暗法在汉画中绝少出现——倘不说绝对没有的话。

总之，追求“形似”的艺术必要解决表现空间的课题，从这点上可以说希腊化艺术和汉代艺术的旨趣相近，但倘若进一步深究，不难发现二者征服空间的方式颇为不同。无论汉画出现多少种外来母题（词汇 / 表层形式），但是其组织母题、表现空间的方式（语法 / 深层结构）——“斜边形空间画法”，却是独一无二、无法外求于异域的。

---

① 缪哲. 汉代艺术中外来母题举例：以画像石为中心. 南京：南京师范大学博士论文：9.

② 关于希腊罗马绘画的空间表现成就，可详阅如下著作：贡布里希：《艺术与错觉》，第四章“论希腊艺术的革新”；Nancy H.Ramage & Andrew Ramage. *Roman Art: Romulus to Constantine*. New Jersey: Prentice Hall, 1991: 79-82: J. J. Pollitt. *Art in the Hellenistic Age*.Cambridge: Cambridge University Press, 2006: 185-209.

第二章　敦煌早期壁画

第一节 “早期三窟”壁画

莫高窟位于甘肃省敦煌市东南 25 公里的鸣沙山东麓，前临已然干涸的宕泉河，这里是河西走廊最西端。根据武周圣历元年（698）《李君莫高窟佛龛碑》（俗称《圣历碑》）以及藏经洞遗书 P.3720《莫高窟记》（865）等史料记载，前秦建元二年（366），沙门乐僔来到此处，在山崖上“架空凿险，造窟一龛”，其后法良禅师又在乐僔开凿的洞窟旁复营一窟，两位僧侣就这样开启了持续千年的敦煌石窟艺术创造史[①]。从 4 世纪下半叶开始建窟，敦煌莫高窟一直营建到 14 世纪下半叶，其间几乎没有任何中断，开窟造像经千年之久，逐渐形成了如今南北绵延 1680 米长的石窟群规模。

作为敦煌艺术的精华所在，莫高窟南区共有 492 个编号洞窟，壁画面积约 4.5 万平方米，其中十六国北朝洞窟大约有 36 座。众所周知，十六国北朝唯一的纪年窟是西魏 285 窟，该窟壁面上存大统四年（538）和大统五年（539）墨书题记，其余 30 余座洞窟只能通过洞窟形制、题材内容、艺术风格、绘塑技法、衣冠服饰等因素来推断其相对时代，因而会产生不同的观点，然而争议最大的莫过于现存最早的三座洞窟。

---

① 详阅宿白《〈武周圣历李君莫高窟佛龛碑〉合校》及《〈莫高窟记〉跋》，二文均收入：宿白. 中国石窟寺研究. 北京：文物出版社，1996。关于莫高窟之创建年代，另有三说：（一）敦煌文书 P.2691《沙州城土境》（949）载：“永和八年（353）癸丑岁初建窟。”由于这件文书较《圣历碑》晚出 151 年，故今人莫不以后者为是。参阅：马德. 敦煌莫高窟史研究. 兰州：甘肃教育出版社，1996：51–52。（二）阎文儒曾提出西晋说，认为莫高窟之创建早至 3 世纪下半叶至 4 世纪初，然其立论依据不足，未被学界采纳。参阅：阎文儒. 莫高窟的创建与藏经洞的开凿及其封闭. 文物，1980（6）：59–62。（三）王素指出，由于统治敦煌的前凉政权奉东晋年号，故“建元二年”应为 344 年。此说影响不大，但持之有理，似可成立。详阅：王素. 敦煌出土前凉文献所见“建元”年号的归属：兼谈敦煌莫高窟的创建时间// 季羡林，等. 敦煌吐鲁番研究：第 2 卷. 北京：北京大学出版社，1997：13–22。

一、“早期三窟”的难题

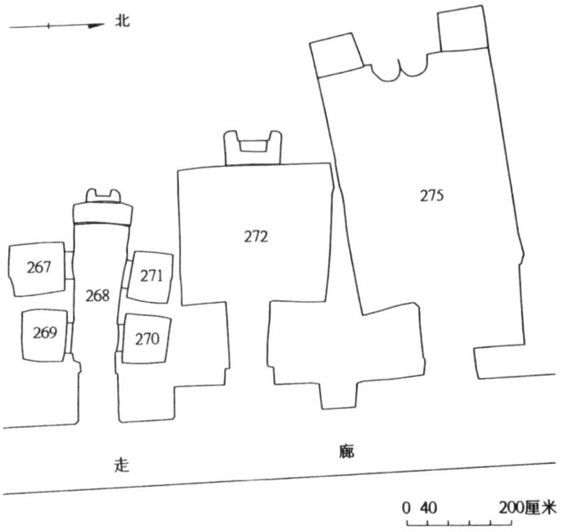

图 2-1-1 莫高窟“早期三窟”平面图

在敦煌现存洞窟中，以第 268、272、275 窟为最早，被称为“早期三窟”（图 2-1-1）。这三座洞窟开凿在莫高窟南区中部偏北的崖面上，根据贺世哲的观点，三窟本为一组，功能上相互配合，以求充分满足修行的需要。第 272 窟是佛殿窟，用于观佛礼拜；第 268 窟为禅窟，窟内南北两壁各开两个小禅室（第 267、269、270、271 窟），在第 272 窟观佛后，进入第 268 窟内进行禅修；在禅修过程中若遇到问题，则入第 275 窟请弥勒菩萨决疑（该窟主尊交脚菩萨，通常被认为是弥勒菩萨），此外第 275 窟在“早期三窟”中面积最大，或许亦作讲堂之用[①]。尽管这种窟形组合功能完备，却难以找到其他类似的实例，正如《莫高窟第 266—275 窟考古报告》所说，在中国内地“这样三种特异窟形的组合尚别无他例”[②]。

（一）洞窟时代

学界公认此三窟是敦煌现存最古老的洞窟，但对其开凿时代的看法却不尽一致[③]。

在 1970 年代以前，学术界普遍主张“北魏说”（439—534）。

张大千在他的考察笔记《漠高窟记》中，把第 272 窟（张大千编号 234 窟）、第 275 窟（张大千编号 233 窟）的时代定为北魏，把第 268 窟（张大千编号 235 窟）的时代定为隋，他指出第 275 窟“窟内诸画，殆为北魏初期画，散乱粗野，无有过此者”[④]。谢稚柳《敦煌艺术叙录》（1955）完全继承了张大千的北魏（第 272、275 窟）和隋代（第 268 窟）观点。

何正璜《敦煌莫高窟现存佛洞概况之调查》（1943）、史岩的手稿《千佛洞初步

---

① 贺世哲. 敦煌图像研究：十六国北朝卷. 兰州：甘肃教育出版社，2006：9-15.

② 敦煌研究院. 莫高窟第266—275 窟考古报告：第一分册. 北京：文物出版社，2011：249.

③ 关于敦煌现存最早洞窟年代问题的讨论，赵秀荣曾做过详尽梳理，参阅：赵秀荣. 试论莫高窟275窟北壁故事画的佛经依据：附275窟等年代再探讨. 敦煌研究，1991（3）：22。

④ 张大千. 漠高窟记. 台北：“故宫博物院”，1985：475-481.

踏查纪略》(1943)和李浴(1915—2010)手稿《莫高窟各窟内容之调查》(1944—1945)将这三座洞窟的时代全部定为北魏[①]，和张大千、谢稚柳把第268窟定为隋窟的观点略有不同。

宿白对敦煌早期洞窟给予持续关注，他在1989年提出“北魏说”新论，而这时“北凉说”已经流行。通过考察窟室形制、造像题材和壁面布局，宿白判断这组洞窟都是北魏窟，它们接受了云冈石窟第二期(约471—494)的影响，他强调“只能是云冈影响了莫高，即都城影响了地方，而不可能是相反”，其上限约在太和八年(484)，下限为“太和十八年(494)迁洛阳以后不久”[②]。宿白的石窟考古学方法影响深远，但他对敦煌“早期三窟”时代的新论却未得到广泛采用。

相比而言，日本学者石松日奈子更认同宿白的看法，她推定“早期三窟”的时间“为北魏时期5世纪中叶至后半”，退一步讲，“至少第275窟的年代应该推到5世纪中叶以后的北魏时期”[③]。

“北凉说”(421—439)是今天的主流观点，也是敦煌研究院的官方观点。

美国艺术史家索珀在《北凉和北魏时期的甘肃》(1958)一文中最早提出第272、275窟可能开凿于北凉的看法，索珀认为这两窟的艺术风格与北凉石塔雕刻相似[④]。阎文儒在1980年发表的文章中，指出“今炳灵寺169窟下层壁画，以风格论，与莫高窟第275窟之壁画相近似”[⑤]。众所周知，炳灵寺第169窟有西秦建弘元年(420)题记，洞窟时代素无争议，这意味着莫高窟第275窟时代甚早。

1980年代以后，更多学者持“北凉说”观点。在敦煌文物研究所(敦煌研究院前身)公布的《敦煌莫高窟内容总录》(1982)中，这组早期洞窟的时代被定为“十六国晚期”，相当于西凉到北凉统治时期[⑥]，敦煌研究院后来公布的《敦煌石窟内容总录》(1996)也沿袭了这种断代法。樊锦诗、马世长和关友惠撰写的《敦煌莫高窟北朝洞窟的分期》，通过对比云冈石窟第一期、北凉石塔、炳灵寺第169窟等材料，结合历史背景，将第268、272、275窟定为北朝洞窟第一期，认为其时代“相当于北凉统治

① 以上三家的洞窟调查记录，详阅：敦煌研究院. 莫高窟第266—275窟考古报告：第一分册. 北京：文物出版社，2011：298-300。

② 宿白. 莫高窟现存早期洞窟的年代问题. 中国文化研究所学报(香港)，1989，20. 另刊于：宿白. 中国石窟寺研究. 北京：文物出版社，1996：270-278.

③ 石松日奈子. 北魏佛教造像史研究. 筱原典生，译. 北京：文物出版社，2012：52，53.

④ Alexander C. Soper. Northern Liang and Northern Wei in Kansu. *Artibus Asiae*, 1958, 21(2): 131-164.

⑤ 阎文儒. 莫高窟的创建与藏经洞的开凿及其封闭. 文物，1980(6)：60-61.

⑥ 敦煌文物研究所. 敦煌莫高窟内容总录. 北京：文物出版社，1982：178.

敦煌时期，即公元421年至439年左右”[①]。刊发这篇文章的《中国石窟·敦煌莫高窟》，将这三窟的图版统一标注为北凉，影响甚大。在此之后，敦煌研究院多数学者都同意“北凉说”[②]，甚至将“早期三窟”的称谓改为“北凉三窟”。

此外在1980年代，王泷、金维诺还曾先后提出过“西凉说”（400—421），但未得到学界采纳[③]。

2005年，出自这组洞窟的若干样品被送到北京大学加速器质谱实验室进行碳14年代测定[④]，但由于碳14测年技术的结果存在前后40至60年的误差，因此该测年也仅能起到参考作用，无法根本解决“早期三窟”的断代难题。新出版的《莫高窟第266—275窟考古报告》在叙述完各家观点之后，客观地承认：“迄今的考察仍然无法确切判定第一期遗迹具体的年代，尚有待今后进一步的发现与研究”[⑤]。

比较以上诸观点，结合自己的观察，笔者倾向于“北凉说”，如后详述。

（二）艺术渊源

早期洞窟的另一大焦点议题是艺术渊源问题，这个问题与前述洞窟时代问题往往交织在一起。

影响最大的是“西来说”。谁也无法否认，早期洞窟中具有的浓厚的西域色彩，此说与《魏书·释老志》中“敦煌地接西域，道俗交得其旧式”的记载相吻合。通过比较研究，学者们考察了敦煌北凉艺术与西域（新疆）艺术、犍陀罗（Gandhara）艺术、秣菟罗（Mathura）艺术，甚至与波斯、粟特（Sogdiana）美术的关联性。学界普遍承认敦煌早期艺术与西域（新疆）关系密切，但再向西溯源就产生了分歧性意见。多数学者（如宫治昭、刘永增）认为，敦煌北凉艺术更接近于犍陀罗样式[⑥]；宁强则强

---

① 樊锦诗，马世长，关友惠. 敦煌莫高窟北朝洞窟的分期// 敦煌文物研究所. 中国石窟·敦煌莫高窟：第1卷. 北京：文物出版社，东京：平凡社，1982：185-197.

② 仅举几个代表性著述：马德. 敦煌莫高窟史研究. 兰州：甘肃教育出版社，1996：55-59；贺世哲. 敦煌图像研究：十六国北朝卷. 兰州：甘肃教育出版社，2006：2；赵声良，等. 敦煌石窟美术史·十六国北朝：上卷. 北京：高等教育出版社，2014：130-134。

③ 王泷. 甘肃早期石窟的两个问题// 敦煌文物研究所. 1983年全国敦煌学术讨论会文集：石窟艺术编：上册. 兰州：甘肃人民出版社，1985：311-324;《敦煌窟龛名数考》补（摘要）// 金维诺. 中国美术史论集：中卷. 哈尔滨：黑龙江美术出版社，2004：141.

④ 敦煌研究院. 莫高窟第266—275窟考古报告：第一分册. 北京：文物出版社，2011：338-339.

⑤ 同④254.

⑥ 宫治昭. 敦煌美术与犍陀罗·印度美术：早期敦煌美术受西方影响的二三个问题. 顾虹，译. 敦煌研究，1995（3）；刘永增. 莫高窟北朝期的石窟造像与外来影响：以第275窟为中心. 敦煌研究，2004（3），（4）.

调，秣菟罗因素占主导性地位[①]；另外一些学者把目光投向波斯和粟特，比如中山大学教授姜伯勤及其门生刘波专门考察过波斯“伊兰画派”及中亚“乌浒派美术”（樋口隆康首倡之概念）与敦煌艺术之间的关联[②]。

“东来说”观点以宿白教授为代表，这里“东方”是说中原北方，具体来说主要指北魏都城平城（今山西大同）。宿白注意到《李君莫高窟佛龛碑》（698）及《莫高窟记》记载乐僔、法良两僧均来自东方，在考察过相关历史背景后，他断言“从前秦到北魏晚期以前，莫高开凿的石窟，受到东方的影响不仅是可能的，而且是必然的”[③]。在后出的一篇文章中，宿白详述了北魏云冈石窟对敦煌早期洞窟的影响，他认为：

> 莫高窟现存早期洞窟与自成体系的新疆石窟的关系，虽在绘画技法方面有某些相似处，但从石窟全部内涵上考察，则远不如与中原北方石窟关系密切；……莫高窟这组现存最早洞窟的许多特征都和云冈第二期相似，……我们认为只能是云冈影响了莫高，即都城影响了地方，而不可能是相反。[④]

相比而言，敦煌研究院的学者更倾向于“本地说”。作为文化交汇之地，他们并不否认敦煌受到来自西方或东方文化因素的影响，但同时更强调敦煌艺术将多种文化因素“熔于一炉”的历史功绩。比如史苇湘曾质疑过分强调敦煌艺术源流“西来说”或“东来说”的不良倾向，这种倾向导致“把敦煌地方看成一个没有自己个性的‘文化驿站’，……似乎敦煌艺术不过是东来西去的旅行者和香客们偶然留下的历史脚印”[⑤]。再如，赵声良《敦煌石窟早期佛像样式及源流》（2008）一文中有如下总结：“敦煌早期佛像样式的复杂性就在于在早期四个阶段的石窟中，没有哪个时代形成一种绝对统一的风格和样式……这种缺乏统一性而异彩纷呈的特点，或许正是敦煌作为丝绸之路重镇，作为交通口岸的特点吧。”[⑥]针对宿白的“都城影响模式”论点，赵声良主张：

---

① 宁强. 敦煌佛教艺术. 高雄：高雄复文图书出版社，1992：80.

② 伊兰，伊朗之别称；乌浒（Oxus），中亚阿姆河（Amu Darya/Amu River）旧称，《北史》《隋书》《旧唐书》《新唐书》均称“乌浒水”。详阅：姜伯勤. 敦煌壁画与粟特壁画的比较研究（摘要）. 敦煌研究，1988（2）；姜伯勤. 论呾密石窟寺与西域佛教美术中的乌浒河流派// 敦煌艺术宗教与礼乐文明：敦煌心史散论. 北京：中国社会科学出版社，1996；刘波. 敦煌与阿姆河流派造像美术比较研究. 敦煌研究，1999（2），（3）。

③ 敦煌莫高窟早期洞窟杂考// 宿白. 中国石窟寺研究. 北京：文物出版社，1996：218.

④ 莫高窟现存早期洞窟的年代问题// 宿白. 中国石窟寺研究. 北京：文物出版社，1996，270-275.

⑤ 史苇湘. 敦煌历史与莫高窟艺术研究. 兰州：甘肃教育出版社，2002：416.

⑥ 赵声良. 敦煌石窟早期佛像样式及源流. 敦煌学，2008（27）：239-254. 案：所谓“早期四个阶段”，是指北凉、北魏、西魏和北周。

> 当国家处于统一状态的情况下，文化以首都为中心影响周边，是一个大趋势。而在并不统一的时代，这种“文化中心论”就不一定起作用了。……只能说明某些样式可能是敦煌与凉州石窟共有的特征，随着凉州佛教进入平城，而在云冈石窟中体现出来而已。[①]

通过其表述可见，赵声良是将包括敦煌、凉州（今甘肃武威）在内的整个河西地区加以整体理解的，因为在十六国时期，凉州是整个西北地区的佛教文化中心，对河西走廊和平城都产生过重大影响。不妨这样说，“本地说”之所指，狭义上仅指敦煌一地，广义上还包括以凉州为中心的整个河西地区。

在研究北朝佛教图像时，李静杰曾发现既有研究存在着明显缺失，即偏重于图像细部考察（微观研究），而对“发达的北朝隋代佛教美术，到底基于什么思想表现并组织起来”(整体构成）这一根本问题“似乎没有给予更多必要的关心”[②]。这一提法切中要害，实际上微观研究和整体构成研究的分界，不仅适用于图像研究，风格研究亦复如是。就敦煌早期艺术而论，前贤已对具体图像母题样式（如坐姿、手印、服饰、阙形等）的渊源关系进行过深入考察，但对形式间的整体构成关系，即“视觉结构”问题则关注甚少。譬如治语言学，词源考察必须与语法研究相互激活、齐头并进；在面对视觉材料时，“视觉语法”分析同样至关重要。考察不同时代艺术的视觉结构，将对解决诸如断代、辨源等重大问题提供新的启示。

二、第272窟

第272窟是佛殿窟（图2-1-2），平面近方形，窟顶介于覆斗形与穹窿形之间，正中开方形藻井，非常别致。正壁（西壁）中部开一穹窿顶大龛，龛内塑一尊倚坐佛像。龛外壁面绘供养菩萨（图2-1-3），两侧共40身（现存37身）。这些供养菩萨绘在“土红涂地”的地仗上[③]，依横、纵两个方向排列，直至填满整个壁面。相邻形象之间鲜有遮挡，也没有出现任何背景表现，而是以人物的手臂、披帛、宝缯以及天花等物象填充画面空隙，颇具装饰性。这铺壁画通过舞蹈形象创造出一种韵律感，虽然这些供养菩萨姿态各异、极具动感、顾盼生辉，但就视觉构成角度，它与其余三壁上

---

① 赵声良，等. 敦煌石窟美术史·十六国北朝：上卷. 北京：高等教育出版社，2014：131-132.

② 李静杰. 北朝隋代佛教图像反映的经典思想. 民族艺术，2008(2)：97.

③ 据姜伯勤的研究，“土红涂地”是公元1至5世纪乌浒河、嚈哒时期粟特美术的特点。姜伯勤. 论呾密石窟寺与西域佛教美术中的乌浒河流派// 敦煌艺术宗教与礼乐文明：敦煌心史散论. 北京：中国社会科学出版社，1996：107.

图 2–1–2　莫高窟第 272 窟［北凉］

“光光相接”的千佛图像并无区别。

具体描绘物象时，敦煌画匠采用了公式化的凹凸晕染法（chiaroscuro），这种通过明暗表现物象体积的画法，在印度和西域被广泛采用①。与此相对，汉代壁画则更强调展现书法性用笔。已发掘的河西魏晋十六国墓室壁画（图 2–1–4、图 2–1–5），无一例外地承续了这种汉代本土的画法传统，均不用晕染法，重视书法性用笔，即便敷彩也仅用来辅助线条。甘肃永靖炳灵寺第 169 窟有西秦建弘元年（420）墨书题记，是中国石窟寺中最早有明确纪年的一座洞窟。仔细观察炳灵寺第 169 窟壁画中的佛菩萨形象，同样是用书法性用笔加以描绘的（图 2–1–6），因此被认为其“绘画风格本质

① Wen C. Fong. Ao-t'u-hua or Receding-and-protruding Painting at Tun-huang //*Proceedings of the International Conference on Sinology: Section of History of Arts*. Taipei: Academia Sinica, 1981: 73-94. 中译本见：方闻. 敦煌的凹凸画. 申云艳，译. 故宫博物院院刊，2007(3)：6–15。

图 2-1-3 供养菩萨像［北凉，莫高窟第 272 窟西壁龛外南侧］

图 2–1–4　狩猎图［魏晋，纵 17.5 厘米，横 36.5 厘米，甘肃省嘉峪关市新城 7 号墓前室东壁］

图 2–1–5　飞马图［十六国，甘肃省酒泉市丁家闸 5 号墓前室南壁上层］

图 2-1-6 菩萨、飞天（局部）[西秦建弘元年（420），炳灵寺第 169 窟第 12 号]

仍是中国式的”[①]。对比炳灵寺第 169 窟与莫高窟第 272 窟壁画，敦煌画师显然更重视表现物象的体积感，而非展现笔迹的韵律。在描述中国早期佛教雕塑时，方闻教授指

① Wen C. Fong. Ao-t'u-hua or Receding-and-protruding Painting at Tun-huang //*Proceedings of the International Conference on Sinology: Section of History of Arts*. Taipei: Academia Sinica, 1981: 73-94. 中译本见：方闻. 敦煌的凹凸画. 申云艳，译. 故宫博物院院刊，2007(3)：8。

出："最初古代中国书法性图绘的线性传统与西方传来雕塑佛像的肉体感风格是相反敌对的"①。实际上，这种本土与外来风格的差异在绘画中表现得更为显著：汉晋绘画传统重视"浓淡轻重"的书法性用笔，而外来风格则强调以凹凸画法表现物象体积。除绘画技法不同外，汉晋墓室壁画、炳灵寺第 169 窟壁画在视像结构方面与敦煌第 272 窟壁画并无差异。

第 272 窟窟顶四披绘天宫伎乐图像（图 2-1-7），以连续的圆拱龛象征天宫，龛内各有一身正在舞蹈或奏乐的立姿伎乐天，四披共 22 身。天宫下部绘出颇具凹凸感的栏墙，下面再绘垂角纹或竖条纹的帷幔。栏墙由两层长方体叠筑而成，左右凹凸相间，上下两层长方体和左右凹凸部分，分别敷以白、土黄、黑、绿四色，形成韵律感。宁强认为：

> 栏台用透视画法，立体感很强，这是中国古代绘画中第一次采用透视法描绘建筑，值得特别注意。②

图 2-1-7　天宫伎乐图［北凉，莫高窟第 272 窟窟顶南披］

① 方闻. "汉唐奇迹"：如何将中国雕塑变成艺术史. 申云艳，译. 美术研究，2007（1）：53.

② 宁强. 敦煌佛教艺术. 高雄：高雄复文图书出版社，1992：84.

这段论述意味着，绘制第 272 窟的画师创造出一种“立体感很强”的新画法。诚然，此处天宫栏墙的确具有强烈的立体感，但不能因此就得出“采用透视法”的结论。那么，这种颇具凹凸感的画法是敦煌画师的原创吗？笔者认为，敦煌北凉壁画基本是平面性的，并没有表现空间进深的“视觉看法”，画师无意表现出圆拱龛（天宫）、伎乐天以及下面飞天的远近关系，而此处仅仅是沿用了一种具有立体感的栏墙图样而已，这种图样渊源有自，它来自敦煌以西，并非敦煌艺术家的原创。根据赖鹏举的观点，第 272 窟窟顶描绘的是弥勒天宫，“应是沿袭阿富汗兜率天宫的造像，即由新疆克孜尔石窟同在一线上的兜率天宫造像而来”[①]。在阿富汗巴米扬石窟I窟（第 530 窟）壁画中，可以找到类似的天宫栏墙画法（图 2-1-8）。到了中国新疆的西域北道，龟兹画师在接受巴米扬图样的同时，进一步强化了栏墙的凹凸感，典型实例如克孜尔第 76 窟（孔雀窟）、第 38 窟，以及森木赛姆第 26 窟，这些石窟壁画中均可见此类具有立体感的天宫栏墙（图 2-1-9）。宫治昭在《涅槃和弥勒的图像学——从印度到中亚》（1992）中曾对比过多地的“栏杆上乐天赞叹”主题，认为巴米扬和克孜

图 2-1-8 天宫伎乐图［阿富汗巴米扬石窟 I 窟（第 530 窟）顶部］

① 赖鹏举. 敦煌石窟造像思想研究. 北京：文物出版社，2009：93. 另参阅：万庚育. 敦煌早期壁画中的天宫伎乐//1987 年敦煌石窟研究国际讨论会文集：石窟考古编. 沈阳：辽宁美术出版社，1990：209-212。

图 2-1-9 天宫伎乐图［新疆克孜尔第 76 窟（孔雀窟）主室窟顶，现藏德国柏林亚洲艺术博物馆］

尔的此类图像“都以犍陀罗的大神变图浮雕为原型，而且在构图上进一步立体化，位于顶部的天上世界图像，分节、分区域的特点是共同的”①，这种画法一路从犍陀罗传到巴米扬、克孜尔，再传至敦煌和云冈。

三、第 275 窟

第 275 窟平面呈纵长方形，为莫高窟的特例，窟顶为纵向盝顶，中部平顶，主室西壁不开龛，塑一身交脚弥勒菩萨大像，通高 3.37 米（图 2-1-10）。南、北壁上部各开三个小龛，龛内塑半跏思惟或交脚菩萨像，两侧壁中部略低于视平线位置绘本生及佛传图，这是敦煌现存最早的故事画。近年的研究证明，这些佛传及本生图像与佛教的禅观法门“生身观”（对应佛传）与“法身观”（对应本生）密切相关，罽宾僧人昙摩蜜多（355—442）所译的《五门禅经要用法》以及鸠摩罗什（343—413）所译的《思惟略要法》（均收入《大正藏》第 15 卷）都有这两种观修法的解说性文字②。

---

① 宫治昭. 涅槃和弥勒的图像学——从印度到中亚. 李萍，张清涛，译. 北京：文物出版社，2009：393.

② 李静杰主要以罽宾僧人昙摩蜜多所译《五门禅经要用法》(《大正藏》第15卷，No. 0619）来解释“生身观”及“法身观”，台湾学者赖鹏举从其说。贺世哲则以鸠摩罗什所译的《思惟略要法》(《大正藏》第15卷，No. 0617）释生身、法身二禅观法门。详阅：李静杰. 敦煌莫高窟北朝隋代洞窟图像构成试论// 李治国. 2005 年云冈国际学术研讨会论文集（研究卷）. 北京：文物出版社，2006：370-372，376；贺世哲. 敦煌图像研究：十六国北朝卷. 兰州：甘肃教育出版社，2006：32-42；赖鹏举. 敦煌石窟造像思想研究. 北京：文物出版社，2009：99-102。据《高僧传》卷三，刘宋元嘉二年（425）之前，昙摩蜜多曾“进到敦煌，于闲旷之地，建立精舍”。

图 2-1-10 莫高窟第 275 窟透视图

南壁中部绘佛传之“出游四门”（图 2-1-11），共绘出了四个情节（其中一段被后代的开穿洞破坏）；北壁中部绘五幅本生故事画（图 2-1-12），自西向东分别是毗楞竭梨王身钉千钉、虔阇尼婆梨王身燃千灯、尸毗王割肉贸鸽、月光王施头、快目王施眼。这些本生故事图主要依据《贤愚经》绘出[①]，每个故事选取一个情节加以概括，几个故事依次相接，如此绘满两壁中部的横向壁面。画面中的人物无论取坐姿、立姿，抑或跪姿，他们仿佛都是从画面底边基准线上“生长”出的一般，只有散花赞叹的 U 字形飞天处于画面上方，因而画面没有形成任何三维空间进深感。尽管从画幅和构图角度看，第 275 窟叙事画“这种横卷式设计与新疆同类故事的菱格网状结构差别明显”[②]，但其视觉结构仍然是平面性的，在这一点上与中亚、西域佛教绘画相同。

① 赵秀荣. 试论莫高窟275窟北壁故事画的佛经依据：附275窟等年代再探讨. 敦煌研究，1991（3）：13-27；张元林. 莫高窟第275窟故事画与主尊造像关系新探. 敦煌研究，2001（4）：56-65.

② 宁强. 从印度到中国：某些本生故事构图形式的比较. 敦煌研究，1991（3）：4.

图 2–1–11　佛传出游四门［北凉，莫高窟第 275 窟南壁］

图 2–1–12　毗楞竭梨王等本生故事画［北凉，莫高窟第 275 窟北壁］

一种颇为流行的观点认为，早期敦煌壁画所采用的横卷形式源自汉晋传统，“反映了北凉敦煌画家努力用中国传统的艺术表现手法改造西方传来的故事画的有益尝试”[①]。笔者对此说法持审慎态度，因为横卷式叙事画（包括本生和佛传）同样在犍陀罗和中亚地区广泛流行，而菱格故事画只是龟兹一地的特色，无法代表所有西来美术传统。在研究北魏壁画时，敦煌研究院的张元林曾质疑过上述颇为流行的观点：

> 这种相似性是否也暗示着敦煌北魏横卷式连续性表现形式与犍陀罗艺术之间的某种关系呢？这有待进一步探讨。[②]

---

① 宁强. 敦煌佛教艺术. 高雄：高雄复文图书出版社，1992：104.

② 张元林. 敦煌石窟艺术：莫高窟第二五四窟附第二六〇窟（北魏）. 南京：江苏美术出版社，1995：23.

犍陀罗多佛传和本生浮雕，常采用横式构图，视像构成方式也完全是平面性的，物象几乎占满整个图像，除必要的建筑外，很少留出空间来表现背景（图 2–1–13）。以巴基斯坦北部城镇 Jamal Garhi 出土的一件“须大拏太子本生”浮雕（图 2–1–14）为例[①]，浮雕由三段残片组成，除人物外，还包括动物、车马、树木等物象，都安立在浮雕的底边基准线上，因此没有任何纵深空间可言，其视觉构成方式与敦煌第 275 窟叙事画相似。莫高窟早期故事性壁画依底边基准线描绘物象的形式，完全有可能源于犍陀罗地区的故事性浮雕。还有一个辅助性的证据,《莫高窟第 266—275 窟考古报告》指出，第275窟北壁“这种震撼人心的悲剧性故事，不见于中印度而源自犍陀罗地区，经由中亚传入中国，行于龟兹和敦煌”，而且这些本生图像到敦煌以东不再流行[②]。

在犍陀罗和敦煌之间，最具可比性的西域佛教艺术遗存是吐峪沟石窟。在新疆石窟中吐峪沟距敦煌莫高窟最近，位于吐鲁番鄯善县吐峪沟乡，距高昌故城仅 10 余公里，是古代高昌的重要石窟。《梁书》卷 54《高昌国传》记载高昌“东连敦煌，西次龟兹”，暗示其之于东西文化交流的重要地位。吐峪沟第 40、41、44 窟的时代通常被认为是 5 世纪，即北凉占据高昌之际。贾应逸认为，这几个洞窟在窟型、画法、色彩及题材等诸多方面都和敦煌北凉洞窟颇为相似，甚至有些本生故事可能出于同一粉

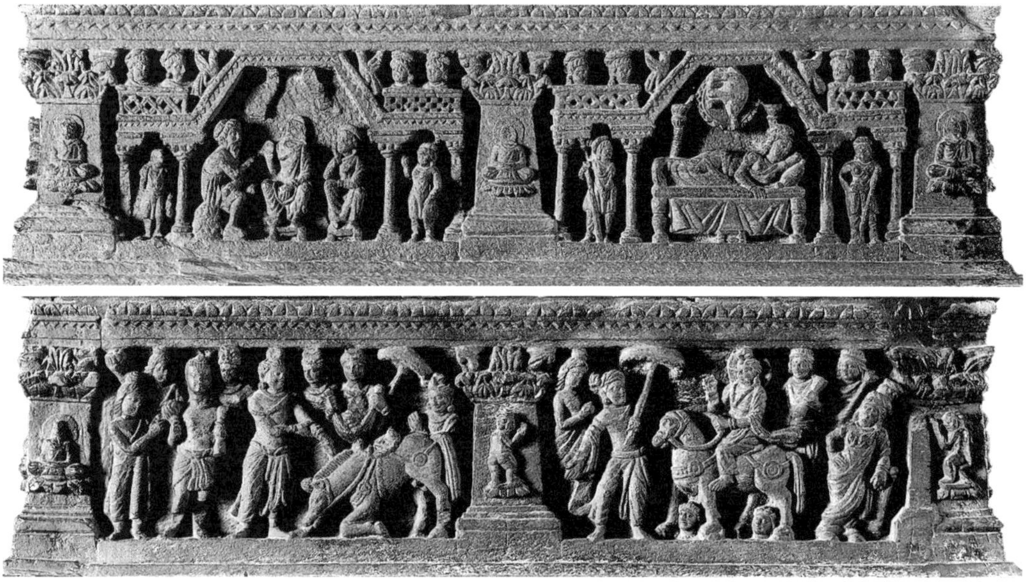

图 2–1–13 佛传浮雕［2 至 3 世纪，巴基斯坦 Loriyān-Tangai 出土供养舍利塔塔基，高 20 厘米，加尔各答印度博物馆藏］

① 宫治昭. 犍陀罗美术寻踪. 李萍，译. 北京：人民美术出版社，2006：85.

② 敦煌研究院. 莫高窟第266—275 窟考古报告：第一分册. 北京：文物出版社，2011：251.

图 2–1–14　须大拏太子本生故事（残片）[2 至 3 世纪，巴基斯坦 Jamal Garhi 出土，大英博物馆藏]

本[①]。贾应逸的看法得到段文杰、马世长和李静杰的赞同[②]。吐峪沟石窟发表的图像资料相对有限[③]，且壁画残损严重。就已公布的资料和既有研究看，吐峪沟第 44 窟可辨识出的本生图像有毗楞竭梨王本生、尸毗王本生、忍辱仙人本生、慈力王本生、昙摩钳太子本生和兔王本生几幅[④]，这些作品和敦煌第275窟的本生、佛传图画风基本一致（图 2–1–15），二者的主要艺术特质都包括横卷式构图、平面性视像结构以及公式化的凹凸晕染法，在这三项形式特征中，前两项均可溯源至犍陀罗浮雕。

第 275 窟最明显的本土化因素来自建筑，比如南北侧壁上部的子母阙形龛，再如洞窟的盝形窟顶“残存塑造而成的纵枋、椽条、望板，均表明是对汉式建筑结构的模仿”[⑤]。需要格外注意的，还有南壁中部佛传壁画中的建筑图像。

① 贾应逸. 吐峪沟第44窟与莫高窟北凉洞窟比较研究//1987 年敦煌石窟研究国际讨论会文集：石窟考古编. 沈阳：辽宁美术出版社，1990：184–197；贾应逸，祁小山. 印度到中国新疆的佛教艺术. 兰州：甘肃教育出版社，2002：420，431–433.

② 李静杰还进一步推测：“不能排除这组洞窟（指敦煌‘早期三窟’）图像的粉本或设计者，来自西域的可能性。况且，5 世纪初正当法显出敦煌，途经西域南道，过于阗，西行求法的时代。”李静杰. 敦煌莫高窟北朝隋代洞窟图像构成试论// 李治国. 2005 年云冈国际学术研讨会论文集（研究卷）. 北京：文物出版社，2006：367.

③ 吐峪沟石窟研究史，详阅：宫治昭. 吐峪沟石窟壁画与禅观. 贺小萍，译. 上海：上海古籍出版社，2009：2–7。

④ 赵阳，陈爱峰. 吐峪沟石窟第44窟兔王本生故事考. 敦煌研究，2013（6）：22.

⑤ 敦煌研究院. 莫高窟第266—275 窟考古报告：第一分册. 北京：文物出版社，2011：249.

图 2-1-15 羼提婆梨本生［5 世纪，吐峪沟第 44 窟主室正壁］

在“出游四门”主题的佛传图像中，共出现了四个阙门建筑图像，其中西面的两个保存较好。最西端的一个阙门图像由门楼和子母双阙构成，城门下是乘马的太子像（图 2-1-16）。该阙门图像选择以半侧面的角度来表现，以便让门洞中的太子能够“观看”到画面右侧的那位老人。然而这个建筑形象不算太成功，画师犯了两个错误：第一，没有弄清建筑正面和侧面的转折关系；第二，门阙顶端的边缘线向上倾斜，但是底端边缘线没能做相应的倾斜处理，仍固守“基准线原则”。萧默在《敦煌建筑研究》一书中有如下分析：“从画面可以看得出作者力图突破正投影的局限，尝试着要表现对象的立体感，但是他的努力却没有完全成功。画面角度悖谬，比例失据，显出了画家一副手足无措的窘态。”[①]按照萧默的看法，这是画师有意尝试一种新画法的失败。此外还有一种可能，如前文所述，斜边形空间画法在河西之外的广大地区流行（详见第一章），或许这位画师见过运用斜边形空间画法的图样或粉本，但是没能真正掌握其诀窍，因此绘制出了这样一个结构混乱的阙门建筑图像。无论何种情况，此例建筑画法说明北凉敦煌画师习惯于平面性画法，而对如何表现立体空间鲜有心得。

综上所述，我们可从两个层面来理解第 275 窟壁画风格：在具体物象表现方面，

① 萧默. 敦煌建筑研究. 北京：机械工业出版社，2003：257.

图 2–1–16　太子出游四门（局部）[北凉，莫高窟第 275 窟南壁]

北凉壁画运用了外来的明暗晕染法，重视物象的体积感以及人体结构表现；在视觉结构方面，北凉壁画基本上是平面性的，故事画更是恪守传自犍陀罗地区的“基准线原则”，有时画师试图通过前后遮挡暗示物象的位置关系，但没有表现出视觉意义上的远近纵深。

第二节　北魏壁画

北魏太延五年（439），魏灭北凉，“徙其国人于京邑，沙门佛事皆俱东”[①]，凉州佛教遭到重创。三年后据守敦煌的凉王残部“自率万余家弃敦煌”[②]，西奔鄯善与高昌，敦煌之政治、经济、文化遭到空前削弱。直至神龟末年（520），凉州刺史袁翻仍强调“凉州土广民希，粮仗素阙，敦煌、酒泉空虚尤甚”[③]。大体说来，敦煌北魏时期（439—534）开窟数量十分有限，近百年的时间仅开窟十余座，而且莫高窟北魏艺术较之北凉发展并不十分显著，图像内容和艺术风格均承接前代之余绪，诚如史苇湘所云：“莫高窟这批北魏石窟仍是沿着五凉艺术的传统在进行制作”[④]。

北魏时期，佛教故事图像极受重视，第254窟和第257窟最典型，叙事画不仅数量多，而且占据重要的壁面中层位置。在北魏故事画中，本生故事数量最多，此外也有一定数量的因缘故事和佛传。贺世哲与李静杰的研究表明，这些佛教故事图像乃禅观实践中“生身观”与“法身观”的内容[⑤]。根据考古分期研究，这两座洞窟都被划定为北魏中期，约公元465年至500年之间[⑥]。

---

① 魏书：卷114：释老志. 案：“京邑”指魏都平城（今山西大同）。关于北魏虏获人力、财物之详论，参阅：平城实力的集聚和“云冈模式”的形成与发展// 宿白. 中国石窟寺研究. 北京：文物出版社，1996：114-144。

② 宋书：卷98：大沮渠蒙逊传.

③ 魏书：卷69：袁翻传.

④ 论莫高窟北凉与北魏前期壁画艺术// 史苇湘. 敦煌历史与莫高窟艺术研究. 兰州：甘肃教育出版社，2002：246.

⑤ 李静杰. 敦煌莫高窟北朝隋代洞窟图像构成试论// 李治国. 2005年云冈国际学术研讨会论文集（研究卷）. 北京：文物出版社，2005：370-374，377；贺世哲. 敦煌图像研究：十六国北朝卷. 兰州：甘肃教育出版社，2006：第五至七章.

⑥ 樊锦诗，马世长，关友惠. 敦煌莫高窟北朝洞窟的分期// 敦煌文物研究所. 中国石窟·敦煌莫高窟：第1卷. 北京：文物出版社，1982：188-191.

图 2-2-1　莫高窟第 254 窟［北魏］

一、北魏 254 窟

第254窟是莫高窟最早的中心塔柱窟①，前部为人字披顶，后部平棊顶（图2-2-1）。中心塔柱正面（东向）开一大龛，龛内塑交脚弥勒佛像，高 1.9 米，其余三面均上下开双层龛。洞窟四壁顶端绘一周天宫伎乐图，中部绘大量千佛，南北侧壁与中心柱相对的位置各绘一铺说法图，西壁中央绘白衣佛说法图。

第 254 窟内最引人注目的壁画是两侧壁上的四幅故事图，即南壁的“降魔变”与“萨埵太子本生”，以及北壁的“难陀出家缘变”（尚无定论）与“尸毗王割肉贸鸽变”。“降魔变”位于南壁东部阙形龛下（图2-2-2），画面取对称形式，画面中部是正面角度的释迦形象，结跏趺坐于方宝座上，形象高大、安忍如山，释迦头光、身光俱足，右手作触地印，左手在胸前持袈裟一角。两侧是来势汹汹的数层魔众，正在围攻释迦，画面下部左侧是魔王波旬父子和三个献媚的魔女，右侧是被释迦法力变成的丑陋老妪。

宫治昭曾撰文指出，第 254 窟“降魔变”的构图及一些重要因素来源于犍陀罗和

① 北魏254窟最详尽的介绍及图录，见：张元林. 敦煌石窟艺术：莫高窟第二五四窟 附第二六〇窟（北魏）. 南京：江苏美术出版社，1995。

图 2-2-2 降魔变［北魏，莫高窟第 254 窟南壁］

印度[①]。笔者认为，除图像内容和构图样式继承了外来传统外，第254窟“降魔变”的视觉结构也与犍陀罗浮雕如出一辙，都恪守“水平基准线原则”。以华盛顿弗利尔美术馆（Freer Gallery of Art）所藏一件犍陀罗浮雕为例（图 2-2-3），释迦所坐的方形宝座以及最底层的人物都被“安立”在画面底边上，上方的层层魔众则依据平面性原则绘出，和第 254 窟壁画非常相似。所谓平面性原则，即画面之上层与下层（二维之 y 轴），与空间远近（z 轴）无关，甚至也不一定代表高低关系（三维之 y 轴），实际就是一种“填空”式的画法。这是犍陀罗浮雕中常见的处理手法，工匠尽量用前排人物遮挡住后排人物的下半身，做不到时就弱化或省略后排人物的腿和脚，以保证不与“基准线原则”明显相违。在此仅举几个比较典型的犍陀罗浮雕实例。

（1）太子诞生、初转法轮和涅槃图，华盛顿弗利尔美术馆藏，这三件犍陀罗浮雕与上述“降魔变”同出一地，共同组成一组完整的佛传“四相图”[②]。

（2）太子通学（图 2-2-4），维多利亚和阿尔伯特博物馆（Victoria and Albert

① 宫治昭. 敦煌美术与犍陀罗・印度美术：早期敦煌美术受西方影响的二三个问题. 顾虹，译. 敦煌研究，1995（3）：195-199. 案：加拿大学者冉云华反对中印度降魔变图像和敦煌之间的直接联系，参阅：冉云华. 试论敦煌与阿旃陀的《降魔变》//1987 年敦煌石窟研究国际讨论会文集：石窟艺术编. 沈阳：辽宁美术出版社，1990：194-208。

② 栗田功. ガンダーラ美術Ⅰ：佛传. 东京：二玄社，1988：31，图31.

图 2–2–3　降魔变［约 2 世纪末至 3 世纪初，巴基斯坦出土，华盛顿弗利尔美术馆藏］

图 2–2–4　太子通学［犍陀罗浮雕，维多利亚和阿尔伯特博物馆藏］

Museum）藏，编号 I. S. 51－1948。

（3）魔女诱惑，日本私人藏品[①]。

（4）五比丘再会，欧洲私人藏品[②]。

（5）五比丘再会与说法，日本私人藏品[③]。

（6）阿育王施土因缘（图 2－2－5），英国私人藏品。

（7）双神变（图 2－2－6），加尔各答印度博物馆（Indian Museum，Calcutta）藏。

这种空间表现方式在犍陀罗浮雕中很常见，质言之，它更多的是一种知识上的"说明"，而非视觉意义的"再现"。或许有人认为上述作品虚化后排人物下半部的做法是浮雕的形式特质使然。笔者不反对这种看法，但同时承认特定的"视觉看法"及程式规范对作品形式的深层规定性。

再回到敦煌第 254 窟北魏壁画。敦煌早期壁画在接受西来图像样式的同时，更沿袭了其故事性浮雕的视觉结构，除"降魔变"外，第 254 窟另外三幅故事画运用了同样的表现模式，其最显著的形式特征就是遵循"基准线原则"，此外人物、动物等形象尽量填满所有画面空间，几乎不表现任何背景。

北壁的"难陀出家缘变"（图 2－2－7）和"尸毗王割肉贸鸽变"（图 2－2－8）也采取了中心对称式构图，画面两侧的人物布陈与南壁"降魔变"十分接近，无须

图 2–2–5 阿育王施土因缘［犍陀罗浮雕，英国私人藏品］

① 栗田功. ガンダーラ美術 I：佛传. 东京：二玄社，1988：115，图225.

② 同①145，图268.

③ 同①147，图275.

图 2-2-6　双神变［犍陀罗浮雕，加尔各答印度博物馆藏］

图 2-2-7　难陀出家缘变［北魏，莫高窟第 254 窟北壁］

图 2-2-8 尸毗王割肉贸鸽变［北魏，莫高窟第 254 窟北壁］

再析。值得注意的是，在“难陀出家缘变”的图像底部绘出一列连续的山岳形象（图 2-2-9），山岳呈驼峰状，色彩各异，沿水平方向延展，没有任何空间感，可称其为“山岳纹”。类似的山岳图还见于酒泉丁家闸 5 号壁画墓前室顶部西壁（图 2-2-10），该墓曾被认为属于十六国后期后凉至北凉间（386—439）[①]，近年来韦正修正为魏晋至十六国前半期[②]。虽然丁家闸墓壁画中的山岳图像底部略呈波浪状，但总体上也呈横向排列之势，与莫高窟第 254 窟“难陀出家缘变”中的山岳画法并无大异，两处画师都无意描绘山峦的进深绵延。

第 254 窟南壁的“萨埵太子本生”（图 2-2-11）较前三幅画更复杂，它主要据北凉昙无谶（385—433）所译《金光明经》卷 4《舍身品》，并糅合《贤愚经》卷 1《摩

① 甘肃省文物考古研究所. 酒泉十六国墓壁画. 北京：文物出版社，1989.
② 韦正. 试谈酒泉丁家闸5号壁画墓的时代. 文物，2011（4）：41-48.

图 2-2-9 山岳图像［北魏，莫高窟第 254 窟北壁难陀出家缘变局部］

图 2-2-10 山岳图像［十六国，酒泉丁家闸 5 号墓前室顶部西壁］

图 2-2-11 萨埵太子本生［北魏，莫高窟第 254 窟南壁］

图 2-2-12　舍利塔图［北魏，莫高窟第 254 窟南壁萨埵太子本生局部］

诃萨埵以身施虎品》绘出①。画师采用"异景同图"方式，把七个情节紧凑穿插、巧妙组合在同一画面中。整幅画面几乎都被人物和动物形象填满，只是在有限的空隙处，画师绘出了山岳形象。这仅是示意性的山岳，并不能真正把萨埵太子和老虎置于其中。从空间表现方面看，画面左上部的舍利塔画法非常值得关注。这是一座三层的方形楼阁式塔（图 2-2-12），白色塔身和青绿色塔檐呈现为菱形形态，有若俯视效果，画师选择塔身转折线面对观者，这样塔身之顶面（塔檐）和两个侧壁被同时描绘出来，好像以三个面表现立方体一样，看起来汉画之斜边形画法仿佛要在此复现。然而底部的方形塔基再次把图像拉回到平面性结构，塔基正面朝向观者，好像以一个面表现立方体，三层素方台基均表现为水平线，而塔基上的青色平行四边形表现的是台阶，这种塔基形式在犍陀罗地区很常见（图 2-2-13）。因此，可以把这个舍利塔图像分为两部分：塔身部分在采用汉式楼阁式塔样式的同时②，画法也近

① 上原和. 敦煌莫高窟的摩诃萨埵本生图诸相与玉虫厨子的舍身饲虎图// 成城大学大学院文科研究科. 美学美术史论集：第8辑第1部，1991；张元林. 敦煌石窟艺术：莫高窟第二五四窟附第二六〇窟（北魏）. 南京：江苏美术出版社，1995：13-14，23；贺世哲. 敦煌图像研究：十六国北朝卷. 兰州：甘肃教育出版社，2006：170-174.

② 宿白曾论及敦煌早期壁画中的"中原塔式"，详阅：两汉魏晋南北朝时期的敦煌// 宿白. 中国石窟寺研究. 北京：文物出版社，1996：242。

图 2–2–13　礼拜佛塔［犍陀罗浮雕，日本私人收藏］

于汉画；而塔基部分不仅沿袭了外来样式[①]，更恪守了“基准线原则”。因此虽然塔身画法颇具立体感，但整座佛塔未能表现出其所真实占有的三维空间场域。

二、北魏 257 窟

第 257 窟也是一座中心塔柱窟，平面呈方形，前部为汉式人字披顶，后部平棊顶（图 2–2–14）。中心塔柱东面开圆券形主龛，内塑一尊 1.9 米高的倚坐佛像，其

① 犍陀罗佛塔的底座多呈方形，与印度窣堵波的圆形底座形成鲜明对照，京都大学教授桑山正进认为，这种方形形制应是受到古罗马石棺与祭坛影响所致。详阅：桑山正进．ストゥーパ方形基壇の由来// 足利惇氏教授喜寿記念インド学オリエント学論集．東京：図書刊行会，1978：197–212。

图 2–2–14 莫高窟第 257 窟［北魏］

余三面上下开双层龛。洞窟前半部侧壁人字披下有大幅说法图，侧壁后半部及后壁分为四段：上段绘天宫伎乐图；中段所占面积最大，以绘千佛图像为主，在西壁中央及南、北两壁前部各绘说法图一铺，幅面不大；千佛和说法图下面是采取连续式构图（continuous composition）的横卷形式故事画；三壁底部绘药叉。佛教故事画是第 257

窟壁画精华之所在，根据佛教的“右绕”礼仪原则[①]，入窟观像者首先见到南壁的“沙弥守戒自杀因缘”及“弊狗因缘”，其次是西壁南段的“九色鹿本生”，最后看到西壁北段延伸至北壁的“须摩提女因缘”。

北魏257窟延续了“早期三窟”平涂土红色地仗的做法，因此初看之下，第257窟和第275窟的叙事画很相似。但细致比较可发现，两窟壁画之间存在着显著差异，尤其在背景表现方面，第257窟叙事性壁画已较第275窟有所发展。对比画面的比例关系，第257窟几幅故事画中的人物和动物形象开始缩小，不再充满画面空间，与之相对，作为背景出现的建筑及山水图像显著增多。第257窟中几个故事画的底部均描绘出山岳图像，由于仍然恪守“基准线原则”，这些横向连绵的山峦，虽然有时也出现相互遮挡，但未能创造出真正的空间进深（图2-2-15），同第254窟“难陀出家缘变”以及丁家闸墓壁画中的山岳画法大体相似。

在“九色鹿本生”的左半部，还出现了斜向排列的山岳形象（图2-2-16），这种山岳画法在敦煌壁画中并无前例。方闻教授在其著作中分析了这组山岳图像的形式特征：

> 斜向叠搭的山形母题，起到分割空间的作用。由于这组山脉在画面中彼此平行排列，所以它们既无空间退缩（spatial recession），亦无三维立体感（three dimensionality）。[②]

图像中的斜向山岳图像的确能“起到分割空间的作用”（二维意义的画面空间），

---

① 所谓“右绕”，是旋绕塔像之礼则。今存唐实叉难陀（652—710）所译《右绕佛塔功德经》，收于《大正藏》第16卷（No. 0700）。但对何为“右绕”，看法并不一致。律宗初祖道宣（596—667）《释门归敬仪》卷下（《大正藏》第45卷，No. 1896）及义净（635—713）《南海寄归内法传》卷三《旋右观时章》（《大正藏》第54卷，No. 2125）认为以顺时针旋绕为是。与此相对，有人举道宣《关中创立戒坛图经》（《大正藏》第45卷，No. 1892）及《集神州三宝感通录》（《大正藏》第52卷，No. 2106）中有“东回左转，南出而返”的说法，认为是逆时针顺序。但是此说是指绕坛，而非绕塔（佛像）。根据北魏254窟“沙弥守戒自杀因缘图”和“须摩提女因缘”的图像顺序，可证应为顺时针入窟绕塔（此窟转化为中心塔柱）。但是施萍婷、贺世哲根据北周428窟飞天方向，认为右绕“以礼拜者为准的话，从自身的右手往左绕”，这样又成了逆时针顺序（敦煌石窟艺术：莫高窟第四二八窟（北周）. 南京：江苏美术出版社，1998：10）。笔者所理解的“右绕”是顺时针，仅举一个直接的图像证据，比依据壁画顺序判断更具说服力。大英博物馆藏一件犍陀罗浮雕（编号19021002.29），收入：Alfred Foucher. *L'art Greco-Bouddhique du Gandhara*, vol.1. Paris: Imprimerie Nationale, 1905, Fig. 22. 浮雕图像中数位僧侣正礼绕佛塔，从塔身两侧的人物方向，可以明确判断出是顺时针顺序。

② Wen C. Fong. *Art as History: Calligraphy and Painting as One*.Princeton: Princeton University Press, 2014: 148.

图 2–2–15 九色鹿本生（局部一）[北魏，莫高窟第 257 窟西壁]

图 2–2–16 九色鹿本生（局部二）[北魏，莫高窟第 257 窟西壁]

但关于这种画法是否能表现三维空间进深感，则有不同看法。赵声良认为，这些“斜向排列的山峦，表现出纵深的空间感。另外这些山峦还有一个作用就是在横长的画面中分隔出一个个场景”①。根据赵声良的考察，这种表达空间远近的风格不仅为“九色

① 赵声良. 敦煌石窟全集18：山水画卷. 香港：商务印书馆有限公司，2002：13-14.

鹿本生”所独有，更典型的一例出现在同窟南壁“沙弥守戒自杀因缘”图的起首处：

> 开头部分表现小沙弥剃头出家及师父给沙弥讲法的情景，描绘了绵延的山峦……沿画面上部的山峦又朝水平方向向右延伸，画出一列山峦。表现远山的景致。表明画家有意描绘山水的远近关系。①

绘制北魏257窟的敦煌画师，是否“有意描绘山水的远近关系”呢？或者说，以第257窟为代表的北魏敦煌壁画，是否初步实现了三维空间表现？

笔者考察后给出了否定的答案。之所以北魏257窟壁画被认为“表现出纵深的空间感”，是因为图像中运用了类似于斜边形空间画法的图式；然而笔者不认为北魏敦煌壁画真正掌握了描绘空间进深的技巧，因为这时的敦煌画师没能理解这种画法，更准确地说，他们还不具备创造斜边形空间画法的汉代画师所持的那种“视觉看法”（mode of seeing）。还以“沙弥守戒自杀因缘”的首段图像（图2-2-17）为例②，虽

图2-2-17　沙弥守戒自杀因缘（局部一）［北魏，莫高窟第257窟南壁］

① 赵声良. 敦煌石窟全集18：山水画卷. 香港：商务印书馆有限公司，2002：14.

② 该因缘故事出自北魏慧觉等译的《贤愚经》卷五《沙弥守戒自杀品》(《大正藏》第4卷，No. 0202），经文通篇都没有出现描绘山岳的文字。笔者认为，壁画首段的山岳仅是对“尔时有一乞食比丘乐独静处”一句的诠释。对257窟沙弥守戒自杀因缘图的研究，详阅：蔡伟堂. 莫高窟壁画中的沙弥守戒自杀图研究. 敦煌研究，1997(4)：12-19；贺世哲. 敦煌图像研究：十六国北朝卷. 兰州：甘肃教育出版社，2006：241-242。

然画师用若干驼峰式的山峦母题建构起一个封闭的空间场域，但他没能有效利用这个平面图式，把人物放置到不同高度上以暗示进深远近（如第一章所举汉画诸例），而是依然恪守“基准线原则”，因此画面终未能把平面图式转化为“空间退缩”（spatial recession）。

为说明两种画法的差异，不妨对比一下北魏晚期京畿地区的流行画法，以波士顿艺术博物馆（Museum of Fine Arts，Boston）所藏宁懋石室画像（527）为例，它和北魏 257 窟为同时期的作品。宁懋石室外侧左壁的“董永看父助时”图像（图 2-2-18），画面中用远山形象围合出了一个空间场域，和莫高窟北魏257窟“沙弥守戒自杀因缘”首段几乎完全相同。然而制作宁懋石室的匠师通晓表现空间进深的诀窍，能够合理运用画面上的平面式图式，把要表现的物象安排在恰当的高度上，比如人物形象被安排在画面中景，完全不受“基准线原则”的束缚。反观北魏 257 窟“沙弥守戒自杀因缘”图像，所有物象几乎都安布在统一的画面底边上，即便偶有例外，比如刎颈自杀的小沙弥被绘于较高的位置，也是出于画面位置经营的考虑，更像在填空，而无

图 2-2-18 宁懋石室左壁孝子图（局部反相）[北魏（6 世纪 20 年代），河南洛阳出土，波士顿艺术博物馆藏]

再现性空间纵深之意（图 2-2-19）。描绘建筑图像时，画师有意同时绘出左、右两个侧面（屋顶部分尤明显），门梁也具有显著的倾斜，但这些建筑图像本质上仍属于平面性视觉结构，因为建筑整体以若干条彼此平行的水平线为框架，它所达到的立体感仅是示意性的，没有第三个维度参与其中。

更为明显的一例出现在西壁北段“须摩提女因缘”图起首处[①]。这里描绘的是须摩提女的家宅，画面中有一个平行四边形的院落形象（图 2-2-20），乍看起来与东汉画法相近。在汉代图像中，一方面有平行四边形、三角形、梯形等图式之表，另一方面，对于如何利用这些图式来表现空间远近，汉代画师是颇为熟谙的，他们能够把远近不同的建筑和人物，放置在恰当的画面位置上，并可以做到把众多物象整合成为繁而不乱的有机整体（图 2-2-21）。反观第 257 窟壁画中的院落画法，这位画师并没能将院落和屋舍组织成有机的整体，所有建筑和人物仿佛都是从画面的底部那条水平线中“生长”出来似的，“基准线原则”还在发挥着作用。在呈现为平行四边形的院落

图 2-2-19　沙弥守戒自杀因缘（局部二）［北魏，莫高窟第 257 窟南壁］

① 关于“须摩提女因缘”的图像学研究，参阅：李其琼，施萍亭（即施萍婷）. 奇思驰骋为“皈依”：敦煌、新疆所见《须摩提女因缘》故事画介绍. 敦煌学辑刊（即《兰州大学学刊·敦煌学专刊》）1980：74-77；宫治昭. 吐峪沟石窟壁画与禅观. 贺小萍，译. 上海：上海古籍出版社，2009：64-71。

图 2-2-20 须摩提女因缘（局部）[北魏，莫高窟第 257 窟西壁]

图 2-2-21 宴饮讲学图（摹本）[东汉晚期，山东诸城前凉台墓]

中，仅散布着少量花苞和花枝纹饰。有学者曾指出，这种在土红色地仗上绘制花饰的做法源自波斯传统[1]，因此它只是一种装饰画面的技巧，并非空间场景中的真实物象。

北魏 257 窟“须摩提女因缘”的院落图像说明，北魏敦煌画师仅仅学会了斜边形空间画法的皮毛——平行四边形图式，但是对其真正的奥妙并未通达。合理的推测是，绘制北魏 257 窟的画师曾见过运用斜边形空间画法的画作或粉本，这种风格在中原和南朝已经普及（第三章详述），而远在河西的画师尚未洞悉此种图式的真实内涵，仅徒然学到了中原画法的外在皮相。

第 257 窟叙事画中的屋宇、车马、服饰、器用等图像多取汉式，此外莫高窟窟前曾出土“从平城一带被人带到敦煌来的”北魏太和十一年（487）刺绣的若干残块（图 2-2-22）[2]，这些都是北魏画师有可能接触到中原图样的旁证。尽管“北魏太和中，石窟艺术汉传统绘画成分日渐增多”[3]，但可以确认，5 世纪的河西画师还不具备以斜边形图式暗示空间纵深的“视觉看法”，由此可进一步推断第 257 窟的这种平行四边形院落样式必有所本，应该不是北魏河西画师的创造。

图 2-2-22　刺绣供养人像（局部）［北魏太和十一年（487），莫高窟第 125 窟和第 126 窟间发现，敦煌研究院藏］

---

① 沃森. 伊朗与中国// 中外关系史学会. 中外关系史译丛：第3辑. 马小鹤，译. 上海：上海译文出版社，1986：274.（原载《剑桥伊朗史》第3卷第4编第13章）

② 敦煌文物研究所. 新发现的北魏刺绣. 文物，1972（2）：54-60. 该刺绣的彩图图版，见C.Y. Watt. *China: Dawn of a Golden Age, 200-750 AD*. New York: The Metropolitan Museum of Art，2004：173，pl.79。宿白根据这件绣佛之样式，结合历史文献，推测莫高窟“259、257、254 这批洞窟的具体年代，大约不会早过5世纪的80年代”。两汉魏晋南北朝时期的敦煌// 宿白. 中国石窟寺研究. 北京：文物出版社，1996：242.

③ 关友惠. 敦煌北朝石窟中的南朝艺术之风//1987 年敦煌石窟研究国际讨论会文集：石窟艺术编. 沈阳：辽宁美术出版社，1990：31. 关友惠从北魏洞窟形制以及第257窟“沙弥守戒自杀因缘品”中的房舍、服饰装束、人物形象等几方面证明上述观点。

第三节　再议早期洞窟的年代关系

敦煌最早的纪年洞窟是西魏285窟（538），西魏以前洞窟的年代问题尚多争议，而且可利用的有限资料前人已悉数讨论过。通过考察壁画画风，笔者对早期洞窟的时代关系有一些粗浅体会，略陈如下。

首先看北魏254、257窟。

樊锦诗、马世长、关友惠撰写的《敦煌莫高窟北朝洞窟的分期》一文，将北朝洞窟（含十六国）分为四期，认为第254窟和第257窟同属北朝第二期，"大约是在公元465年以后到公元500年左右，即相当于北魏中期"。①宿白和王惠民推测的开凿年代比前者略晚，宿白认为莫高窟"259、257、254这批洞窟的具体年代，大约不会早过5世纪的80年代"②，王惠民则判断北魏254、257窟等"大约就开凿于5世纪末6世纪初"③。

根据前文的分析，北魏257窟壁画显示了斜边形空间画法的影响（尽管画师对其未能理解），这种画法在河西汉代壁画墓中并不流行，它在中原地区再次流行的时间大约为6世纪初，此外壁画中较多出现山水背景，物象和背景之间的比例关系更趋合理，尤其是南壁"沙弥守戒自杀因缘"首段的远山表现，明显是6世纪初洛阳新发展出的绘画形式（第三章详述）。由于第257窟壁画在一定程度上显示出元魏新风的"渗入"，笔者推测其绘制时间当为6世纪初，它很可能是东阳王元荣将中原画风带到河西之前最后绘制的壁画之一，那时的中原新画风更为显著。至于北魏254窟，其壁画中物象充满画面，西域风更浓厚，较合理的解释是距北魏257窟壁画有一定时间差，宿白所谓"大约不会早过5世纪的80年代"的推测似较为妥适。

然后再讨论"早期三窟"，准确地说是第272、275窟两座洞窟。

---

① 樊锦诗，马世长，关友惠. 敦煌莫高窟北朝洞窟的分期// 敦煌文物研究所. 中国石窟：敦煌莫高窟：第1卷. 北京：文物出版社，东京：平凡社，1982：188.

② 两汉魏晋南北朝时期的敦煌// 宿白. 中国石窟寺研究. 北京：文物出版社，1996：242.

③ 王惠民. 三危佛光：莫高窟的营建. 兰州：甘肃教育出版社，2007：101.

前文已述，目前两种主要观点是“北凉说”（敦煌研究院学者为主）和“北魏说”（宿白、石松日奈子）。根据视觉语言分析，第272、275窟壁画风格与北魏壁画之间存在着一些显著的差异，比如第254窟壁画创造出更丰富的视觉效果，“萨埵太子本生”等故事画运用了复杂的“一图多情节”表现模式，北魏257窟叙事画多次出现山水图像及平行四边形图式，人物等物象与画面背景之间比例关系也更趋合理，这一系列的差异提示，北魏窟和“早期三窟”之间必然存在一定的时间差，“早期三窟”壁画假使不是北凉之作，也不大可能晚于5世纪中期。

至于二者的时间差究竟有多久，索珀曾在《北凉和北魏时期的甘肃》（1958）一文中进行过大胆推测，他认为第257、254、260窟和第272、275窟这两组洞窟之间“差距相当大，大到不可能只有二十年”①。尽管笔者很认同索珀的看法，但由于目前找不到确凿的时间量化证据，还不敢准确判断二者之间的年代差，但可以肯定这个差别很显著。此外，笔者再提供三个绘画风格之外的辅助性证据。

其一，“早期三窟”比北魏洞窟体量更小，可参阅樊锦诗等撰写的《敦煌莫高窟北朝洞窟的分期》所附第一期、第二期石窟平面图②。

其二，“早期三窟”采用了不同于北魏洞窟壁画的绘制技术。《莫高窟第266—275窟考古报告》指出，“早期三窟”运用了中国罕见的湿壁画技法，应予以特别重视：

> 壁画史研究表明，这种湿壁画（Fresco）的技法，用以水调和的颜料作画，沁入泥层，使壁画能够持久保存。但学界一般认为湿壁画是西方的技法，不见于古代中国，唯一的特例为莫高窟元代第3窟。对照本卷第268、272、275窟第一期壁画的实际情况，这种观点看来需要予以修正。第一期壁画至少在绘制过程中开始的步骤，应该是使用了湿壁画的技法，由于湿壁画无法修改，所以后期的调整和人物形象的深入刻画，都在敷罩白粉后从容进行。第二期壁画，基本上都是白粉层为地仗，便是纯然的干壁画（Tempera）了。……此外，湿壁画技法的运用，未见于巴米扬、龟兹等地以及中国内地石窟、墓葬的报道，有可能是莫高窟早期独特的创造。③

其三，从历史背景看，太延五年（439）北魏灭凉后，掠徙凉州吏民三万户到魏

① Alexander C. Soper. Northern Liang and Northern Wei in Kansu. *Artibus Asiae*, 1958, 21(2): 160.

② 樊锦诗，马世长，关友惠. 敦煌莫高窟北朝洞窟的分期// 敦煌文物研究所. 中国石窟：敦煌莫高窟：第1卷. 北京：文物出版社，东京：平凡社，1982：185.

③ 敦煌研究院. 莫高窟第266—275窟考古报告：第一分册. 北京：文物出版社，2011：252.

都平城，而据守敦煌的北凉残部在公元 442 年“自率万余家弃敦煌”[①] 西迁高昌，包括敦煌在内的河西地区遭到前所未有的重创。此后不久，北魏又经历了“太武灭佛”（446—452）。直到 5 世纪 70 年代，鉴于西陲荒凉，以及柔然带来的外部压力，北魏朝廷一度动议放弃敦煌，撤防到凉州。在这样的历史背景下，莫高窟很可能经历了一段停滞的状态，由此产生的诸如洞窟体量、绘制技术、图像风格等诸多方面的差异，都比较容易得到理解。

综上所述，笔者认为“早期三窟”（第 272、275 窟）、北魏 254 窟和北魏 257 窟的壁画之间存在着时代差异：北魏 257 窟壁画时代最晚，应为 6 世纪初之作无疑；北魏 254 窟壁画略早，大约绘制在 5 世纪末前后；第 272、275 窟同北魏壁画相比，存在着明显的画风区别，结合洞窟体量、壁画技法以及历史背景因素，笔者倾向于“北凉说”。

① 宋书：卷98：大沮渠蒙逊传.

第三章　北朝晚期壁画

第一节　中原艺术复兴

考察北魏艺术，需暂时离开敦煌莫高窟，把目光投向北魏的核心地带——以平城（今山西大同）、洛阳为中心的中原北方。5世纪末至6世纪初，北魏社会历经了一场全方位的汉化改革运动。这场改制的倡导者是孝文帝元宏（467—499，471—499在位），汉化的主要举措包括迁都洛阳、变更朝官葬地、改革衣冠服饰与婚宦制度，改胡语、胡姓与胡名为汉语、汉姓及汉名，以及定姓族（建立门第制度）等诸多方面[①]。

与制度改革大体同步，北魏后期（洛阳时期）的文化与艺术也较前期（平城时期）有了诸多新发展，绘画和雕塑风格的转变表现得极为显著。在论及北魏后期艺术风格之变时，学者们多从服饰（“褒衣博带”）和人物样式（“秀骨清像”）这两个角度加以阐发。譬如，宿白在《北朝造型艺术中人物形象的变化》（1989）一文中指出：

> 大约伴随着文明太皇太后冯氏和孝文帝汉化政策的不断深化，不仅给释迦穿上了褒衣博带的服饰，面容、体形也逐渐向清秀转变。……此后，服饰繁缛、造型清秀成为时尚，风行北魏领域……[②]

根据夏皮罗的风格理论，上述两个方面均归于表象层次，即“形式要素和母题”。如果5世纪末期的风格之变仅限于此层面，那么这个变化就很难说是“深刻”，其实北魏晚期艺术在内在结构上，即夏皮罗理论的第二个层次“形式之间的关联”，同样发生了相应的嬗变。

除夏皮罗的理论外，给笔者以启发还有陈寅恪对孝文帝汉化改革的解读。陈氏的论述的深刻之处在于，他不仅把此次汉化改革看作一个表面性的“事件”，而且充分

① 详阅：万绳楠. 陈寅恪魏晋南北朝史讲演录. 贵阳：贵州人民出版社，2007：第十六篇“北魏后期的汉化（孝文帝的汉化政策）”。

② 北朝造型艺术中人物形象的变化// 宿白. 中国石窟寺研究. 北京：文物出版社，1996：349.

认识到，孝文帝通过若干具体政策的推行，调整了北魏社会的某些深层次的“结构”，譬如建立社会等级秩序（建立贵族门第尊卑观）、改变鲜卑人之观念（由人伦、姓族并重，转变为唯重门第）等，从而把“鲜卑贵族变为文化士族的道路打通了”[①]。

从方法论角度看，陈寅恪兼顾了“具体事件”与“内在结构”之间的分界与关联，然而这并非仅是制度史、社会史或文化史之专利，而是一种带有普适性的理论认知模式，完全可以给艺术史以启发。在本节中，笔者将尝试从空间表现和视觉结构角度，对北魏后期的艺术风格之变进行重新诠释。

一、平城时期

（一）墓葬艺术

第一章考察了汉代绘画中斜边形空间画法从发轫到普及的发展脉络。现存的汉代绘画，以墓葬美术为大宗。汉帝国崩溃后，各地战乱频繁，尤其是曹魏政权（220—265）力主俭葬[②]，导致三国两晋之际，中原地区壁饰墓葬（包括壁画、画像石、画像砖）不再流行[③]。由于作品匮乏，学界对这一阶段中原北方的绘画风貌所知甚少。

2005年，在大同东郊发现沙岭7号壁画墓，填补了北魏平城时期墓室壁画的空白[④]。大同沙岭墓壁画显示，汉代流行的斜边形空间画法依然存在，最典型的是南壁中部略呈“之”字形的隔障图像（图3-1-1），既把壁面分为东西两部分，还暗示了空间场景的远近层次。沙岭7号墓中还出土了大量残存的彩绘漆皮，其中庖厨图像的建筑也运用了斜边形空间画法（图3-1-2），证明了东汉绘画传统的延续。经考证漆皮上的文字，沙岭墓墓主人卒于太延元年（435）[⑤]。若其判断不错，则大同沙岭7号壁画墓与莫高窟第一期洞窟时代大体相当。

---

① 万绳楠. 陈寅恪魏晋南北朝史讲演录. 贵阳：贵州人民出版社，2007：220.

②《三国志·魏书·武帝纪》：“庚子（220）王崩于洛阳……遗令曰：‘天下尚未安定，未得遵古也。……敛以时服，无藏金玉珍宝。’”又《三国志·魏书·文帝纪》载，黄初三年（222）曹丕作《终制》，其云：“自古及今，未有不亡之国，亦无不掘之墓也。丧乱以来，汉氏诸陵无不发掘，至乃烧取玉匣金缕，骸骨并尽，是焚如之刑，岂不重痛哉！祸由乎厚葬封树。……若违今诏，妄有所变改造施，吾为戮尸地下，戮而重戮，死而重死。臣子为蔑死君父，不忠不孝，使死者有知，将不福汝。”另参阅：魏鸣. 魏晋薄葬考论. 南京大学学报，1986（4）：133-143。

③ 杨泓指出，西晋司马氏承袭了曹魏薄葬之制。郑岩在其基础上补充道：“西晋统一全国之后……厚葬风气重新抬头。但汉代的丧葬制度和习俗已难以完全恢复，西晋的厚葬只能以其他形式表现出来。”详阅：杨泓. 谈中国汉唐之间葬俗的演变. 文物，1999（10）：60-68；杨泓，郑岩. 中国美术考古学概论. 北京：中国社会科学出版社，2008：210。

④ 大同市考古研究所. 山西大同沙岭北魏壁画墓发掘简报. 文物，2006（10）：4-24.

⑤ 赵瑞民，刘俊喜. 大同沙岭北魏壁画墓出土漆皮文字考. 文物，2006（10）：78-81.

图 3-1-1　山西大同沙岭 7 号墓南壁壁画（局部）［北魏太延元年（435）］

图 3-1-2　庖厨炊作图［北魏，山西大同沙岭 7 号墓出土彩绘漆皮］

1966 年发掘的司马金龙墓位于大同东南石家寨村附近，墓主司马金龙为北魏显宦，太和八年（484）卒。墓葬中出土的漆围屏是平城时代后期的一件重要作品，现分藏在山西博物院与大同市博物馆[①]。屏风漆画列女古贤图同样运用了斜边形空间画法，比如在《屏风漆画班姬辞辇》的画面中（图 3-1-3），四个抬辇人所站立的位置恰好形成了一个平行四边形（代表现实之矩形空间）。再如《屏风漆画临深履薄》一图，两个人物位于画面不同高度，一人在部分结冰的湖面上脚踩薄冰，谨慎前行（图 3-1-4），另一人立于湖旁的山石高处，尽管画面比例未尽成熟，但画家较清晰地交代出二人及湖面的位置关系。反观敦煌早期洞窟中的横卷式叙事性壁画，由于恪守"基准线原则"，物象之间只有左右和上下关系，全无表现纵深远近的意图，很难如此生动地表现脚踩薄冰情节。

图 3-1-3　屏风漆画班姬辞辇［北魏太和八年（484）之前，山西大同司马金龙墓出土，山西博物院藏］

① 山西省大同市博物馆，山西省文物工作委员会. 山西大同石家寨北魏司马金龙墓. 文物，1972（3）：20-29；志工. 略谈北魏的屏风漆画. 文物，1972（8）：55-60；谢振发. 北魏司马金龙墓的漆画屏风试析. 美术史研究集刊，2001（11）：1-29.

图 3–1–4　屏风漆画临深履薄（局部）［北魏太和八年（484）之前，山西大同司马金龙墓出土，山西博物院藏］

（二）佛教艺术

佛教艺术可分单体造像（碑）、石窟艺术两方面进行考察。

首先考察具有叙事性情节（本生、本行及因缘故事）的单体造像，包括石质造像、造像碑及金铜像。择其有纪年者，依时间先后排序如下：

（1）张永造石佛坐像，北魏太安元年（455），高 35.5 厘米，日本京都藤井有邻馆藏，造像背面有浮雕佛传故事、“萨埵太子本生”和“睒子本生”（图 3–1–5）。此造像出土地不详，根据样式分析，推测出自中原东部地区，约为河北定州附近[①]。

（2）宋德兴造石佛坐像[②]，北魏太安三年（457），高 41.5 厘米，日本私人收藏，背面雕刻佛传故事“太子降生”及“九龙浴太子”（图 3–1–6）。此像出土地不详，

① 李静杰，田军. 早期单体石佛区域性分析. 故宫博物院院刊，1998(2)：33-34. 该文主要以定州太平真君元年（440）朱雄造像及蔚县太平真君五年（444）像为参照。

② 图版见Osvald Siren. *Chinese Sculpture: From the Fifth to the Fourteenth Centuries*. London: Ernest Been Ltd., 1925: pl.116；金申. 中国历代纪年佛像图典. 北京：文物出版社，1994：20，图版14；松原三郎. 中国仏教彫刻史論：图版编一：魏晋南北朝前期. 东京：吉川弘文館，1995：图版27b.

图 3-1-5 张永造石佛坐像背面［北魏太安元年（455），日本京都藤井有邻馆藏］

图 3-1-6 宋德兴造石佛坐像背面［北魏太安三年（457），日本私人收藏］

金申谓："此像与太安元年佛像在构图和处理手法上相同，疑为一产地。"①

（3）北魏和平二年（461）石造佛坐像，西安王家巷出土，高 65.5 厘米，西安碑林博物馆藏，造像背面有"萨埵太子本生""定光佛授记本生"，以及佛传、交脚菩萨等图像②。

（4）石造交脚弥勒像（俗称"皇兴造像"）③，北魏皇兴五年（471），高 87 厘米，陕西兴平出土，西安碑林博物馆藏。该造像因其背面的叙事性浮雕（图 3-1-7）知名，据李静杰的研究，此浮雕乃严格按照《佛说太子瑞应本起经》（收入《大正藏》

① 图版见：金申. 中国历代纪年佛像图典. 北京：文物出版社，1994：438.

② 图版见：石松日奈子. 北魏佛教造像史研究. 筱原典生，译. 北京：文物出版社，2012：297，图版160。另参阅：李静杰. 北朝佛传雕刻所见佛教美术的东方化过程：以诞生前后的场面为中心. 故宫博物院院刊，2004(4)：81。

③ 图版见：中国美术全集编辑委员会. 中国美术全集：魏晋南北朝雕塑. 北京：人民美术出版社，1988：图版69；松原三郎. 中国仏教彫刻史論：図版編一：魏晋南北朝前期. 东京：吉川弘文馆，1995：图版43。

第 3 册）而造，情节由下而上呈 S 形连续发展①。

（5）张伯□造释迦坐像②，北魏延兴二年（472），高 33.5 厘米，出土地不详，日本大和文华馆藏，背屏后雕佛传“太子降生”及“九龙浴太子”等（图 3-1-8），与宋德兴造像背后佛传浮雕颇为相似，大约也出自以河北或附近地区。

（6）石造交脚弥勒像③，北魏延兴二年（472），高41.5厘米，美国纽约陈哲敬藏。造像背面有浮雕“太子降生”“萨埵太子本生”“睒子本生”等。该像形制和风格都与

图 3-1-7　石造交脚弥勒像（“皇兴造像”）背面浮雕（拓本）[北魏皇兴五年（471），陕西兴平出土，西安碑林博物馆藏]

图 3-1-8　张伯□造释迦坐像背屏 [北魏延兴二年（472），日本大和文华馆藏]

① 李静杰. 造像碑佛本生本行故事雕刻. 故宫博物院院刊，1996（4）：68；李静杰. 我是怎样辨识两尊古代佛像内容的. 佛教文化，1997（2）：47.

② 图版见：金申. 中国历代纪年佛像图典. 北京：文物出版社，1994：33，图版22（案：金申谓像藏日本书道博物馆，误）；松原三郎. 中国仏教彫刻史論：图版编一：魏晋南北朝前期. 东京：吉川弘文馆，1995：图版44。

③ 图版见：何承恩，等. 中国古代石雕艺术. 台北：台湾历史博物馆，1983：图1；金申. 中国历代纪年佛像图典. 北京：文物出版社，1994：37，图版25。

“皇兴造像”接近[①]，很可能出自陕西。

（7）阳氏造鎏金铜释迦坐像[②]，北魏太和元年（477），高40.3厘米，发愿文称“安熙县”（今河北定州），日本东京新田氏旧藏，现藏台北“故宫博物院”。造像背面有二佛并坐、维摩诘经变、说法图及佛传等。

上述7件作品都造于“太武灭佛”（446—452）之后的20余年时间里，就在这一阶段，北魏皇室在平城以西的武周山麓开凿了规模宏大的云冈石窟[③]。云冈第二期洞窟（约471—494）中出现大量叙事性浮雕，如第1窟侧壁雕出“睒子本生”（图3-1-9）等故事题材，在视觉效果华美异常的第6窟，还出现了30余幅佛传主题浮雕（图3-1-10），第7窟前室也有本生及佛传故事等。这些石窟中的浮雕形式叙事性图像是第二类材料。

云冈石窟地属晋北，前举7例北魏单体造像（造像碑）多数出自关中及河北两地，虽然它们分属中原北方的三个子区域，但这些浮雕作品在形式和风格方面具有一些基本的相似处，为我们了解5世纪后半叶佛教艺术的风格共性提供了视觉证据。

首先这些作品都偏重于人物表现，人物几乎充满整个画面空间，而山水或其他形式的背景表现比较少，即便出现有限的景物，也多出自叙事的需要，如“乘象入胎”

图3-1-9 睒子本生浮雕［北魏，云冈石窟第1窟东壁下层］

① 李静杰，田军. 早期单体石佛区域性分析. 故宫博物院院刊，1998（2）：32.

② 图版见：金铜佛造像特展图录. 台北：“故宫博物院”，1987：155，图版58-1；金申. 中国历代纪年佛像图典. 北京：文物出版社，1994：45，图版29。

③ 日本京都大学曾出版关于云冈石窟的大型考古报告，堪称石窟研究之典范。水野清一，长广敏雄. 云冈石窟：西历五世纪における中国北部佛教窟院の考古学的调查报告：共16卷. 京都大学人文科学研究所，1951—1956.

图 3-1-10　佛传浮雕（摹绘）[北魏，云冈石窟第 6 窟中心柱下层]

中的房舍、"太子降生"中的树木，或"萨埵太子本生"中的山峦等。太安三年（457）宋德兴造像背面上层右下角出现了独立的山峦母题，算是个例外，但它明显是出自填充二维画面的需要（背屏形态使然），并非艺术家真对描绘山水抱有兴趣。

其次，画面中的每个形象都相当规范化，或者说力求完整，不同物象彼此间的遮挡不多，说明制作者充分注意了物象之间的位置错让。质言之，这出于一种平面构图的考虑，它与三维再现的方式是相反的。

再次，最重要的特征是上述图像的平面性风格。尤其是那几例石像，其雕刻在背面的叙事性图像多取横向分层形式，这种构图方式使艺术家很自然地遵守"基准线原则"。时代偏晚一些的"皇兴造像"（471）稍有不同，个别图像未严格安立在底边基准线上，因而有时略具进深意。但这位陕西艺匠还没能摸索出表现空间场景的成熟方法，如"乘象入胎"中的建筑（图 3-1-11），虽然同时表现出正、侧两面，但屋顶和基座都以直线描绘，没能展现出真实的墙体转角。该例建筑画法与莫高窟北魏 257 窟"九色鹿本生"壁画中的山岳样式类似，都可视为挑战空间表现的起步阶段形式。

需要特别提及的是前举作品中时代最晚的云冈石窟第二期造像。在云冈第6窟中，已出现大量"褒衣博带"式的汉装佛像，以及汉式传统建筑样式。据宿白的研究，该窟开凿于太和十年至十九年之间（486—495），恰值孝文帝诏令改制服饰之际，如其

图 3-1-11 “皇兴造像”背面浮雕“乘象入胎”（拓本）[北魏皇兴五年（471），陕西兴平出土，西安碑林博物馆藏]

所云：“渊源于西方的佛教石窟的东方化，云冈第二期是一个关键时期。”[①]由此可见服饰及建筑样式能够迅速变化，与此不同，叙事性浮雕的“视觉结构”还与前一阶段大体相似，未能与母题样式步调一致地实现“东方化”。这有力说明了风格体系中存在着不同时间层次的事实：“形式要素和母题”能够以短时段、事件性的方式快速变化，而“视觉结构”（形式之间的关联）的发展则往往是缓慢的，很多时候甚至长期不变。

通过考察大同沙岭北魏壁画墓（435）及司马金龙墓出土漆围屏（484），可知尽管魏晋以来，北方墓葬艺术受到严重削弱，但 5 世纪的墓室壁画仍在一定程度上延续了汉画传统的斜边形空间画法。与之相对，同时期的北方佛教美术，无论是西部地区的新疆石窟、敦煌莫高窟、炳灵寺 169 窟壁画（420），还是陕西以东单体造像（造像碑）背面上或石窟中的叙事性浮雕，它们共同具有平面化的视觉结构特征。仅就空间表现问题而论，中国早期佛教艺术未能运用流行于汉画中的斜边形空间画法，而是沿袭了外来艺术传统的既有形式。总之，5 世纪中国北方的墓葬艺术和佛教美术之视觉方式并不完全一致，尽管 5 世纪末的“汉化改制”运动使北魏佛教美术（如云冈石窟第二期）在人物样式和服饰方面发生了快速、显著的变化，但是深层次的“中国化”则尚需时日。

二、洛阳时期

（一）墓葬艺术

太和十八年（494），北魏迁都洛阳，用孝文帝的话说：“崤函帝宅，河洛王里，因兹大举，光宅中原”[②]。北魏迁洛，不仅使这座自西晋永嘉五年（311）已逐渐沦为废墟的昔日帝都得以延续既往的荣耀，同时还促使中断百余年的中原墓葬艺术传统再次

① 平城实力的集聚和“云冈模式”的形成与发展// 宿白. 中国石窟寺研究. 北京：文物出版社，1996：130.

② 魏书：卷19：王云传所附王澄传，李延寿. 北史：卷18，原文转录。

复兴。

河洛地区之北魏墓葬艺术，壁画墓至今所见不多[①]，令世人瞩目的是那些具有精美装饰的石质葬具，主要分为石棺和石棺床两种，分藏于海内外多家文博机构中。贺西林曾在2001年发表的文章中，对这批葬具资料做过详尽统计，包括残件在内有30余件[②]，近年来学界又陆续公布了一些新的葬具资料。从风格角度考察，这些北魏葬具图像最突出的特色是具有强烈的空间进深感，这引起了艺术史家的兴趣。以下选择几例年代相对明确的石刻作品，先分析其图像风格特征，之后再对既有研究及争论进行必要的说明和辨析。

在6世纪初的洛阳石刻葬具中，今藏于美国堪萨斯纳尔逊-阿特金斯美术馆（The Nelson-Atkins Museum of Art）的"孝子石棺"无疑是最知名的一例（图3-1-12）。

图3-1-12　纳尔逊孝子石棺画像（拓本）[北魏（6世纪20年代），河南洛阳出土，美国纳尔逊-阿特金斯美术馆藏]

① 洛阳北魏壁画墓，迄今可知三例：清河郡王元怿墓（525）、江阳王元乂墓（526），以及安东将军王温墓（532）。徐婵菲. 洛阳北魏元怿墓壁画. 文物，2002（2）：89-92；洛阳博物馆. 河南洛阳北魏元乂墓调查. 文物，1974（12）：53-55；洛阳市文物工作队. 洛阳孟津北陈村北魏壁画墓. 文物，1995（8）：26-35；郑岩. 魏晋南北朝壁画墓研究. 北京：文物出版社，2002：98-101. 案：洛阳北魏墓室壁画较少，与盗墓关系甚大。由于北邙古墓集中，历史上盗墓者众多，致使壁画难以保存，即使幸存者也保存欠佳。

② 贺西林. 北朝画像石葬具的发现与研究// 巫鸿. 汉唐之间的视觉文化与物质文化. 北京：文物出版社，2003：368-373，附录"北朝画像石葬具辑录"。该辑录表搜括甚广，唯一的遗憾是没能按照时间先后或出土地点编排材料。

该石棺左右两帮上的图像在表现空间幻觉方面展现出前所未有的成熟，不仅已完全放弃了依据基准线安立物象的概念性画法，而且明显体现出北魏匠师对描绘空间场景的浓厚兴趣。画面中的物象被安置在具有进深感的山水背景中，观者可以通过物象的遮挡及位置高下，判断出物象之间的前后及远近关系。在母题层面上，孝子石棺图像中的山峦、树木及水的画法明显呈现出多样化趋势，尤其是树木画法绝少雷同（图 3-1-13）。山峦母题约有三种类型，最常见的是以纵向直线条构成的“峰”，多出现在画面中部位置（图 3-1-14）；其次是以舒缓的曲线构成的“坡”，它作为前景被绘于画面下部（图 3-1-15）；此外画面上部还描绘出了远山，其体量较前两类明显缩小（图 3-1-16）。尽管画面具有强烈的空间纵深感，但或许是出于线刻形式的原因，具体到单个母题，则几乎没有表现出任何立体感，与物象具立体感（通过明暗晕染法）而画面整体呈平面性的敦煌早期壁画构成了鲜明对照。纳尔逊孝子石棺的墓主人可能是东莞太守秦洪（526 卒）或者是秦洛二州刺史王悦（524 卒），黄明兰推测此石棺就是郭玉堂（1888—1957）在《洛阳出土石刻时地记》（1941）中记载的“王悦石棺”[①]，总之其年代在 6 世纪 20 年代无疑。

第二个实例是元谧石棺，民国十九年（1930）出土于洛阳城西东陡沟村东北李家凹村之南[②]，现藏美国明尼阿波利斯美术馆（The Minneapolis Institute of Art），根据墓

图 3-1-13 纳尔逊孝子石棺左挡画像（拓本局部一）

① 黄明兰. 洛阳北魏世俗石刻线画集. 北京：人民美术出版社，1987：117.
② 郭玉堂. 洛阳出土石刻时地记. 洛阳：大华书报供应社，1941：28-29.

图 3-1-14　纳尔逊孝子石棺左挡画像（拓本局部二）

图 3-1-15　纳尔逊孝子石棺左挡画像（拓本局部三）

图 3-1-16 纳尔逊孝子石棺左挡画像（拓本局部四）

志铭可知其年代为北魏正光五年（524）[①]。元谧石棺左右侧挡和足挡上的图像与纳尔逊孝子石棺风格近似（图 3-1-17），一方面以斜边形画法表现空间进深，另一方面还出现了大量山水及树木图像，除叙事性情节中描绘出山水场景外，两侧挡图像下部还绘出连绵起伏的山峦。还有一点值得注意，石棺足挡上部的山峦图像（图 3-1-18），略呈三角形的山形母题依次交迭向斜上方后退，借以暗示山势绵延渐远，这是斜边形画法运用在山水图像中的典型之例。洛阳古代艺术博物馆所藏北魏石棺床画像也出现类似的山峦画法[②]。方闻教授曾以日本正仓院所藏 8 世纪的《鸷鸟水禽图》的图式为例，来说明中国山水画视像结构第一阶段（8 世纪至 11 世纪）的形式特征（图 3-1-19）[③]。洛阳地区出土的这些6世纪初北魏葬具上的图像形式，能够把这种画法的上限再前推大约两个世纪。

第三个实例是宁懋石室，民国二十年（1931）出土于洛阳翟泉村北邙山，今藏美国波士顿艺术博物馆（Museum of Fine Arts，Boston）。宁懋石室的制作年代有北魏孝昌三年（527）及孝昌五年（529）两种说法[④]，关于其性质也存在着地下葬具和地上祠

① Eugene Y. Wang. Coffins and Confucianism: The Northern Wei Sarcophagus in The Minneapolis Institute of Art. *Orientations*, 1999, 30(6): 58, fig. 2.

② 图版见：黄明兰. 洛阳北魏世俗石刻线画集. 北京：人民美术出版社，1987：74，图版82右侧画像。

③ Wen C. Fong. Why Chinese Painting is History?. *The Art Bulletin*, June, 2003, 85(2): 273.

④ Wu Hung. The Transparent Stone: Inverted Vision and Binary Imagery in Medieval Chinese Art. *Representations*, 1994, 46(1): 84, note 47.

图 3-1-17　元谧石棺左侧挡丁兰事木母画像（拓本）［北魏正光五年（524），河南洛阳出土，美国明尼阿波利斯美术馆藏］

图 3-1-18　元谧石棺足挡画像（拓本局部）

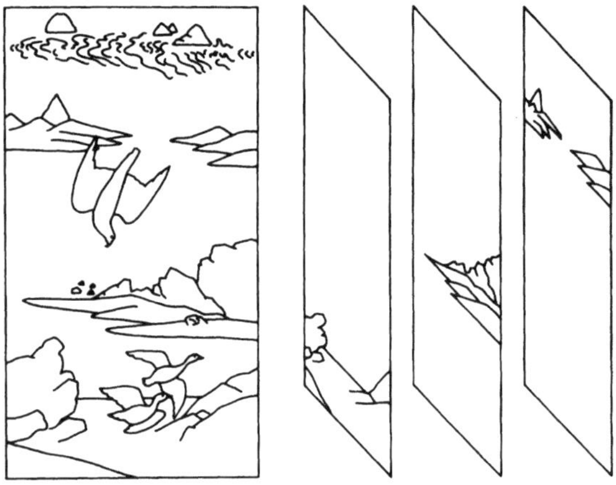

图 3-1-19 《鸷鸟水禽图》摹绘及示意图［8 世纪，日本奈良正仓院藏］

堂的争论[①]。较之纳尔逊孝子石棺与元谧石棺，宁懋石室除刻出山水树石画像外，还出现了很多建筑图像，总体上表现出与上述两例北魏石棺相同的“视觉看法”。比如石室后壁画像中，有采用平行四边形图式的建筑图像，以及层层围帐，共同围合出一个空间场域，多位侍女在其中庖厨奉食，图像底部（前景）和顶部（后景）绘山峦、树木及飞鸟（图 3-1-20）。对比同样的斜边形院落空间，莫高窟北魏 257 窟“须摩提女因缘”图壁画则没能把物象合理地安置于其中，尽管可能有表层的样式借鉴，但两批匠师不处于同一“视觉阶段”。

除纳尔逊孝子石棺、元谧石棺及宁懋石室外，还有一些北魏葬具画像也体现出了匠师对表现山水、建筑等空间场景的浓厚兴趣，如洛阳古代艺术博物馆藏升仙石棺足挡（图 3-1-21）、洛阳古代艺术博物馆藏石棺床（图 3-1-22）、卢芹斋（C. T. Loo，1880—1957）旧藏石围屏、天理大学附属天理参考馆藏石棺床（图3-1-23）等[②]。同平城时期的墓葬艺术品相比较，特别是与大同沙岭墓壁画和司马金龙墓漆围屏相比，洛阳石刻画像有一些显著的变化，约有如下几点：

一是图像内容。大量出现山峦及树石图像，以孝行故事为主的叙事性图像，往往在由上述图像所构成的自然场景中展开。不仅孝行图，即便是沿用传统的正面式墓主人画像，有时也被置于山水之中加以表现（图 3-1-24），令人联想到顾恺之（约348—409）对把谢鲲（281—323）像画在山岩中的诠释：

> 一丘一壑，自谓过之，此子宜置岩壑中。[③]

二是母题样式。除人物形象及服饰“汉化”（或者说“南朝化”）外，画像中的山

① 详阅：林圣智. 北魏宁懋石室的图像与功能. 美术史研究集刊，2005（18）：1-54。

② 这些葬具画像的图版主要收入如下出版物：王子云. 中国古代石刻画选集. 北京：中国古典艺术出版社，1957；黄明兰. 洛阳北魏世俗石刻线画集. 北京：人民美术出版社，1987；周到. 中国画像石全集：第8卷：石刻线画. 郑州：河南美术出版社，2000。

③ 张彦远. 历代名画记：卷五.

图 3–1–20　宁懋石室后壁庖厨图（拓本）［北魏（6 世纪 20 年代），河南洛阳出土，美国波士顿艺术博物馆藏］

图 3–1–21 升仙石棺足挡画像（拓本）[北魏晚期，河南洛阳出土，洛阳古代艺术博物馆藏]

图 3–1–22 洛阳石棺床孝行画像（拓本）[北魏（6 世纪前半叶），洛阳古代艺术博物馆藏]

图 3–1–23　天理参考馆藏石棺床画像（拓本反相）[北魏晚期，日本奈良天理大学附属天理参考馆藏]

图 3–1–24　洛阳石棺床墓主人画像（拓本）[北魏晚期，洛阳古代艺术博物馆藏]

石和树木画法明显呈多样化。以山形母题为例，至少有纵向的“峰”、横向的“坡”及远山三种样式。尤其是斜边形画法被运用到山水表现中，出现山形母题交迭向斜后退缩的图式，为后世的山水画表现形式开启了门径。

三是形式关联。图像往往自下而上，分为前景、中景和后景三大段：前景多为树石或山坡，与早期佛教美术依据基准线描绘物象的画法形成鲜明反差；中景描绘故事情节，所占比重最大，有时出现层层山峦；远景经常绘出远山和流云，远山体量明显缩小。莫高窟北魏 257 窟南壁“沙弥守戒自杀因缘”首段上部出现了远山，很可能就是受到此类中原画法的影响。尽管敦煌第 257 窟年代并不早于现存北魏画像葬具，或者还略晚①，但由于第257窟画师并没能理解这一画法的精髓，只是单纯借用了远山母题，可证仅就北魏时期描绘远山这点而论，敦煌只是“流”，中原才是其“源”。

据《魏书 · 赵郡王传》可知，元谧石棺乃诏赐之“东园秘器”②，即由皇室所设专

① 详阅第二章。

② 《魏书》卷二一《赵郡王传》附子《谧传》：“正光四年（523）薨，给东园秘器、朝服一具、衣一袭，赠帛五百匹。”

事制作葬具的机构（“东园”）所造。邹清泉推测，纳尔逊孝子石棺、宁懋石室、洛阳升仙石棺、开封龙虎升仙石棺，以及司马金龙墓出土漆围屏，可能也与“东园”有关[①]。如上几件洛阳石刻葬具风格相似，最合理的解释是出自同一匠师集团之手，邹清泉还提出了一种比较稳妥的排序意见：开封龙虎升仙石棺——洛阳升仙石棺——元谧石棺。至于司马金龙墓出土的漆围屏，由于时、地、材质、性质（非葬具）[②]、画法等都与以上石刻葬具有所差异，笔者持谨慎态度。但是它们之间的“视觉看法”是类似的，与中国早期佛教美术（如云冈石雕、敦煌早期壁画）并不相同。

（二）佛教艺术

迁洛之后，中原佛教发展迅速，如杨衒之《洛阳伽蓝记・序》所说：“逮皇魏受图，光宅嵩洛，笃信弥繁，法教愈盛。”[③]在这样的背景下，佛教艺术自然也愈加繁荣。6世纪上半叶，中原佛教美术明显呈现出与墓葬画像风格趋同之势。这里所谓的“风格”，不单指涉母题样式，更重要的还涵括了风格的内在层面——“形式之间的关联”。

北魏晚期营建的龙门石窟，位于洛阳市南12公里的“伊阙”，这里的石窟开凿在伊河（伊水）两岸的西山（龙门山）和东山（香山）山岩上。位于西山北端的宾阳三洞，是龙门石窟中最大的北魏洞窟，最初是宣武帝（483—515，499—515在位）为孝文帝及文昭皇太后（469—497）所开凿的，《魏书・释老志》对其营建情况记载颇详[④]。宾阳中洞大约完成于景明元年至熙平初年之间（500—517）[⑤]，南北二洞到初唐才完成，宾阳中洞窟门两侧前壁上刻有精美的浮雕，共有四层，自上而下分别刻《文殊和维摩诘说法图》（第一层），《萨埵太子本生》《须大拏太子本生》（第二层），《帝后礼佛图》（第三层）及《十神王》（第四层）。其中两幅本生图像中（图3-1-25、图

① 邹清泉. 北魏孝子画像研究：《孝经》与北魏孝子画像图像身份的转换. 北京：文化艺术出版社，2007：29-52.

② 谢振发认为，司马金龙漆画屏风“应非明器之属。……很可能是司马金龙生前置于座右朝夕惕励、标示门风庭训的，最后于太和八年（484）随金龙一起埋入地下”。谢振发. 北魏司马金龙墓的漆画屏风试析. 美术史研究集刊，2001（11）：29.

③ 大正藏：第51卷，No.2092，第999页上.

④《魏书・释老志》：“景明初（500），世宗诏大长秋卿白整准代京灵岩寺石窟，于洛南伊阙山，为高祖、文昭皇太后营石窟二所。初建之始，窟顶去地三百一十尺（北魏中期一尺合今28厘米，计86.8米）。至正始二年中（505），始出斩山二十三丈（当为‘尺’，二十三尺计6.44米）。至大长秋卿王质，谓斩山太高，费工难就，奏求下移就平，去地一百尺，南北一百四十尺。永平中（508—512），中尹刘腾奏为世宗复造石窟一，凡为三所。从景明元年至正光四年（500—523）六月已（以）前，用功（工）八十万二千三百六十六。”

⑤ 温玉成. 龙门北朝小龛的类型、分期与洞窟排年// 龙门文物保管所，北京大学考古系. 中国石窟：龙门石窟：第1卷. 北京：文物出版社，1991：214-216.

图 3–1–25　萨埵太子本生图（描摹）[北魏晚期，洛阳龙门石窟宾阳中洞前壁北侧]

图 3–1–26　须大拏太子本生图（描摹）[北魏晚期，洛阳龙门石窟宾阳中洞前壁南侧]

3–1–26），山峦及树木占据画面很大比例，但还没有明显的退缩感，也无远山出现，虽同为“皇家工程”，但尚未达到纳尔逊孝子石棺（524/526）和元谧石棺（524）的程度，其山峦及树木画法倒是与洛阳升仙石棺侧挡画像（图 3–1–27）很相似。

对于洛阳地区而言，6 世纪初是一个艺术风格激变的时期，十年左右的时间，洛阳地区艺术风格已发生了显著的变化。龙门石窟的路洞大约完工于北魏末年（534），窟内南、北壁面上出现数座运用斜边形图式的殿堂图像（图 3–1–28），建筑的一轴呈水平角度彼此平行，另一轴向斜后方退缩，内有佛像及胁侍菩萨，图像已经明显具有进深感。

更为明显的实例见于洛阳附近的渑池鸿庆寺石窟，时代同为 6 世纪初。在鸿庆寺

图 3-1-27 升仙石棺右侧挡画像局部（拓本）[北魏晚期，河南洛阳出土，洛阳古代艺术博物馆藏]

图 3-1-28 屋形龛 [北魏晚期，洛阳龙门石窟路洞北壁上层内侧]

图 3-1-29 佛传浮雕太子出宫 [北魏晚期，河南渑池鸿庆寺石窟第 1 窟北壁上层]

第 1 窟的佛传浮雕中[①]，出现了运用斜边形空间画法的宫城图像（图 3-1-29），城墙的一维均取水平线，另一维往右上方斜向推远，表现出城邑的进深关系，众多人物被布置在用平行四边形图式创造出的空间场景中，其画法与汉墓壁画中的庄园或宅第图像（如安平逯家庄墓壁画）如出一辙，反倒是与题材相同的云冈第 6 窟佛传浮雕差异显著。

---

① 俞剑华，于希宁. 渑池鸿庆寺石窟. 文物参考资料，1956(4)：46-49；宿白. 洛阳地区北朝石窟的初步考察// 龙门文物保管所，北京大学考古系. 中国石窟：龙门石窟：第1卷. 北京：文物出版社，1991：232-233.

和石窟寺造像同步，6 世纪上半叶单体造像及造像碑也经历了风格激变。就空间表现问题而言，叙事性图像表现得最突出。新风格的主要特征是山、水、树、石、建筑等图像显著增多，另外画面具有强烈的空间纵深感，多具有前、中、后景的层次之别。现存一批北方中原地区佛教造像或造像碑（尤其背面或碑侧的佛传、本生故事）体现出上述风格特征。以下举几个较突出的作品实例。

（1）偃师翟兴祖造像碑[①]，北魏正光四年（523），该碑原立于河南偃师南蔡庄乡宋湾村，今藏偃师市商城博物馆。碑背面首层刻山峦林木图像。

（2）延津蒋伯仙造像[②]，北魏孝昌三年（527），河南延津东北四十里蒋村区清寺出土，原石旧藏法国巴黎。

（3）张令妃造佛三尊造像[③]，北魏永熙二年（533），山东青州出土，保利艺术博物馆藏。背屏上以阴线刻出山峦、河水、林木、佛塔等。

（4）临淄法义兄弟等二百人造像（图 3-1-30）[④]，北魏永熙三年（534），山东临淄出土，今藏美国纽约大都会艺术博物馆（The Metropolitan Museum of Art）。造像背屏上方有说法图，关于这幅图像，后文还要详述。

（5）郑州景绍造像碑[⑤]，东魏天平二年（535），郑州出土，碑双侧下方刻出山岳树石图像。

（6）沁阳道俗九十人造像碑[⑥]，又称“沁阳武定元年造像碑”，东魏武定元年（543），新乡市博物馆早年征集，现藏河南博物院。碑阴刻佛传故事画（图 3-1-31），共 3 层 12 个图像，每图皆配榜题。

（7）李赞邑等邑义五百余人造像碑，东魏武定元年（543），河南淇县出土[⑦]，纽约大都会艺术博物馆藏。碑身中部浮雕文殊及维摩诘对坐（图 3-1-32），运用了斜边形图式。造像记下方阴刻“须大拏太子本生”图像，颇多树石[⑧]。

---

① 王景荃. 河南佛教石刻造像. 郑州：大象出版社，2009：84-89.

② 颜娟英. 北朝佛教石刻拓片百品. 台北：“中央研究院”历史语言研究所，2008：65，图版26.

③ 保利藏珍编辑委员会. 保利藏珍：石刻佛教造像精品选. 广州：岭南美术出版社，2000：44-49.

④ 大村西崖. 中国美術史彫塑篇. 东京：国書刊行会，1917：244.

⑤ 图版见：文物博物馆简讯. 文物，1963(7)：52，图三。另阅：王子云. 中国雕塑艺术史：上册. 北京：人民美术出版社，1988：167。

⑥ 同①160-164.

⑦ 大村西崖. 中国美術史彫塑篇. 东京：国書刊行会，1917：262，263；王壮弘. 增补校碑随笔. 上海：上海书画出版社，1981：367. 案：大村西崖谓该碑出自河南登封（第263页），据王壮弘《增补校碑随笔》，可证其误。

⑧ 图版见：谢振发. 北朝中原地区《须大拏本生图》初探. 美术史研究集刊，1999(6)：38，图6a，6b。

图 3-1-30 法义兄弟等二百人造像背面（局部）[北魏永熙三年（534），山东临淄出土，纽约大都会艺术博物馆藏]

图 3–1–31　道俗九十人造像碑（拓本局部）[东魏武定元年（543），河南沁阳出土，河南博物院藏]

图 3–1–32　李赞邑等邑义五百余人造像碑（局部）[东魏武定元年（543），河南淇县出土，纽约大都会艺术博物馆藏]

（8）杨善万等造像碑[①]，又称“坐佛九尊碑”，北齐天保二年（551），造像记显示造于河南密县，今藏美国宾夕法尼亚大学考古学与人类学博物馆（University of Pennsylvania Museum of Archaeology and Anthropology）。碑侧刻出“须大拏太子本生”故事浮雕（图 3-1-33），共 12 个场景，“画幅巧妙地运用空间构成来叙说故事情节的发展”[②]。

---

① Alexander C. Soper. Early Chinese Landscape Painting. *The Art Bulletin*, Jun., 1941, 23（2）: 155-157.

② 谢振发. 北朝中原地区《须大拏本生图》初探. 美术史研究集刊，1999（6）：10.

图 3-1-33 杨善万等造像碑碑侧“须大拏太子本生”浮雕［北齐天保二年（551），河南密县，美国宾夕法尼亚大学考古学与人类学博物馆藏］

（9）登封刘碑寺造像①，北齐天保八年（557），现存河南登封东南 20 公里刘碑村原址。碑座上刻“睒子本生”（图 3-1-34）。

总的来说，这批北朝佛教造像（造像碑）上的图像以叙事性内容为主，随着时间的推移，在表现空间纵深感方面进步显著。至 6 世纪中期，制作这些造像的中原匠师对表现三维空间场景的技艺，可以说已然谙熟于胸。

① 王景荃. 河南佛教石刻造像. 郑州：大象出版社，2009：200-209.

图 3–1–34　登封刘碑寺造像碑座“睒子本生”（拓本反相）[北齐天保八年（557），河南登封刘碑村]

以登封刘碑寺造像为例，碑座上的“睒子本生”图像横向方形幅面，与敦煌北魏叙事壁画大体相同，然而中原匠师完全不被画面边框（尤其是底边基准线）所限，图像中的山峦和树林创造出了一个立体空间场域，人物、动物被安排在不同高度上，暗示处于山林中的不同远近位置。此外人物与背景的山峦、树丛的比例关系也趋于合理，显得空间开阔、场景气派。这种视觉语言不仅是表面形式上的逼真或丰富，更重要的是，它扩展了图像的信息承载量，比之早期佛教美术的平面性结构，北朝晚期所“讲述”的故事更加内涵丰富、意味深长。

（三）入华粟特人墓葬美术

近年来，入华粟特人墓葬及出土文物备受学界瞩目。

粟特人是属于伊朗系统的中亚古族，中国史籍称“昭武九姓”。他们生活在中亚阿姆河（Amu Darya）、锡尔河（Syr Darya）之间的泽拉夫尚河流域（Zeravshan Valley），西方史籍称该地区为 Sogdiana（索格底亚那），由于善于经商、沟通东西，南北朝之际大批粟特人入华。粟特人的信仰源于古波斯的琐罗亚斯德教（Zoroastrianism），即中国史籍所谓的“祆教”（拜火教），历史上突厥、嚈哒、粟特等民族都曾信仰过该教，因此这些文物有时被归于“祆教美术”研究范畴。

自 1999 年，考古学家在西安、太原等地陆续发现数座 6 世纪下半叶入华粟特聚落首领墓葬，这拓展了学界对南北朝历史、社会、民族、宗教以及艺术研究的视域。特别是墓葬中出土的精美葬具画像，引起了考古学家和艺术史家的极大兴趣[①]。在讨论北朝晚期艺术之变时，有必要将这批材料一并纳入考察范围。在迄今可知的入华粟特人墓葬文物中，以下举几件比较重要的文物实例，按先有纪年、后无纪年的顺序列举。

（1）西安北周康业墓石榻，北周天和六年（571）[②]，墓葬于2004年发掘，石榻今藏西安博物院。石榻上立 4 块石板，内刻 10 幅屏风画像。

（2）青州（益都）傅家庄北齐线刻画像石[③]，北齐武平四年（573），1971 年发现于山东青州（原益都县），现藏青州市博物馆。共存 10 块画像石，9 块较完整，高度大体一致，宽度和厚度差别较大，有石质葬具和墓室墙壁装饰两种可能，尚待观察。

（3）西安北周安伽墓围屏石榻[④]，北周大象元年（579），2000 年西安出土，现藏陕西历史博物馆。

（4）北周史君墓石椁[⑤]，北周大象二年（580），2003 年出土于西安，现藏西安博物院。石椁采用浮雕彩绘及贴金处理，刻出宴饮、出行、狩猎及祆教祭司等图像。

---

① 关于入华粟特美术及祆教艺术的总论，详阅：荣新江. 粟特祆教美术东传过程中的转化：从粟特到中国// 巫鸿. 汉唐之间文化艺术的互动与交融. 北京：文物出版社，2001：51-72；姜伯勤. 祆教画像石：中国艺术史上的波斯风. 文物天地，2002（1）：34-37；施安昌. 火坛与祭司鸟神：中国古代祆教美术考古手记. 北京：紫禁城出版社，2004：186-199；中國出土のソグド石刻畫像試論// 曾布川寛. 中國美術の圖像學. 京都大学人文科学研究所，2006：97-182。

② 寇小石. 西安北周康业墓发掘简报. 文物，2008（6）：14-35；程林泉，张翔宇，山下将司. 北周康业墓志考略. 文物，2008（6），82-84.

③ 夏名采. 益都北齐石室墓线刻画像. 文物，1985（10）：49-54；夏名采. 青州傅家北齐画像石补遗. 文物，2001（5）：92-93；郑岩. 青州北齐画像石与入华粟特人美术：虞弘墓等考古新发现的启示// 巫鸿. 汉唐之间文化艺术的互动与交融. 北京：文物出版社，2001：73-109；青州市博物馆. 山东青州傅家庄北齐线刻画像石. 济南：齐鲁书社，2014.

④ 陕西省考古研究所. 西安北郊北周安伽墓发掘简报. 考古与文物，2000（6）：28-35；Yin Shengping, et al. Notes on the Excavation of the Tomb of An Qie. *China Archaeology and Art Digest*, Dec. 2000, 4(1): 15-29；陕西省考古研究所. 西安发现的北周安伽墓. 文物，2001（1）：4-26；韩伟. 北周安伽墓围屏石榻之相关问题浅见. 文物，2001（1）：90-101；西安北周萨宝安伽墓图像研究：北周安伽墓画像石图像所见伊兰文化、突厥文化及其与中原文化的互动与交融// 姜伯勤. 中国祆教艺术史研究. 北京：三联书店，2004：95-120；陕西省考古研究所. 西安北周安伽墓. 北京：文物出版社，2003；Rong Xinjiang.The Illustrative Sequence on An Jia's Screen: A Depiction of the Daily Life of a *Sabao*. *Orientations*, 2003: 32-35.

⑤ 杨军凯. 关于祆教的第三次重大发现：西安北周萨保史君墓. 文物天地，2003（11）：26-29；杨军凯. 入华粟特聚落首领墓葬的新发现：北周凉州萨保史君墓石椁图像初释// 荣新江. 从撒马尔干到长安：粟特人在中国的文化遗迹. 北京：北京图书馆出版社，2004：17-26；西安市文物保护考古所. 西安北周凉州萨保史君墓发掘简报. 文物，2005（3）：4-33；荣新江. 一位粟特首领的丝路生涯：史君石椁图像素描// 国家文物局. 丝绸之路. 北京：文物出版社，2014：45-50.

（5）太原隋代虞弘墓石椁[①]，隋开皇十二年（592），虞弘墓于1999年在山西太原发现，石椁今藏山西博物院。

（6）安阳北齐石棺床[②]，20世纪初河南安阳近郊出土，后流入国外，现分藏于华盛顿弗利尔美术馆、波士顿艺术博物馆、科隆东方艺术博物馆（Museum fur Ostasiatische Kunst）和巴黎吉美博物馆（Musée Guimet）。安阳石棺床以出行及宴饮图像为主，它可能是这批粟特系统葬具中最早的一例。

（7）Miho美术馆藏石棺床[③]，传山西（并州地区）或陕西出土，今藏日本Miho美术馆，时代约为北朝后期[④]。

（8）中国国家博物馆藏北朝石椁[⑤]，日本收藏家崛内纪良捐赠，现藏中国国家博物馆（以下简称“国博”）。

（9）天水石马坪石棺床[⑥]，约北周至初唐，天水市博物馆藏。

---

① 山西省考古研究所，等. 太原隋代虞弘墓清理简报. 文物，2001（1）：27–52；张庆捷. 太原隋代虞弘墓石椁浮雕的初步考察// 巫鸿. 汉唐之间文化艺术的互动与交融. 北京：文物出版社，2001：3–28；姜伯勤. 隋检校萨宝虞弘墓石椁画像石图像程序试探// 巫鸿. 汉唐之间文化艺术的互动与交融. 北京：文物出版社，2001：29–50；隋检校萨宝虞弘墓祆教画像的再探讨// 姜伯勤. 中国祆教艺术史研究. 北京：三联书店，2004：139–154；山西省考古研究所，等. 太原隋虞弘墓. 北京：文物出版社，2005.

② Gustina Scaglia. Central Asians on a Northern Ch’I Gate Shrine. *Artibus Asiae*, 1958，21(1): 9-28; B. I. Marshak. Le programme iconographique des peintures de la ‘Salle des ambassadeurs’ a Afrasiab（Samarkand）. *Arts Asiatiques*, 1994(49): 1-20；姜伯勤. 安阳北齐石棺床画像石的图像考察与入华粟特人的祆教美术：兼论北齐画风的巨变与粟特画派的关联// 艺术史研究：第1辑. 广州：中山大学出版社，1999：151–186.

③ A.L.Juliano. Northern Dynasties: A Perspective. *Chinese Archaic Bronzes, Sculpture and works of Art*, June 2 to June 27, 1992: 1-17; J. Lerner. Central Asians in Sixth-Century China: A Zoroastrian Funerary Rite. *Iranica Antiqua*, 1995, 30: 179-190; A. L. Juliano and J. A. Lerner. Cultural Crossroads: Central Asian and Chinese Entertainers on the Miho Funerary Couch. *Orientations*, 1997: 72-78; A. L. Juliano and J. A. Lerner. The Miho Couch Revisited in Light of Recent discoveries. *Orientations*, Oct., 2001: 54-61；姜伯勤. 图像证史：入华粟特人祆教艺术与中华礼制艺术的互动——Miho博物馆所藏北朝画像石研究// 艺术史研究：第3辑. 广州：中山大学出版社，2001：241–259；荣新江. Miho美术馆粟特石棺屏风的图像及其组合// 艺术史研究：第4辑. 广州：中山大学出版社，2002：199–221.

④ 马尔夏克（Boris I. Marshak，1933—2006）根据图像内容判断，Miho藏石棺床的时间上限是突厥灭嚈哒的565年。B. I. Marshak. La thèmatique sogdienne dans l’art de la Chine de la seconde moitié du Vie siècle. Académie des Inscriptions & Belles-Lettres. *Comptes rendus des seances de l’annee 2001 janvier-mars*. Paris. 2001: 228-264.

⑤ 吕章申. 中国国家博物馆百年收藏集粹. 合肥：安徽美术出版社，2014：740；葛承雍. 北朝粟特人大会中祆教色彩的新图像：中国国家博物馆藏北朝石堂解析. 文物，2016（1）：71–84.

⑥ 发掘简报判定该墓属隋代或初唐。天水市博物馆. 天水市发现隋唐屏风石棺床墓. 考古，1992（1）：46–54；姜伯勤. 天水隋石屏风墓胡人“酒如绳”祆祭画像石图像研究. 敦煌研究，2003（1）：13–21.

从图像内容及艺术样式角度考察，多数葬具画像表现出强烈的粟特因素，特别是西安出土的安伽墓围屏石榻和史君墓石椁，虞弘墓石椁则具有明显的波斯风，康业墓石榻和天水石棺床的汉化程度较高[①]。从制作工艺角度可分为两类：属于阴刻线做法的有康业墓石榻、青州傅家庄画像石和国博藏北朝石椁三例，其中国博藏北朝石椁略作剔地处理；另外六例均用浅浮雕做法，大都保存下表面的彩绘和贴金装饰。

这批画像的粟特因素及祆教色彩非常显著，很多相同主题的图像很相似，如祆教祭司、狩猎、宴饮及出行图等，因此也可以单独加以研究。如能在图像内容和母题样式层面（词汇）的基础上，进一步考察图像的深层视觉结构（语法），则可发现，这批入华粟特人葬具的图像，同整个 6 世纪的中原艺术变革是颇为相符的。前文已述，北魏晚期的中原艺术，无论是墓葬美术还是佛教叙事性图像，都具有共同的形式特质，这就是逐渐向着三维形似再现方向发展。具体而言，画面空间纵深感显著增强，往往有前景、中景及后景的配合，此外山峦、树石、建筑等图像也明显增多。显而易见，6 世纪中原艺术新风的主要成就，也同样在这批入华粟特人葬具图像中充分体现出来。

先看汉化色彩较强的两件作品。第一件是北周康业墓石榻（图 3-1-35），郑岩通过研究其风格，认为它与纳尔逊孝子石棺一样，都把故事“转移到山林之中”，甚至传为东晋顾恺之《画云台山记》的“文字几乎可以与康业石榻画像对读”，该文的落脚点旨在“从康业石榻画像对于中原艺术的取用中，来思考入华粟特人的文化倾向”[②]。另一件是天水石棺床，其屏风中的建筑图像表现出极强烈的空间纵深感（图 3-1-36），有若摄影中广角镜头中的视觉效果，用“夸张”一词加以形容也毫不过分，体现出匠师对表现空间纵深感的极大兴趣。

属于北齐系统的安阳石棺床、青州傅家庄画像石（图 3-1-37）和 Miho 美术馆藏石棺床，属于北周系统的安伽墓围屏石榻、史君墓石椁（图 3-1-38），以及国博藏北朝石椁也都表现出相同的风格倾向。比如国博藏北朝石椁画像中的出行图（图 3-1-39），只在画面底边刻出山坡，其余画幅被人物、马匹填满，尽管如此，可以清晰看出无论步行还是骑马的队列，都沿斜线方向依次向后有序退缩，显示出斜边形空间画法在起着内在支配画面构图的作用。该石椁为仿木构殿堂结构，立面刻列柱，一定程度上破坏了画面三维空间的统一性，增加视觉平面感，但是匠师好像并未受到影响，努

① 北周康业墓石榻的汉化色彩最浓，因此有时被排除在“入华粟特人墓葬”系统之外。笔者以墓主是否是粟特人作为标准，根据墓志，康业为康居国王后裔，属入华粟特人无疑。此外根据考古遗存，推定墓主是入华粟特人，也划入此范畴，如安阳北齐石棺床、Miho 藏石棺床，或者国家博物馆藏北朝石椁。

② 郑岩. 北周康业墓石榻画像札记. 文物，2008（11）：72-74.

图 3-1-35　康业墓石榻画像右侧第 1、2 幅（摹绘）[北周天和六年（571），西安出土，西安博物院藏]

图 3-1-36　天水石马坪石棺床画像（摹绘）[北周至初唐，甘肃天水出土，天水市博物馆藏]

图 3–1–37 青州傅家庄画像石第八石（拓本反相）［北齐武平四年（573），山东青州出土，青州市博物馆藏］

图 3-1-38　史君墓石椁北壁画像（摹绘）[北周大象二年（580），西安博物院藏]

图 3-1-39 北朝石椁侧面出行图（摹绘）[北朝晚期，中国国家博物馆藏]

力将立柱两侧的画面，描绘成一个有着统一空间进深的盛大出行场景。

再如，西域风显著的安阳北齐石棺床，其宴饮图中的院落采用了具有“之”字结构的斜边形空间画法（图 3-1-40），尽管画像中充满高鼻深目的胡人，建筑和器用也都是“殊方异物”，但其内在视觉方式却与汉代的庭院画像（图 3-1-41）极为相似，遵循着相同的视觉原则。这些粟特聚落首领葬具中的建筑图像体现出多种文化因素，比如安伽墓围屏石榻画像中的建筑有粟特牙帐、突厥帐篷和汉式殿堂之别（图 3-1-42），其中《夫妻宴饮图》表现了汉式建筑和园林，这固然是其生活在中国接受“汉化”影响之明显证据，然而仅考察其“显”（表象）的层面显然是不够的，须识内在“隐”的层面对于判断文化属性或许更为重要。

入华粟特葬具画像的这种偏爱山林建筑、强调空间纵深的形式特征，与北朝晚期中原艺术新变至为契符，但在粟特本土绘画中，却找不到这种风格特征。粟特壁画

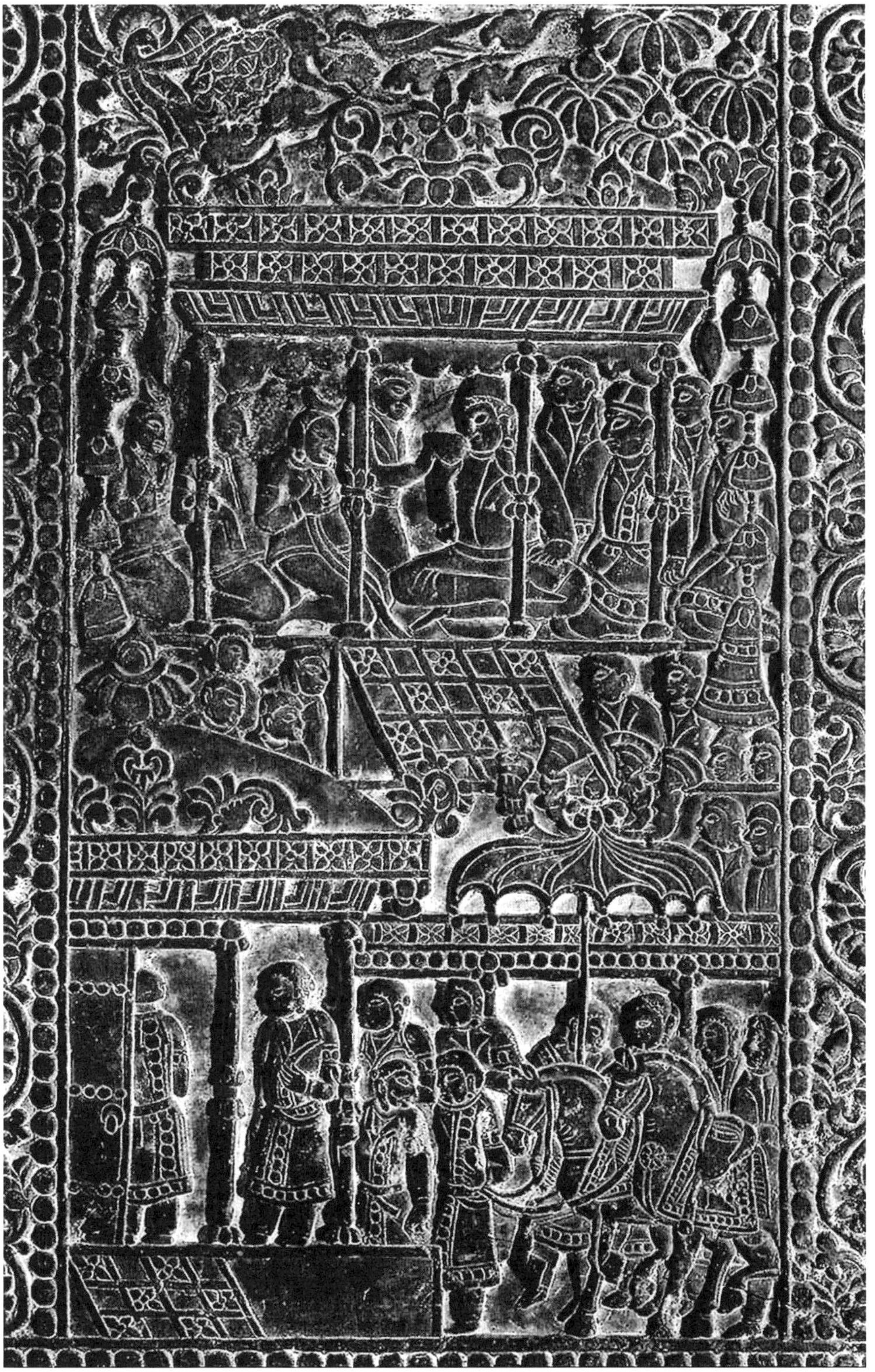

图 3–1–40　安阳北齐石棺床画像［北齐（550—577），河南安阳出土，波士顿艺术博物馆藏］

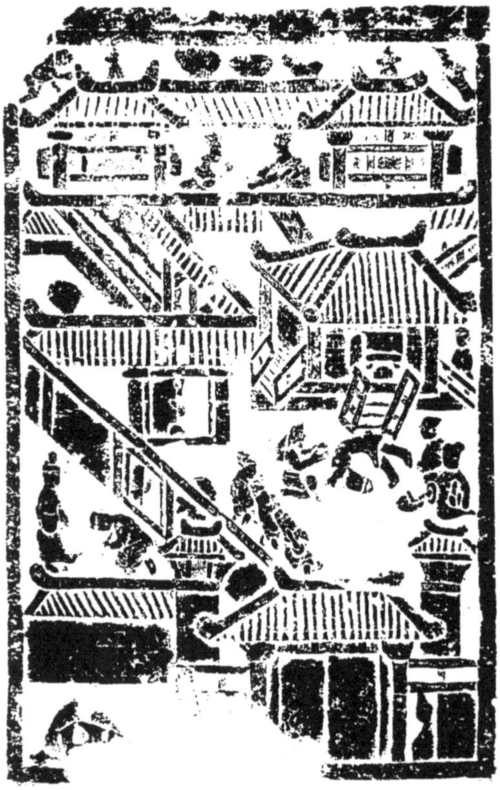

图 3-1-41 庭院图（拓本）［东汉中期，山东曲阜东风乡旧县村出土画像石］

图 3-1-42 西安北周安伽墓围屏石榻画像（局部）［北周大象元年（579），西安出土，陕西历史博物馆藏］

遗存最重要的有三处[①]，分别是布哈拉古城（Bukhara）附近的瓦拉赫沙（Varakhsha）“红厅”、米国都城片治肯特（Panjikent）的“蓝厅”，以及康国都城撒马尔罕（Samarkand）北郊阿弗拉西阿卜（Afrasiab）的“大使厅”。此外俄罗斯的艾尔米塔什博物馆（The State Hermitage Museum）还保存了数量众多的片治肯特壁画残片。迄今可见所有粟特本土壁画，基本都是7至9世纪之作，时代晚于上述入华粟特人墓葬画像，相当于唐代。即便晚出，瓦拉赫沙“红厅”（8世纪初）和片治肯特“蓝厅”（大约绘制于740年）还都在沿用传统的横向式构图，人物和动物严格遵守“基准线原则”，没有展现出任何空间进深感（图3-1-43、图3-1-44），和5世纪的敦煌早期壁画大体一致。在粟特本土，画风与众不同的是撒马尔罕“大使厅”。根据葛乐耐（Frantz Grenet）的研究，此处壁画绘制于7世纪中期，表现了被唐封为“康居都督府”都督的拂呼缦（Varkhuman）在位期间（650—659在位）的中亚政治格局[②]，壁画也一定程度上展现出了东亚文化因素。“大使厅”壁画突破了“基准线原则”的限制，画面给人一种半俯视之感，场景壮观（图3-1-45），画中的纵轴暗示着空间进深，上方人物代表位置更远，然而并没能展现斜向的空间退缩，类似于汉画中的矩形空间画法。

2015年，任平山发表文章《“身若出壁”是吐火罗粟特壁画特征——以尉迟乙僧为线索》[③]，重点分析了3世纪巴克特里亚（Bactria）壁画（图3-1-46）、贵霜时代铁尔梅兹的卡拉-特佩（Kara-tepe）壁画，以及7至8世纪的粟特壁画，认为7世纪前后吐火罗和粟特壁画充分体现出“身若出壁”的空间效果，并另立一小节讨论“空间感”。其实，吐火罗和粟特壁画“身若出壁”的效果，主要是靠晕染法实现的，它属于立体感，仅针对物象表现而论。而空间感则需要建构起三维场域，并不单纯专指具体的物象描绘。古人往往用“凹凸”和“远近”的称谓，来区分立体感和空间感（尽管二者有时交织在一起）。进一步讲，强调凹凸晕染的中亚西域壁画，可以创造出

① 关于粟特绘画，详阅：A. M. Belenitskii and Boris I. Marshak. The Paintings of Sogdiana//G. Azarpay. *Sogdian painting: The pictorial epic in Oriental art*. Los Angeles：University of California Press Berkeley，1981; 普加琴科娃，列穆佩. 中亚古代艺术. 陈继周，李琪，译. 乌鲁木齐：新疆摄影出版社，1994：51-71；B. A. Litvinsky, Zhang Guang-da, and R. Shabani Samghabadi, eds. *History of Civilizations of Central Asia*：*VolumeⅢ*. Paris: the United Nations Educational, Scientific and Cultural Organization, 1996: 239-252; Boris I. Marshak and V. A. Livshits. *Legends, Tales and Fables in the Art of Sogdiana*. New York: Bibliotheca Persica Press, 2002。

② Frantz Grenet. Maracanda/Samarkand, une métropole pré-mongole: Sources écrites et archéologie. *Annales. Histoire, Sciences Sociales*, 59e Année, No. 5/6, Asie centrale (2004): 1043-1067. 另参阅：新唐书：卷238：西域列传。

③ 任平山.“身若出壁”是吐火罗粟特壁画特征：以尉迟乙僧为线索. 敦煌研究，2015（1）：46-58.

图 3-1-43 “红厅”壁画（局部）［8 世纪初，乌兹别克斯坦瓦拉赫沙“红厅”遗址出土，俄罗斯艾尔米塔什博物馆藏］

图 3-1-44 “蓝厅”壁画（局部）［约 740 年，塔吉克斯坦片治肯特“蓝厅”遗址出土，俄罗斯艾尔米塔什博物馆藏］

“身若出壁”的效果，却无法创造“远近山川，咫尺千里”[①]的面貌，表现纵深空间是中原绘画的专长。

对比过粟特本土绘画，我们再回到入华粟特美术的话题。根据上述画风比较，入

① 僧彦悰《后画录》评介展子虔画风之语。卢辅圣. 中国书画全书：第1册. 上海：上海书画出版社，1993：178.

图 3-1-45　“大使厅”西壁壁画复原图（葛乐耐复原，灰底部分为想象复原）［7 世纪中期，壁画藏乌兹别克斯坦撒马尔罕历史博物馆］

华粟特人葬具上的画像风格，在粟特本土找不到渊源，而与同期的北朝墓葬艺术和佛教艺术具有深层一致性，有鉴于此，笔者推定一定有本地匠师参与了入华粟特人首领的葬具制作，假使不是由他们独立为之，中国匠师至少也占据主导性地位（运用或借鉴外来粉本是另一个问题）。需要附带说明，这里所用的“中国”概念，类似于陈寅恪在《唐代政治史述论稿》（1941）中所强调的北朝人对“汉”的理解：

图 3-1-46　巴克特里亚陶版画 Pharro 神及其供养者［约 3 世纪，纽约大都会艺术博物馆藏］

汉人与胡人之分别，在北朝时代文化较血统尤为重要。凡汉化之人即目为汉人，胡化之人即目为胡人，其血统如何，在所不论。[①]

① 陈寅恪. 隋唐制度渊源略论稿　唐代政治史述论稿. 北京：三联书店，2001：200.

在这批入华粟特人葬具中，西域文化气息最浓重的是隋代虞弘墓石椁（592），其图像中有强烈的西亚和中亚因素，因而有些学者推测“虞弘或他的族人从波斯地区直接带回了这套图像的底本，它的创作者一定是那些对祆教教义、伊朗神话和波斯历史文化传统有深刻领悟的当地祆教艺术家或工匠”①。虞弘墓石椁后壁居中的《对坐宴饮图》很有特色，匠师运用了一个梯形图式来表现天国花园的景象②，有学者注意到该图式与敦煌净土变很相似，而且虞弘墓的时间显然更早，因此得出唐代敦煌净土图像受到粟特画风影响的结论③。面对大量新出土的考古实物，如何在视觉语言上建立起中古中国与粟特艺术之间的关联，的确是艺术史家必须要思考的问题④。关于虞弘墓《对坐宴饮图》与佛教净土变相的关系问题，将在第四章进行详细考察。

综上所述，魏室迁洛促使中原墓葬艺术传统得以复兴，流行于汉代艺术中的表现空间纵深的斜边形空间画法得以发展，不仅如此，北魏匠师还热衷于精致描绘山林和建筑，创造出诸如纳尔逊孝子石棺、宁懋石室等一批石刻艺术精品。在6世纪初的绘画中，山林和建筑图像不再仅是一种母题，更多时候它已发展成了“场景”，犹如舞台。中原艺术之变可谓影响深远，新风格不仅很快在佛教艺术中体现出来，即便是那些入华粟特人的葬具图像，亦莫能外，尽管图像内容和母题样式“大有胡风”，但其内在的视觉结构却可上承汉画画法，并与同时期的汉风艺术作品“血脉相通”。

---

① 杨巨平. 虞弘墓祆教文化内涵试探. 世界宗教研究，2006（3）：110.

② 毕波. 虞弘墓所谓“夫妇宴饮图”辨析. 故宫博物院院刊，2006（1）：66-83.

③ 周熙隽. 敦煌佛教净土变画中来自粟特的影响// 敦煌研究院. 2004年石窟研究国际学术会议论文集：下册. 上海：上海古籍出版社，2006：838.

④ 这方面的研究成果先例，可以举出金维诺和宿白的研究，他们证明了粟特和北齐艺术之间的联系。详阅：金维诺. 曹家样与杨子华风格. 美术研究，1984（1）：37-51；金维诺. 青州龙兴寺造像的艺术成就：兼论青州背屏式造像及北齐“曹家样”// 巫鸿. 汉唐之间的宗教艺术与考古. 北京：文物出版社，2000：377-396；宿白. 青州龙兴寺窖藏所出佛像的几个问题：青州城与龙兴寺之三. 文物，1999（10）：44-59。

第二节　敦煌西魏壁画

一、传向河西

南北朝之际，就北朝而论，中原新风发轫于洛阳，尔后波及西部，在陕西、甘肃等地的壁画或石刻中有所体现。

（一）陕西关中地区

关中地区除前举康业墓、安伽墓等几例葬具外，还有部分单体佛教造像（造像碑）运用了新画法。然而在关中地区，新画风远没有像洛阳地区那样流行。比如在耀州“药王山碑林”的造像碑群中[①]，尽管北朝晚期造像吸收接纳了“秀骨清像”和“褒衣博带”这两种样式特征，然而能呈现出中原艺术表现空间场景成就的作品却不多见。这或许与两个因素有关：其一，该地区故事性题材较少见，而洛阳新风主要是在叙事性题材（如孝子故事、佛传故事）中体现出来的；其二，论性质，关中附近地区（尤其是药王山）以民间邑社造像为大宗，一方面民间接触新风格的机会相对较少，变化自然缓慢，另一方面民间匠师可能更趋于保守，因此形成了所谓“民族形式最强、外来形式最弱……民间意味最强、贵族意味最弱的佛教艺术”[②]。

表现最突出是“释迦多宝对坐说法造像碑”，具体出土地不详，但肯定出自耀州或附近地区。药王山博物馆展签为北周造像碑，张燕根据比对西魏大统十二年（546）“荔非郎虎、任安保六十人造像碑”，推定其为西魏之作[③]。碑高102.2厘米，宽45厘米，四面开龛，并在碑面线刻“二佛并坐”“维摩诘经变”与多幅佛传故事图，画像充满整个碑身，多个图像体现出具有空间纵深感的新画风。以碑阴上的一幅《城邑

① 陕西耀县药王山博物馆. 北朝佛道造像碑精选. 天津：天津古籍出版社，1996；张燕. 陕西药王山碑刻艺术总集：全8卷. 上海：上海辞书出版社，2013.

② 李凇. 陕西古代佛教美术. 西安：陕西人民教育出版社，2000：66.

③ 张燕. 陕西药王山碑刻艺术总集：第2卷：西魏造像碑. 上海：上海辞书出版社，2013：138.

图》为例（图 3-2-1），白文认为表现的是佛传之太子出游四门[①]。《城邑图》呈平行四边形，显然运用了斜边形图式，共有两座楼阁式城门、四隅各有角楼，外有护城河和拱形桥。由于采用半俯视角度，城内的建筑和人物也都描绘了出来，画面的空间纵深感很强。

图 3-2-1 城邑图（拓本反相）[西魏，释迦多宝对坐说法造像碑碑阴画像，陕西耀州药王山博物馆藏]

① 白文. 造像碑的佛传图：以药王山碑林为中心. 敦煌学辑刊，2008（2）：115.

陕西临潼博物馆收藏的一通北朝晚期造像碑，约为西魏或北周作品，高 1.5 米，碑阴以阴线形式刻出佛教故事，赵康民称“北周佛教故事造像碑”[①]，其图像也具有强调空间纵深、偏好表现山林的特点，特别是碑阴中段左侧有座佛塔，方形九层楼阁式，立体感很强[②]。

陕西兴平茂陵霍去病墓附近出土过一件石雕佛座，约为北周作品[③]，佛座下层四面镌刻图像及铭文，东侧刻一幅《乐舞图》（图 3-2-2），正中有一侏儒托举着一个大博山炉，画面边缘各站着一位僧侣。在博山炉和两侧僧侣之间，出现两身蹲踞狮和一胡一汉两个舞者，舞者身后各有一组四人组成的乐队。图像中，托举博山炉的侏儒、蹲踞狮和僧侣处于近景位置，然后是两个舞者，最远处是两组乐人，这位匠师成果表现出空间纵深，而且画面中人物层次清晰，明显具有近大远小的比例关系。

图 3-2-2　乐舞图（拓本反相）［约北周，陕西兴平出土石雕佛座画像］

总体来说，关中地区虽然接受了中原新画法，但远不及洛阳地区那么流行，运用新画法的作品时代也略晚，由此可以推知艺术风格传播的源流关系。

（二）甘肃天水麦积山

麦积山石窟所在的秦州（今甘肃天水）位于凉州与关中之间，不仅是通向河西走廊的交通要塞，同时还是北方通往巴蜀之孔道，因此其地更多受惠于南朝文化。从石窟艺术角度，秦州其地恰好处于“泥塑地区”（西域至河西一线）与“石雕地区”（陕

① 赵康民. 陕西临潼的北朝造像碑. 文物，1985（4）：22-24.
② 王敏庆. 北周佛教美术研究：以长安造像为中心. 北京：社会科学文献出版社，2013：83，184.
③ 单庆麟. 茂陵古佛座. 文物参考资料，1957（3）：46-48.

西以东）之交汇处，是古代文化交流一大枢纽[①]。麦积山与莫高窟相似，都以泥塑和壁画为主，颇可参照比对，只可惜麦积山壁画剥落者甚多。

第115窟正中佛坛上有北魏景明三年（502）墨书题记，是麦积山唯一有确切纪年的北朝洞窟[②]。这是一座小型平顶窟，方形平面，窟内壁画曾被白粉涂抹，在残存的佛教因缘故事壁画中，可见清癯灵秀的人物造型，同时还出现了类似于洛阳石刻的山峦及树木图像（图3-2-3），可视为麦积山石窟受中原新风影响的初始之作[③]。

考察6世纪画风之变，麦积山第127窟极为重要，其意义不仅限于研究秦州麦积山石窟，莫高窟西魏、北周故事画之新风，也可以与麦积山第127窟壁画相关联，甚至隋唐流行的西方净土变等经变图像，其基本模式也可在此窟中找到对应（详见第四章）。第127窟的开凿年代还存在一定争议，大约开凿于北魏末年或西魏初年，比第115窟晚30年左右[④]。中原新画风的主要成就，在此窟壁画中充分体现了出来，特别是窟顶东、北、西三披壁画“萨埵太子本生”（图3-2-4）和南披壁画“睒子本生”（图3-2-5、图3-2-6），画师着力创造出由山峦、林木、溪流和建筑等图像构成的宏阔且连续的空间场景，壁画虽残，仍能给人一种场景辽远、层次分明之感，“群山、河川、原野、树木、池沼、窑洞等景物却几乎布满了整个画面，而且这些景物具有统一性、连续性的组织关系，它们为人物活动的历时性过程提供了一个宏大而完整的自

---

① 陈悦新. 中心文化对北朝麦积山石窟的影响. 敦煌研究，2006（4）：15-18.

② 第115窟正壁主尊须弥座上墨书题记：“唯大代景明三年九月十五日遣上邽镇司□张元伯稽首白常住三宝今在此麦积□□□□□□□为菩萨造石窒一区……”天水麦积山石窟艺术研究所. 中国石窟：天水麦积山. 北京：文物出版社，1998：170，285.（案：第170页和285页的释文不同处颇多。）

③ 日本学者东山健吾注意到，麦积山第115窟造像的一些特征“与龙门石窟古阳洞第三层各龛的坐佛像相同”。东山健吾. 麦积山石窟的创建与佛像的源流. 官秀芳，译. 敦煌研究，2003（6）：73. 关于麦积山与中原造像样式上的关联，以及秦州与洛阳两地关系，可参阅：刘晓毅，项一峰. 试论龙门与麦积山石窟造像艺术之间的关系. 敦煌学辑刊，2006（2）：135-140。

④ 关于麦积山第127窟的年代，学界存在着不同看法。魏文斌统计过麦积山石窟的多种分期意见，其中董玉祥（1983）、马世长（1993）和达微佳（2011）将第127窟划为北魏，李裕群（2003）、八木春生（2011）和陈悦新（2013）将其定为西魏窟。个案研究同样存在着争议，金维诺《麦积山石窟的兴建及其艺术成就》根据第120窟和第127窟的打破关系，认为“第127窟当为西魏初年窟”，后来西安美院王宁宇、甘肃省考古研究所董玉祥撰文，质疑金维诺洞窟打破关系的看法，继而将第127窟的时代提前。笔者认为，搞清洞窟打破关系对厘定开窟顺序固然至关重要，但开窟时间和壁画绘制时间毕竟所指不同。与麦积山第127窟壁画风格相对接近的是莫高窟西魏285窟（538），二者相比，在描绘空间场景方面，麦积山第127窟显然更成熟，因此在缺乏确切年代学证据的前提下，不宜将其判定过早，张宝玺将第127窟壁画宽泛定为“北魏晚期至西魏”，似更稳妥。笔者初步判断其为6世纪30年代。详阅：金维诺. 麦积山石窟的兴建及其艺术成就// 中国石窟：天水麦积山. 北京：文物出版社，1998：172；张宝玺. 麦积山石窟壁画叙要// 中国石窟：天水麦积山. 北京：文物出版社，1998：191；王宁宇. 孝子变相 · 畋猎图 · 山水平远：麦积山壁画《睒子本生》对中国早期山水画史的里程碑意义. 美术研究，2002（1）：47，注1；魏文斌. 麦积山石窟初期洞窟调查与研究. 兰州：甘肃教育出版社，2017：240-248。

图 3-2-3　因缘故事图［北魏晚期（502），天水麦积山石窟第 115 窟右壁］

图 3-2-4　萨埵太子本生（局部）［北魏末或西魏初（6 世纪 30 年代），天水麦积山石窟第 127 窟窟顶西披］

图 3–2–5 睒子本生之出行图［北魏末或西魏初（6 世纪 30 年代），天水麦积山石窟第 127 窟窟顶南披］

图 3–2–6 睒子本生之“草庐探望”［北魏末或西魏初（6 世纪 30 年代），天水麦积山石窟第 127 窟窟顶南披］

然空间环境”[①]。5世纪末，北魏石窟的同类题材（如云冈第1、9窟“睒子本生”浮雕）以描绘人物为主，并不注重背景和空间纵深感的表现，与之相比较，6世纪30年代麦积山第127窟画风的确有了明显改观，完成了一个艺术风格的巨变。

在1969年发表的文章《山水画的结构分析》中，方闻指出：“考古发现所展示的，从唐之前（7世纪前）到元代初期（13世纪末）的山水画，可以说是从表意性符号（ideographic motifs）到创造视错觉空间（the creation of illusionistic space）的发展过程。……在7、8世纪期间，固定的构图图式有了发展。”[②]通过研究麦积山第127窟壁画，西安美术学院教授王宁宇认为：“现在可以改说为：在五六世纪之交的北魏后期，在中国的北方地区，可以看到山水画‘从表意性符号到视错觉空间的发展’探索，已取得了决定性的突破。”[③]笔者大体上赞同把风格转变的时限提前的意见，但需要补充两点：其一，笔者力求在全面考察南北朝作品实物基础上做出判断，与王宁宇聚焦于麦积山第127窟而做出的论断“文同而思异”。笔者不认为单独某件作品具有所谓“里程碑意义”，而是把它看成某种总体风格走向的“关键点”。其二，“五六世纪之交”的提法稍显笼统，母题样式和图像内容的变化（如服饰汉化、人物清秀化、山林图像增多）完成较快，在5世纪末已发生（如云冈第二期），且迅速在多地普及开来，尤其是以政令推广的“汉装”；而视觉结构的变化则相对缓慢，直到6世纪20年代才在洛阳地区初见成效，两者的时间差约有20年，应予注意。

（三）敦煌“元荣治期”

中原艺术新风传至河西走廊西端的敦煌时，已经到了北魏与西魏之交，即所谓“元荣治期”（525—545）。

北魏孝昌元年（525），北魏宗室元荣出任瓜州刺史，永安二年（529）封元荣为东阳王。元荣故后（约542），其子元康和其婿邓彦（又作邓季彦）继任瓜州刺史职，

① 王宁宇. 孝子变相·畋猎图·山水平远：麦积山壁画《睒子本生》对中国早期山水画史的里程碑意义. 美术研究，2002(1)：44. 关于麦积山127窟壁画在山水画法方面的成就，参阅：赵声良. 敦煌早期山水画与南北朝山水画风貌. 敦煌研究，1990(4)：27；刘俊琪. 麦积山北魏壁画《睒子本生》述评. 美术研究，2002(1)：48-49；魏文斌. 麦积山石窟几个问题的思考和认识. 敦煌研究，2003(6)：20-21.

② Wen C. Fong. Toward a Structural Analysis of Chinese Landscape Painting. *Art Journal*, 1969, 28(4): 392-393. 洪再辛. 海外中国画研究文选（1950—1987）. 吕卫民译. 上海：上海人民美术出版社，1992：111.

③ 王宁宇. 孝子变相·畋猎图·山水平远：麦积山壁画《睒子本生》对中国早期山水画史的里程碑意义. 美术研究，2002(1)：45. 另参阅：王宁宇. 嶂断时程写重深：麦积山一二七窟《萨埵太子本生·车骑山行》图式结构辨识. 美苑，2002(4)：60-64；夏朗云. 也谈麦积山壁画《睒子本生》：与王宁宇先生商榷. 美术研究，2004(3)：60-64。

延续至西魏大统十一年（545）。前后算来，元氏家族统治敦煌跨北魏、西魏两朝，前后约20年。元氏家族笃信佛法，大兴佛事，现存有元荣题记的写经10余件、2200余部（卷）。学界普遍认为，汉化的鲜卑贵族元氏家族将中原艺术的新风格、新题材自洛阳带到了敦煌[①]。

西魏时期，敦煌出现了中原地区流行的新佛像风格，新画风在西魏249、285窟两窟中体现得最明显。这种风格通常被概括为“秀骨清像”和“褒衣博带”，如宁强所云：

> 西魏敦煌艺术，将北魏晚期开始出现的以“秀骨清像”为典型特征的造像风格发展成丰富多彩的各种形式，……所谓“秀骨清像”风格，是指佛教徒从不同渠道传入南朝属地后，与当时流行的玄学和道学思想相结合，按当地士大夫的美学趣味创制而成的一种通脱潇洒的造型风格。……这类人物的特点主要有三：一是肤色白皙，二是体性清瘦文弱，三是气质女性化。其基本服饰则是褒衣博带，通脱潇洒。[②]

上述文字代表了学界的一般性看法，即把敦煌西魏艺术新风概括为“秀骨清像”和“褒衣博带”，并将其归因于那些深受玄学思想浸染的南朝士大夫的审美好尚，段文杰也常把北魏中原画风简称为“秀骨清像”或“秀骨清像风格”[③]。对于这种看法笔者非常认同，承续上节的思路，笔者还将试图论证，莫高窟西魏壁画的新画风不仅是“类型”或“样式”的转变，还是一次更为深刻的“视觉方式”的革命，即由概念化画法向“创造视错觉空间”逐步转化。

二、西魏249窟

莫高窟第249窟位于南区窟群中段第二层，开凿于北魏与西魏易代之际[④]。洞窟平

① 关于东阳王元荣及其家族，详阅：赵万里. 魏宗室东阳王荣与敦煌写经（原载《中德学志》，第5卷第3期）// 陈国灿，陆庆夫. 中国敦煌学百年文库：历史卷（一）. 兰州：甘肃文化出版社，1999：73-78；东阳王与建平公（二稿）（原载《敦煌吐鲁番文献研究论集》，第4辑，北京大学出版社，1987年）// 宿白. 中国石窟寺研究. 北京：文物出版社，1996：244-259；贺世哲. 敦煌图像研究：十六国北朝卷. 兰州：甘肃教育出版社，2006：339-341；文梦霞. 再论东阳王元荣领瓜州刺史的时间. 敦煌研究，2006（2）：101-105。

② 宁强. 敦煌佛教艺术. 高雄：高雄复文图书出版社，1992：119-120.

③ 段文杰. 中西艺术的交汇点：莫高窟第二八五窟// 敦煌石窟艺术：莫高窟第二八五窟（西魏）. 南京：江苏美术出版社，1995：20-21.

④ 樊锦诗，马世长，关友惠. 敦煌莫高窟北朝洞窟的分期// 敦煌文物研究所. 中国石窟：敦煌莫高窟：第1卷. 北京：文物出版社，东京：平凡社，1982：194，197.

面呈方形，覆斗形窟顶，正壁开圆券形龛，龛内塑倚坐佛像（图 3-2-7）。第 249 窟最引人瞩目的是出现了大量具有本土化色彩的图像，窟顶北披绘御四龙辂车的帝释

图 3-2-7　莫高窟第 249 窟［西魏］

天（东王公？），南披绘御三凤辂车的梵天（帝释天妃 / 西王母？）图像，此外窟顶还有朱雀、玄武、开明（和修吉？）、三皇（天皇、地皇、人皇）、四神（风、雨、雷、电）等本土传统母题，强烈的汉画色彩使得第 249 窟（包括出现同类题材的西魏 285 窟）备受学者关注，一些图像的定名仍未解决[①]。

西魏 249 窟壁画多处图像显示出表现空间进深的初步尝试。

比如南北侧壁中央的说法图（图 3-2-8），主尊立佛和四身胁侍菩萨不再安立于水平“基准线”上，取而代之的是，画师用青绿色描绘出了一个略具俯视感的水平“基准面”，表示水面。这种处理手法，在年代稍早的北魏晚期第 251 窟及第 435 窟前室说法图中已经出现[②]。仔细比较，第 249 窟壁画中立佛和胁侍菩萨脚下的莲座，向上移动的位置较第 251、435 窟略为显著，空间感也稍强于那两窟壁画。林保尧认为，第249窟的两铺说法图是“净土变的雏形”[③]，施萍婷称其为“绿水莲花说法图”[④]，若其说法不错的话，则这种表现方式是西方净土世界由概念“说明”向视觉“再现”迈出的重要一步。

第 249 窟窟顶四披下部绘一圈山峦图像，与酒泉丁家闸 5 号壁画墓很相似。段文杰曾指出，“（丁家闸）墓室顶与第 249 窟顶部的内容、结构、境界均相似”，“它与 249窟有密切的渊源关系”[⑤]。然而二者在“大同”的前提下，也还存在着一些“小异”。

---

① 第249窟争议最大的是窟顶南北披主像，要之有三说：其一东王公与西王母（孙作云、段文杰），其二帝释天与帝释天妃（史苇湘、宿白），其三帝释天与梵天（贺世哲）。笔者取第三说。关于第249窟图像，研究要目如下：孙作云. 敦煌画中的神怪画. 考古，1960（6）:24-34；段文杰. 略论莫高窟第249窟壁画内容和艺术. 敦煌研究，1983（1）：1-9；段文杰. 道教题材是如何进入佛教石窟中的：莫高窟第249窟窟顶壁画内容探讨// 敦煌文物研究所. 1983 年全国敦煌学术讨论会文集：石窟艺术编：上册. 兰州：甘肃人民出版社，1985：1-16；李凇. 莫高窟第249窟窟顶图像新解. 西北美术，1995（4）：18-22；宁强. 上士登仙图与维摩诘经变：莫高窟第249窟窟顶壁画再探. 敦煌研究，1990（1）：30-37；斋藤理惠子. 敦煌第249窟天井中国图像内涵的变化（原载佛教艺术，1995：218）. 贺小萍，译. 敦煌研究，2001（2）：154-161；梁尉英. 莫高窟第249、285窟狩猎图似是不律仪变相. 敦煌研究，1997（4）：1-11；张元林. 净土思想与仙界思想的合流：关于莫高窟第249窟窟顶西披壁画定名的再思考. 敦煌研究，2003（4）:1-8；贺世哲. 敦煌图像研究：十六国北朝卷. 兰州：甘肃教育出版社，2006：263-294，“莫高窟第249窟窟顶主要图像研究”。

② 北魏第251窟说法图见：段文杰. 中国敦煌壁画全集1：敦煌北凉、北魏. 天津：天津人民美术出版社，2006：图版八九，九三；第435窟说法图见：敦煌文物研究所. 中国石窟：敦煌莫高窟：第1卷. 北京：文物出版社，东京：平凡社，1982：图69。

③ 敦煌文物研究所. 中国石窟：敦煌莫高窟：第1卷. 北京：文物出版社，东京：平凡社，1982：214，图96说明文字；林保尧. 敦煌艺术图典. 台北：艺术家出版社，1991：74，77.

④ 施萍婷. 敦煌石窟全集5：阿弥陀经画卷. 香港：商务印书馆有限公司，2002：65-66.

⑤ 段文杰. 道教题材是如何进入佛教石窟中的：莫高窟第249窟窟顶壁画内容探讨// 敦煌文物研究所. 1983 年全国敦煌学术讨论会文集：石窟艺术编：上册. 兰州：甘肃人民出版社，1985：6，7. 另参看：杨雄. 敦煌石窟艺术：莫高窟第二四九窟附第四三一窟（北魏、西魏）. 南京：江苏美术出版社，1995：19。

图 3-2-8　说法图［西魏，莫高窟第 249 窟北壁中央］

比如第 249 窟在沿窟顶一圈的山峦母题外，有时还在其上部描绘出远山，这样就构成了一个相对独立的“空间单元”。再者，第 249 窟壁画中的动物也不再像丁家闸墓壁画那样位于山巅或天上，而是真实处于两山之间（图 3-2-9）。此外山间奔跑的动物，有时沿斜线依次向斜上方退缩（图 3-2-10），代表并排（而非前后）疾驰，同时也暗示出近山和远山之间的进深，这些表现手法都是一个世纪前丁家闸墓壁画中所不见

图 3-2-9 山峦与野猪［西魏，莫高窟第 249 窟窟顶北披］

图 3-2-10 狩猎图［西魏，莫高窟第 249 窟窟顶北披］

的。与 5 世纪绘画相比，无论山峦、动物等母题画法是否发生变化、发生了怎样的变化，6 世纪敦煌壁画在“形式之间的关联”层面上的嬗变是不容忽视的。

在母题方面，变化最明显的要算建筑和车舆图像。第 249 窟窟顶西披下部，南北两侧各绘出一座汉式殿堂图像（图 3-2-11），显然这位敦煌画师已经学会了斜边形空间画法，其形式与前举洛阳龙门石窟中的屋形龛几无差别。窟顶南、北两披的三凤辂车（图 3-2-12）和四龙辂车也别具特色，近可与麦积山第 127 窟窟顶的四龙辂车图像相比（图 3-2-13），远可与传顾恺之《洛神赋图》中宓妃所乘的六龙云车图像相关联（图 3-2-14），其画法被认为“从构图布局到辂车、旌旗的样式，都与宓妃

图 3–2–11　殿堂图像［西魏，莫高窟第 249 窟窟顶西披］

图 3–2–12　梵天御三凤辂车［西魏，莫高窟第 249 窟窟顶南披］

乘六龙云车图之间有着明显的借鉴或者移植关系”①。仅就单幅作品个案看，《洛神赋图》的真伪、作者、时代等问题均未取得共识②，它与敦煌第249窟的时代关系也有再考察的必要；但从深层结构讲，重要的不仅是某种特殊样式的“借鉴或者移植”（单独事

① 贺世哲. 敦煌图像研究：十六国北朝卷. 兰州：甘肃教育出版社，2006：283. 另参阅：马世长. 交汇、融合与变化：以敦煌第249、285 窟为中心// 巫鸿. 汉唐之间文化艺术的互动与交融. 北京：文物出版社，2001：304–305。

② 关于《洛神赋图》，详阅：Pao-chen Chen. The Goddess of the Lo River: A Study of Early Chinese Narrative Handscrolls. Ph. D. dissertation.Princeton: Princeton University, 1987；陈葆真.《洛神赋图》与中国古代故事画. 杭州：浙江大学出版社，2012.

图 3-2-13 帝释天乘四龙辂车［北魏末或西魏初（6世纪30年代），天水麦积山石窟第127窟窟顶天井］

图 3-2-14 传顾恺之《洛神赋图》之宓妃乘六龙云车［宋摹本（故宫甲本），故宫博物院藏］

件），而是伴随着母题样式的传播，本土绘画既有的“斜边形空间画法”移植到佛教美术中来，以及更为深层的立体化“视觉看法”的初步建立。对于敦煌艺术史而言，西魏 249 窟壁画尽管在展现空间纵深方面表现得不十分显著，却提供了北朝晚期画风初变的视觉证据。

三、西魏 285 窟

第 285 窟是莫高窟北凉至北朝唯一的纪年洞窟，其发愿文中有西魏大统四年（538）及大统五年（539）墨书题记，对于厘定北朝洞窟之年代起到了不可或缺的标尺作用。虽然第 285 窟供养人题记中出现了诸如阴、滑、史、何等胡姓题名，供养人画像中有大量胡服像，证明非鲜卑的西方系胡族参与了供养，但学者普遍认为，该窟与来自洛阳的东阳王元荣有关①。

在敦煌北朝洞窟中，第 285 窟的研究成果最多。敦煌研究院老一代学者段文杰、贺世哲，以及现在的张元林等人，对第 285 窟进行过持续的关注和深入阐发，研究涉及图像内容、造像思想、图像构成、风格技法、供养人、文化交流等诸多方面，其中图像学研究所占比重最大②。

这是一座方形覆斗顶窟，面积约六平方米，窟中央有座低矮的方形佛坛，两侧壁各有四个小禅室（图 3-2-15）。西壁开三龛，主龛内塑善跏趺坐佛，两次龛内各塑一禅定僧，壁面图像以“杂密”内容为主。东壁窟门上方绘三佛，门两侧壁面各绘

---

① 段文杰. 中西艺术的交汇点：莫高窟第二八五窟// 敦煌石窟艺术：莫高窟第二八五窟（西魏）. 南京：江苏美术出版社，1995：1；马德. 敦煌莫高窟史研究. 兰州：甘肃教育出版社，1996：67-69. 另一种观点认为，西魏249窟是所谓“东阳王窟”，宿白则认为元荣修建的洞窟“大约不出第263、265、246三窟”，第246窟可能性较大。敦煌莫高窟早期洞窟杂考（原载大公报在香港复刊三十周年纪念文集：上册，1978年）// 宿白. 中国石窟寺研究. 北京：文物出版社，1996：223.

② 第285窟研究成果极丰硕，要目如下：宿白. 参观敦煌第285号窟札记. 文物参考资料，1956(2)：16-21；福井爽人，茂木计一郎，浅井和春，田口荣一. 第285窟（西魏時代）に関する模写ぉょび学術調査の成果// 敦煌石窟学術調查（第一次）報告書. 日本东京艺术大学美术学部，1985：8-57；段文杰. 中西艺术的交汇点：莫高窟第二八五窟// 敦煌石窟艺术：莫高窟第二八五窟（西魏）南京：江苏美术出版社，1995：11-21；贺世哲. 敦煌图像研究：十六国北朝卷. 兰州：甘肃教育出版社，2006：295-347，第九章“莫高窟第285窟图像研究”；须藤弘敏. 禅定比丘图象与敦煌285窟（摘要）. 陈家紫，译. 敦煌研究，1988(2)：50-51；“天”的图像与解释：以敦煌莫高窟285窟窟顶图像为中心// 姜伯勤. 敦煌艺术宗教与礼乐文明. 北京：中国社会科学出版社，1996：55-76；梁尉英. 莫高窟第249、285窟狩猎图似是不律仪变相. 敦煌研究，1997(4)：1-11；梁尉英. 十二时兽更次教化——试说莫高窟第285窟等壁画山林动物. 敦煌研究，1999(2)：1-8；八木春生. 中国敦煌莫高窟第二八五窟壁画に関する一考察// 美術史論叢：造型と文化. 东京：雄山阁，2000：318-344（收入：中国仏教美術と漢民族化：北魏時代後期を中心として. 京都：法藏馆，2004：236-263）；敦煌285窟所见嚈哒人的密特拉神崇拜// 姜伯勤. 中国祆教艺术史研究. 北京：三联书店，2004：203-216；张元林.《法华经》佛身观的形象阐示：莫高窟第285窟北壁说法图新解//2004年石窟研究国际学术会议论文集：上册. 上海：上海古籍出版社，2006：249-275；张元林.《法华经》佛性观的形象诠释：莫高窟第285窟南壁故事画的思想意涵. 敦煌研究，2004(6)：7-13；李静杰. 敦煌莫高窟北朝隋代洞窟图像构成试论// 李治国. 2005年云冈国际学术研讨会论文集（研究卷）. 北京：文物出版社，2006：384-387；张元林. 粟特人与莫高窟第285窟的营建// 李治国. 2005年云冈国际学术研讨会论文集（研究卷）. 北京：文物出版社，2006：394-406；张元林，张志海. 敦煌北朝时期法华信仰中的无量寿佛信仰：以莫高窟第285窟无量寿佛说法图为例. 敦煌研究，2007(1)：34-39；张元林. 论莫高窟第285窟日天图像的粟特艺术源流. 敦煌学辑刊，2007(3)：161-168；张元林. 观念与图像的交融：莫高窟285窟摩醯首罗天图像研究. 敦煌学辑刊，2007(4)：251-256；李银广，郭思瑶，长冈龙作. 弥勒三会思想在敦煌壁画中的表达——浅析第285窟南壁故事画的“特色”之处. 华夏考古，2014(4)：124-130；石松日奈子. 敦煌莫高窟第285窟北壁供养人像和供养人题记. 筱原典生，于春，译. 敦煌研究，2016(1)：12-25。

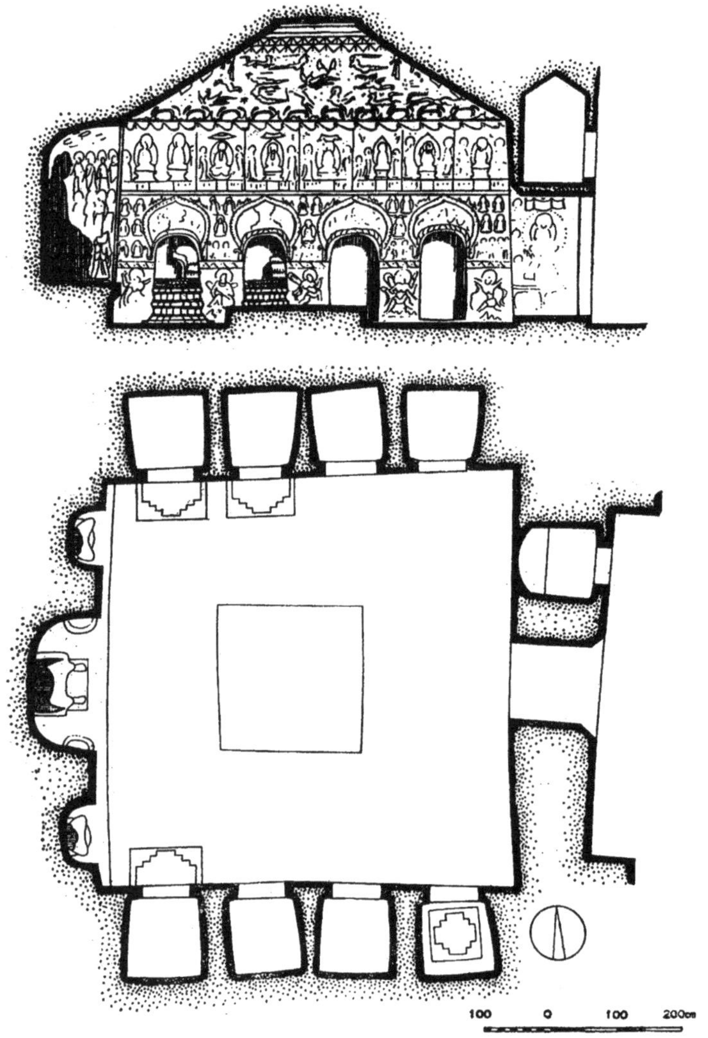

图 3-2-15 莫高窟第 285 窟平面图及剖面图［西魏］

一铺无量寿佛说法图。南、北两壁下部各开四个禅室，北壁上部绘七铺说法图，南壁绘“得眼林因缘”“沙弥守戒自杀因缘”“释迦多宝并坐”等图像。窟顶中央绘抹角叠涩式藻井，四隅绘兽面，下垂流苏，若宝盖悬空。四披以摩尼宝珠及莲花为中心，周围绘宝应声菩萨（伏羲）、宝吉祥菩萨（女娲）、飞天、飞仙、羽人、朱雀、飞廉、千秋、畏兽等图像，其间另有大量流星与云气，生气盎然，形成了一“穹”充满动意的“天象图”，与四披底部 35 身禅定僧图像构成鲜明对照。

从艺术风格角度来说，西魏285窟最显著的特征是两种判然不同的画法共处一窟。正壁（西壁）壁画采取西域画法，东、南、北三壁与窟顶则明显体现出中原绘画风貌（图 3-2-16）。面对第 285 窟的这种风格反差现象，学界出现了三种解释：

一是绘制时间不同。宿白最早提出绘制于异时的看法：“全窟壁画的绘制，我们从

图 3-2-16　莫高窟第 285 窟［西魏］

各壁的布置、作风、服饰风方面观察，怀疑它可能不是同时完成的，……首先绘制了西面一壁，过了一个时间又补绘窟顶和南壁、北壁和东壁”[①]。宿白还列出一个表格，把第285 窟分为“西壁”“窟顶和南壁”“东壁和北壁上部”三大部分，比较各部分绘画的形式差异。日本学者秋山光和、石松日奈子赞同宿白的主张。石松日奈子继而指出，壁面上的纪年题记“仅为小型说法图之记载，不能代表整个洞窟的营造时间”，她通过考察北壁壁画，认为北壁七幅说法图是由四个不同的画家团队绘制完成的[②]。

二是所依画稿不同。贺世哲和沙武田则更强调粉本或画稿对第285窟风格的影响，如沙武田指出“第 285 窟壁画的焕然一新，充分表明元荣运用了从中原带来的新的粉本画稿”[③]，暗示出没有“焕然一新”的西壁壁画乃沿袭敦煌旧画稿所致。

三是出自不同画师之手。段文杰持此见解，他指出：

---

① 宿白. 参观敦煌第285号窟札记. 文物参考资料，1956(2)：18.

② 石松日奈子. 敦煌莫高窟第285窟北壁供养人像和供养人题记. 筱原典生，于春，译. 敦煌研究，2016(1)：12-25.

③ 沙武田. 敦煌画稿研究. 北京：中央编译出版社，2007：385. 另参阅：贺世哲. 从供养人题记看莫高窟部分洞窟的营建年代// 敦煌研究院. 敦煌莫高窟供养人题记. 北京：文物出版社，1986：198。

> 第二八五窟的壁画是外来佛教艺术不断中国化历程中的一个高潮，是两派画师分别画成。西壁是西域画师的杰作，是在已经西域化的龟兹艺术基础上又赋予了敦煌特色，形成了敦煌式的西域艺术。……其他各壁为中原画派的精华，是南朝汉风的时代特色“秀骨清像”。①

以上三种解释，并非“互反”关系，完全有可能同时在起作用。那么，如何才能恰如其分地解释第285窟风格并存的难题呢？以下尝试从空间表现角度，分析第285窟壁画的视觉语言。

第285窟正壁（西壁）除供养菩萨、四天王外，还出现了大量的外来神祇图像（图3-2-17）。这里的“外来”一词，兼具“非本土”和“非佛教”的含义。大龛外北侧壁面有摩醯首罗天（湿婆→摩醯首罗天/大自在天）及其属众毗那夜迦（迦纳什→毗那夜迦/欢喜天）和鸠摩罗天（童子天），南侧有那罗延天（毗湿奴/韦纽天/毗纽天→那罗延天）、帝释天和大梵天，两侧上部还绘出日天、月天及其眷属，此外，另外南小龛外侧还绘出一身执雀外道尼乾子（离系子）像②。这些来自印度或伊朗的神祇，进入佛教系统后转化为一般护法，尊格并不高。西壁壁画的画法，也大体沿袭了西域或者说北魏既有传统，图像都绘制在土红色地仗上，画师描绘人物时，刻意运用晕染法以强化立体感。在人物比例方面，部分人物较北魏壁画显得清瘦了一些，特别是北侧上方的月天众，以及佛龛内的供养菩萨和比丘像，但总体上看改变并不十分显著，宿白仍将其概括为“面相丰圆，身体健壮”③。西壁有时出现互相遮挡的现象，即下层人物遮住上层人物的腿部或坐骑，尽管如此，看起来画师并没有想要表现人物之间纵深关系的意图，大体还在依照“填空”的原则完成构图（图3-2-18）。因此可以说，在视觉结构方面，正壁（包括三个佛龛内的壁画）基本属于平面化图像。

东壁和北壁壁画以说法图为主。其中东壁（前壁）窟门南北两侧，有两铺无量寿佛说法图。北壁的七铺说法图中，除西端为二佛并坐外，其余六铺说法图，均为一佛二菩萨组合的三尊像形式（东起第三铺多绘一尊供养菩萨跪像），根据残存的墨书题记，可知东起第一、四铺为“无量寿佛”（第四铺题记已无法辨识），第五、六铺为过

---

① 段文杰. 中西艺术的交汇点：莫高窟第二八五窟// 敦煌石窟艺术：莫高窟第二八五窟（西魏）. 南京：江苏美术出版社，1995：17.

② 此处主要采用贺世哲的学术观点，但有两处笔者的理解有所不同。其一，贺世哲认为“在神龛外左右上角画日、月轮，可能始自道教”，此观点尚有讨论的余地。其二，南小龛外侧有一执雀的外道形象，过去一般都定为婆薮仙（婆薮天），王惠民提出应该是裸形外道尼乾子，即耆那教祖师，更为合理。详阅：贺世哲. 敦煌图像研究：十六国北朝卷. 兰州：甘肃教育出版社，2006：316-347；鹿头梵志与尼乾子// 王惠民. 敦煌佛教图像研究. 杭州：浙江大学出版社，2016：15-34。

③ 宿白. 参观敦煌第285号窟札记. 文物参考资料，1956（2）：18.

图 3–2–17　莫高窟第 285 窟西壁［西魏］

图 3–2–18　诸天与供养菩萨［西魏，莫高窟第 285 窟西壁南龛上部］

去佛“拘那含牟尼佛”和“迦叶佛”。北壁的这七铺说法图，究竟是最初就有统一规划，图像组合也具有经典依据（贺世哲、张元林、李静杰），还是缺乏整体规划，而是像龙门石窟古阳洞众多小龛一样，由供养者分别出资绘制（段文杰、田口荣一、石松日奈子）？对此问题学界尚存在争议。然而，第 285 窟北壁和东壁南、北两侧的九铺说法图，画风基本一致。

北壁中部有一条横贯全壁的绿色线带，把壁面分成上下两部分，七铺说法图都在绿线之上，石松日奈子注意到，“绿色带线以下的佛坐像全部着通肩衣，而带线以上的七幅说法图佛坐像均为中国式佛衣，将袈裟末端搭在左臂，垂下很长衣摆，应该是受中原地区流行的新造像样式的影响”①。东壁两侧的两铺无量寿佛说法图，出现了同样的汉式佛装，两侧四位菩萨躯体修长，面相清秀，宁强称“全然南朝风格”②。

然而，东壁和北壁着汉式佛装及菩萨装的说法图，却没能像北魏晚期中原绘画那样展现出再现三维空间的成就（图 3-2-19）。固然，这与图像内容为正面角度的尊像或许有一定关系，但若仔细比较北魏洛阳地区图像，则可明显感觉到，绘制第 285 窟东壁和北壁的画师，尽管“运用了从中原带来的新的粉本画稿”，但是他们在表现

图 3-2-19　无量寿佛说法图［西魏，莫高窟第 285 窟东壁北侧］

① 石松日奈子. 敦煌莫高窟第285窟北壁供养人像和供养人题记. 筱原典生，于春，译. 敦煌研究，2016(1)：14.

② 段文杰. 中国美术全集：绘画编14：敦煌壁画：上册. 上海：上海人民美术出版社，1985：图版一〇二说明文字（宁强撰写）.

空间进深方面，远无法与中原工匠媲美。以河南博物院藏“刘根等四十一人造像”为例（图 3-2-20），该石刻于北魏正光五年（524），比西魏 285 窟早了十余年。中原工匠不仅正确理解须弥座的结构，同时还通晓表现空间感的方法，该画像把佛装的垂裳搭在须弥座上的转折巧妙地描绘了出来，极为真实。反观第 285 窟东壁的无量寿佛说法图，不仅没能表现空间进深和结构转折，而且画师把中原稿本中，须弥座顶面两侧的斜向边缘线省略——或许由于较小的稿本略去某些细节，致使敦煌工匠无法正确复原——如同把立体图简化为立面图一样，不再表现其顶面，但是又未对佛像位置做相应的下移处理，导致有可能出现“悬空而坐”的问题。想来这位画师也意识到了问题，为了补救，他在须弥座两侧和佛像膝盖之间各加绘了一条曲线（图录中看不清线条，在窟内可辨识），仿佛须弥座顶面上多出个隆起的曲面。北壁七铺说法图的八尊佛像，除“迦叶佛”坐莲座外，其余七尊坐须弥座的佛像，都是如东壁一样处理的，好像坐在垫子上（图 3-2-21）。这个小的细节处理，尽管在表面上解决了“悬空而坐”的毛病，但它透露出画师没能正确理解中原稿本的事实，更内在的原因是，他还不具备表现空间纵深的“视觉看法”。

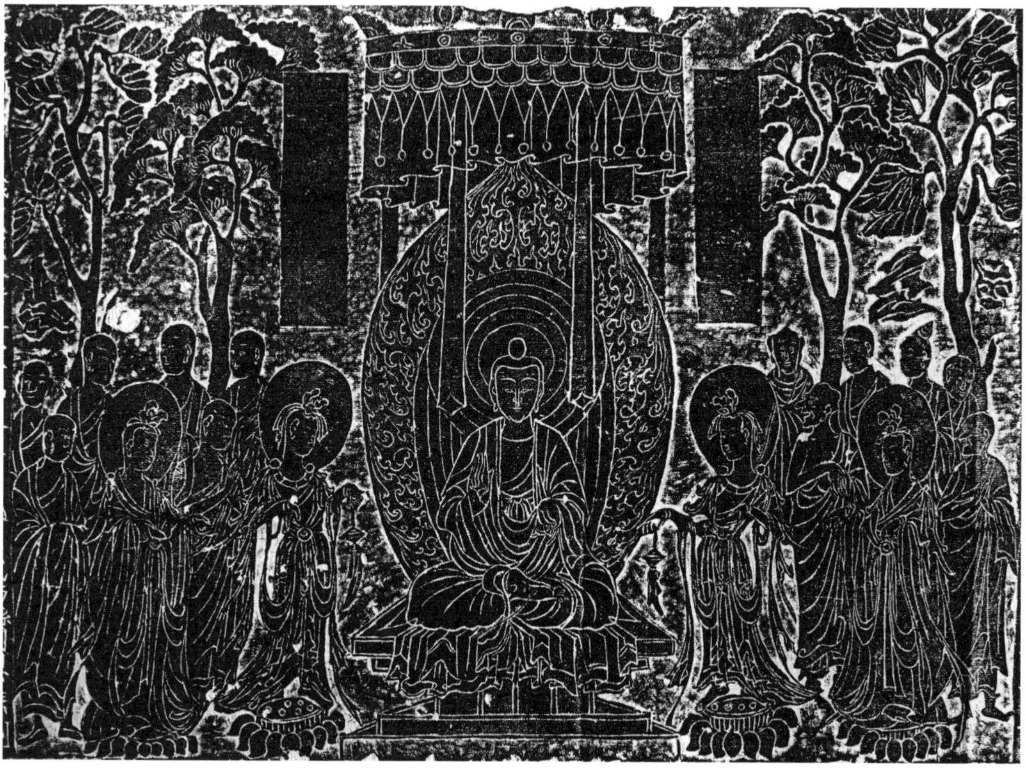

图 3-2-20 刘根等四十一人造像（拓本）［北魏正光五年（524），河南博物院藏］

图 3–2–21 须弥座比较图［上：刘根等四十一人造像拓本；中：第 285 窟北壁东起第二铺说法图；下：第 285 窟北壁东起第四铺说法图］

第 285 窟北壁和南壁西侧，在相对的位置上各绘一铺“二佛并坐”。两画南、北相对，画法有明显的差异。北壁的二佛各自坐在一个须弥座上，相应的头顶各有一华盖，画师用全正面角度加以描绘，显得威严庄重（图 3－2－22）。而在南壁壁画中，二佛同坐一宽阔的须弥座上，同在一华盖下，尽管坐姿、手印都和北壁相同，但二佛的形态发生了显著变化，画家不再采用正面刻画的手法，他将二佛处理成头部和身躯略向对方转动，并略有前倾之态，从而产生出一种顾盼之意（图 3－2－23）。两壁的

图 3-2-22　二佛并坐图［西魏，莫高窟第 285 窟北壁西侧］

图 3-2-23　二佛并坐图［西魏，莫高窟第 285 窟南壁西侧］

须弥座画法，都没能像“刘根等四十一人造像”那样描绘出顶面，尽管如此，但在南壁图像中画家用须弥座两端遮住旁边的弟子，同时把弟子的位置整体向上移动，由此形成空间纵深感。

第285窟南壁“二佛并坐”东面有几组叙事画（图3-2-24），其中“得眼林因缘”占据最佳壁面，情节也最多，另外下部龛楣间穿插绘出“化跋提长者姊因缘”、“度恶牛因缘”、“沙弥守戒自杀因缘”和“婆罗门施身闻偈本生”，这些叙事画的视像结构出现了革命性转变。图像中的人物、建筑以及山水不再共同一条地平线，画师选择半俯视角度加以表现，以彰显画面的空间进深感。比较典型的一例是龛楣间“沙弥守戒自杀因缘”中乞食一段（图3-2-25），壁画中的建筑画法与相同题材的北魏257窟相比有了巨大改观，西魏画师将建筑一侧的线条均调整为倾斜角度，以表示空间的“后退”，纵深感明显强于北魏敦煌壁画。同样的斜边形空间画法还见于南壁中部的“得眼林因缘”①。壁画中的波斯匿王宫城图像（图3-2-26），清晰显示出粉本的作用：这个建筑由“宫”和“城”两部分构成，宫殿画法与西魏249窟窟顶西披下部宫殿图像如出一辙（图3-2-27），类似的宫殿样式在第249窟和第285窟南壁多次出现（图3-2-28）；另外，“得眼林因缘”的城邑图像也必然和同壁的“沙弥守戒自杀因缘”

图3-2-24 莫高窟第285窟南壁［西魏］

① 据贺世哲研究，西魏285窟“得眼林因缘”乃据北凉昙无谶所译《大般涅槃经》卷十六《梵行品》（《大正藏》第12卷，No. 0374）绘出，详阅：贺世哲. 敦煌图像研究：十六国北朝卷. 兰州：甘肃教育出版社，2006：251-255。

图 3-2-25　沙弥守戒自杀因缘（局部）［西魏，莫高窟第 285 窟南壁龛楣间］

图 3-2-26　得眼林因缘（局部一）［西魏，莫高窟第 285 窟南壁］

图 3-2-27　建筑图对照之一［左：第 285 窟南壁“得眼林因缘”；右：第 249 窟窟顶西披］

图 3-2-28　建筑图对照之二［左：第 285 窟南壁“沙弥守戒自杀因缘”；右：第 249 窟窟顶西披］

运用了完全相同的图样，只是为了避免视觉上的重复感，画师把其中一个做了水平翻转（图 3-2-29）。就这样，画师利用现成的粉本，“创造”出一个新的宫城图像。

不唯建筑画法，斜边形图式在南壁壁画中随处可见：波斯匿王的骑兵、战败被俘的强盗群（以五人代表）、被剜目后放逐哭号的群贼，以及他们跪在佛陀前闻法和最终皈依佛门成为佛弟子的情景，这些图像均取斜边形图式，人物依次斜向排布，列于壁面（图 3-2-30）。

此外，山水母题对表现空间纵深也起到了至关重要的作用。一方面西魏画师对表现群山的前后关系有了明确意识，较之北魏壁画（如第 257 窟“九色鹿本生”）有了显著发展。但此时的山峦形象几乎不具立体感，层层重叠的山形母题，更像是前后遮

图 3-2-29　建筑图对照之三［左：第 285 窟南壁“得眼林因缘”；右：第 285 窟南壁“沙弥守戒自杀因缘”，经水平翻转］

图 3-2-30　得眼林因缘（局部二）［西魏，莫高窟第 285 窟南壁］

挡的扑克牌（图 3-2-31），母题样式也不像中原艺术那样富于变化。另一方面，由山水图像构成的画面空间，还为故事情节推进提供了舞台，如方闻教授的描述：

> 艺术家把山形母题围作若干环形空间，以便把叙事情节逐一置于其间：根据故事中人物组合的不同，构成背景的山脉断丘以不同角度斜列于画面，由此松散

图 3–2–31 得眼林因缘（局部三）[西魏，莫高窟第 285 窟南壁]

地形成“梯形”或“三角形”的空间单元（space cells）。[①]

比如画面最后的两个情节“佛前闻法”和“山中修行”（图 3–2–32），前景和后景都是山水图像，故事情节就在这个由山水图像所构成的“空间单元”中从容展开。同为叙事画，西魏 285 窟南壁，与北魏 257 窟壁画最大的风格区别是，北魏壁画虽然也出现了斜边形图式，但西魏画师才真正学会如何利用它创造虚拟空间。虽然此时还颇显稚拙，但这是敦煌艺术史上迈出的重要一步。敦煌北周隋代的叙事性绘画，乃至唐代流行的各种净土相变，尽管画法渐趋成熟，但也无非都以平行四边形、三角形或梯形这些基本“图式”为图像基础。

最后再回到第 285 窟不同画风并存的问题，针对时间、粉本和画师三个问题（对应第 285 窟的三种解释）略作小结。

首先，弄清楚各壁面的绘制顺序和确切时间，是个很复杂的问题，目前无法解

① Wen C. Fong. *Art as History: Calligraphy and Painting as One*. Princeton: Princeton University Press, 2014: 148.

图 3-2-32　得眼林因缘（局部四）[西魏，莫高窟第 285 窟南壁]

决。补充说明一点，2015 年笔者再次考察第 285 窟，李玉珉在南壁的白色墙面个别地方，发现下层依稀有土红色痕迹。这只是一个偶然现象，还是建窟之初就如西壁那样，涂有土红色的地仗，后来才用白色覆盖又绘新作，有待未来进一步考察和证实。但笔者认为，即便第285窟不同部分壁画绘于异时，其（第一期）差距也绝不会太大，单凭时间这个“变量”，远不足以充分解释第 285 窟的风格并存现象。

其次，通过比较第 285 窟南壁和第 249 窟的建筑图像，证明当时画师一定是利用粉本（画稿）进行绘制，而且那时运用粉本的现象应该已很普遍。不止建筑图，南壁的“得眼林因缘”中，有两个佛陀说法的图像，几乎完全相同，也可推知粉本在起作用。至于粉本的来源，北壁和东壁的说法图画稿来自洛阳附近地区，应无疑问；南壁壁画体现出的北魏新风更显著，虽然目前在中原地区找不到同题材、类似形式的画作，但推论其画稿即便不是源于洛阳附近，至少也来自东部地区。

其实，仔细考察其他壁画的图像，也能得出运用粉本的结论来。在此笔者补充个实例，第 285 窟壁画图像极丰富，共出现四对日月，可谓“四曌同窟”，然而这四对日月的图像来源各不相同。

第一对日月在窟顶东披，摩尼宝珠两侧绘宝应声菩萨（南侧）、宝吉祥菩萨（北侧），均为人首、人身、蛇尾形象，宝应声菩萨手持规，宝吉祥菩萨持矩和墨斗，其胸前各有一圆轮，代表日月（图 3-2-33）。日轮和月轮中似有图像，现已不可辨，贺世哲推测原有三足乌（金乌）和蟾蜍[1]。学界公认，其图像源自本土的伏羲和女娲，

① 贺世哲. 敦煌图像研究：十六国北朝卷. 兰州：甘肃教育出版社，2006：298.

图 3-2-33 宝应声菩萨与宝吉祥菩萨［西魏，莫高窟第 285 窟窟顶东披］

纳入佛教系统后身份转化为宝应声菩萨、宝吉祥菩萨[1]，其图像样式未变，可与临沂吴白庄汉墓、集安五盔坟墓、嘉峪关魏晋墓中同主题画像互证，源自本土无疑。

第二对日月在西壁顶部，南北两隅各绘日天、月天及其眷属图像。日天（南侧）着菩萨装，乘一驷马二轮车，驷马两两相背，反向而驰。月天（北侧）图像破坏严重，仅能辨识月天乘坐一车，车轮旁残存鸟头和羽毛图像。这种乘马车的日天图像，可在西方找到源头，和古希腊的太阳神、波斯的密特拉（Mithra），以及印度系统的苏利耶（Surya）形象具有共通性[2]。月天乘鹅车，也能找到图像证据，至少可在巴米扬石窟第 330 窟（K3 窟）、西域南道的于阗热瓦克（Rawak）遗址，以及西域北道的龟兹克孜尔壁画中找到源头。在接受西来的日月图像粉本基础上，敦煌工匠又加以改造，在日天北侧绘出六身交脚或结跏“日天众”，均形若菩萨，日天下又绘出三凤驭车，月天南侧绘八身“月天众”，七身如外道，一似天女，月天下绘三狮驾车，车内都有二身力士（图 3-2-34）。第 285 窟西壁的日天、月天乃西来图像无疑，但日天众、月天众，以及凤、狮驭车的这种图像组合，目前还找不到其他实例，应视为敦煌画师对外来图样继承兼改造的结果。

第三、四对日月同在西壁，南北对称，为两位神祇的手中“持物”。主龛外北侧绘摩醯首罗天，图像特征为骑牛（名南迪）、三头、多臂（六臂），其中上臂双手各托举一圆轮，象征日月。和他相对位置，在主龛南侧壁面上是那罗延天，同样是三头、多臂（八臂）形象，上臂双手也托举日月。翻检文献，摩醯首罗天手托日月的图像志特征，找不到任何经典依据，但其有图像传统，在云冈石窟第 8 窟、于阗丹丹乌里克

① 净土宗祖师道绰（562—645）《安乐集》卷下引伪经《须弥四域经》：“尔时人民多生苦恼，于是阿弥陀佛遣二菩萨，一名宝应声，二名宝吉祥，即伏羲、女娲是。”

② 张元林. 论莫高窟第285窟日天图像的粟特艺术源流. 敦煌学辑刊，2007(3)：161-168.

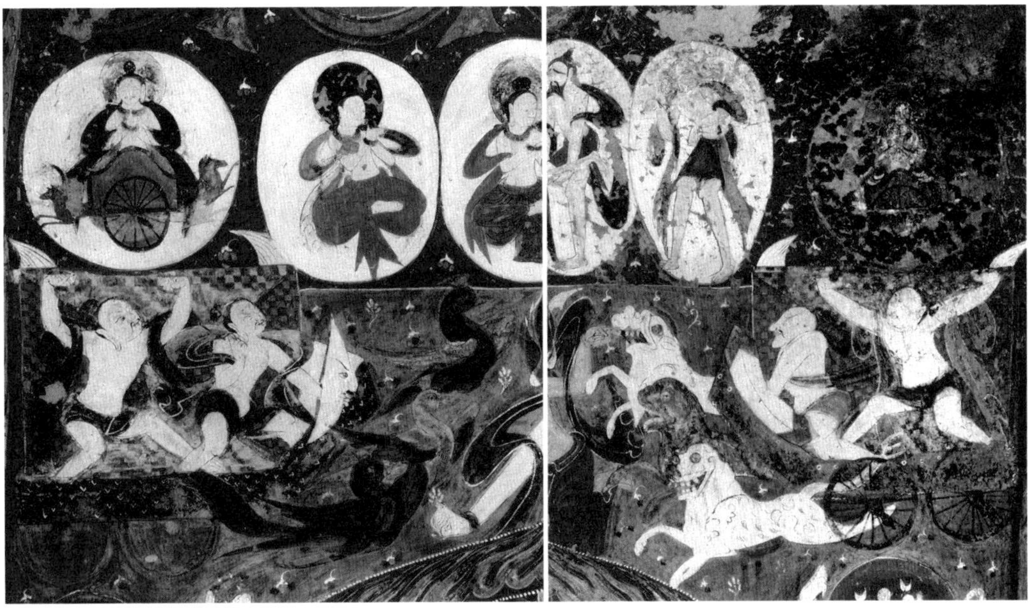

图 3-2-34　日天与三凤驭车、月天与三狮驾车［西魏，莫高窟第 285 窟西壁］

（Dandan-Oiliq）木版画中，都保留下手托日月的摩醯首罗天像[1]，可见古代必有粉本传播（图 3-2-35）。张元林还进一步论证，其图像直接来自保留了希腊元素的瑣罗亚斯德教风神“韦什帕克”形象[2]。而那罗延天之手托日月，既无经典来源，迄今也找不到敦煌以西、早于西魏的图像证据。敦煌以东，云冈石窟第二期，流行两身手托日月的护法像，左右相对，构成一组图像组合的做法。如云冈石窟第 8 窟，窟门两侧有“摩醯首罗天—鸠摩罗天”组合，第 10 窟前室北壁有“阿修罗—须弥山—鸠摩罗天”组合，第 7 窟窟门两侧也有手托日月的一对护法像（尊格有不同意见）。笔者推测，第 285 窟那罗延天手托日月的图像志特征，乃受云冈石窟影响，由当地工匠本着“对称原则”，利用摩醯首罗天的图样，翻转改造而成（图 3-2-36）。

以上所举第 285 窟四对日月之例，虽然超出了“空间表现”问题，却可很好地说明粉本传播的普遍性，以及画师运用粉本的灵活性，能够帮助我们理解古代画师依据粉本绘制壁画的历史实况。

最后讨论画师问题，实际情况可能比段文杰的设想更复杂。

通过形式分析可知，东壁和北壁的画师显然不理解 6 世纪初发展出来的新画法，

---

① 贺世哲. 敦煌图像研究：十六国北朝卷. 兰州：甘肃教育出版社，2006：327-330；张元林：观念与图像的交融：莫高窟285窟摩醯首罗天图像研究. 敦煌学辑刊，2007(4)：251-256；张元林. 敦煌、和阗所见摩醯首罗天图像及相关问题. 敦煌研究，2013(6)：1-12.

② 沙武田. 丝绸之路研究集刊：第一辑. 北京：商务印书馆，2017：56-68.

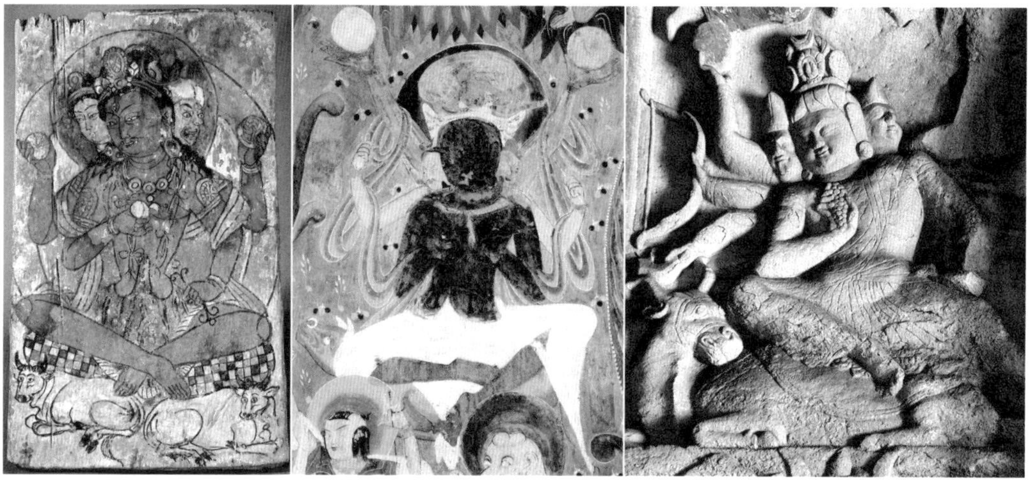

图 3–2–35 摩醯首罗天比较图［左：于阗丹丹乌里克木版画；中：第 285 窟西壁；右：云冈石窟第 8 窟］

图 3–2–36 那罗延天与摩醯首罗天［西魏，莫高窟第 285 窟西壁］

在根据新图样描绘说法图时，险些出现佛像悬空而坐的过失，幸好及时加以弥补，据此可清晰看出他们并不具备空间再现的意识。相反，南壁的叙事性壁画则显示出表现空间进深的技艺，与 6 世纪初中原艺术的发展趋向相合。换言之，以往所认定的绘制第 285 窟的中原画派，实际上其内部也有不小的差异。

日本学者八木春生的研究给笔者启发颇大，八木春生认为，有三个工匠团队参加了第285窟的绘制：西壁是“既存工匠集团”绘制的，“担当东壁、北壁的应是从中原新来的工匠集团，而南壁和天井的工程则有相当多的本地工匠参加”①。其立论之基主要来自图像内容和母题样式，尤其是服饰样式。笔者认为，第285窟壁画完全有可能出自三个工匠团队的手笔，但八木春生对后两个工匠团队的推测，可能还有进一步考量的余地。尽管东、北两壁处处体现出鲜明的汉民族因素，但就空间表现问题而言，绘制东壁和北壁的工匠没有真正理解中原画法的内在旨趣，相反南壁壁画的视觉结构与6世纪艺术新变颇为契合。进一步讲，改变图像内容和母题样式比较容易，而转变“视觉看法”则很难，若说北壁壁画乃“中原新来的工匠集团”所绘，则无法解释其与中原绘画在风格内在层面上存在的巨大差异。

笔者认为：有三个工匠团队参与了第285窟的壁画绘制，其中西壁壁画的图像内容和绘画风格都具西域特征，正如段文杰和八木春生所指出的那样，乃出自“既存工匠集团”之手；其余壁面则显示出显著的汉化色彩，虽然在人像造型和服饰方面都采用了中原流行样式，但只有南壁壁画真正体现出北魏后期在创造空间场景方面的新成就，而绘制东、北两壁的匠师没能理解中原画风的深层内涵，后两个工匠团队之间的区别不在于图像内容和母题样式，而主要在于画法不同，或者说“视觉看法”不同。至于中原画风传入的具体方式，目前难以确证有从“中原新来的工匠集团”到敦煌来，但是中原画稿的传入却是有确凿证据的。

西魏壁画的风格并存现象，固然还可以从其他角度加以考察，对于笔者所关注的风格史而言，最重要的是西魏壁画（特别是叙事画）开始显示出“视觉结构”的转变。虽然既有风格还在继续流行，母题样式层面的“胡化”和“汉化”，还如钟摆一样不时变化着，但是就绘画风格的深层结构看，用新的“视觉看法”“激活”其他题材，恐怕只是时间的问题。

---

① 八木春生. 中国仏教美術と漢民族化：北魏時代後期を中心として. 京都：法藏馆，2004：236-263，373.

第三节 敦煌北周壁画

一、发现北周洞窟

公元557年，宇文觉（542—557）废西魏，改国号为“周”，都长安，史称北周。20年后即建德六年（577），北周灭北齐，统一中国北方，至大定元年（581）为隋所代，北周先后共历25年。其间敦煌（瓜州）属北周治下，不仅社会稳定，且丝路商贸畅通，东西文化交流繁荣，开窟造像未断。莫高窟现存北周洞窟约14座（另说15座），洞窟数量居隋唐之前各朝之冠。

然而，取得这个认识并不那么简单，在敦煌艺术研究史中，对北周洞窟的认定略有周折。之于洞窟排年，最佳标尺自然是纪年洞窟，而莫高窟并无北周纪年题记。再考察历史背景，在位最久的北周武帝宇文邕（561—578在位）尊儒抑佛，最终发展到建德三年（574）灭法[①]。根据道宣（596—667）《集神州三宝感通录》（卷上）记载，法难殃及敦煌，诸如瓜州东的阿育王寺、沙州城内的大乘寺塔等塔寺，都毁于此时[②]。从历史文献出发，学界很长阶段普遍认为莫高窟没有北周洞窟，向达、常书鸿等重要学者均持此说[③]。

1964年初，史苇湘等人“再三缜密地比较了石窟形制与风格”（尤其是造型、晕染和线描特征），从原先认定的隋窟中细分出15座，初次确认其为北周窟[④]。这一在当时看起来或许是大胆的推测，在后来发现的第220窟供养人题记中得到印证[⑤]。

---

① 《周书·武帝纪》。另，近年来有不同意见，比如施萍婷与贺世哲指出，北周武帝“早年亦佞佛”，曾行造像、写经等崇佛之举。详阅：施萍婷，贺世哲. 近承中原、远接西域：莫高窟第四二八窟研究// 敦煌石窟艺术：莫高窟第四二八窟（北周）. 南京：江苏美术出版社，1998：25。

② 大正藏：第52卷，No. 2106，第407页下。

③ 贺世哲. 石室札记. 敦煌研究，1999（4）：51.

④ 史苇湘. 关于敦煌莫高窟内容总录// 敦煌文物研究所. 敦煌莫高窟内容总录. 北京：文物出版社，1982：178.

⑤ 敦煌历史与莫高窟艺术研究// 史苇湘. 敦煌历史与莫高窟艺术研究. 兰州：甘肃教育出版社，2002：19-20.

20 世纪七八十年代，宿白、施萍婷、樊锦诗、马德等学者先后撰文，从不同的角度，或推测、或肯定莫高窟北周洞窟的存在[①]，这样才逐渐取得了莫高窟也存在北周洞窟的共识。虽然如上各家所认定的北周洞窟略有出入，具体分期意见也不尽相同，但总体上看学术分歧并不严重，尤其对重点洞窟（如第 428、290 和 296 窟）的看法没有疑义[②]。此后，李崇峰进一步通过对敦煌遗书 S.2732 号卷子的研究，从另一个侧面证明了"敦煌莫高窟在北周武帝法难期间，基本没有遭到破坏"[③]。

敦煌莫高窟之外，肃北五个庙石窟共有 6 个编号洞窟，全都始建于北周。西千佛洞 22 个编号洞窟中，有 4 座北周洞窟（第 8、11、12、13 窟）。

二、北周 428 窟

第428窟位于莫高窟南区中段第三层，是莫高窟北朝面积最大的洞窟（图3-3-1），主室面积达 178.38 平方米，开凿于 6 世纪六七十年代[④]。这是座中心塔柱窟，前部人字披顶，后部平棊顶，四壁上部有影塑千佛（1 485 身）。中心柱四面开圆券龛，龛内塑结跏趺坐佛及二弟子，龛外塑二胁侍菩萨。北壁绘说法及降魔图等；西壁以说法图为中心，两侧绘有释迦降生场面的佛塔（南）、涅槃变及二佛并坐（北）；南壁绘说法图、卢舍那法界像等；东壁门两侧绘大幅手卷形式本生故事图。此外四壁底部共有供养人像 1 198 身，是敦煌供养人像最多的洞窟。

作为一座内容丰富的大窟，北周 428 窟历来受到重视，施萍婷、贺世哲曾梳理过其研究史，可兹参考[⑤]。关于该窟窟主，迄今未发现确凿的直接证据，但由于其空间宏

---

① 敦煌莫高窟早期洞窟杂考// 宿白. 中国石窟寺研究. 北京：文物出版社，1996：219；樊锦诗，马世长，关友惠. 敦煌莫高窟北朝洞窟的分期// 敦煌文物研究所. 中国石窟：敦煌莫高窟：第1卷. 北京：文物出版社，东京：平凡社，1982：194-197；施萍婷. 建平公与莫高窟（1980 第三稿）// 敦煌研究文集. 兰州：甘肃人民出版社，1982：144-150；马德. 莫高窟崖面使用刍议. 敦煌学辑刊，1990（1）：110，112.

② 王敏庆. 北周佛教美术研究：以长安造像为中心. 北京：社会科学文献出版社，2013：107，"莫高窟北周各家分期表".

③ 李崇峰. 敦煌莫高窟北朝晚期洞窟的分期与研究// 敦煌研究院. 敦煌研究文集：敦煌石窟考古篇. 兰州：甘肃民族出版社，2000：83.

④ 李崇峰. 敦煌莫高窟北朝晚期洞窟的分期与研究// 敦煌研究院. 敦煌研究文集：敦煌石窟考古篇. 兰州：甘肃民族出版社，2000：60，63. 另，金维诺根据供养人题记，推测428窟建于建德三年（574）。金维诺. 敦煌窟龛名数考补（摘要）. 敦煌研究，1988（2）；原文见：金维诺. 中国美术史论集：中册. 哈尔滨：黑龙江美术出版社，2004：142。

⑤ 施萍婷，贺世哲. 近承中原、远接西域：莫高窟第四二八窟研究// 敦煌石窟艺术：莫高窟第四二八窟（北周）. 南京：江苏美术出版社，1998：16，17. 另参阅：卢秀文. 敦煌莫高窟北周石窟研究概述. 信息与参考，2004：5-32。

图 3-3-1 莫高窟第 428 窟［北周］

大、图像丰富等特点，学界普遍推测它是时任瓜州刺史建平公于义（565—576 在任）开凿的“建平公窟”[①]。至于第428窟的开窟思想和图像构成，则有不同意见。段文杰、施萍婷与贺世哲提出“组画形式的佛传”看法[②]，李静杰认为它主要反映了《法华经》思想,“根本意图在于教化众生如何成佛，或成就金刚不坏法身”[③]，并由四壁上部的千佛推测该窟以“由法身观到十方佛观为整体设计构想”，其说更具说服力。从宏观角度，南北朝汉化佛教美术以法华思想为主导；就窟主而言，于义赴任敦煌（瓜州）前久居洛阳、长安一带。这两点提示我们，考察北周 428 窟时，应更多关注与东部地区

① 施萍婷. 建平公与莫高窟// 敦煌研究文集. 兰州：甘肃人民出版社，1982；东阳王与建平公（二稿）// 宿白. 中国石窟寺研究. 北京：文物出版社，1996：251-255；建平公于义续考// 宿白. 中国石窟寺研究. 北京：文物出版社，1996：260-261；李玉珉. 敦煌428窟新图像源流考. “故宫”学术季刊，1993，10（4）：1-34；施萍婷，贺世哲. 近承中原、远接西域：莫高窟第四二八窟研究// 敦煌石窟艺术：莫高窟第四二八窟（北周）. 南京：江苏美术出版社，1998：25.

② 十六国、北朝时期的敦煌石窟艺术// 段文杰. 敦煌石窟艺术研究. 兰州：甘肃人民出版社，2007：7；施萍婷，贺世哲. 近承中原、远接西域：莫高窟第四二八窟研究// 敦煌石窟艺术：莫高窟第四二八窟（北周）. 南京：江苏美术出版社，1998：18.

③ 李静杰. 敦煌莫高窟北朝隋代洞窟图像构成试论// 李治国. 2005 年云冈国际学术研讨会论文集（研究卷）. 北京：文物出版社，2006：390.

（中原、关陇）的关联。

第428窟壁画给人的直观印象是具有浓郁的西域风，这是长期将其误认为北魏窟的一个重要原因。主要壁面绘画色彩浓重，人物形象健壮，面型丰圆、体态短壮，没有了西魏时期的“秀骨清像”。大体来说，第428窟正壁（西壁）、南北侧壁和中心柱上的壁画，显示出画师对塑造物象立体感的浓厚兴趣，他们重视尊像的晕染，并以龟兹的“五白式”画法强化人物面部的立体感（图3-3-2）。

图3-3-2　菩萨像（局部）［北周，莫高窟第428窟中心柱西向龛外南侧］

相比而言，第428窟表现空间感的意图则不明显。但若仔细观察则可发现，在进深感方面，和北魏、西魏洞窟的同题材壁画相比，第428窟画法还是有所发展的。比如，西壁南侧绘出一铺佛塔图（图3-3-3）[①]，该塔形式奇特，由五塔组合而成，中央有座高大的四层主塔，四隅各有一座三层的小塔，塔基与主塔分离，施萍婷、贺世哲称其为“五分法身塔”[②]。该佛塔图像富有立体感，说明敦煌北周画师已学会表现正面方体纵深感的方法，其诀窍就是把进深面描绘为斜边形（此处是梯形）。四座小塔安立于梯形台基四隅，在画面中前两座小塔距离较后两座宽，一如北魏刘根等四十一人造像（524）中须弥座的画法。这种画法表现出一种“近大远小”的效果，它与光学透视有根本区别，完全是出自平面性图式的逻辑。

西壁及南北侧壁上的壁画，只有部分细节中展现出了空间纵深感，而第428窟东壁的本生图可谓完全展现出了北朝晚期在空间表现方面的成就。北周428窟东壁窟门两侧对称位置绘通壁大铺壁画，北侧绘“须大拏太子本生”（图3-3-4），南侧绘“萨埵太子本生”（图3-3-5）[③]，两幅本生图的构图、画法高度一致，一定是同一批画师

---

① 关于金刚宝座塔之形制特征及渊源，详阅：萧默. 敦煌建筑研究. 北京：机械工业出版社，2003：166-170；王敏庆. 北周佛教美术研究：以长安造像为中心. 北京：社会科学文献出版社，2013：167-195，第七章“莫高窟428窟佛塔形制渊源考”。

② 施萍婷，贺世哲. 近承中原、远接西域：莫高窟第四二八窟研究// 敦煌石窟艺术：莫高窟第四二八窟（北周）. 南京：江苏美术出版社，1998：17-18.

③ 李静杰认为它们反映了两种布施思想：“自我自身布施”和“所有物布施”，其思想源自诸如《法华经》、《维摩诘经》与《大智度论》等流行于关中及中原地区的佛教经典。李静杰. 敦煌莫高窟北朝隋代洞窟图像构成试论// 李治国. 2005年云冈国际学术研讨会论文集（研究卷）. 北京：文物出版社，2006：389.

图 3-3-3 佛塔图［北周，莫高窟第 428 窟西壁］

图 3-3-4　须大拏太子本生［北周，莫高窟第 428 窟东壁北侧］

图 3-3-5　萨埵太子本生［北周，莫高窟第 428 窟东壁南侧］

绘制完成的。这两铺壁画均为横卷形式，上下共三段，呈“之”字形连续式构图，松本荣一指出这种形式源于中原①。

笔者认为，不仅图像构图，这两幅本生图的绘画风格整体上与 6 世纪中原艺术都非常“合拍”。以下从三个方面加以分析。

首先，这两幅本生图中有大量山水和建筑图像，这是 6 世纪汉化佛教美术的一个

① 松本荣一. 燉煌畫の研究. 东京：东方文化学院东京研究所，1937：257-268. 据松本荣一考证，第428 窟须大拏太子本生乃根据西秦圣坚所译《太子须大拏经》（《大正藏》第3卷，No. 0171）所绘。

鲜明特色。有些山水和建筑图像在文本中有明确对应，比如“萨埵太子本生”中的投崖饲虎（图3－3－6）[①]，或者“须大拏太子本生”中草屋林泉等[②]。但是另外一种情况，它们找不到文本对应，只是为了给图像叙事提供背景，起到类似戏剧舞台的作用。考察佛教叙事图像的源流，在印度、犍陀罗和西域，叙事性绘画或浮雕同样有要为故事情节提供背景的要求，但东西方美术的一个明显差异在于，西方工匠偏好以树木分隔场景，而不是要创造一片山水景致。针对佛教叙事画中的背景表现，宫治昭曾比较过印度和中国的区别：“（印度）佛传图或本生图等故事图中作为自然景观的背景，几乎所有场面都要描写树木。树木成为主要的背景。中国、日本的背景表现与之相迥异，以山岳、风景为自然景物的主体。在印度，树木成为舞台的背景。”[③] 在本章第一节中，笔者试图通过大量作品实物证明，偏好山水表现的确是6世纪中国美术的一般特色，包括墓葬美术和佛教艺术。考察同类主题，敦煌第428窟的本生图可溯源至洛阳龙门石窟。龙门宾阳中洞前壁两侧，也有两幅主题完全相同的本生浮雕，故事情节同样在山林的场景中展开。它是外来的佛教本生图到了中国发生本土化风格嬗变的较早一例，大约比敦煌第428窟早半个世纪。水野清一、长广敏雄曾明确指出，它对敦煌第428窟产生了影响[④]，李玉珉也在其基础上详细论证过“敦煌四二八窟的须达拏太子本生图来自于中原”的可能[⑤]。总之，背景表现以山水、建筑图像为主要内容，这是第428窟东壁本生图汉化色彩的一个浅表层次。

其次，同样是对山水感兴趣，敦煌北周壁画在空间表现方面，较之宾阳中洞浮雕有了长足进步，这是风格内在层面的发展，对此前辈学者的讨论并不充分。北周428窟本生图中，山水和建筑图像不仅作为故事内容出现，还起到分隔画面（二维空间）和情节场次（划分时间）的作用，与同样靠山峦母题分隔画面的敦煌北魏壁画相比，北周壁画还多出来第三个功能，那就是暗示空间纵深感（三维空间）。此外，北周壁画中

① 萨埵太子本生故事在很多佛教文献中出现，如北凉昙无谶译《金光明经》卷四《舍身品》（《大正藏》第16卷，No. 0663）、北凉法盛译《菩萨投身饴饿虎起塔因缘经》（《大正藏》第3卷，No. 0172）、北魏慧觉译《贤愚经》卷一《摩诃萨埵以身施虎品》（《大正藏》第4卷，No. 0202）等。不同经文所记述的细节有一定差异，比如对虎仔数量的记载不同，再如《菩萨投身饴饿虎起塔因缘经》并未提及太子的两位兄长，需要仔细比对。贺世哲认为，第428窟的萨埵太子本生图，乃是糅合了《金光明经》卷四《舍身品》和《贤愚经》卷一《摩诃萨埵以身施虎品》所绘。贺世哲：敦煌图像研究：十六国北朝卷. 兰州：甘肃教育出版社，2006：175.

② （西秦）圣坚译《太子须大拏经》：“（太子）即取柴薪作小草屋，并为曼坻及二小儿各作一草屋，凡作三草屋。……山中禽兽悉皆欢喜依附太子。太子适住一宿，山中空池皆出泉水，枯木诸树皆生华叶。”《大正藏》：第3卷，No. 0171：421.

③ 宫治昭. 涅槃和弥勒的图像学——从印度到中亚. 李萍，张清涛，译. 北京：文物出版社，2009：45.

④ 水野清一，长广敏雄. 龙门石窟の研究. 东京：座右宝刊行会，1943：24.

⑤ 李玉珉. 敦煌428窟新图像源流考. “故宫”学术季刊，1993，10（4）：9.

图 3–3–6　萨埵太子本生“投崖饲虎”［北周，莫高窟第 428 窟东壁南侧］

人物和背景间的比例关系，也较北魏壁画更趋合理，山水和建筑图像更像是舞台背景（图 3–3–7）。正如方闻的分析：“连续不断的山形主题构成独立的‘空间单元’（space cells），为连续的故事情节提供了一个统一连贯的背景（setting）。”[①] 比如在“萨埵太子本生”图的“悲恸起塔”情节中（图 3–3–8），画师用山峦母题建构起一个近似梯形的“舞台”，亦即“空间单元”，所有物象都被安置在恰当的位置，其空间关系清晰可辨。前景由山峰和树木构成，再往上，是萨埵太子两位悲痛欲绝的兄长，地上可见萨埵的遗骸。远景有一座覆钵塔，两位兄长双手合十，各跪在佛塔一侧，这其实是另一个时

① 方闻. 敦煌的凹凸画. 申云艳，译. 故宫博物院院刊，2007（3）：14.

图 3–3–7 萨埵太子本生“策马报信”［北周，莫高窟第 428 窟东壁南侧］

图 3–3–8 萨埵太子本生“悲恸起塔”［北周，莫高窟第 428 窟东壁南侧］

间点，两位兄长在同一画面中第二次“出场”。宫治昭在讨论印度的“圣树”图像时，附带指出，“印度没有形成表现远近的风景画，这与以树木为基本自然景物的古代印度传统有关系”,“中国和日本的背景表现与之相迥异，以山岳、风景为自然的主体”①。笔者以为，这种说法过于重视母题内容的作用，忽略了画法对于组织画面结构的重要性。假使能借助斜边形图式，即便描绘古印度人所钟爱的树木母题，同样可以创造出“表现远近的风景画”。重要的不是母题内容是树木、山峦抑或建筑，而是画面中“形式之间的关联”表现为怎样的方式。总之，敦煌北周画师掌握了斜边形空间画法这种技艺，这一特征充分显现出第428窟佛教本生图的汉化特色。

最后，第428窟的本生图更强调书法性用笔，很多地方用土红色线，以类似“白描”的方式绘出（图3-3-9），与同窟的西、北、南壁以及中心柱壁画画法有别。书法性用笔的特征，在西魏249窟和第285窟已有所体现，就北周壁画而论，第290窟

图3-3-9　萨埵太子本生“山林打靶”［北周，莫高窟第428窟东壁南侧］

① 宫治昭. 涅槃和弥勒的图像学——从印度到中亚. 李萍，张清涛，译. 北京：文物出版社，2009：45.

和第 296 窟故事画中表现得更为充分。

以上分析的三点风格特征，分别是偏好描绘山水和建筑图像，重视画面空间感表达，以及强调书法性用笔，这都是中国本土的艺术特色，可证北周 428 窟本生图体现出 6 世纪汉化佛教美术的主要成就。进一步讲，虽然北周壁画消失了“秀骨清像”这个显著的汉化佛教美术的形式特征，但是在风格的内在层面上，莫高窟北周时期继续朝向本土化方向发展，并未停歇。

附带补充一点，处于河西走廊西端的敦煌，与东部地区的差别也是不应忽视的。就山水图像而言，北周 428 窟壁画的山形母题样式远没有中原，甚至关中地区的杰出作品那么多样。比如 6 世纪 20 年代的纳尔逊孝子石棺，或者与第 428 窟同时期的北周康业墓石榻，其山形母题至少可以分出崇山、石峰、土坡、远山等不同样式。而敦煌第 428 窟的本生图像，山形母题除了各自涂上青、黑、红等颜色加以区分外，样式上总体变化不大。究其原因，这场画风之变的策源地在东部地区，河西地区只是风格发展的下游，北朝时两地之间的差异不可否认，即便不认可艺术水准高低有别，至少也应该承认风格存在着时间差。

三、北周 290、296 窟

在敦煌壁画中，北朝隋代是佛教故事画流行的时代，北周 290、296 窟中的叙事图像尤为重要。根据洞窟考古排年，这两座洞窟大约开凿在北周武成二年（560）至建德三年（574）之间，与北周 428 窟年代大体相当[①]，或者略晚。贺世哲根据北周 290 窟供养人画像及《周书》卷 25“李贤传”记载，推测该窟窟主是曾任瓜州刺史的李贤（562—564 在任）[②]。

（一）北周 290 窟

第 290 窟是一座中心柱窟，四壁上部绘飞天伎乐，绕窟一周，中部满绘千佛。前部人字披顶绘横卷形式佛传图，共 89 个情节[③]，每披上下分三段，故事情节沿“之”

① 李崇峰. 敦煌莫高窟北朝晚期洞窟的分期与研究// 敦煌研究院. 敦煌研究文集：敦煌石窟考古篇. 兰州：甘肃民族出版社，2000：75.

② 贺世哲. 石室札记. 敦煌研究，1999（4）：50-52.

③ 对第290窟佛传图的研究，详阅：樊锦诗，马世长. 莫高窟第290窟的佛传故事画. 敦煌研究，创刊号（1983）：56-82；谢成水. 莫高窟艺术的奇葩：北周第二九〇窟佛传故事// 敦煌石窟艺术：莫高窟第290窟（北周）. 南京：江苏美术出版社，1994：12-29；贺世哲. 莫高窟第290窟佛传画中的瑞应思想研究. 敦煌研究，1997（1）：1-5；贺世哲. 敦煌图像研究：十六国北朝卷. 兰州：甘肃教育出版社，2006：217-236，“莫高窟第290窟佛传图”。

图 3–3–10　佛传图之一［北周，莫高窟第 290 窟人字披顶东披］

图 3–3–11　佛传图之二［北周，莫高窟第 290 窟人字披顶西披］

字形路线连续展开（图 3–3–10、图 3–3–11），与北周 428 窟本生图的构图模式相同。

第 290 窟的佛传故事画同样出现了大量山水和建筑形象，更重要的是，从中体现出北周画师对表现三维空间的空前热情和娴熟技艺，呈现出强烈的北周时代气息。西魏壁画里的建筑图像通常一轴取平行线，另一轴向斜后方退缩，北周 428 窟画法也大约如此。而第 290、296 窟中的建筑图像，较少出现水平线，每幢建筑都尽可能朝两侧都向斜上方伸展，因此画面空间感愈加强烈。很多建筑如同“之”字，具有多重转折（图 3–3–12、图 3–3–13），就在这种婉转曲折的屋舍布景中，一幕幕精彩纷呈的佛传情节真实呈现在观者眼前。

下文以佛传中的“乘象入胎”情节为例，略加比较几个图像，以说明北周 290 窟壁画的特色[①]。最初的犍陀罗美术完全采用平面化处理，如大英博物馆所藏的一件巴基斯坦 Jamal Garhi 出土浮雕（图 3–3–14），摩耶夫人横卧于寝台上，其上方雕出曲尺形建筑，象征着寝宫，宫室外两侧各有一手持长矛的卫士，寝台和宫室均以纯正面角度面对观者，并无空间纵深感。西安碑林博物馆所藏北魏和平二年（461）像，其背

① 宫治昭. 犍陀罗美术寻踪. 李萍，译. 北京：人民美术出版社，2006：91–94；李静杰. 北朝佛传雕刻所见佛教美术的东方化过程：以诞生前后的场面为中心. 故宫博物院院刊，2004(4)：76–84.

图 3–3–12 佛传图（局部一）[北周，莫高窟第 290 窟人字披顶东披]

图 3–3–13 佛传图（局部二）[北周，莫高窟第 290 窟人字披顶东披]

面出现“乘象入胎”图像[1]，此处的宫室变成了汉式四阿顶建筑，图像结构仍是平面性的。在陕西兴平出土的皇兴造像（471）同主题图像中，寝宫开始有了斜向扭动，同时表现出正面和侧面（图 3–3–15），然而画师还没有掌握斜边形空间画法的要领，

① 李静杰. 北朝佛传雕刻所见佛教美术的东方化过程：以诞生前后的场面为中心. 故宫博物院院刊，2004（4）：81，图四.

图 3–3–14　犍陀罗浮雕“乘象入胎”［约 2—3 世纪，巴基斯坦 Jamal Garhi 出土，大英博物馆藏］

图 3–3–15　皇兴造像背面浮雕“乘象入胎”（拓本）［北魏皇兴五年（471），陕西兴平出土，西安碑林博物馆藏］

墙体未能显示出真实的转折，这时守夜的卫士也悄然消失了。6世纪初开凿的龙门石窟古阳洞里，南壁第二龛龛楣出现了“乘象入胎”浮雕（图3-3-16），这里首次以平行四边形图式表现摩耶夫人的床帐，洛阳工匠巧妙地把床帐造型同龛楣形式结合起来，并在床帐右侧和下方描绘出树石。到了6世纪下半叶，佛传画法进一步发展，在敦煌第290窟佛传图中（图3-3-17），

图3-3-16 古阳洞南壁第二龛龛楣（拓本）［北魏晚期，洛阳龙门石窟］

图3-3-17 佛传图之“乘象入胎”［北周，莫高窟第290窟人字披顶东披］

寝宫的空间进深感更强烈，线条均向画面左上方退缩，宫殿后面有一排树木，作为画面远景。宫内有一名侍女，站在摩耶夫人左侧，寝宫两侧还多出了“之”字形的廊及厢房，蜿蜒至画面近处，两侧厢房各有一名侍者，好像随时准备听候摩耶夫人的传唤。引入斜边形空间画法，显然极大增强了图像的再现性，而且这种前后遮挡、向纵深展开的图画，比起平面性画法来，可以承载更多的图像内容，无论画师是否有自觉意识，客观上，这种风格使得叙事性图像更加内涵丰富、意味深长。

（二）北周 296 窟

第296窟是一座中等规模的佛殿窟[①]，主室覆斗顶，正壁主龛内塑倚坐佛，两侧二弟子，为清代补塑，龛外塑二菩萨，五身彩塑都经清代妆修。

南北侧壁分三段：上部满绘千佛，下部绘药叉，中部是横幅长卷形式的故事画，北壁绘“须阇提本生”（13 个情节）[②]，南壁相对位置绘“得眼林因缘”（8 个情节），两幅故事画的叙事顺序均自西向东。窟顶中部是华盖式藻井，四披上有三幅故事画，西披北段、北披西段绘“微妙比丘尼因缘”（23 个情节）[③]，北披东段是“福田经变”（6 个情节）[④]，西披南段、南披和东披上绘“善事太子本生”（34个情节）[⑤]，三个故事把藻井四周围满（图 3－3－18）。第 296 窟和第 290 窟壁画风格、技法酷似，应为同批工匠所为。

斜边形空间画法在第 296 窟壁画中随处可见。北壁“须阇提本生”横向画面西端出现了一个城邑图，表现的是善住王城，该图像显然运用了平行四边形图式（图 3－3－19），可以说完全复现了汉画流行的画法。类似的城池画法，还见于稍早的麦积山第 127 窟窟顶“萨埵太子本生”中（图 3－3－20）。第 296 窟“须阇提本生”之城池图像中绘出一座宫殿，此宫殿图像与西魏 285 窟南壁“得眼林因缘”中的城楼图像极为相似（图 3－3－21），可以肯定是出自同一粉本的样式。

---

① 梁尉英. 三教会通：北周第二九六窟的内容和艺术特色// 敦煌石窟艺术：莫高窟第二九六窟（北周）. 南京：江苏美术出版社，1998：10-25.

② 孙修身. 敦煌莫高窟第296窟《须阇提故事》的研究. 敦煌研究，1992（1）：1-9；贺世哲. 敦煌图像研究：十六国北朝卷. 兰州：甘肃教育出版社，2006：196，197.

③ 莲花色尼出家因缘跋// 陈寅恪. 寒柳堂集. 北京：三联书店，2001：169-175；微妙比丘尼变初探// 史苇湘. 敦煌历史与莫高窟艺术研究. 兰州：甘肃教育出版社，2002：339-346；从敦煌壁画《微妙比丘尼变》看历史上的中印文化交流（1991）// 史苇湘. 敦煌历史与莫高窟艺术研究. 兰州：甘肃教育出版社，2002：523-529；贺世哲. 敦煌图像研究：十六国北朝卷. 兰州：甘肃教育出版社，2006：258-262.

④ 莫高窟中的《福田经变》（1979）// 史苇湘. 敦煌历史与莫高窟艺术研究. 兰州：甘肃教育出版社，2002：357-366.

⑤ 贺世哲. 敦煌图像研究：十六国北朝卷. 兰州：甘肃教育出版社，2006：197-201.

图 3–3–18 莫高窟第 296 窟窟顶［北周］

图 3–3–19 须阇提本生图（局部）［北周，莫高窟第 296 窟北壁］

图 3-3-20　萨埵太子本生图（局部）[北魏末或西魏初（6 世纪 30 年代），天水麦积山石窟第 127 窟窟顶左披]

图 3-3-21　建筑图对照 [左：第 285 窟南壁“得眼林因缘”局部；右：第 296 窟北壁“须阇提本生图”局部]

以上是一种显形的平行四边形图式画法，除此之外还有隐形的斜边形图式，后者或许更常见。比如南壁“得眼林因缘”图中，剿匪、激战、凯旋等情节都要画军队，图像中的队列均前后遮挡，依次向左上方延伸，形成一种隐形的平行四边形结构（图 3-3-22），衬托出队列中骑白马亲征的王者形象。同样的画法在窟内其他壁画中多次

图 3-3-22 得眼林因缘（局部）[北周，莫高窟第 296 窟南壁]

图 3-3-23 善事太子本生（局部一）[北周，莫高窟第 296 窟窟顶东披]

出现，说明它的适用性很强，既可以表现军队、商队（图 3-3-23），也用于描绘东王公和西王母的龙凤车舆（图 3-3-24）。这种以平行四边形为图式基础的画法，在莫高窟北周和隋代洞窟的叙事图像中非常多见，可谓风行一时（图 3-3-25）。

北周 296 窟的窟顶故事画有大量建筑图像，其样式甚至比第 290 窟佛传图的样式更加复杂，几乎每座宫殿两侧，都回绕有曲尺形宫墙或廊庑，形式感很强（图 3-3-26）。建筑史家在面对此类图像时应该格外小心，因为它更多的是画师为增强画面空间感而施行的一种“幻觉的伎俩”，并不都能和真实建筑取得对应。还有一些图像出现了明显的“近大远小”现象（图 3-3-27），笔者认为它和焦点透视术并没有关系（后文详述），但也应该视其为北周画师追求空间纵深感的视觉证据。

图 3–3–24　西王母乘凤车［北周，莫高窟第 296 窟西壁］

图 3–3–25　萨埵太子本生图（局部）［北周，莫高窟第 301 窟窟顶南披］

图 3-3-26 善事太子本生（局部二）［北周，莫高窟第 296 窟窟顶东披］

图 3-3-27 福田经变（局部）［北周，莫高窟第 296 窟窟顶北披］

四、北朝晚期的工匠问题

西魏、北周国祚皆短，两朝加起来也不过四十余年，但这个阶段恰好处在敦煌壁画的风格激变期。一种比较直接的解释是外来工匠的介入。在1958年发表的长文《北凉和北魏时期的甘肃》中，索珀推测：

> 对我而言，这种现象最合理的解释是早期的敦煌洞窟和它的内容是由当地寺

> 院的艺僧所完成，而不是出于流动的工匠之手。第一个我所注意到可能受外来影响的重要变化，就是元魏末期开凿的120n窟（笔者按：西魏285窟。）的人物风格和135窟（笔者按：北周428窟。）的山水背景，这些突然的变化暗示着外地工匠的到来。[①]

索珀这篇文章发表于1958年，彼时学界尚未充分认识到西魏和北周洞窟的年代差距，甚至一直将北周428窟误认为是北魏窟。然而，索珀敏锐地注意到，第285窟和第428窟的壁画风格变化，因而在时代排序失实的背景下，提出外来工匠的假说，用以解释这种重视山水背景表现的壁画新面貌。时至今日，学界对北朝洞窟时代的认识，与20世纪中期相比已经有了巨大改观，但仍然有必要考察工匠团队的来源与传承关系。在这个问题上，八木春生的看法与索珀不尽一致，他认为西魏285窟的确介入了新来的中原工匠集团，然而只是昙花一现，“北周以降，（敦煌）本地工匠再次取得主导地位”[②]，可惜他未做详细论证。

笔者认为，在北朝晚期这个风格激变的时代，若只以“事件”的方式诠释画风之变，显然是不够的，而且仅凭母题类型层面的考量，来推测工匠来源也略显轻率。风格研究需要有可兹对比的参照作品，而且要有足够的数量，更何况6世纪的风格变化普遍而深刻，几乎波及中国各地，相互比照研究时“变量”明显多于“不变量”，在这种情况下，比较合理的解决方案是首先对6世纪的总体风格走向进行综合考察，在此基础上，才可能对诸如工匠来源这种具体问题做出比较合理的推测。

北周290窟和296窟壁画风格颇为相似，应是同一批工匠团队所为。进而仔细比较两窟壁画的空间画法，以及线条、设色等方面的特质，第290窟似略早于第296窟，崖面使用理论也可支持上述开窟顺序的假说。再比照更早的壁画，根据空间画法、线绘风格和母题样式，北周290、296窟与西魏285窟南壁壁画的相似度很高，很多图像（特别是建筑图像）运用了相同或类似的粉本进行绘制，很可能出自同一工匠团队，或具有传承关系的工匠团队之手。

尔后，该工匠团队又参与了莫高窟隋代部分洞窟的壁画绘制，或者至少与部分隋代画工有直接师承关系。这里可以举出两组隋代洞窟：第一组为隋419、420、423窟，第二组为隋301、302、303窟。这两组洞窟的画风看起来很接近北周290、296窟，很多图像显然运用了相同的粉本（图3-3-28、图3-3-29），画师的描绘方式也很一

① Alexander C. Soper. Northern Liang and Northern Wei in Kansu. *Artibus Asiae*, 1958, 21(2): 157. 殷光明译文见：敦煌研究，1999（4）：71。

② 八木春生. 中国仏教美術と漢民族化：北魏時代後期を中心として . 京都：法藏馆，2004：373.

图 3–3–28　建筑图对照［左：北周 296 窟窟顶东披“善事太子本生”局部；右：隋 420 窟窟顶南披“法华经变”局部］

图 3–3–29　东王公图对照［左：北周 296 窟西壁；右：隋 423 窟西壁］

致，都先用土红色线条进行勾勒，当然二者也存在着差异性。大体来说，上述两组隋窟中的故事画与北周有直接承续关系，沿袭了北周叙事性壁画的长卷形式构图，画面中的建筑、山水样式及空间表现方式也与北周壁画相似（图 3–3–30）。

略有区别的是隋 423 窟，该窟人字披东侧有一铺“须大拏太子本生”图（图 3–3–31），原先流行的横卷式带状分隔在这幅作品中被打破，赵声良敏锐地注意到这一变化：

> 在第 423 窟则打破了长卷的形式，画家以连续的山峦或房屋形成一个个椭圆形的画面，在其间展开故事情节，在椭圆形的中央表现主要的情节，而在各个山峦或树木间也同样描绘一些相关的情节。连续的山峦、树木以及建筑形成富有动

图 3-3-30　萨埵太子本生与福田经变（局部）[隋，莫高窟第 302 窟人字披西侧]

图 3-3-31　须大拏太子本生（局部）[隋，莫高窟第 423 窟人字披东侧]

感的装饰物，使全画面连成一气，从视觉上来说更显得完整而富有韵律感。[①]

笔者赞同这一论述，在此只补充一点：隋 423 窟“须大拏太子本生”图的这种“椭圆形的画面”形式，并非隋代画家的原创。西魏 285 窟南壁叙事画已经出现了类

① 赵声良. 敦煌艺术十讲. 上海：上海古籍出版社，2007：151.

似的形式，方闻教授称其为“空间单元”（space cells），与赵声良所说的“以连续的山峦或房屋形成一个个椭圆形的画面”含义相同。较之西魏 285 窟壁画，隋 423 窟壁画中频频出现的两侧具有复杂曲尺形宫墙或廊庑的建筑图像，乃北周新样式，是西魏壁画中见不到的。即便是那些采用横卷式构图的北周壁画，如北周 428 窟东壁壁画，也常用“空间单元”表现手法，可证在这个形式特点上，隋 423 窟与北朝壁画之间具有某种连续性。只不过隋 423 窟壁画更强调此种形式，以至于打破了传统的横向分割式构图。

根据上述壁画形式分析，可以看出这一工匠团队活跃于西魏至隋。但是其来源，究竟是本土工匠还是外来团队，内部的构成又如何，目前还无法明确指认。可以确知的是，他们的确掌握了 6 世纪初流行于中原的新画法，并在敦煌西魏、北周窟内留下了最早中原新风的“视觉证据”。

总之，敦煌北周艺术正是顺着 6 世纪中原美术的内在轨迹演进的，壁画中的各种形象，无论是人物、车马，还是建筑、山水，都在从平面转变为立体化的进程上发生了改观，同时还实现了绘画技巧的中国化，更加强调书法性用笔。就空间表现问题而言，北周 290 窟和 296 窟壁画在西魏的基础上，呈现出极为显著的加速发展之势，而且直接开启了隋代画风。其背后原因，既要承认 6 世纪风格演进的时代大势，同时诸如粉本使用、工匠团队的传承这些具体细碎的因素，也都不可忽视，二者并行不悖，都是历史的一部分。

第四节 问题辨析：省思六世纪风格之变

一、风格之变：母题还是结构？

北魏改制，以及随之而来的北魏文化艺术之汉化转向，对敦煌艺术的影响可谓全面而深刻。对此学界基本没有异议，但以往研究的着眼点往往偏重于母题类型，或具体技法层面。比如樊锦诗在论述北魏孝文帝“汉化政策，给敦煌石窟的西魏、北周佛教故事画的汉化以决定性的影响”时，主要从思想内容、构图形式、人物形象、衣冠服饰和晕染法几方面加以阐述。她认为，北周壁画“画面中的房屋、建筑、器具、车马、山石、树木无不具有汉地风格”①。其所提及的诸多侧面，都可归于母题类型的范畴。再如，日本学者宫治昭曾考察过佛传题材从犍陀罗到中国的演变过程，在论及敦煌北周290窟壁画时，他也表达过类似的看法：

> 以释迦为主的出场人物的形象、姿态，尤其是服装、饰品等都已经中国化，画面的划分也独具匠心。除了犍陀罗常见的树木外，又另外借助了山岳和建筑物，运用中国式的构思形成了中国独特的连环画式的佛传表现。②

本章第一节谈到，北魏晚期的中原佛教艺术之变，不仅在“形式要素和母题”层面发生变化，更为重要的，这是一场视觉方式的革命，即由平面的概念化图像，向纵深立体化转变。大约20至30年之后，千里之外的敦煌佛教艺术，也同样也在“形式词汇”和“视觉语法”两个层面发生了变化。敦煌西魏249、285窟南壁叙事性壁画开启了三维再现的门径，北周428、290、296窟的叙事画都在此方向基础上继续发展。尽管北周壁画之人物样式一反西魏壁画“秀骨清像”之制，以“面短而艳”“丰腴为

① 樊锦诗. 简谈佛教故事画的民族化特色. 敦煌研究，1995（1）：3.
② 宫治昭. 犍陀罗美术寻踪. 李萍，译. 北京：人民美术出版社，2006：135-136.

度”的风貌出现，但其内在的视觉看法却与西魏新变（即中原之北魏晚期风格）前后相因、方向一致。

在敦煌北朝晚期艺术中，风格的确应该分作两个层面加以分析：表层之母题样式或如钟摆，在各种“事件”的支配下左右摇摆不定（如丰硕→清瘦→丰硕，或胡风→汉风→胡风），而深层的“视觉结构”却依旧呈线性发展之势，由平面图像逐渐走向三维再现。两个层面的因素交互作用，成为影响北朝晚期敦煌壁画面貌的两种不同的“力”。就像陈寅恪对北魏孝文帝汉化改革的理解那样，改胡姓为汉姓、改革衣冠服饰与婚宦制度，这些表层制度固然重要，但更重要的是通过推行具体政策，改变了鲜卑社会等级秩序，使鲜卑人建立起贵族门第观念①。同理，在北朝晚期的这场风格之变中，诚然母题样式层面（词汇）的变化普遍而显著，但视觉结构（语法）的变化更为内在。前者的变化速度快，经常与特定历史“事件”相关，譬如北魏汉化改革、北齐西胡化等，因此其事件性、碎片化以及偶然性的成分较多；而视觉方式的转变缓慢而不易改变方向，或者说是一种内在的线性发展。从逻辑上讲，表层的母题样式，无论如何取舍、变化，它都是在“视觉结构”这个内在规定性下运行的。

在此不妨对整个6世纪北朝艺术风格之变作一小结。简言之，这是一场视觉方式的革命。北魏迁洛以后，东汉盛行的斜边形空间画法首先在北魏墓葬艺术中复兴，它与山水图像以及南朝流行的母题样式（以人物造型为主）相结合，形成了6世纪初洛阳美术的独特风貌，诞生出诸如纳尔逊孝子石棺、元谧石棺及宁懋石室等一批卓然之作。不久之后，这种偏爱表现山林、建筑，注重再现纵深化场景的独特表现方式被引入佛教美术之中，在中原北方的一系列佛教叙事性图像，乃至麦积山石窟、莫高窟壁画中体现出来。不仅外来的佛教美术受惠于东土画法，北朝晚期至隋代的入华粟特人葬具画像也运用了中原流行的表现模式，那些高鼻深目的胡人图像及祆教祭祀内容，多是在中国特有的“视觉结构”框架下被加以演绎的。

二、风格之变：线性还是事件？

美国历史学家唐纳德·卡根（Donald Kagan）把历史学家区分为两类：拆分者（splitters）和糅合者（lumpers）。卡根认为，拆分者喜欢“避开各种历史体系和普遍法则，对可能遇到的几乎所有法则，他们的头脑里都装着一个列有种种例外的单子。他们非但不在乎历史的纷杂凌乱和偶然事件，反而喜欢它们”。与此相对，糅合者则“不喜欢偶然事件，他们宁愿使之消失。……搞糅合的历史学家要把过去装进盒子里，

① 万绳楠. 陈寅恪魏晋南北朝史讲演录. 贵阳：贵州人民出版社，2007：220.

这个过去是全部的过去，但装的盒子并不很多，然后再把这些盒子绑在一起，成为一个形状很好看的大捆”[①]。具体到艺术史学科，新的学术潮流更倾向于“拆分”，在他们所讲述的艺术史故事中，更多的是偶然的、戏剧性的、碎片化的“事件”；相比之下，老辈学者们所讲的故事则具有清晰缜密的线性脉络，他们更像是不喜欢偶然事件的“糅合者”。

在面对中古美术逐渐趋向三维立体化的问题时，不同学者的解释思路差异显著。20 世纪上半叶，德国学者路德维柯·巴克霍夫以进化模式构建出一套风格演变序列，这个序列已为每种形式风格“规定”了位置，具有历史决定论色彩。巫鸿曾对此提出质疑，指出形式分析方法的最大危险在于它预设了一种“普遍进化模式”的存在，并将中国艺术史转变为西方艺术史的等同物[②]。

巴克霍夫之后，乔治·罗利、索珀、方闻等学者，先后曾论述过中国艺术的空间表现问题，在他们看来，六朝至唐代的中国绘画实现了征服三维空间，与欧洲古典艺术有着相同的发展趋势。1947 年，在普林斯顿大学举行的“远东文化与社会”研讨会上，罗利与索珀针对“纳尔逊孝子石棺”的真伪问题展开了激烈辩论，虽然二人的观点截然不同，但他们都以线性的风格模式视角审视石棺图像中的空间再现。

1994 年，巫鸿教授在题为《透明之石：中古艺术中的“反观”与二元图像》的文章中[③]，继续探讨了罗利和索珀曾经讨论过的话题，他以“反观”（inverted vision）与“二元图像”（binary imagery）等新概念诠释纳尔逊孝子石棺上的绘画空间。为了避免把绘画空间的成就“看成图像形式的固有的、不以人的意志为转移的进化过程（independent evolution）”，该文独辟蹊径地论述了正是由于一种特殊的“正反图像”，促使艺术家赋予绘画以“连续性情节叙述方式和三维的立体图像”。较之巴克霍夫、罗利和索珀这些学者，巫鸿的解释更趋事件化。

然而当我们进一步拓宽目光，则可发现，南北朝有更多美术作品并没有出现“正反图像”，但也同样呈现出三维立体化。为了解释这一难题，巫鸿补充道：“在很多情况下，这种组合不再具有某种特定的礼仪或哲学含义，而是提供了增加绘画表现复杂性的一种习见方法”，这样就把他要竭力避免的“固有的、不以人的意志为转移的进化过程”遗留给“增加绘画表现复杂性”的意图。

---

① 李剑鸣. 历史学家的修养和技艺. 上海：上海三联书店，2007：59，60.

② 巫鸿. 武梁祠：中国古代画像艺术的思想性. 柳扬，岑河，译. 北京：三联书店，2006：62-63.

③ Wu Hung. The Transparent Stone: Inverted Vision and Binary Imagery in Medieval Chinese Art. *Representations*, 1994(46): 58-86. 中译本收入：礼仪中的美术：下卷. 北京：三联书店，2005：672-696。

之后巫鸿又在《中国艺术和视觉文化中的“复古”模式》(2008)[1]一文中，延续了对线性解释模式的否定态度。他以梁思成为例，说梁思成有两种不同身份，因此也形成了两种不同的模式：线性模式和意图性选择模式。作为建筑史家时，梁思成强调建筑发展的过程性和时段性（线性模式）；而当其身份“从一个建筑史家变成一个建筑设计师时，这种进化论的历史叙述被他自己所否定”，梁思成跳过元明清建筑样式，而直取宋、辽古风，以此表达自己的意图（选择模式）。

在当今中国艺术史学界，巫鸿教授贡献甚巨，他带给这个学科很多新的活力。然而也应该承认，他所秉持的对传统线性模式的否定态度，以及过于事件化的历史解释方式值得省思。在巫鸿的论证过程中，他所依据的理论基础主要来自英国艺术史家迈克·巴克森德尔（Michael Baxandall，1933—2008）。巴克森德尔认为，所有艺术作品都具有某种“意图性”（intentionality）。诚然，艺术作品都具有某种“意图性”的主张是一个可以成立的命题，至少多数优秀艺术品都具有某种“意图性”，然而却并不意味着艺术的全部因素都应归因于“意图性”。比如前述梁思成的实例，巫鸿认为梁思成之所以取宋、辽法式，乃旨在通过特定的形式去传达其特殊的“意图性”。固然此说并没错，但是从逻辑上讲，梁思成的“选择”必要以线性化的通则为基础：假设各时代建筑不存在一般化的线性规律，不存在时代性的形式特征，梁思成越过元明清而直取宋辽古风的做法，又何以传达“意图性”？

打一个比方，譬如天气转冷，可以解释为冬天到了（四季交替即线性发展），也可以解释为寒流的作用（事件化，假设这个事件是源于主体选择的结果）。很显然，这两种说法都有其合理性，但倘若承认寒流的作用，却一定要否认四季的存在，那就犯了“执偏为全”的过失。同理，在解释艺术风格的变迁时，“意图性选择模式”与“线性模式”并非一定彼此相违，更多情况下各有其有效性。巫鸿所谓的梁思成的两种身份（实际是指两种历史模式）不应是“非此即彼”的对立关系，而应是一种层次上的递进关系：第二种模式（意图性选择模式）必要以第一种模式（线性模式）为逻辑前提。假设不承认前一种模式，“意图性”则无从安立，而有凌空踏虚的危险。

退一步讲，假使“意图性选择模式”真的优于“线性模式”，也不必对线性模式全盘否定。因为从认识论角度，“线性模式”更便于理解，应该循着这个阶梯继而深入。笔者认为，仅以线性模式描述，或有因简单化而“失真”的危险；但若因此就彻底放弃线性层次，则很可能失去必要的基础。在诸如气象学、经济学等学科的理论模式中，通常是以“线性主部”（如四季）作为优先考量的因素，之后再考虑“非线性部分”和“扰动部分”（如寒流），并没有把不同的模式彼此对立起来。这种秉持综合

① 收入：巫鸿. 时空中的美术：巫鸿中国美术史文编二集. 北京：三联书店，2009：1-26。

性、有层次的认知方式，值得人文学科借鉴。

通过考察汉唐艺术风格史，笔者逐渐体会到，“线性化层面”和“碎片化层面”各具有效性，譬如寒暑相易，其中既有季节交替，也有寒流或暖流的作用。换言之，无论舍去上述两种解读模式其中之一，都难以勾勒出艺术史的真实。

笔者在第一章说明，本研究主要以夏皮罗的风格理论为基础。再进一步讲，笔者大胆地认为，如果能把夏皮罗的风格理论，同年鉴学派史学家费尔南·布罗代尔（Fernand Braudel，1902—1985）的历史时段理论相结合，或许可以成为解释中古佛教艺术风格演变的有效模式。众所周知，布罗代尔在其名著《菲利普二世时代的地中海和地中海世界》（1949）[①]一书中提出了著名的“历史时段”理论，认为历史学中“时间”有三个层次：首先是“人”与“环境”的“几乎静止不动的”历史，其次是缓慢变化的经济、社会与政治结构史，最后是稍纵即逝的政治军事史。这本著作改变了传统史学的时空观念，而将传统的划一性时间分为地理时间（长时段 / 结构）、社会时间（次长期 / 局势）和个人时间（短期 / 事件）三个层面，每一个时间层面对应着不同的历史。布罗代尔指出，长期连续性与短期急剧变化的相互作用才是历史本质的辩证关系，其学说可以给艺术史学以启发。

笔者此前考察6世纪艺术之变时，已试图证明，风格体系中存在着不同的“时间”层次：“形式要素和母题”（夏皮罗风格理论的第一层次）能够以短时段、事件性的方式发生改变，而“形式之间的关联”（夏皮罗风格理论的第二层次）则发展缓慢且呈线性化，有时长期不变。因此在研究过程中，应充分考虑到这不同层次的分界与关联。或许这种解释方式，可以更好地凸显佛教艺术在深层结构方面的中国化进程，同时也可揭示出风格史上的某些深层次的、长时段的、线性的内容。

最后，再对巫鸿批评风格学方法“预设了一种‘普遍进化模式’”的说法稍加辨析。前文所说，艺术风格具有线性层面的内容，如果这个判断可以成立，那它也并非是“固有的、不以人的意志为转移”的因素，而是由于一些长时段的（持久起作用）、很少改变的，甚至是在个人意识或选择能力之外的“因缘”使然。还以中古佛教艺术为例，绘制佛教图像有很多作用、目的和要求，其中至少有两个重要因素，都对图像的再现性提出要求，一是教化信众，二是修行者自身的“禅观”需求。当这两个目的未改变时，自然会形成一种长期存在的“力”，促使佛教图像——特别是叙事画（本生、佛传、因缘故事）和净土变相——逐步实现和加强三维再现性。如果非要说它是一种“固有的、不以人的意志为转移的进化过程”，笔者认为也未尝不可，只要其背

① 布罗代尔. 菲利普二世时代的地中海和地中海世界. 唐家龙，吴模信，等译. 北京：商务印书馆，1996.

后的“因缘”没有消失，其作用就长期存在。在这种情况下，如果一味要把所有变化都解释成可清晰指陈的“人的意志”或者“偶然事件”，反而会犯把历史现象简单化的过失。

简而言之，笔者在这里想要表达的主旨是，在“后历史”潮流盛行的背景下，深层次的、线性模式的历史研究是需要加以捍卫的，它是表层研究不可或缺的基础。更全面的描述是，“线性化层面”和“碎片化层面”各具有效性，就像寒暑相易，既有春夏秋冬，也有寒流或暖流的作用，两者并行不悖、相得益彰。

三、风格之变：复兴还是革命?

最后对北朝晚期艺术风格之变的性质略作剖析。笔者以为，北朝晚期的艺术风格之变，可以从南朝化、汉朝化（复兴汉代传统）和中国化（改造外来的佛像图像风格）三个不同角度加以诠释，以下分别阐述。

（一）南朝化（汉族化）

中原北魏晚期的风格之变（敦煌则主要体现于西魏、北周窟中），通常被认为是一场汉化运动，或称“华化”，即北方的鲜卑族统治者在政治、文化与艺术等领域推行的一种“南朝化”策略。以往论述多偏重这层含义，且发挥甚多。比如，索珀很早就在《六朝时期佛教艺术的南方影响》（1960）一文中提出了5世纪晚期之北魏云冈新样乃受惠于南朝佛教艺术的著名观点[①]。宿白在《北朝造型艺术中人物形象的变化》（1989）中也指出：

> 公元5世纪末和6世纪中叶，中原北方地区在造型艺术中有两次变化，……这两次变化和中原北方统治集团锐意汉化，模拟南朝制度风尚有直接关系。[②]

此外宿白还在《平城实力的集聚和“云冈模式”的形成与发展》（1987）一文中从“青徐入魏”“南北通聘”等角度，考察了5世纪末期南、北文化交流的历史

① Alexander C. Soper. Southern Chinese Influence on the Buddhist Art of the Six Dynasties Period. *Bulletin of the Museum of Far Eastern Antiquities* (Stockholm), 1960(32): 58.

② 北朝造型艺术中人物形象的变化// 宿白. 中国石窟寺研究. 北京：文物出版社，1996：349.

实况[①]。

前文已述，在解释北魏艺术接受南朝风格时，既有研究侧重于造像样式和服饰方面的影响（“秀骨清像”和“褒衣博带”），而以本书所关注的“空间表现”问题去审视南朝艺术，是否在这个方面，南朝也走在了北朝前面呢？换言之，6世纪北朝艺术从平面性图像逐渐向三维立体化的转变，是否也与“南朝化”有关？若要回答这个问题，需要对三方面材料进行综合考察。

1. 卷轴画

第一类材料是传世画作。这类材料存世者不多，且真伪、时代都有一定模糊性。其中，归于东晋顾恺之名下的几幅画作的后世摹本最重要。

北京故宫所藏《列女仁智图》（宋摹本）是顾恺之名下作品中最具“承前”特色的一件，它被认为“承袭了大约五百年前自西汉中期开创的‘列女图’传统”[②]。在“卫灵夫人”一段中，卫灵公置身于采用平行四边形图式的围榻中（图3-4-1），与汉画画法庶几无别，应有所本。而围榻上的平远山水图像具有宋画气息，很可能是宋人描摹时所掺入的时代风貌。

今藏英国大英博物馆的《女史箴图》（唐摹本）在描绘空间场景方面表现得更突出[③]。比如“出其言善”一段（图3-4-2），同样以平行四边形图式来描绘出一个庞大的箱式床寝，证明汉代画法在南方的延续。再如“割欢同辇”一段（图3-4-3），车辇和抬辇人的位置关系也都呈现为平行四边形，与大同北魏司马金龙墓（484）出土漆围屏上的同主题图像模式相同。在“灵鉴无象”中（图3-4-4），三组人物构成了

① 所谓“青徐入魏”，是指皇兴三年（469）北魏占据原属于南朝的青州等地，旋即迁徙青徐高僧、工匠等入平城。详阅：平城实力的集聚和“云冈模式”的形成与发展// 宿白. 中国石窟寺研究. 北京：文物出版社，1996：134-135。

② 巫鸿. 武梁祠：中国古代画像艺术的思想性. 柳扬，岑河，译. 北京：三联书店，2006：191. 另，唐兰指出该画中的“铁线描”与顾恺之“游丝描”不同，且渲染立体感明显，具有齐、梁特征，认为此画非顾画摹本，而是宋人所摹南朝齐、梁间作品。唐兰. 试论顾恺之的绘画. 文物，1961（6）：8.

③ 学界对《女史箴图》年代和作者的意见甚不一致，此前该画历来被认为是顾恺之作品的唐摹本，近年来则出现各种不同说法，以三家研究最具代表性。（一）杨新根据《女史箴图》中的山水画法，并结合历史文献，否认该图有顾恺之创作的可能，认为它是孝文帝时期一件“北魏宫廷绘画的原本”。（二）方闻通过风格研究，认为此图是6世纪后期南朝临摹顾恺之的画作，其人物造型既保持了4世纪顾恺之的用笔风格，同时又配合了5世纪陆探微的有“骨”及6世纪张僧繇的有“肉”。（三）巫鸿综合了图像志、叙事结构和风格手法等方面，得出“此画应该是5世纪的一个杰出的无名画家所绘”的结论。杨新. 从山水画法探索《女史箴图》的创作时代. 故宫博物院院刊，2001（3）：17-29；方闻. 传顾恺之《女史箴图》与中国古代艺术史. 美术史研究集刊，2002（12）：1-17；重访《女史箴图》：图像、叙事、风格、时代// 巫鸿. 时空中的美术：巫鸿中国美术史文编二集. 北京：三联书店，2009：301-321.

图 3-4-1 传顾恺之《列女仁智图》(局部)[宋摹本，绢本墨色，故宫博物院藏]

图 3-4-2 传顾恺之《女史箴图》之“出其言善”[唐摹本，绢本设色，大英博物馆藏]

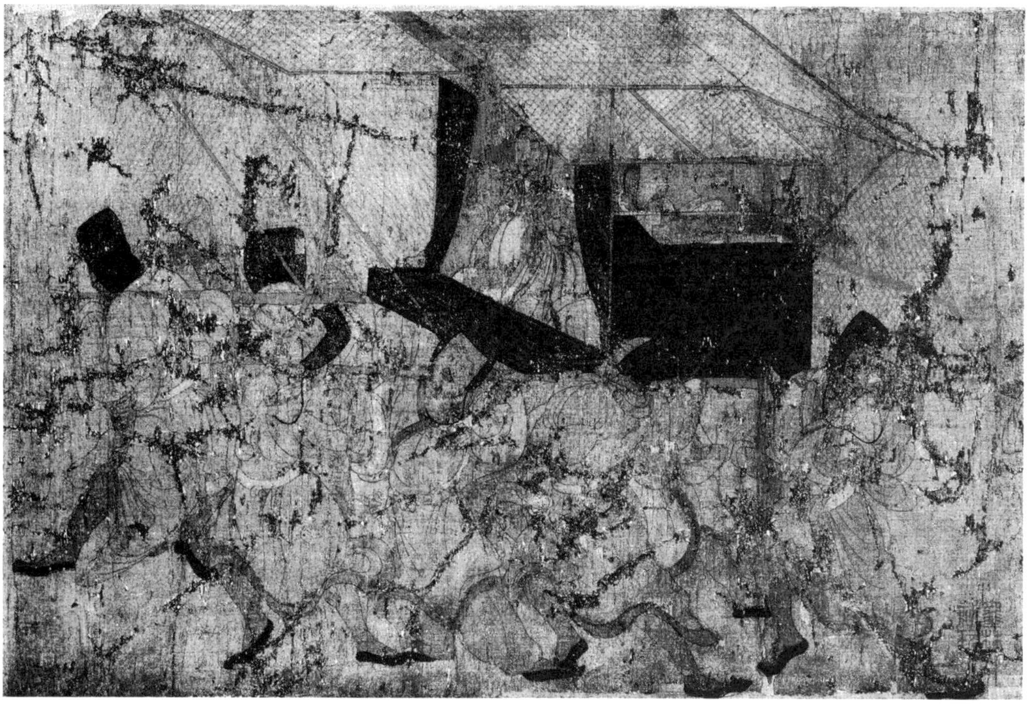

图 3–4–3　传顾恺之《女史箴图》之“割欢同辇”

图 3–4–4　传顾恺之《女史箴图》之“灵鉴无象”

一个金字塔形，实则是围合出了一个“空间单元”。巫鸿认为“此种结构在汉代美术中从未见过”①，然而当超越狭义的“类型”，以一种“视觉语法”眼光考察汉画时，则可发现它就是斜边形空间画法的一种样式而已，只不过平行四边形图式出现较多，三角形图式相对较少，但二者背后所体现的“视觉看法”并无二致。实际上三角形（金字塔形）结构在汉画中并不鲜见，比如西安理工大学墓《宴乐图》、辽阳三道壕窑业第四现场墓《墓主夫妇对坐宴饮图》等，都运用过此种结构，第四章中笔者将列举更多的南北朝实例。《女史箴图》之“防微虑远”一段出现了精彩的山水图像（图3-4-5）②，尽管它在描摹过程中可能掺入了后世的画法或因素③，但至少可证该画作者对于表现空间进深的技巧是谙熟于心的。

图3-4-5　传顾恺之《女史箴图》之“防微虑远”

① 重访《女史箴图》：图像、叙事、风格、时代// 巫鸿. 时空中的美术：巫鸿中国美术史文编二集. 北京：三联书店，2009：312.

② 杨新《从山水画法探索〈女史箴图〉的创作时代》（故宫博物院院刊，2001（3）：17-29）一文根据此段山水图像中虎的画法，认为《女史箴图》是一件“北魏宫廷绘画的原本”，然而其结论未能得到学界认可，如林树中教授所云：“杨新先生的看法尽管很新，但他的论据很难叫人信服，难为大家接受，有待从长计议。”林树中. 六朝艺术. 南京：南京出版社，2004：112.

③ 方闻. 传顾恺之《女史箴图》与中国古代艺术史. 美术史研究集刊，2002，12.

《洛神赋图》以连续的山水作为背景，与另外两件归在顾恺之名下的画作风格差异显著①。在它的数个宋摹本中，辽宁省博物馆摹本被认为“最忠实地保留了六朝祖本的构图原貌”②。陈葆真推断,《洛神赋图》之祖本完成于六朝晚期，约560年至580年之间③。

有鉴于此，本章对最具“启后”特色的《洛神赋图》暂搁置不论。仅就《列女仁智图》和《女史箴图》看，可说明5世纪前后的南方画家，也掌握了表现空间远近的斜边形空间画法，而达到这一点的根本原因，应该是对汉画传统的继承。

2. 考古发掘物

东晋南朝传世画作极少，仅有的几件作品年代问题亦颇多争论，故须综合考虑第二类材料——考古发掘物，即所谓“无名氏的作品”。

考古材料可追溯至孙吴时期。

朱然墓（249）出土于安徽马鞍山，墓主人是孙吴右军师左大司马，墓中出土大量漆器，不少附有漆画，是汉晋间难得的文物实例④。比如漆盘上出现《贵族生活图》(图3-4-6)、《季札挂剑图》(图3-4-7)、《童子对棍图》等图像，具有一定空间感。以《季札挂剑图》为例，圆形画面上部、下部均绘山峦，表示近景和远景，这显然是汉画画法

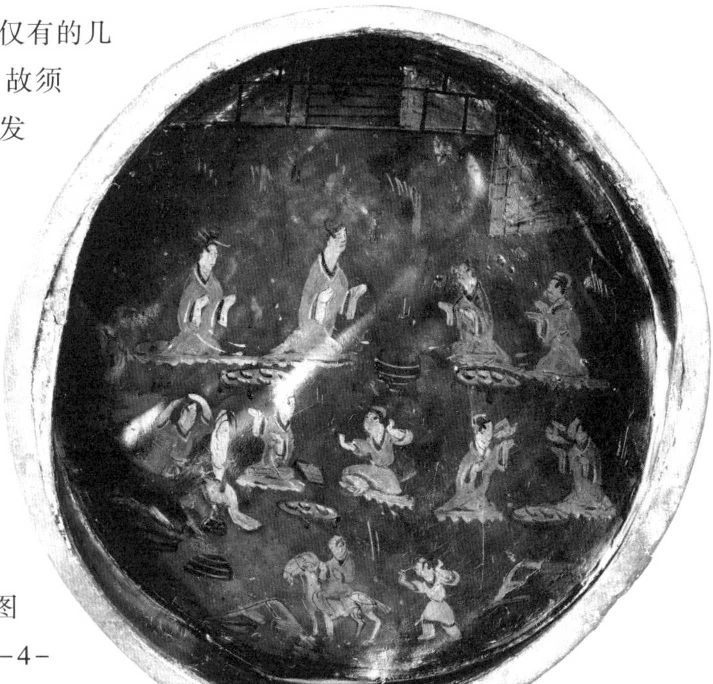

图3-4-6　漆画《贵族生活图》[三国孙吴，安徽马鞍山朱然墓出土漆盘，马鞍山三国朱然家族墓地博物馆藏]

① 巫鸿认为《洛神赋图》反映了“风景画艺术的发展，画中的山河树木不再是孤立的静物，而是作为连续性故事的背景。辽宁博物馆的摹本表明，画中的自然景象往往起着渲染和比喻的双重作用”。杨新，等. 中国绘画三千年. 北京：外文出版社，纽黑文：耶鲁大学出版社，1997：49.

② 陈葆真. 传世《洛神赋》故事画的表现类型与风格系谱. “故宫”学术季刊，2005，23(1)：182.

③ Pao-chen Chen. The Goddess of the Lo River: A Study of Early Chinese Narrative Handscrolls. Ph. D. dissertation, Princeton: Princeton University, 1987: 167-189.

④ 安徽省文物考古研究所，马鞍山市文化局. 安徽马鞍山东吴朱然墓发掘简报. 文物，1986(3)：1-15；林树中. 六朝艺术. 南京：南京出版社，2004：1-18.

图 3-4-7 漆画《季札挂剑图》[三国孙吴，安徽马鞍山朱然墓出土漆盘，马鞍山三国朱然家族墓地博物馆藏]

的延续。部分漆器背面书“蜀郡作牢”字样，说明其造于四川成都地区。

尤其值得一提的，是一件长 56.5 厘米、宽 82 厘米的漆案，案正面中部有一幅漆绘的《宫闱宴乐图》，共绘出 50 余个人物，多附榜题，场景壮观（图 3-4-8）。画面以半俯视角度加以描绘，左下角是一座“大官（宫）门”，引领着观者视线进入宫中。画面中心是热闹的乐舞百戏场景，还出现了多个以平行四边形表现的垫子，上面有跽坐的人。左上角有座帷帐，皇帝及其嫔妃坐在其中。漆画上方绘出远端宫墙，墙上每个“窗”都可见有人在向宫内张望，该图中宫门和窗的表现格外有趣。这种具有空间纵深感的宴乐图像，在东汉墓室壁画和画像砖石上并不鲜见，描绘在漆器上这还是首见，整幅画作就好像在俯视一座被掀去屋顶并拆除近端墙壁的宫殿，旨在让观者通观整个场景。

东晋南朝墓葬美术，以河南邓州市（原邓县）学庄画像砖墓、湖北襄阳贾家冲画像砖墓和江苏南京西善桥砖画墓为代表。

邓州市学庄墓，关于其建造年代有多种意见，其中 5 世纪末至 6 世纪早期的可能性较大[①]。墓中出土的“武士”（图 3-4-9）和“抬轿”（图 3-4-10）题材画像砖，显

① 河南省文化局文物工作队. 邓县彩色画象砖墓. 北京：文物出版社，1958；Annette L. Juliano. Teng-Hsien: An Important Six Dynasties Tomb. *Artibus Asiae. Supplementum*, 1980, 37: Ⅲ-83；林树中. 从“战马”画像砖题字考证邓县墓的年代与墓主. 南京艺术学院学报（美术与设计），2015（1）：1-3.

图 3-4-8　漆画《宫闱宴乐图》[三国孙吴，木胎髹漆，安徽马鞍山朱然墓出土漆案，马鞍山三国朱然家族墓地博物馆藏]

图 3-4-9　武士画像砖 [南朝，河南邓州市学庄墓东壁第二柱，中国国家博物馆展出]

图 3-4-10　抬轿画像砖（拓本）[南朝，河南邓州市学庄墓出土，河南博物院藏]

然运用了斜边形空间画法，图像中的隐形图式清晰易辨。此外在“南山四皓”画像砖（图 3-4-11）中，上部远山作为背景，下部的南山四皓恰好围合成一个梯形图式，打破了左右横排的平面化格式。

襄阳贾家冲墓亦无纪年①，墓葬出土的孝子题材画像砖中，多次出现远山图像和斜边形空间画法（图 3-4-12、图 3-4-13）。北魏洛阳葬具石刻中往往有远景，可能是南朝之风熏染所致。

① 襄樊市文物管理处. 襄阳贾家冲画像砖墓. 江汉考古，1986（1）：16-32. 原报告推测，该墓上限不早于邓县学庄墓，下限可能至隋初。笔者初步判断，其年代约在5世纪末至6世纪上半叶，大致和邓县学庄墓同时期，或者稍晚。

图 3-4-11 南山四皓画像砖（摹绘）［南朝，河南邓州市学庄墓出土，河南博物院藏］

图 3-4-12 孝子故事画像砖（拓本）［南朝，湖北襄阳贾家冲画像砖墓出土，襄阳博物馆藏］

图 3-4-13 郭巨埋儿画像砖（拓本）［南朝，湖北襄阳贾家冲画像砖墓出土，襄阳博物馆藏］

南京西善桥墓砖画《竹林七贤和荣启期图》是一件名品[①]，尽管图像上的人物形象呈水平向左右排列，没有明显的进深关系，然而整个画面是以半俯视角度加以表现的，

① 南京博物院，南京市文物保管委员会. 南京西善桥南朝大墓及其砖刻壁画. 文物，1960（Z1）：36-42.

图 3-4-14　砖画《竹林七贤和荣启期图》（拓本）[南京西善桥墓右壁，高 80 厘米，宽 240cm，南京博物院藏]

地面上的坐垫均被描绘出来，具有一定的立体感（图 3-4-14）。西善桥墓砖画的制作年代尚有争论，京都大学教授曾布川宽将其断为南齐（479—502）末至萧梁（502—557）间[①]，是论证较周备的一家。

现存南朝的佛教遗物多见于四川，重要出土文物主要出自如下几处成都遗址，分别是万佛寺[②]、西安路[③]、商业街[④]，以及最新发现的下同仁路遗址[⑤]，此外彭州、新津、茂县、汶川等地也出土过少量南朝造像[⑥]。四川的南朝造像（造像碑）多刻有浮雕，内容以本生、佛传（或经变图，有争议）为主，其中至少有两个形式特征与本题相关。

其一，四川地区的佛教叙事性图像经常以山水树石图像作为背景，典型实例如万佛寺"元嘉二年造像碑"背面佛传图（图 3-4-15）[⑦]、"梁二菩萨造像碑"背面画像（图 3-4-16）及"梁须弥山造像碑"[⑧]等。此类浮雕甚至出现在西安路出土的一尊佛

---

① 曾布川宽综合了四方面证据：（一）墓室形制；（二）随葬品器型；（三）同题材图像之粉本关系；（四）竹林七贤图像的顺序（此以嵇康为首，而较早的则以阮籍为首）。详阅：曾布川宽. 六朝帝陵：以石兽和砖画为中心. 傅江，译. 南京：南京出版社，2004：第九章"竹林七贤和荣启期图砖画"。

② 刘志远，刘廷壁. 成都万佛寺石刻艺术. 北京：中国古典艺术出版社，1958；袁曙光. 四川省博物馆藏万佛寺石刻造像整理简报. 文物，2001（10）：19-37.

③ 雷玉华. 成都市西安路南朝石刻造像清理简报. 文物，1998（11）：4-20.

④ 张肖马、雷玉华. 成都市商业街南朝石刻造像. 文物，2001（10）：4-18.

⑤ 成都文物考古研究所. 成都市下同仁路遗址南朝至唐代佛教造像坑. 文物，2016（6）：55-81.

⑥ 四川博物院，等. 四川出土南朝佛教造像. 北京：中华书局，2013：174-208.

⑦ 李静杰认为，该造像碑造于南朝梁代（502—557），而不可能是刘宋元嘉二年（425）之物。李静杰. 四川南朝浮雕佛传图像考察// 中国古迹遗址保护协会石窟专业委员会，龙门石窟研究院. 石窟寺研究. 北京：文物出版社，2010：100-118.

⑧ 图版见：James C.Y. Watt. *China: Dawn of a Golden Age, 200-750 AD*. New York: The Metropolitan Museum of Art, 2004: 224-225, pl. 126。

图 3-4-15 “元嘉二年造像碑”背面及碑侧佛传图（拓本）[南朝梁，成都万佛寺出土，原石已佚]

图 3-4-16　“梁二菩萨造像碑”背面画像［南朝梁，成都万佛寺出土，四川博物院藏］

像的头光背面，上半部雕出以山峦、树木为背景的说法图，下半部图像则纯粹表现自然景物（图3-4-17）。在比较六朝时期南、北方佛教故事画时，李静杰指出，“在故事背景刻划方面，北方多采用房屋、树木等简单的衬托，以标明主题；成都地区多细致地刻划出山水林木，或饰以简陋的房屋，背景动态感较强”①，强调出南朝时四川在山水表现方面的地域先进性。

其二，四川南朝佛教造像（造像碑），大量出现图像结构呈三角形或梯形图式的说法图（一说经变图），这显然是汉代斜边形空间画法渗入佛教艺术之明证，它成为敦煌唐代净土图之先声，第四章还要对此问题详加考察。

图3-4-17 佛头光背面画像（拓本）［南朝梁，成都西安路出土1号立佛像，成都博物院藏］

① 李静杰. 造像碑佛本生本行故事雕刻. 故宫博物院院刊，1996（4）：80.

总之，尽管现存南朝四川造像，多属6世纪上半叶的南梁故物，但考虑到如上两个美术特质，都可以在东汉四川画像中找到源头，因此可大致推知，其反映了四川地区美术自2世纪至6世纪的某种连续性。

3. 文献考察

考察画史文献，使我们对5世纪末之前（相当于北魏汉化改制之前）南方绘画的空间画法及山水成就有更乐观的推测。文献可分为两类：第一类是六朝人自己的论述（原始文献），如顾恺之《画云台山记》、宗炳（375—443）《画山水序》；第二类是后人撰著（研究材料），其中最重要者首推唐张彦远（约815—877）[①]《历代名画记》（847）卷一之《论画山水树石》篇。以上所举《画云台山记》《画山水序》等早期绘画文献，虽也收入《历代名画记》，但毕竟性质有别。此处仅讨论第一类材料，第二类留到第四章考察唐代绘画时再行讨论。

东晋（317—420）顾恺之《魏晋胜流画赞》云：

> 人有长短，今既定远近以瞩其对，则不可改易阔促、错置高下也。[②]

对“今既定远近以瞩其对”一句，各家的句读和理解各不相同，尤其是“以瞩其对”四字，今且不论。但对后半句的理解分歧不大，按照日本学者冈村繁的翻译，“在新画中改变他们的间隔距离，调换位置的高低关系是不行的”[③]。前文已述，西域佛教艺术基本上恪守“基准线原则”，画面中的人物位置很少有高下错置的情况，假使出现也与远近无关。初传华夏时，佛教叙事性图像的面貌也大体如此。而汉画的斜边形空间画法与此相违，这种画法以物象所处位置来标示距离之远近。所谓的“斜边”，说明调整画面中物象的远近关系时，在x轴和y轴上同时发生改变。顾恺之说“既定远近……则不可改易阔促、错置高下也”，可证当时南方的画法（至少有一类画法）与汉画一脉相承，画师可根据需要，通过调整物象在x轴（“阔促”）和y轴（“高下”）所处的位置，来调适其“远近”关系，即创造三维立体空间。顾氏之所以不允许“改易阔促、错置高下”，乃是在“既定远近”前提下说的。远近可定，说明当时掌握了创造三维空间的技巧。

顾恺之《画云台山记》对山水树石画法的描绘细致入微，几乎到了令人瞠目的境地。其云：

---

① 张彦远生卒年失载，此据余嘉锡（1884—1955）考证。余嘉锡．四库提要辨证．北京：中华书局，1980：783.

② 张彦远．历代名画记：卷五．

③ 冈村繁．《历代名画记》译注．俞慰刚，译．上海：上海古籍出版社，2002：289.

山别详其远近。发迹东基，转上未半，作紫石如坚云者五六枚。夹冈乘其间而上，使势蜿蟺如龙，因抱峰直顿而上。下作积冈，使望之蓬蓬然凝而上。次复一峰，是石，东邻向者峙峭峰，西连西向之丹崖，下据绝磵。画丹崖临涧上，当使赫巘隆崇，画险绝之势。……

中段东面，丹砂绝崿及荫，当使嵃嶻高骊，孤松植其上。对天师所壁以成磵。磵可甚相近，相近者，欲令双壁之内，凄怆澄清，神明之居，必有与立焉。可于次峰头作一紫石亭立，以象左阙之夹，高骊绝崿，西通云台以表路。路左阙峰，似岩为根，根下空绝，并诸石重势，岩相承以合，临东磵。其西石泉又见，乃因绝际作通冈，伏流潜降。小复东出，下磵为石濑，沦没于渊。所以一西一东而下者，欲使自然为图。云台西北二面，可一图，冈绕之。上为双碣石，象左右阙。石上作狐游生凤，当婆娑体仪，羽秀而详。轩尾翼以眺绝磵。

后一段，赤岓，当使释弁如裂电。对云台西凤所临壁以成磵，磵下有清流。其侧壁外面作一白虎，匐石饮水。后为降势而绝。

凡三段山，画之虽长，当使画甚促，不尔不称。鸟兽中，时有用之者，可定其仪而用之。下为磵，物景皆倒。作清气带山下，三分倨一以上，使耿然成二重。①

虽然陈传席指出：“《画云台山记》并不是写生或创作《云台山图》之后的追想和评论，乃是准备创作抑或是根本不打算创作的一种假设构图和假设画法”②，然而该文对于考察东晋绘画，仍不失为一篇极有价值的文献。因为，无论是“追想”、“评论”还是“假设”，它都代表“文化内部人”的观点，保存着当时的文化艺术基因。

《画云台山记》有三点值得注意。

其一，文中状写山石的语汇极为丰富，如“山”、“紫石如坚云”、“峰”、“积冈”、“丹崖”、“绝磵”、“绝崿”（断崖）、“阙峰”、“碣石”、“赤岓”等，若转换成图像——假如可以的话——则意味着母题样式复杂多变、绝少雷同。东晋画作今见甚少，且在时代、作者等方面都有疑问。前文论及的几件 6 世纪北朝画像，如北魏纳尔逊孝子石棺、北周康业墓石榻等，则差可与《画云台山记》相比，诚如郑岩所云：“（《画云台山记》）这段文字几乎可以与康业石榻画像对读”③。

其二，该作者对再现空间进深关系，具有明确的自觉意识。尤其是“山别详其远

① 张彦远. 历代名画记：卷五.
② 陈传席. 陈传席文集：第一卷. 郑州：河南美术出版社，2001：117.
③ 郑岩. 北周康业墓石榻画像札记. 文物，2008（11）：73.

近”一句，虽然它与前面“西山”二字之句读关系说法各异，但“详其远近”四字则指陈清晰，且与前述《魏晋胜流画赞》“今既定远近”一句旨趣相近，毋庸置疑。

其三，在母题类型、空间画法之外，顾氏还很重视“造势”，如“(冈)势婉蟺如龙”“(积冈)使望之蓬蓬然凝而上”“险绝之势”“紫石亭立”“诸石重势，岩相承以合”“伏流潜降”“沦没于渊”“降势而绝”“作清气带山下……使耿然成二重”等等。顾恺之《论画》“清游池”条云：“作山形势者，见龙虎杂兽，虽不极体，以为举势，变动多方。”[①]此段文字可与《画云台山记》合观。“重势”的美学意趣与顾恺之“传神写照”学说当有一定内在关涉，二者都在“形似”基础上更胜一重。

南朝刘宋（420—479）画家宗炳《画山水序》云：

> 且夫昆仑山之大，瞳子之小，迫目以寸，则其形莫睹，迥以数里，则可围于寸眸。诚由去之稍阔，则其见弥小。今张绡素以远映，则昆阆之形，可围于方寸之内。竖划三寸，当千仞之高，横墨数尺，体百里之迥。是以观画图者，徒患类之不巧，不以制小而累其似，此自然之势，如是则嵩华之秀，玄牝之灵，皆可得之于一图矣。[②]

此段文字完全符合“近大远小”的视觉原理，尤其是“去之稍阔，则其见弥小”一句最具概括力，冈村繁的翻译是：“距离不断地拉远，而所看的对象也就变得小了”[③]。正是由于契合了这一视觉原理，才可能将广阔的山水景象（“千仞之高”“百里之迥”）收摄于区区方寸大的图画之中（“可围于方寸之内”），即所谓“如是则嵩华之秀，玄牝之灵，皆可得之于一图矣”。通过解读此段文字，图学专家刘克明甚至认为“《画山水序》是一篇关于中心投影的记载，即透视理论的论述，也是迄今世界上最早的记载”[④]。

钱钟书（1910—1998）《管锥编》在论及宗炳《画山水序》“今张绡素以远映，则昆阆之形，可围于方寸之内”一段文义时，通过引征其他七种古籍，集中讨论了六朝山水与地图画法之间的“同”与“异”。钱氏认为：“六朝山水画犹属草创，想其必采测绘地图之法为之。……宗炳斯序传主‘小’与‘似’，折准堂不及地图之严谨，景

① 张彦远. 历代名画记：卷五.
② 张彦远. 历代名画记：卷六.
③ 冈村繁.《历代名画记》译注. 俞慰刚，译. 上海：上海古籍出版社，2002：324.
④ 刘克明. 中国图学思想史. 北京：科学出版社，2008：239. 另参阅：王伯敏. 中国山水画的透视. 天津：天津人民美术出版社，1981：1-5。

色必不同地图之率略，而格局行布必仍不脱地图窠臼（mappy）。”[①] 风格研究提示我们，六朝绘画暗示空间远近，主要是以斜边形图式的方式实现的，其“格局行布”与“测绘地图之法”颇为不同。钱氏旁征博引，激活了大量史料[②]，但文献毕竟存在着有效性范围的问题，如不能将文献与视觉材料进行有效“互证”，单凭史料判断视觉性问题，恐难免有臆测之偏。

综合考察传世画作、考古艺术品和画史文献三类材料，可以取得如下认识：东晋南朝艺术在山水画法和三维空间再现方面具有相当之成就，而这一成就之取得，应与继承汉代传统密不可分，鉴于5世纪末之前南方艺术在表现方式上具有先进性，可以做如下推测，除“秀骨清像”“褒衣博带”这些表层样式的特征外，北魏晚期艺术之变在深层视觉结构方面的嬗变，也完全有可能受惠于南朝。这是笔者对北魏艺术“南朝化”做出的一种新的推测与诠释。

（二）汉朝化（复兴）

既然北魏晚期视觉革命很大程度上与效仿南朝艺术有关，南朝艺术又直接沿袭了汉代传统，况且北方也应该存有汉代艺术传统的余绪，因此，也可以把北朝晚期艺术之变（主要指图像逐渐向三维形似方向发展）理解为汉代艺术传统的复兴，即汉代的斜边形空间画法在经历了曹魏以降百余年的“沉寂”后，到了北魏晚期，在汉代所开启的三维形似方向基础上再次被“激活”，并一度加速度发展，这也为后来唐代艺术之兴盛奠定了必要的画法基础。

然而，如上论证思路若要真正具有说服力，至少还须考察北朝人（文化内部人）的“文化心理”和“内在动机”。芝加哥大学的蒋人和（Katherine Tsiang）提供过一种新颖的解读思路，很有启发性。她认为北魏晚期的汉化改革运动，并非单纯地效仿南朝，而是意在彰显北魏与往昔帝国的某种连续性，而这种对传统的复兴，也自上而下波及非官方艺术[③]。如果蒋人和的这个主张成立的话，可以弥补笔者论证“汉朝化”过程中的逻辑缺环。

（三）中国化（革命）

以上所说的“复兴”，强调的是汉代新画法在6世纪再次流行，它是一种仅出自

---

① 钱钟书. 管锥编：第4册. 北京：中华书局，1996：1284.

② 毕斐.《历代名画记》论稿. 杭州：中国美术学院出版社，2008：32-33.

③ Katherine Tsiang. Antiquarianism and Re-envisioning Empire in the Late Northern Wei//Wu Hung. *Reinventing the Past: Archaism and Antiquarianism in Chinese Art and Visual Culture*. Chicago: Center for the Art of East Asia, University of Chicago and Art Media Resources, Inc, 2010: 127-154.

中国艺术史自身发展逻辑的理解。然而，当讨论超越国别、无远弗届的“佛教艺术”概念时，北朝晚期的风格演变就更多凸显出了“中国化”一面的含义。这场风格之变的实质，是以汉代艺术组织画面的方式，来改造外来的佛教图像，因此当立足于佛教艺术考察时，也可将其理解为佛教图像在汉地发生的一场“视觉方式”的革命。在佛教艺术漫长的中国化进程中，6 世纪仅是这场视觉革命的序曲，更具独创性和本土化色彩的中国佛教艺术样式，是唐代广为流行的净土式经变画，它在既有的“尊像”模式（偶像式）和“叙事性”模式（情节式）之外别开一重境界，成为外来信仰和中国既有美术传统结合最成功的范例，这将是第四章要讨论的主题。

第四章　隋代至盛唐壁画

第一节　引　言

公元581年，杨坚（541—604）废周立隋，开皇九年（589）隋灭陈，统一全国。从此之后的约两百年间，西陲之敦煌（先后称瓜州、西沙州、沙州和敦煌郡）始终在中央政权的管辖和控制下，与帝国中心长安（隋称“大兴”）保持着直接联系[①]，直至“安史之乱”（755）爆发。贞元二年（786），被围困十年之久的敦煌为吐蕃所占，从此敦煌进入吐蕃统治期，即敦煌之中唐时期（与内地之中唐不完全同步）。隋至盛唐的敦煌艺术，与中原两京保持相当程度的一致性，笔者把此阶段作为一个完整的时段加以考察。而到了吐蕃统治期，不仅敦煌与中原的直接交流中断，而且敦煌艺术也发生了一些显著变化，比如流行于初唐和盛唐的通壁大铺经变画形式，变为一壁绘制多铺屏风式壁画，净土变相也有趋减之势，应与唐代前期分段进行考察。

经历了魏晋南北朝的长期积淀和准备[②]，加之隋代南、北方文化碰撞与融合，此外还有隋唐统治者对艺术强有力的支持，这些因素都为唐代前期文化艺术全盛提供了条件。初、盛唐文化艺术之繁荣，诚如张彦远在《历代名画记》（847）卷一《叙画之兴废》篇中所云：

> 圣唐至今二百三十年，奇艺者骈罗，耳目相接。开元（713—741）、天宝（742—756），其人最多。[③]

① 隋唐易代之际是例外。首先是隋大业十三年（617），李轨在武威举兵，控制包括敦煌在内的河西地区，自称凉王。两年后即武德二年（619），新成立的唐王朝灭李轨，把河西纳入其版图中。此后不久，贺拔行威、张护、李通等人先后举兵反叛，至武德六年（623）方定。唐王朝实际有效控制敦煌，是在公元640年占领高昌以后。马德. 敦煌莫高窟史研究. 兰州：甘肃教育出版社，2006：76.

② 在“汉唐之间的艺术与考古”项目论文集的前言中，巫鸿指出：“汉唐之间的四个世纪里，或称三国、两晋、南北朝和隋，是中国历史和美术史上极为重要的一个时期。诸种历史因素，包括地方自治、民族融合和大规模人口迁徙等等，开创了唐代文化艺术高峰的先河。”巫鸿. 汉唐之间的视觉文化与物质文化. 北京：文物出版社，2003：1.

③ 张彦远. 历代名画记：卷一.

唐代艺术成就表现在诸多层面，其中一个重要方面，就是“形似再现”趋于成熟。《册府元龟》记录了一个发生在玄宗开元年间的外交事件，值得艺术史家重视。《册府元龟》卷九九九《外臣部·请求》：

> （开元）十九年（731）十一月，突厥遣其大臣葛阿默察之来朝，献马五十匹，谢恩也。初，突厥苾伽可汗（笔者按：即毗伽可汗，716—734年在位。）之弟阙特勤死，苾伽表请巧匠写其真，诏遣画工六人往焉。既画，工妙绝伦，突厥国内未之见者。苾伽每观画处，嘘欷如弟再生，悲涕不自胜，遂遣察之谢恩，且送画人也。①

这虽是一个偶发事件，但从中可以体会到唐代和突厥一流画师在“模拟再现”方面的差距，亦可由此推见，盛唐艺术在“状物形”方面所取得的成就。

对于敦煌艺术来说，隋代至盛唐也是莫高窟的全盛期。据敦煌研究院学者统计，隋代国祚虽短，但在短短30余年中，莫高窟兴建洞窟约90座之多②，唐前期（初唐和盛唐）又新建洞窟150余座③。这一阶段的敦煌艺术“展示了佛教和佛教艺术全盛时期的面貌”④，作为学术研究的对象，可谓问题复杂、头绪众多，不能逐一缕析。有鉴于此，本章选择了两个与本题直接相关的问题加以重点考察：首先讨论最能反映盛世气象的经变画，特别是关于净土变相的图式来源问题，其次考察这一阶段山水画法的发展及成就。

---

① 王钦若，等编纂. 周勋初，等校订. 册府元龟（校订本）：第11册. 南京：凤凰出版社，2006：11559.

② 马德. 敦煌莫高窟史研究. 兰州：甘肃教育出版社，2006：73. 另据王惠民统计，隋窟多达110座。王惠民. 十年来敦煌石窟内容的考证与研究// 敦煌研究院. 敦煌石窟内容总录. 北京：文物出版社，1996：267.

③ 马德. 敦煌莫高窟史研究. 兰州：甘肃教育出版社，2006：78.

④ 段文杰. 唐代前期的莫高窟艺术// 敦煌文物研究所. 中国石窟：敦煌莫高窟：第3卷. 北京：文物出版社，东京：平凡社，1987：162.

第二节　经变画之视像构成

一、经变画及其分类

入隋之后，敦煌壁画中因缘故事画消失，本生故事的数量也逐渐减少，与此同时“弥勒经变”开始流行，以弥勒上生经变为主。到了唐代，西方净土变（阿弥陀经变、无量寿经变、观无量寿经变）获得巨大发展，盛行于北朝的故事画最终被经变画所取代。

所谓“经变画”，区别于传统的尊像画，以及本生、佛传等故事画，是指根据某部佛经描绘出来的图像。按照敦煌研究院施萍婷的解释：

> 我们所说的敦煌壁画中的经变，既有别于本生故事画、佛传故事画、因缘故事画，又有别于单身尊像，而专指将某一部佛经的几个品，或几部相关佛经组成的首尾完整、主次分明的大画。……而莫高窟壁画上却留有“妙法莲华经变”、“东方药师净土变”、“西方净土变”等等题记，是我们使用经变这一概念的依据。[①]

经变画又以各类净土变相为大宗，包括描绘弥勒之兜率净土、阿弥陀佛之西方净土，以及药师佛之东方净土等。据统计，初唐、盛唐敦煌壁画中各类净土图，约占所有经变画的六成[②]。

学者通常把敦煌的经变画分为“叙事性”和“净土式”（对称式）两大类。赵声良在《敦煌壁画风景研究》（2005）中就是这样进行分类的：

> 隋唐经变画，在构成形式上大体可分为两类：

---

① 施萍婷. 敦煌经变画. 敦煌研究，2011（5）：1-13.

② 王惠民. 十年来敦煌石窟内容的考证与研究// 敦煌研究院. 敦煌石窟内容总录. 北京：文物出版社，1996：269.

一、以佛经中所记的主要人物（包括佛、菩萨）活动为中心的叙事性构成，如维摩诘经变、涅槃经变以及劳度叉斗圣变等。

二、净土图式经变，也就是以净土世界为中心的构成。……但本文所说的净土图式经变，是指在构图上采用了以净土世界为主体的经变画。所以包括东方药师净土、释迦净土、弥勒净土等佛教净土世界。除了阿弥陀经变、无量寿经变、观无量寿经变以外，如弥勒经变、东方药师经变、法华经变、报恩经变、天请问经变等等，都是以净土世界景观为中心的经变。[①]

在1992年发表的《何为变相？》中，巫鸿用了“叙事性图画”（narrative painting）、“偶像式绘画”（iconic depiction）或“对称式组合”（symmetrical composition）这对二元概念区分两种不同的经变画[②]。在论述分类标准时，巫鸿阐发得更深细，但和赵声良的分类却是一致的。

这种分类方式，对大多数经变而言清晰简便、易于操作，唯一的麻烦是划分叙事性经变和故事画时，有时难以抉择。针对该问题，王惠民提供过具体分类标准：“情节生动的本生、因缘、戒律等故事画在广义上可归于经变画，但多数情节只选取佛经的一部分，不代表全经的主要内容，故而单独归于故事画”[③]。根据这种标准，他没有将诸如“虔阇尼婆梨王身燃千灯”“毗楞竭梨王身钉千钉”“须阇提本生”“善事太子本生”等敦煌早期壁画题材算作“贤愚经变”，而是归于故事画类，因为这些图像没有描绘全部《贤愚经》，或者“不代表全经的主要内容”。但是，同样只是《金光明经》的某一部分，隋417窟窟顶前部的“流水长者子品”壁画，却划入“金光明经变”，同时也算作了本生故事画[④]。类似的双重标准，还见于佛传图（如北周290窟、五代61窟等），既是故事画的一类，同时也可以定名为“佛本行经变”[⑤]。

上述分类标准的问题，是根据厘定图像内容进行的划分，从艺术形式角度看，隋代的叙事性经变画与故事画（主要指本生故事画）也没有显著区别，说明二者形式上的亲缘关系。

首先，所处位置一致。在隋代，这两类壁画都常被绘于洞窟顶部，最明显的实例是第302窟和第419窟，这两座洞窟都把本生故事画和叙事性经变画绘于一处。隋

① 赵声良. 敦煌壁画风景研究. 北京：中华书局，2005：92.

② Wu Hung. What is Bianxiang?: On The Relationship Between Dunhuang Art and Dunhuang Literature. *Harvard Journal of Asiatic Studies*, Jun., 1992, 52(1): 129-130.

③ 王惠民. 敦煌经变画的研究成果与研究方法. 敦煌学辑刊，2004（2）：67.

④ 敦煌研究院. 敦煌石窟内容总录. 北京：文物出版社，1996：291，300.

⑤ 王惠民. 经变画研究论著目录：39-40（未刊稿）.

302 窟有“开皇四年”（584）题记，其人字披西披下段绘“福田经变”，上段绘“萨埵太子本生”，东披绘“尸毗王本生”“快目王施眼”“月光王施头”“睒子本生”等多幅横卷式故事画，画风也完全一致。隋 419 窟主室窟顶前部人字披上，东披绘“须大拏太子本生”和“萨埵太子本生”的部分情节，西披将“萨埵太子本生”绘完，另绘出“法华经变·譬喻品”，这三幅作品形式高度一致，均为横卷形式多情节，紧接着后部平顶上的“弥勒上生经变”变为中心对称式，和人字披顶上的壁画样式差异非常明显（图 4-2-1）。

其次，画面构图具有一致性。如前文所述，第 301 窟、302 窟和第 419 窟采用了横卷式构图样式，而隋 423 窟窟顶人字披的“须大拏太子本生”图打破了这种带状分隔形式，更强调营构出相对独立的椭圆形“空间单元”。无独有偶，隋 420 窟窟顶的“法华经变”也采用与第 423 窟本生图相同的样式（图 4-2-2）。根据赵声良的分析：“同 423 窟一样，（第 420 窟壁画）很多地方打破了严格的带状分隔，以树木、房屋、

图 4-2-1　莫高窟第 419 窟窟顶［隋］

图 4-2-2 法华经变·譬喻品（局部）[隋，莫高窟第 420 窟窟顶南披]

山峦作为背景，并使画面统一起来。”[①]这说明，有连续情节的故事画和叙事性经变画，不仅都流行横卷形式构图，而且在隋代同样发展出打破严格长卷形式的新样式。

最后，如上两类图像的母题样式和描绘方式也完全没有差别[②]。

这两类图像，连续式故事画在北朝敦煌壁画中早已习见，而叙事性经变画显然是晚出的题材（在敦煌石窟中，“福田经变”出现于北周，“法华经变”出现于隋代），既然两类图像的形式完全一致，可以认定隋代的叙事性经变画，其基本形式源自早已成熟的连续式故事画。

以上简单叙述了经变画的定义、分类，以及隋代叙事性经变画和北朝故事画之间的相似性，下面考察净土式经变画，这是本节的重点所在。

二、净土变图像来源诸说

隋唐之际，敦煌壁画中经变画居主导地位，其中又以净土式经变的数量最多。以唐代流行的“西方净土变”（包括阿弥陀经变、无量寿经变、观无量寿经变）为例，王惠民曾详尽梳理过 20 世纪中外学者对敦煌西方净土变的研究成果，然而丰富的研究著述，并未使净土变图像来源问题得到根本解决：

---

① 赵声良. 敦煌艺术十讲. 上海：上海古籍出版社，2007：151.

② 6 世纪下半叶的敦煌壁画风格复杂，并非天然一致，画工、粉本来源、观念等多种因素，都可能导致风格产生差异，比如，北周尊像画和故事画之间存在着显著的画法区别。

通过对研究史的考察，我们知道有许多学者关注净土图像研究，但大多数是根据出版物上有限的图版对一窟、一铺或少数几铺净土图像进行介绍、研究，还没有文章对敦煌全部净土图像进行考察。如何在普查全部净土图像的基础上结合敦煌遗书资料、结合敦煌以外的图像和文献资料进行研究，是摆在我们面前的一项课题。[①]

本章旨在对敦煌净土式经变画的形式特征进行考察，具体而言，主要围绕如下两个基础性问题展开讨论：其一，净土式经变画的图式来源；其二，隋至盛唐敦煌净土式经变画的形式演进历程。

学界对西方净土变主题壁画的图像来源，尚未取得一致性看法，可谓众说纷纭、各具特色。当然，学者们普遍认同，敦煌石窟中的净土变相壁画与两京佛寺壁画具有关联，如金维诺在《西方净土变的形成与发展》（1990）一文中所说："中原西方净土变的绘制早于莫高窟，中原绘画对敦煌艺术具有深重影响"[②]，其所谓的"中原"具体指哪里？中原净土图的来源又在何方呢？当进一步追问时，就产生了意见分歧。归纳起来，不外乎"外来"和"本土"两大学术派别，每种派别内部，还可进一步内分为几种不同主张。

（一）外来派

1. 印度说

1951 年，向达发表文章《莫高、榆林二窟杂考》，系统阐述了他对敦煌石窟艺术渊源的看法。该文在"论绘画中之空间观念"部分，讨论了经变画的渊源问题：

> 宋以后之山水画，不仅山水本身须惨淡经营，使其一一停当，即画面所留空间，亦包罗于经营位置之内。……山水画中空间之为用，一方面在保持全画之平衡，一方面则画家一段不尽之意，胥恃此空虚寥阔之境以为寄托。马远、夏圭之作最足以见此种境界。魏晋以降以至于唐则不然。……总而言之，六朝人画象征的意味多而写实的意味少也。唐以后则约定俗成（conventionalised），规矩日趋紧严，……盖已渐趋于写实，而不复如六朝人之挥洒自如矣。然于空间观念则仍循魏、隋以来之旧轨，未予以重视。其绘经变，佛坐中央，绕以菩萨罗汉天龙八部，上下左右隙地别绘与经变有关故事。如弥勒下生变，宝池下于七宝供养

① 王惠民. 敦煌西方净土信仰资料与净土图像研究史. 敦煌研究，2001（3）：18-19.
② 金维诺. 西方净土变的形成与发展. 佛教文化，1990（2）：32.

> 外，附以穰佉王子及王妃剃度之像，上方左右则为宝城及一种七收等故事。必使画面所有隙地几于全部填塞充满而后已。此在宋以后以山水画为正宗之中国画中便甚罕见。然而印度阿旃陁（笔者按：即阿旃陀。）诸石窟壁画则与我国六朝、隋、唐之作，若合符契。此种作风自印度传于西域，如高昌、龟兹诸同，复由西域东被以至敦煌，其间传布途径斑斑可考。则敦煌佛教艺术之导源西域，固可深思也。①

向达从绘画空间问题入手，认为唐代的经变画构图偏满，“必使画面所有隙地几于全部填塞充满而后已”，与宋以后讲究“虚实相生”的山水画很不同，而这种敦煌经变画的面貌，可溯源至印度阿旃陀壁画，从印度先传到新疆龟兹（库车）、高昌（吐鲁番）各地，继而再东传至敦煌。尽管向达宣称“其间传布途径斑斑可考”，但是究竟哪些作品相似，如何相似，文中没有提供证据和论证。

专治佛教美术的学者，在净土变的问题上，几乎没有人认为其图像源头在印度，因为没有实物和文献证据。中国最流行的净土变相是“西方净土变”，而在印度，不仅找不到表现这一主题的图像，甚至连阿弥陀佛尊像也很罕见，目前仅发现一件实物，是 1976 年在印度北部城市马图拉（Mathura）西郊所出的一件造像底座，像已无存，残存的底座上有发愿文，提到“造立阿弥陀佛”，据考证为公元 106 年或 105 年之物。

2. 犍陀罗说

在西北印度，有一种介于尊像和叙事性浮雕之间的犍陀罗浮雕形式：“从以结跏趺坐于莲花座上结转法轮印的佛陀为中心，与左右二胁侍菩萨构成单纯佛三尊像的形式开始，到后来发展到中央的坐佛与周围众多佛、菩萨、供养人等构成一种净土变相的形式，图像表现形式趋于多样化。”②巴基斯坦拉合尔博物馆（Lahore Museum）收藏一件公元 3 至 4 世纪浮雕，出自穆罕默德－那利（Mohhamed-Nari），是此类型浮雕中最知名的一件（图 4－2－3）。目前对该类型浮雕图像存在着多种定名意见，其中亨廷顿（John C. Huntington）认为此图表现的是阿弥陀净土（Amitayus' Sukhavati）③。宫治昭对亨廷顿的论点持谨慎态度，他将其定名为“大光明神变”，但宫治昭同时也承认，这类浮雕图像与后来广为流行的净土变相密切相关：

---

① 向达. 莫高、榆林二窟杂考. 文物参考资料，1951（5）（“敦煌文物展览特刊”下册）：90-91.

② 宫治昭. 犍陀罗美术寻踪. 李萍，译. 北京：人民美术出版社，2006：173.

③ John C. Huntington. A Gandhara Image of Amitayus' Sukhavati. *Annali dell'Istituto Orientale di Napoli*, 1980(40): 651-672.

图 4-2-3 犍陀罗大神变浮雕［3 至 4 世纪，巴基斯坦穆罕默德-那利（Mohhamed-Nari）出土，拉合尔博物馆藏］

此幅“大光明神变”可以看作犍陀罗美术中净土图的雏形。……上述谈到的默罕默德·那利出土的浮雕，难以将其定名为阿弥陀净土图，看来应该是表现释迦进入禅定三昧的佛国世界。从构图上看，可以说是净土图最原始的表现形式。……这里出现了佛三尊像和形似楼阁的建筑物，可以看作在中国得到进一步发展的净土图的原型。[①]

宫治昭提出过一个重要观点，他格外强调犍陀罗美术中“佛三尊像”的重要性（图 4-2-4），认为该造像组合形式影响至极深远，无论是印度流行的“释迦佛—弥勒菩萨—观音菩萨”和“释迦佛—观音菩萨—金刚手菩萨”，还是中国、日本流行的“阿弥陀佛—观音菩萨—大势至菩萨”、“药师佛—日光菩萨—月光菩萨”或“释迦佛—文殊菩萨—普贤菩萨”，这些组合方式无不源自犍陀罗地区的“佛三尊像”原型：“在中国，基于《观无量寿经》《药师经》《法华经》《华严经》而发展的佛教艺术仍旧是重视佛三尊像，且造型是以犍陀罗的佛三尊像为基础的”[②]。

日本创价大学教授辛嶋静志的语言学研究为“犍陀罗说”提供了有力支持。美国佛罗里达州瑞林艺术博物馆（Ringling Museum of Art）收藏一尊 3 至 4 世纪的犍陀罗佛三尊像（编号 MF94.8.5），现仅存两尊像，像座镌刻佉卢瑟底文铭文。据辛嶋静志考察，右侧半跏思惟菩萨是观音菩萨像，其下面铭文为：“Dhamitra 献给 Oloispara 的供品”；主尊坐于莲花座上，相对应的铭文作：“Budhamitra 献给 Amridaa 的（供品）”。辛嶋静志指出 Amridaa 就是阿弥陀佛，这个词“大约是将 Amitābha 的犍陀罗语词形 Amitaha/Amidaha 与 amrta（‘不死、甘露’）结合在一起解释而产生的”[③]。2018年3月，辛嶋静志来华讲学，笔者就此问题与他进行过交流，辛嶋静志以他对瑞林艺术博物馆藏佛三尊像铭文释读为根据，进一步推定诸如拉合尔博物馆、南京大报恩寺遗址博物馆藏无铭文的犍陀罗浮雕，主题也都是阿弥陀净土。

3. 粟特说

近年来不断涌现出的考古新发现，经常能激发学者的想象力。1999 年在山西太原出土的隋开皇十二年（592）虞弘墓石椁（山西博物院藏），就是这样一件考古艺术品。墓主人虞弘是一位入华粟特聚落首领，其石椁图像充满了浓郁的西域文化气息。虞弘墓石椁后壁居中刻有一幅“对坐宴饮图”浮雕（图 4-2-5），该图像所呈现出的梯形图式与敦煌净土变图像有相似之处。旅美中亚学学者周熙隽女史认为，它证明了粟特文化和艺术对敦煌佛教净土变图像的影响：

> 虞弘墓石棺围屏上的这种绘画表明，他们和敦煌的净土壁画中的场景非常相似。但问题是粟特观念影响了佛教艺术，反之亦然。因为这些场景中（笔者按：

① 宫治昭. 犍陀罗美术寻踪. 李萍，译. 北京：人民美术出版社，2006：179-180.

② 宫治昭. 佛像的故乡：犍陀罗// 栗田功. 大美之佛像：犍陀罗艺术. 北京：文物出版社，2017：90.

③ 辛嶋静志. 佛典语言及传承. 裘云青，吴蔚琳，译. 上海：中西书局，2016：327.

图 4–2–4　犍陀罗佛三尊像［3 至 4 世纪，南京大报恩寺遗址博物馆藏］

敦煌之佛教净土变相壁画。）描绘的很多因素非常符合传统的袄教观念和古代袄教经典，而且事实上粟特人在传播宗教和文化观念中总是起着积极的作用，因此本文认为佛教净土壁画中描绘的这些景象很可能是受了粟特人来世观的影响。[①]

① 周熙隽. 敦煌佛教净土变画中来自粟特的影响// 敦煌研究院. 2004 年石窟研究国际学术会议论文集：下册. 上海：上海古籍出版社，2006：838.

图 4-2-5 对坐宴饮图［隋开皇十二年（592），虞弘墓石椁后壁中部画像，山西太原出土，山西博物院藏］

通过其表述可知，周熙隽并没有区分“粟特美术”和“入华粟特美术”。

（二）本土派

1. 支道林《阿弥陀佛像赞（并序）》

从文献上看，中国的净土图出现很早。早在东汉（2 世纪下半叶），来自月氏国的支娄迦谶（支谶）翻译出《佛说无量清净平等觉经》和《般舟三昧经》，是最早的西方净土类经典汉译本。三国时，康僧铠译《佛说无量寿经》，支谦译《大阿弥陀经》，弘布净土信仰。东晋时，高僧支道林（支遁，314—366）撰《阿弥陀佛像赞（并序）》，收入《广弘明集》卷十五。支道林的这篇“像赞”中，出现大量描绘净土庄严景象的词句：

造化营域，云构峨峨。紫馆辰峙，华宇星罗。玉闱通方，金墉启阿。景倾朝日，艳蔚晨霞。……甘露敦洽，兰蕙助声。化随云浓，俗与风清。葳蕤霄散，灵飚扫英。琼林喈响，八音文成。珉瑶沈粲，芙蕖晞阳。流澄其洁，蕊播其香。潜爽冥华，载扬来翔。孕景中葩，结灵幽芳。[①]

通过研究《阿弥陀佛像赞（并序）》文本，陈明和施萍婷认为，这幅早已不存的东晋阿弥陀佛像，“实际上是一幅在当时比较完整的无量寿经变画。……表现了西方净土变最重要的中心情节。从这一点来说，其所描写的应是中国最早的一幅无量寿经变，也应该是后来各种净土变（包括无量寿经变）的蓝本”[②]。支道林是东晋高僧，生活在以建康（南京）为中心的东南地区，因此陈明和施萍婷推测，西方净土变在北方大规模流行，似乎从隋代开始，在南方“实际上早在东晋时代，就已经有比较完整的西方净土变相了”[③]。

2. 麦积山第127窟

就现存实物看，最早的净土图在天水麦积山石窟。

这里要说明一点，净土图不同于尊像，它要表现净土世界的种种庄严景象。所以，单独造（绘）的阿弥陀佛（无量寿佛）像、“西方三圣”像，或“无量寿佛说法图”（如敦煌西魏285窟东壁）等，完全没有净土世界的景物表现，显然不同于净土变相。甚至如敦煌西魏249窟南、北侧壁上的两铺“绿水莲花说法图”，仅绘出很小面积的绿水，并没有表现其他净土景观，因此至多表述为“净土变的雏形”[④]，也不能算作真正意义上的“净土变”。

麦积山第127窟（乙弗窟）西壁上方有一铺大型“西方净土变”（图4-2-6），约为西魏初年之作，宽4.55米，高1.63米。画面正中上部有座单檐庑殿顶殿堂，阿弥陀佛端坐其中，身旁有胁侍菩萨，以及众多弟子、伎乐等，画面下部是宽阔的广场，两侧各绘一个高大的阙形建筑，画面右侧绘莲池，此外画中还绘出多株宝树。东山健吾一方面承认，麦积山第127窟的这铺“西方净土变”，是该题材现存最早之作，另一方面他并不认为这是天水麦积山画师的原创，而是与西魏都城长安联系了起来：

> 在中国现存的西方净土变中乃最古老、规模最大，与长安寺院中的净土图相仿。……为北魏末期或西魏大统（535—552）初年的样式。此窟壁画特别优雅，

① 大正藏：第52卷，No. 2103：196页下-197页上.

② 陈明，施萍婷. 中国最早的无量寿经变：读支道林《阿弥陀佛像赞并序》有感. 敦煌研究，2010（1）：27. 另参阅：施萍婷. 支道林《阿弥陀佛像赞并序》注释. 敦煌研究，2010（1）：28-31。

③ 陈明，施萍婷. 中国最早的无量寿经变：读支道林《阿弥陀佛像赞并序》有感. 敦煌研究，2010（1）：24.

④ 敦煌文物研究所. 中国石窟：敦煌莫高窟：第1卷. 北京：文物出版社，东京：平凡社，1982：214，图96说明文字；林保尧. 敦煌艺术图典. 台北：艺术家出版社，1991：74，77.

图 4-2-6 西方净土变［北魏末或西魏初（6 世纪 30 年代），甘肃天水麦积山第 127 窟西壁上方］

> 绘画技艺高超，可能有长安的画工参与工作。[①]

这不是东山健吾个人的见解，沙武田也持同样的主张："麦积山第 127 窟西方净土变也是现存最早，又最完整、表现最成熟的净土变。……这种特殊的现象似乎表明其绘画粉本和工匠来源的不同。麦积山第 127 窟的净土变无疑是从长安中原传来的粉本画稿，代表了当时最为成熟的样式。"[②]

3. 四川说（南朝说）

众所周知，南北朝之际南朝文化发达，就北朝而论，"东魏—北齐" 文化高于 "西魏—北周"，更多学者倾向于溯源至南朝或北齐。这出自对南北朝文化的总体性认知，某项观点要想成立，还要将它同确凿的实物证据结合起来。

早在 20 世纪 60 年代，长广敏雄就曾撰文《智光曼荼羅の研究》（1969），提出唐代净土经变图源于南朝浮雕的看法，但没有举具体作品实例[③]。更深入的讨论来自美

① 东山健吾. 麦积山石窟的创建与佛像的源流. 官秀芳，译. 敦煌研究，2003（6）：73.

② 沙武田. 北朝时期佛教石窟艺术样式的西传及其流变的区域性特征：以麦积山第127窟与莫高窟第249、285 窟的比较研究为中心. 敦煌学辑刊，2011（2）：101.

③ 长广敏雄. 智光曼荼羅の研究. 元兴寺佛教民俗资料刊行会. 智光曼荼羅，1969. 转引自：赵声良. 成都南朝浮雕弥勒经变与法华经变考论. 敦煌研究，2001（1）：38。

籍学者王静芬（Dorothy C. Wong）。她曾讨论过成都万佛寺遗址出土的南朝佛教石雕[①]，其中有一件“梁二菩萨造像碑”（王静芬称“2号石雕”），约造于6世纪中期，王静芬认为，其碑阴浮雕图像在表现空间场景方面取得重大突破（图4-2-7），这种形式对隋唐的净土图也产生了深刻影响：

图4-2-7　“梁二菩萨造像碑”碑阴上部画像（拓本）[南朝梁，成都万佛寺出土，四川博物院藏]

> 2号石雕呈现的是一个更为合理的绘画空间，方法是统一地、连续地处理风景画中的各个因素，加以汇聚透视法的发明和运用。汇聚透视法就是沿着一个想象的中心轴把对称的交接线汇聚到一起。这一革新大大有利于后来的全景净土图和风景画的发展。……2号石雕的作者则把视觉空间的各个图景密切地联成一个整体，表现出对写实手法的深刻理解和掌握。这种更为合理的表现方式并没有消除石雕在宗教思想上的象征意义，因为读者的视线被直接引向图画中心，聚焦于佛教人物聚居地。图景的核心因与上面净土风景中的阿弥陀佛处于同一中心轴上而得以突出。[②]

王静芬还就空间表现方式问题，比较了该图像与汉代绘画的“同”与“异”。她认为，万佛寺出土的南朝佛教浮雕“尝试着把新的思想内容和已有的表现空间的模式结合在一起。源于汉代的平行直交透视法被汇聚的、多视角的透视方法所取代，此方法成为后来大型净土图的主要结构原则”[③]。

除长广敏雄、王静芬外，敦煌研究院的赵声良亦持“四川说”。赵声良认为：“从现存的出土资料来看，净土图式的经变在南朝已经出现。最有力的证据就是四川省成

---

① Wong, Dorothy C. The beginnings of the Buddhist stele tradition in China. Ph. D. dissertation, Harvard University (Advisers: Wu Hung and John M. Rosenfield), 1995：chapter 2；王静芬. 四件四川佛教石雕和净土图像在中国的起源. 郭春萍，译. 敦煌研究，2002：1-2.

② 王静芬. 四件四川佛教石雕和净土图像在中国的起源（续）. 敦煌研究，2002（2）：83.

③ 王静芬. 四件四川佛教石雕和净土图像在中国的起源. 敦煌研究，2002（1）：34.

都市万佛寺出土的南朝佛教浮雕法华经变和弥勒经变。”[1]他所指的“法华经变浮雕”，就是王静芬所谓的万佛寺“2号石雕”。

4. 北齐说

河北邯郸响堂山石窟，是东魏、北齐都城邺城附近最重要的石窟。南响堂山第1、2窟是一组“双窟”，两座洞窟主室窟门上方均有一铺“西方净土变”浮雕，现藏华盛顿弗利尔美术馆。王惠民在其博士论文中，把敦煌最早的几铺“西方净土变”壁画——如隋代393窟、初唐220窟、初唐321窟——与邯郸南响堂山、安阳小南海等北齐石窟的“西方净土变”浮雕进行了图像比较研究，特别是南响堂山第2窟浮雕（图4-2-8），认为敦煌隋窟和初唐窟中的西方净土变，“明显可与北齐石窟中的类似内容相比，这些图像‘万里同风’，令人深思”[2]。作为结论，王惠民指出：“（莫高窟）隋代的西方净土图像似乎接受了北齐的影响，这一影响一直延续到初唐时期。”[3]

李静杰也曾表示过“莫高窟净土信仰及净土经变的流行，与中原地区关系密切”的观点[4]。通过上下文可知，李静杰所说的“中原地区”，主要是指北齐邺都地区石窟（南响堂山第1、2窟）。按照笔者的理解，李静杰之所以没有把图像形式更接近的四

图4-2-8 “西方净土变”浮雕［北齐，河北邯郸南响堂山第2窟，华盛顿弗利尔美术馆藏］

① 赵声良. 敦煌壁画风景研究. 北京：中华书局，2005：95. 另参阅：赵声良. 成都南朝浮雕弥勒经变与法华经变考论. 敦煌研究，2001（1）：37-39。

② 王惠民. 敦煌净土图像研究. 广州：中山大学博士论文（姜伯勤指导），2000：152.

③ 同②161.

④ 李静杰. 敦煌莫高窟北朝隋代洞窟图像构成试论// 李治国. 2005年云冈国际学术研讨会论文集（研究卷）. 北京：文物出版社，2005：392.

川南朝造像碑浮雕作为隋唐净土经变图的来源，一个关键性原因在于，万佛寺“梁二菩萨造像碑”上的说法图（过去通常被认为是净土图）实际上是佛传情节，而非净土变，他在论著中已多次重申过这一论点[①]。

三、从汉画到佛教图像

（一）研究思路

以上列举各家主张，除观点各异外，其实研究着眼点也并不完全一致，有的强调美术形式（向达、周熙隽、王静芬），有些偏重图像内容（王惠民、李静杰）。在进一步讨论之前，需要说明一点，本课题所针对的“图式来源”问题，侧重于视觉意义上的风格语言，即图像的基本格局或模式，而不是图像学意义的“图像内容”。换言之，笔者所关注的是图像所表现出来的样子，即贡布里希所谓的“图像类型的历史”。

如果从图式角度考察，无论是四川成都万佛寺出土的南朝浮雕、北齐南响堂山“西方净土变”浮雕，还是太原隋代虞弘墓石椁之《对坐宴饮图》浮雕，乃至敦煌唐代净土变壁画，都共享着某种整体上的形式语言共性，因此这些作品都是各种不同时、空位置上的“流”，真正的“源”是汉代的斜边形空间画法。换句话说，只有在汉代这种新的视觉看法和描绘方式成立后，此类图像才有可能出现。若仅在不同的“支流”之间进行比较，倘不是没有意义（支流之间无关联时），至少也是不够彻底的做法（支流之间有关联时）。

以“粟特说”为例，这种观点认为，敦煌净土壁画受到粟特美术（假设指的是“入华粟特美术”）影响。但是，如果考虑到同样是“场景非常相似”而时代更早的佛教图像（如成都万佛寺浮雕或邯郸南响堂山浮雕），是否就得出相反的结论呢？无论是说粟特美术影响中国佛教美术，还是相反，其认识模式都是一样的，它假设形式相似者具有相互影响关系，时代早者定其为“源”（施与影响者），时代晚者定其为“流”（接受影响者）。这种研究思路在关注具体作品、微观的“内容”和“事件”之余，对整体艺术环境和时代视觉习惯完全未予考虑，仅用少数作品作为立论依据，其所导致的结果很可能是，把那些有着共同或类似外部环境，同时又各自平行、单独发展的相似事物，强行解释为早出者影响了后出者，这时所比较的作品时、空差距越大，所犯的错误就可能越严重，特别是遇到跨文化问题时，很容易得出“谬之千里”的说法。

相比之下，王静芬将南朝佛教画像与汉画进行比较的做法值得称道，因为只有在

① 李静杰. 四川南朝浮雕佛传图像考察// 中国古迹遗址保护协会石窟专业委员会，龙门石窟研究院. 石窟寺研究. 北京：文物出版社，2010：104-110.

对艺术传统进行通盘考量的基础上，才可能对某种具体艺术现象的文化属性，做出合理的判断。王静芬从空间表现方式问题出发，将万佛寺造像与汉代绘画进行了比较，该文指出：

> 中国传统的表现绘画空间的方式是平行直交透视法，……在2号石雕中，汉代透视方法经历了一次革命性的改变。……6世纪始用汇聚透视法，可能是受了佛像绘画方式的影响，以正面、具有中心和对称为特征。当对称和平衡原则被运用时，汉代的平行直交透视法就被改变。……2号石雕是用新发明的汇聚透视法来完成更为合理的绘画空间。这是一个革新，在6世纪的中国其他地方也被尝试过。①

该文认为，汉代传统的空间表现方法是“平行直交透视法”，而四川南朝艺术创造出一种与之不同的“汇聚透视法”，即一种“可能是受了佛像绘画方式的影响，以正面、具有中心和对称为特征”的图式，后来的唐代净土变，正是以此作为其图像的“结构原则”，因此南北朝佛教艺术可以被认为“经历了一次革命性的改变”。尽管其研究思路深可嘉许，但笔者并不完全认同她的结论，原因在于，作者忽略了一些对其观点不利的作品。实际上，汉画中既存在“平行直交透视法”，也不乏运用其所谓“汇聚透视法”的实例，六朝佛画艺术家的成就并非完成了所谓“革命性的改变”，而是合理选择了本土艺术传统中的某些既有资源加以继承和发展。

（二）汉代绘画

如第一章所述，在被断为西汉晚期（约公元前1世纪后半叶至纪元前后）的西安理工大学1号墓室壁画中②，首次出现了斜边形空间画法。而这种画法有两类典型面貌：一类以平行四边形图式出现，即王静芬所谓的“平行直交透视法”，西安理工大学墓西壁《斗鸡图》属于此类；另一类则表现为梯形或三角形样式，已知最早的实例是同墓西壁南端的《宴乐图》（图4-2-9）。尽管该图像并没有非常严格遵循正面和中心对称原则，而是略偏向于画面一侧，但它仍可划归于“汇聚透视法”的范畴。总之，在汉代两种图式是同步产生的。方闻先生曾把汉代发展出的三维空间画法称为“平行透视”（parallel perspective）③，笔者之所以未沿用该术语，而将其定义为“斜边

---

① 王静芬. 四件四川佛教石雕和净土图像在中国的起源（续）. 敦煌研究，2002（2）：83-85.

② 西安市文物保护考古所. 西安理工大学西汉壁画墓发掘简报. 文物，2006（5）：7-44.

③ Wen C. Fong. Why Chinese Painting is History?. *The Art Bulletin*, June, 2003, 85(2): 272-273.

图 4-2-9 宴乐图（摹本）[西汉晚期，西安理工大学 M1 墓室西壁南部壁画]

形空间画法”，原因就在于，虽然平行四边形图式在汉画中更为常见，但还有一部分画作以三角形或梯形这种可以产生汇聚感的图式面貌出现。

安徽灵璧阳嘉三年（134）画像石呈现出类似的结构[①]，它展现出了严格的“正面、具有中心和对称”的形式特征。更为典型的实例，见于山东金乡“朱鲔石室”东汉画像，以及出自山东的一块汉画像石第二层宴饮图中（图 4-2-10），对此第一章已略加介绍。信立祥直接将这种表现方式定义为“焦点透视构图法”，尽管这种定义假设了“焦点意识”的存在（详见第五章第四节），而未能认识到它实际是一种不同于西方光学透视模式的“图绘式再现”（pictorial representation）方式，但信立祥对图像的描述却很到位：

> 在前者右部的宴饮场面中，沿纵深空间整齐排列的两排宴饮者中间是一条摆满食物的通道，由于画面采用了焦点透视法构图，通道自画面底线渐远渐窄呈等边三角形，宴会的主人公正好坐在这个等边三角形的顶点位置上，这使得图像中的众多人物主次分明，层次清晰。[②]

图像内容有其发展脉络和传承关系，图像的组织模式（结构）亦有其自身的历

① 杨爱国. 幽明两界：纪年汉代画像石研究. 西安：陕西人民出版社，2006：49.
② 信立祥. 汉代画像石综合研究. 北京：文物出版社，2000：54.

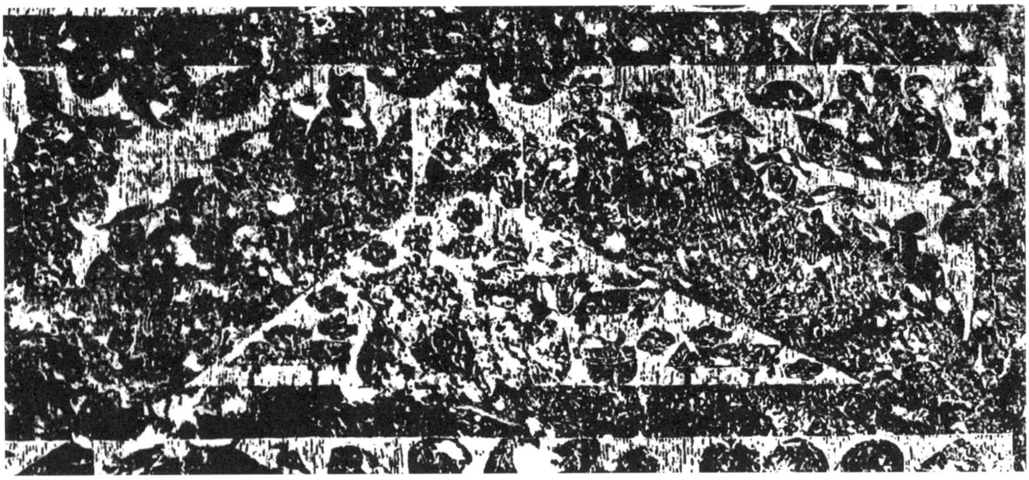

图 4–2–10 画像石宴饮图（拓本）［东汉中晚期，山东出土，藏地未详］

史，二者很可能并不相同。从前一个角度看，敦煌净土图和汉画之间了不相干；而从后一个视角考察，无论是成都万佛寺的佛教石雕，还是虞弘墓石椁的《对坐宴饮图》，莫不受惠于汉代发展出的这种“视觉看法”和空间描绘方式，这些内容相去甚远的图像之间，倒可以共同组成一个前后承续的“图式的历史”。

传为顾恺之的《女史箴图》中，描绘“灵鉴无象”那一段，画面运用了一个三角形图式。这段画面表现的虽不是宴饮内容，三角形的顶点位置也没有出现居中而坐的人物形象，但是这种“结构”（图式）在汉代美术中却是屡见不鲜的，体现出《女史箴图》创作者对汉代艺术传统的继承和巧妙运用。

（三）佛教图像

运用本土的空间表现方式来描绘佛教内容，这是南北朝时期（特别是 6 世纪）中国佛教艺术的一个重要现象，它反映了外来的佛教艺术在形式风格的深层结构层面的“中国化”。王静芬描述万佛寺浮雕所运用的“汇聚透视法”时，曾表示过这种表现方法“在6世纪的中国其他地方也被尝试过”的观点①，可惜除麦积山第127窟壁画和南响堂山石窟北齐浮雕外，她没有列举更多实例。有鉴于此，下文略作补充，首先列举南朝作品，然后再考察北朝图像。

① 王静芬. 四件四川佛教石雕和净土图像在中国的起源（续）. 敦煌研究，2002（2）：85.

1. 南朝

南朝实例集中于四川，6 世纪上半叶，成都地区的南朝造像和造像碑上，经常出现一种以三角形或梯形图式表现的说法图或经变图，流行度极高。典型实例按年代先后排列，无纪年者列在后面。

（1）王州子等造释迦石像（编号 90CST ⑤ :8/ 成考所商业街 8 号背屏式造像）[①]，梁天监十年（511），成都商业街出土。造像莲瓣形光背正面上部雕刻说法图（图 4-2-11），场景略呈金字塔状，佛陀居顶部位置，两斜边上各排列三身弟子像和一方形塔，塔外侧另刻一弟子像，面塔跪坐。

（2）僧和兄弟造释迦石像（编号 H3:11），南朝梁，梁天监十五年（516），成都下同仁路遗址出土[②]。下同仁路遗址出土造像，时代以南朝、北周居多，少量为隋唐造像，共有 5 件纪年造像，这是最早的一件，根据发愿文可知造于"梁天监十五年"（516）。该造像背面雕刻一幅带有建筑、山峦、树木的说法图（图 4-2-12）。画面分三段，上段有层层山峦及树丛，代表远景；中段以一座巍峨的单檐歇山顶殿堂为中心，两侧列植树木，殿堂内有一身结跏趺坐菩萨，身旁围绕着菩萨、弟子等众；下段

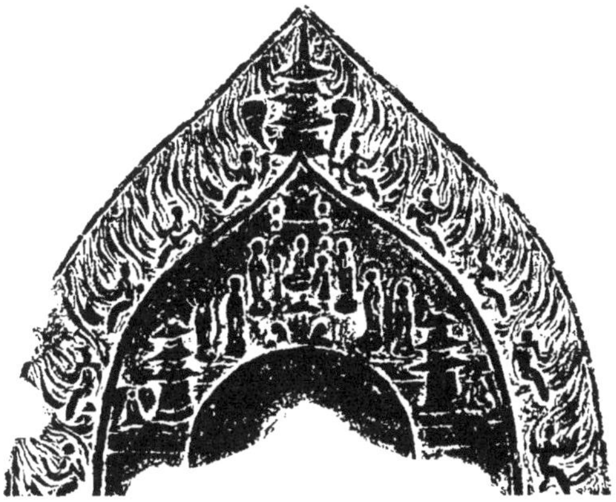

图 4-2-11　王州子等造释迦石像顶部浮雕（拓本）[梁天监十年（511），四川成都商业街出土，四川博物院藏]

图 4-2-12　僧和兄弟造释迦石像背面上部浮雕（拓本）[南朝梁，四川成都下同仁路遗址出土]

① 张肖马，雷玉华. 成都市商业街南朝石刻造像. 文物，2001（10）：12-14；四川博物院，等. 四川出土南朝佛教造像. 北京：中华书局，2013：137-140.

② 成都文物考古研究所. 成都市下同仁路遗址南朝至唐代佛教造像坑. 考古，2016（6）：69-71.

表示前景，以描绘供养人为主。

（3）比丘晃藏造释迦石像（编号 H1:3/ 成考所西安路 3 号背屏式造像）[①]，梁中大通二年（530），成都西安路出土。莲瓣形光背正面上部刻三幅说法图，构成一个“品”字形结构（图 4-2-13）。上方的说法图，空间场景呈三角形，中间顶部有一佛帐，顶饰蕉叶、下设莲座，居中有一坐佛，两侧斜边位置对称刻两排弟子像。三角形的二底角位置，另刻出两组说法图，左右对称。

（4）张元造释迦多宝并坐石像（编号 H1:5/ 成考所西安路 4 号背屏式造像）[②]，梁大同十一年（545），成都西安路出土。莲瓣形光背上部有浮雕说法图（图 4-2-14），形式与西安路“比丘晃藏造释迦石像”大体类似，在三角形底边中部，多刻出一尊结跏趺佛像。

（5）比丘慧影造释迦坐像[③]，梁中大同元年（546），出土地未详，顾廷揖捐赠，上海博物馆藏。其顶部线刻说法图中，两侧两排弟子，呈金字塔形，图式与前述成都商业街及西安路造像上的说法图略同（图 4-2-15）。

（6）四川汶川出土南朝三佛造像（馆藏号 1199/ 汶文所 2 号背屏式造像）[④]，背光

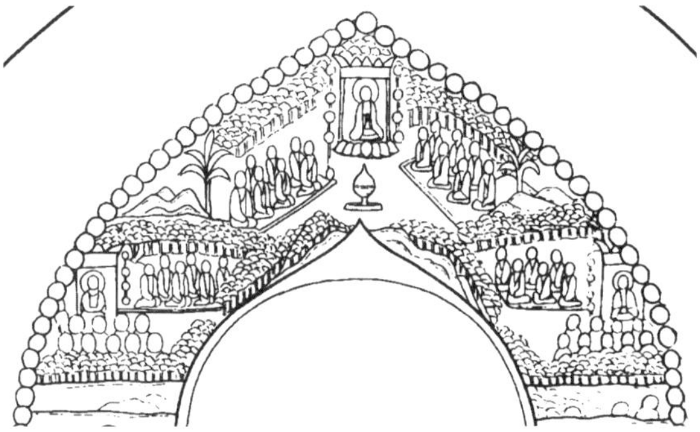

图 4-2-13 比丘晃藏造释迦石像顶部浮雕（描摹）［梁中大通二年（530），四川成都西安路出土，成都市文物考古研究所藏］

图 4-2-14 张元造释迦多宝并坐石像顶部浮雕［梁大同十一年（545），四川成都西安路出土，成都市文物考古研究所藏］

① 雷玉华. 成都市西安路南朝石刻造像清理简报. 文物，1998（11）：6-7；四川博物院，等. 四川出土南朝佛教造像. 北京：中华书局，2013：157-160.

② 雷玉华. 成都市西安路南朝石刻造像清理简报. 文物，1998（11）：8-9; James C.Y. Watt. *China: Dawn of a Golden Age, 200-750 AD*.New York：The Metropolitan Museum of Art, 2004: 226-227；四川博物院，等. 四川出土南朝佛教造像. 北京：中华书局，2013：160-163.

③ 发愿文见：金申. 中国历代纪年佛像图典. 北京：文物出版社，1994：496-497。

④ 图版见：雷玉华，李裕群，罗进勇. 四川汶川出土的南朝佛教石造像. 文物，2007（6）：89，图八；封三，图3. 四川博物院，等. 四川出土南朝佛教造像. 北京：中华书局，2013：205-208。

图 4-2-15　比丘慧影造释迦坐像顶部说法图［梁中大同元年（546），上海博物馆藏］

正面上部刻浮雕坐佛七身，原报告称“七佛呈‘八’字形排列”①，实则是构成了一个三角形结构的说法场景。造像背面上部有浮雕说法图，雕出山峦和树木。此件造像无纪年，研究者判断其“年代大致在普通年间（520—526）或稍后”②。

（7）梁十一尊石刻造像（编号 90CST ⑤ :7/ 成考所商业街 7 号背屏式造像）③，南朝梁，成都商业街出土。与前几例相似，石雕莲瓣形光背上部有说法图浮雕（图 4-2-16），图像中人物更多，宝帐前方两侧各有一组弟子，每组 12 人，两组弟子中间还有一组弟子，共 6 人。三角形图式的两底角位置，另绘出两组说法图。

（8）背屏式造像残件（编号 H3:26），南朝梁，成都下同仁路遗址出土④。下同仁路遗址出土造像中，5 件有纪年，最早为梁天监十五年（516），最晚为北周天和三年（568）。其中编号 H3:26 造像仅存背屏顶部残件，同样出现浮雕“品”字形结构的说法场景（图 4-2-17），和成都西安路“比丘晃藏造释迦石像”（530）、“张元造释迦多宝并坐石像”（545），以

图 4-2-16　梁十一尊石刻造像顶部浮雕（拓本）［南朝梁，四川成都商业街出土，成都市文物考古研究所藏］

① 雷玉华，李裕群，罗进勇. 四川汶川出土的南朝佛教石造像. 文物，2007（6）：88.

② 同①91-92.

③ 张肖马，雷玉华. 成都市商业街南朝石刻造像. 文物，2001（10）：10-12；四川博物院，等. 四川出土南朝佛教造像. 北京：中华书局，2013：134-137.

④ 成都文物考古研究所. 成都市下同仁路遗址南朝至唐代佛教造像坑. 考古，2016（6）：72.

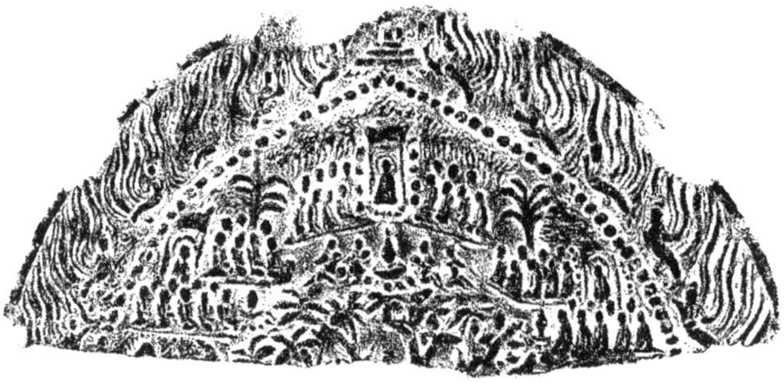

图 4-2-17 背屏式造像残件浮雕（拓本）［南朝梁，四川成都下同仁路遗址出土］

及成都商业街“梁十一尊石刻造像”的顶部浮雕非常相似，判断其时代为 6 世纪上半叶。这种四川南朝造像上流行的“品”字形结构三组说法图，很可能表现的是弥勒“龙华三会”。

（9）梁二菩萨造像碑（川博1号造像碑）①，南朝梁，成都万佛寺遗址出土，四川省博物馆藏。即王静芬所谓运用“汇聚透视法”的“2 号石雕”，其碑阴上半部的浮雕说法图，以三角形图式组织画面，非常典型，前文已述。

（10）须弥山造像碑（川博3号造像碑）②，南朝梁，成都万佛寺遗址出土，四川省博物馆藏。该造像碑碑阴为“弥勒经变”浮雕（图 4-2-18），画面上方是弥勒上生经变，以正在兜率天说法的交脚弥勒菩萨为中心，两侧山峦起伏。图像中部有三个说法图，表现的是弥勒下生经变之“龙华三会”，中间是三角形场景，主尊为正面形式，背后绘出山峦，两侧呈平行四边形，主尊朝向画面中央。图像下部描绘“一种七收”（左）和“迦叶禅窟”（右）。王静芬对该图像做过如下描述：“整个图景是从非常高的视角画的，使画中表示地面的直线急剧地向上倾斜。石雕大部分使用汇聚透视法，但左下方田野的边界背离而不是朝向中心，所导致的锯齿形的效果，我们称之为鱼脊透视图法，也常常用于后来的净土图中。”③ 王静芬推断，这件造像碑属于 6 世纪末期或 7 世纪早期，笔者对这个观点持审慎态度，通常认为它仍是一件南朝梁代的作品。

2. 北朝

下面再看运用了相同结构的北朝佛教图像。

---

① 李静杰. 四川南朝浮雕佛传图像考察// 中国古迹遗址保护协会石窟专业委员会，龙门石窟研究院. 石窟寺研究. 北京：文物出版社，2010：104-110；四川博物院，等. 四川出土南朝佛教造像. 北京：中华书局，2013：102-107.

② 袁曙光. 四川省博物馆藏万佛寺石刻造像整理简报. 文物，2001（10）：19-37；赵声良. 成都南朝浮雕弥勒经变与法华经变考论. 敦煌研究，2001（1）：34-36；四川博物院，等. 四川出土南朝佛教造像. 北京：中华书局，2013：110-114.

③ 王静芬. 四件四川佛教石雕和净土图像在中国的起源（续）. 敦煌研究，2002（2）：85-86.

图 4-2-18 须弥山造像碑碑阴弥勒经变浮雕［南朝梁，四川成都万佛寺遗址出土，四川博物院藏］

（1）法义兄弟等二百人造像[①]，北魏永熙三年（534），山东临淄出土，现藏纽约大都会艺术博物馆（Metropolitan Museum of Art）。造像背屏上方刻有说法图（图 4-2-19），

① 发愿文见：大村西崖. 中国美術史彫塑篇. 东京：国書刊行会，1980：244。

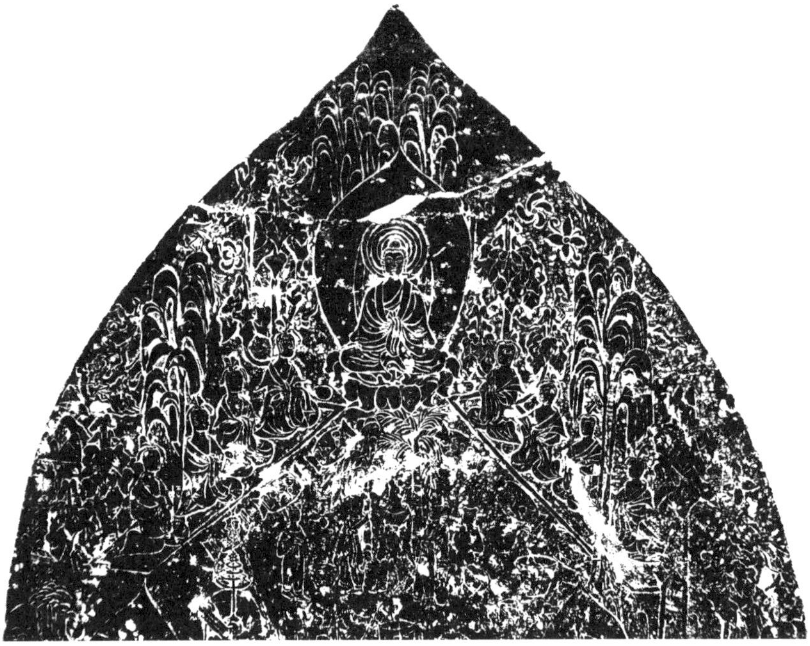

图 4-2-19 法义兄弟等二百人造像背面（拓本局部）[北魏永熙三年（534），山东临淄出土，纽约大都会艺术博物馆藏]

图像呈三角形，顶部居中者是一尊结跏趺坐佛，两斜边上各有一组弟子，每组四人，互相面对跪坐，其背后列植树木。

（2）天水麦积山第 127 窟“西方净土变”壁画，位于窟内西壁上方，约绘于西魏初年。前文已经论及，这幅“西方净土变”壁画历来为学界所重视，如东山健吾的评价：“尤其右壁上方的西方净土变，以阿弥陀三尊佛为中心，绘有楼阁、宝池、舞乐等，构图完备，在中国现存的西方净土变中乃最古老、规模最大，与长安寺院中的净土图相仿。”[①] 此壁画所表现的空间场景宏大，图像内容较临淄出土“法义兄弟等二百人造像”（534）背屏画像更丰富，如东山健吾所提及的楼阁、宝池和舞乐图像，均为“法义兄弟等二百人造像”中的图像所阙如的，但二者的基本结构和空间表现方式却是一致的。

（3）天水麦积山第 27 窟“法华经变”壁画（图 4-2-20），绘于洞窟顶部正披，乃北周画作。壁画以并坐的二佛为中心，周围有菩萨、比丘及天王等众，画面右侧的“闻法众”和左侧的城池均为斜边形态，围合出一个略呈梯形的空间场域。

（4）晋城青莲寺出土“十二梦王”题材石刻，北齐乾明元年（560），山西晋城博物馆藏。推测为石塔的一层塔身，四面有高浮雕，石刻右侧面呈横向构图（图 4-2-21），

① 东山健吾. 麦积山石窟的创建与佛像的源流. 官秀芳，译. 敦煌研究，2003（6）：73.

图 4–2–20 法华经变［北周，甘肃天水麦积山第 27 窟窟顶正披］

其中有一礼佛图，以一座歇山顶佛殿为中心，殿内有一尊坐佛，殿前两侧各有三人依次跪坐，场景虽不大，但明显运用了三角形图式。礼佛图周围，还刻出“祖荼”“斤提”“茂持罗”“乾基罗”等四个榜题。据刘建军的解读，该石刻表现了《大方等陀罗尼经》中的“十二梦王”题材[①]。

图 4–2–21 晋城北齐“十二梦王”石刻右侧面浮雕（拓本局部）［北齐乾明元年（560），山西晋城青莲寺出土，晋城博物馆藏］

（5）邯郸南响堂山石窟第 2 窟“西方净土变”浮雕，北齐（550—577）开凿，原位于前壁窟门上方，现藏华盛顿弗利尔美术馆。浮雕上部是阿弥陀佛及其眷属，他们围合出一个梯形的空间，图像下部的莲池也呈梯形，莲池内有四个莲花

① 刘建军.《大方等陀罗尼经》的“十二梦王”石刻图像. 文物，2007（10）：87–93.

化生形象，两侧还各有一个略小的莲池，共同表现出《无量寿经》之“九品往生”内容。南响堂山第2窟“西方净土变”中，尊像比例较大，王静芬指出：“尽管响堂山和万佛寺石雕都使用了汇聚透视法来完成空间效果，但是二者根本不同。前者用扩大圣像规模的方式来突出其中心性和加强汇聚透视力度，目的是强化阿弥陀佛三尊像，由此来强调神性的无上力量。”①

这种6世纪常见的空间表现方式，甚至还影响到了造像的主尊布局。一个典型的例子是保利艺术博物馆收藏的一块释迦造像碑，它被推测为北朝晚期关中及其以西地区所造。这通造像碑的碑身正面刻一铺七尊像，构成一个说法场景。李裕群发现，它具有模拟绘画远近关系的视觉特点：“释迦佛居中，胁侍像由高而低侍立两侧，以此表现远近的视觉关系。”②此外宾夕法尼亚大学考古学与人类学博物馆藏北齐天保二年（551）杨善万等造像碑（又称“坐佛九尊碑”）也运用了类似的形式③，这种尊像布局方式在6世纪之前找不到对应，笔者推测它可能是受到新的视觉习惯或绘画粉本影响所致。

综合以上各例，可见这种呈三角形或梯形图式的空间场景表现方式，在6世纪的佛教美术中是颇常见的，尤其多见于南朝之四川地区。有学者认为，注重三维空间是四川南朝艺术的特色，“这些表现在当时的中国北方几乎难以找到，表明四川南朝绘画、雕刻技法处在领先地位”④。实则此说未尽然，以上所举山东临淄造像、天水麦积山壁画等北朝艺术实例就是反证。若言地域美术特色，不应局限于单一主题，或佛教美术作品。当我们扩大考察范围（如北魏纳尔逊孝子石棺、元谧石棺、宁懋石室等），则可发现这种重视三维场景表现的倾向，乃6世纪中国艺术史的总体方向，南朝或有其领先之处，但不是“此有而彼无”意义上的领先。

另外，既然这种有空间进深感的说法图（经变图），是南北朝所共有的美术形式，那么南朝和北朝之间是否具有互动关系，应加以关注。就以上所举北朝作品看，甘肃天水和四川之间交往便利，王静芬曾指出，麦积山第127窟的西魏净土变壁画“与四川石雕所画的净土表现出同样的深度和同样有规律地向远处推移的空间，表明了四川与甘肃之间交往频繁而带来的绘画方式的密切联系”⑤。此外，临淄“法义兄弟等二百

① 王静芬. 四件四川佛教石雕和净土图像在中国的起源（续）. 敦煌研究，2002（2）：85.

②《保利藏珍》编辑委员会. 保利藏珍：石刻佛教造像精品选. 广州：岭南美术出版社，2000：215.

③ 图版见：台北“故宫博物院”编辑委员会. 海外遗珍：佛像. 台北：“故宫博物院”，1988：44-45，图40；金申. 中国历代纪年佛像图典. 北京：文物出版社，1994：258-259，图版188。

④ 李静杰. 四川南朝浮雕佛传图像考察// 中国古迹遗址保护协会石窟专业委员会，龙门石窟研究院. 石窟寺研究. 北京：文物出版社，2010：113-114.

⑤ 同①84.

人造像”出自古青州地区，此地原属南朝，后归北魏版图，青徐地区是南北朝文化交流互动的一个重要区域[①]，“法义兄弟等二百人造像”说法图的表现方式，是否受到南朝东部地区影响，值得进一步探究。

（四）入华粟特美术

对于隋虞弘墓石椁后壁的《对坐宴饮图》浮雕，有必要再多说几句。

首先从图像上看，这种梯形图式的结构在北朝晚期已很常见，而在中亚则找不到对应。迄今为止，在粟特本土，无论是片治肯特（Panjikent）、撒马尔罕（Samarkand），抑或瓦拉赫沙（Varakhsha），都找不到与虞弘墓石椁《对坐宴饮图》浮雕图像相同或相近的作品，哪怕晚至 9 世纪。笔者所谓“相同或相近”，是专对虞弘墓画像和敦煌经变画壁画所共有的特征而言。因此，若说粟特影响了佛教净土图像，至多是在微观的母题层面，如胡风乐舞，而不可能是整体的图像模式。

诚然，虞弘墓石椁图像具有浓重的外来文化气息，加之墓志记载墓主人虞弘早年曾出使波斯，故有些学者推测“虞弘或他的族人从波斯地区直接带回了这套图像的底本，它的创作者一定是那些对祆教教义、伊朗神话和波斯历史文化传统有深刻领悟的当地祆教艺术家或工匠”[②]。或许这个推测符合史实，但至少石椁中的《对坐宴饮图》是个例外的图像，它应该是中国本土工匠的创作。有两种论证方式，第一种是风格研究，证明该图像的结构乃本土习见样式，而无征于外域，如前所述。第二种需要结合图像学和文献学方法。这幅图像与其他粟特葬具中的“夫妻宴饮图”乍看起来相似，但若仔细研究，其图像内容和人物的位置关系比较特殊[③]，说明其并非根据现成粉本绘出。而这一现象，是“因为石椁图像制作时，虞弘夫人尚在世”[④]。因此可以这样理解，制造石椁的匠师需要创造一个特殊的设计，即把本土的空间场景表现方法（梯形图式）与祆教和外来母题内容结合起来。但若分析起来，其组织画面的“内在结构”，是地道的华夏本土画法。

中国国家博物馆 2012 年入藏的一套北朝葬具，也运用了类似虞弘墓石椁《对坐宴饮图》的梯形场景表现方式（图 4-2-22）。国博将该葬具定名为“房屋形石椁”，

---

① 详阅：平城实力的集聚和“云冈模式”的形成与发展// 宿白. 中国石窟寺研究. 北京：文物出版社，1996：134-135.

② 杨巨平. 虞弘墓祆教文化内涵试探. 世界宗教研究，2006（3）：110.

③ 毕波发现，该图中的男、女主人位置关系与其他图像相反，进而结合女主角的冠服、手持物及身旁二女伴等图像特征，得出图像的女主角不是虞弘夫人，而是娜娜女神的结论。毕波. 虞弘墓所谓“夫妇宴饮图”辨析. 故宫博物院院刊，2006（1）：66-83.

④ 毕波. 虞弘墓所谓“夫妇宴饮图”辨析. 故宫博物院院刊，2006（1）：83。关于虞弘及其夫人之卒年问题，详阅：山西省考古研究所，等. 太原隋代虞弘墓清理简报. 文物，2001（1）：50。

图 4–2–22 北朝石椁背面画像局部（摹绘）［北朝晚期，中国国家博物馆藏］

石椁背面以阴刻线方式描绘出一个宏大的集会场景，葛承雍认为是“祆教大会场景图”[①]。图像中一对胡人夫妻居中坐在床榻上，背后有屏风，面前跪着两位手捧火坛的胡人。胡人夫妻两侧各有四排跽坐的人，男左女右（以胡人夫妻位置为准），在画面中呈层层斜向排列状，构成了一个梯形图式。从文化属性上讲，和虞弘墓石椁《对坐宴饮图》一样，该作品应该属于中国艺术品，因为其画面组织方式，实在是 6 世纪的中国美术的特色，而在粟特本土却找不到对应。

四、敦煌隋唐经变画

以往对经变画的研究，由于以解读图像内容为主，必然要针对某种经变，分门别类加以讨论。比如王惠民在其博士论文《敦煌净土图像研究》（2000）中论及了弥勒、药师和西方净土三种主题图像，分别设置了三章，每一章讨论一种图像，这是典型的图像学方法。而本书聚焦于风格学中的图像结构和空间表现问题，因此在讨论敦煌

① 葛承雍. 北朝粟特人大会中祆教色彩的新图像：中国国家博物馆藏北朝石堂解析. 文物，2016（1）：77.

净土式经变画时，将适当打破图像内容的限制，以“西方净土变”和“弥勒经变”作为考察重点，必要时还涉及其他经变，旨在考察隋代至盛唐敦煌净土式经变画的总体形式特征。

（一）平面化图像

在莫高窟，“弥勒经变”流行最早，在隋窟中已出现流行之势。迄今莫高窟已确认的隋代“弥勒经变”共 9 铺，其中“弥勒上生经变”有 8 铺，分布在第 262、416、417、419、423、425、433、436 窟，“弥勒下生经变”有 1 铺，位于第 62 窟北壁[①]。

前文已述，隋窟中的本生故事画和叙事性经变画，展现出了强烈的三维空间感，尽管如此，但隋代的弥勒经变却很少着意于表现空间场景。以第 423 窟人字披西侧的“弥勒上生经变”为例，这是隋“弥勒经变”中人物最多的一幅（图 4-2-23），画面以兜率天宫为中心，建筑呈纯正面形态，兜率天宫内是同样正面的交脚弥勒，身旁有四身菩萨，两侧楼阁中有多位菩萨、天王等眷属，天宫外还有大量供养菩萨，整个画面呈正面律，几乎没有任何纵深感。然而，同样在第 423 窟人字披上，东侧的“须大拏太子本生”中出现大量空间感强烈的建筑，说明艺术家并非没有描绘空间立体感的能力，问题在于，他们此处的重点是要描绘出偶像式的弥勒尊像和兜率天宫，而非要从视觉上创造出弥勒净土的空间场景。在研究中亚佛教图像时，宫治昭曾建立起敦煌

图 4-2-23　弥勒上生经变（局部）［隋，莫高窟第 423 窟人字披西侧］

① 王惠民. 敦煌净土图像研究. 广州：中山大学，2000：36-39. 第262窟弥勒经变为新发现，参见：王惠民. 经变画研究论著目录：11。

隋代涅槃和弥勒图像与阿富汗巴米扬石窟之间的关联，这点值得我们注意[①]。从形式角度，虽然敦煌隋代“弥勒经变”中的兜率天宫采取了汉式宫殿样式，但中国东部地区和四川频频出现的说法图及经变画表现模式，此时尚未在莫高窟流行。

莫高窟隋代壁画说法图数量激增，隋代说法图也表现出与“弥勒经变”类似的情况。这些图像基本以“尊像”表现为主，人物形象填满画面大部分空间（图 4-2-24），与山东“法义兄弟等二百人造像”、成都万佛寺“梁二菩萨造像碑”等作品重空间场景的表现模式迥然两样。

开凿于隋末唐初的第 244 窟和第 390 窟表现得最突出，这两窟主要壁面上布满佛说法图，上下分三层排列，每组说法图通常由三尊（一佛二胁侍菩萨）或五尊（一佛二弟子二胁侍菩萨）构成，代替了北朝洞窟壁面上的千佛图像（图 4-2-25）。从故事画、维摩诘经变等图像看，隋代画师对空间立体感表现已颇为谙熟，甚至同一洞窟

图 4-2-24 佛说法图［隋，莫高窟第 302 窟北壁中央］

① 宫治昭. 涅槃和弥勒的图像学——从印度到中亚. 李萍，张清涛，译. 北京：文物出版社，2009：508.

图 4-2-25　佛说法图［隋末唐初，莫高窟第 244 窟北壁东侧］

图 4-2-26　供养伎乐［隋末唐初，莫高窟第 390 窟南壁］

（第 390 窟）中的供养人画像，也不时出现依次向斜后方退缩的新形式（图 4-2-26），但是画师在描绘说法图时，却无意于展现纵深空间，无论是单幅说法图，还是由若干组说法图所构成的壁面全景（图 4-2-27），所表现出的几乎都是纯然的平面性结构。

（二）净土初现

隋代也有少量经变画，开始呈现三维纵深感，其中以隋 393 窟西壁的“西方净土变”最典型。这幅画作是敦煌现存最早的西方净土变，也是敦煌隋代唯一的西方净土变[①]。

在整个莫高窟营建史上，隋 393 窟都堪称整体设计极为特殊的洞窟。它是一座覆斗顶式佛殿窟，进深 1.7 米，宽 1.8 米，面积很小，东、南和北三壁及窟顶满绘千佛图像，窟顶藻井内绘莲花井心。隋 393 窟最有特点的是其主壁（西壁），除去下部绘两身药叉外，几乎以整壁幅面绘制出一铺“西方净土变”（图 4-2-28），而放弃了以彩塑作为洞窟主尊的固定做法。这种以单纯的壁画使主壁庄严的设计，曾经在北周 461 窟中出现过。第 461 窟正壁中央绘释迦、多宝二佛并坐，此外其莲瓣形龛楣也是描绘出的（图 4-2-29），完全是二维化的处理。然而，隋 393 窟与北周 461 窟正壁的形式虽同为壁画，其意义却不同：北周 461 窟是以二维的壁画形式“模拟”了彩塑形式的主尊，隋 393 窟是以西方净土变壁画“取代”了尊像，后者意味着，佛教思想或者说信仰侧重点发生了变化。

隋 393 窟西壁的“西方净土变”具有强烈的空间进深感，画面前景表现的是七宝池和西方三圣，居中的佛陀结跏趺坐于须弥座上，左右各有一胁侍菩萨，也都坐在莲座上（佛右侧菩萨冠中有化佛，为观世音菩萨），七宝池中有莲花、游禽和四个化生。画面远处有四组说法图，均为一佛二菩萨形式，其体量感明显小于西方三圣，极大地

① 李其琼. 隋代的莫高窟的艺术// 敦煌文物研究所. 中国石窟：敦煌莫高窟：第2卷. 北京：文物出版社，东京：平凡社，1984：165-166.

图 4-2-27　佛说法图［隋末唐初，莫高窟第390 窟北壁西侧］

图 4-2-28　西方净土变（摹绘）［隋，莫高窟第393 窟西壁］

图 4-2-29 莫高窟第 461 窟正壁全景［北周］

强化了画面的空间纵深感。

我们可以从两个方面，理解这铺西方净土变壁画的意义。

其一，该图像把偶像式的表现和描绘空间进深感的技巧结合了起来，尽管在麦积山第 127 窟壁画、南响堂山第 2 窟浮雕，以及一些单体造像（造像碑）中已开始尝试这种结合，但是在汉地西陲之敦煌，这是第一次出现。

其二，敦煌画师在窟室正壁绘制出一铺错觉性强烈的壁画，取代了通行的彩塑尊像，说明这时信仰的重心已有所变化，“功德庄严”不可思议的极乐国土（西方净土世界），已经成为信众们的关注重点。遗憾的是，隋 393 窟正壁的这种全新设计，看起来并没能得到后世信众的认同。宋代重修第 393 窟时，按照常规做法，在正壁前补塑了一佛二菩萨像，居中的彩塑佛像遮住了原先西方净土变壁画中的主尊坐佛，使得这座“原创性洞窟”看起来平庸了许多（图 4-2-30）。

隋 394 窟东壁窟门上有一铺“药师经变”（图 4-2-31），清晰体现出了斜边形空间画法的图像组织方式。画幅呈横向矩形，中间是药师三尊，药师佛和日光、月光二菩萨间各有一神幡，两侧是十二神王，每侧均分前后两排，每排三人，面向药师佛而跪。药师三尊体量较大，没能像晚出的经变画那样退到中景位置，但两侧的十二神王

图 4-2-30　莫高窟第 393 窟正壁全景［隋代壁画，宋代彩塑］

图 4–2–31 药师经变［隋，莫高窟第 394 窟东壁窟门上方］

俨然构成了宽幅的“梯形”图式，由此创造出一个空间场域。这铺壁画图像内容很简略，但是斜边形空间画法的出现，为未来大加描绘“净土世界”做好了画法准备，这时距创造出气魄宏大、场景壮观的“净土变相”为时不远。

（三）“图式”与“矫正”

入唐后不久，敦煌壁画中的说法图和净土式经变，即显著呈现出三维立体化发展态势，画面以梯形或三角形图式为基本结构，与稍早的南方和中原绘画面貌相似。此外，佛殿窟彻底取代了早期流行的中心塔柱窟，洞窟内经常以通壁巨制的形式描绘经变画，尤以西方净土变最盛行，整个石窟的功能和视觉面貌都发生了改变，如宁强所说：

> （唐代前期）石窟本身成为建筑、彩塑、壁画三位一体的“净土世界”。如果说，早期洞窟主要是修行、观像和说教的场所，那么唐代前期的洞窟已经是模拟的西方极乐世界。……整个洞窟就是一个豁朗、宁静、祥和、欢欣的佛国世界。[①]

在创造“模拟的西方极乐世界”的过程中，说法图和净土式经变画的视觉结构，由平面性图像向纵深化演变，是其中一个极为重要的方面，前文所述的隋代 393 窟就是莫高窟最早的一例。

第 322 窟是一座开凿于初唐的小型洞窟[②]，窟内说法图壁画已经和隋代的平面性画法明显拉开了距离。第 322 窟东壁窟门上方，左右排列着三组说法图，每组都由一

---

① 宁强. 敦煌佛教艺术. 高雄：高雄复文图书出版社，1992：168.

② 赵声良. 莫高窟第五七、三二二窟的艺术// 敦煌石窟艺术：莫高窟第五七、三二二窟（初唐）. 南京：江苏美术出版社，1996：9-18.

佛二弟子二菩萨构成（图4-2-32）。画面中，弟子脚的位置明显向上移动（隋末唐初的第244窟部分说法图已略有此意，但不很明显），暗示他们处于偏后的位置，与画面两侧二菩萨的立脚点之间，相连恰好构成一个梯形。虽然这个梯形图式没有以线的方式直接描绘出来，但它却形成了图像内在的三维空间结构。第322窟南壁中央的说法图运用了同样的画法（图4-2-33），该画面佛陀两侧各有三身胁侍菩萨，前方还跪着两身供养菩萨，他们所处的空间位置清晰可辨，主要依靠其所"安立"（坐、立、跪）的高度进行判断。

图4-2-32　佛说法图［初唐，莫高窟第322窟东壁南侧上部］

图4-2-33　佛说法图［初唐，莫高窟第322窟南壁中央］

第57窟开凿于唐代初年，约武德、贞观年间（618—649），北壁中央有一铺说法图（图4-2-34），由一佛二弟子二菩萨构成，菩萨在前、弟子在后，居中的佛陀坐于宝池中的莲台上说法。赵声良指出："净水池表示西方净土世界，说明这铺说法图是阿弥陀佛在西方净土世界说法的场面"[①]。这种表现底部基准面（七宝池或地面）的"说法图"再进一步

① 敦煌石窟艺术：莫高窟第五七、三二二窟（初唐）. 南京：江苏美术出版社，1996：186，图版四六之文字说明.

图 4-2-34 佛说法图［初唐，莫高窟第 57 窟北壁中央］

图 4-2-35 西方净土变［初唐，莫高窟第 322 窟北壁中央］

发展，就形成了真正的“西方净土变”。初唐 322 窟北壁就有一铺小型的西方净土变（图 4-2-35）。把北朝的“绿水莲花说法图”、初唐 57 窟“说法图”和第 322 窟“西方净土变”三者进行比较，它们在表现七宝池这一点上是相同的，尊像样式因时而异，但这并非净土变图像演进的重点，初唐的发展在于视点提高、更强调基准面（七宝池）的描绘。换言之，画面的三维进深感增强后，才可能在此基础上，在七宝池内增绘莲花、化生、瑞禽等图像。以初唐 322 窟“西方净土变”为例，敦煌画师在七宝池中共绘出了六身莲花化生，前后分三组，每组左右各一身，化身明显具有近大远小的特征，这种表达空间感的方式，在莫高窟北朝壁画中几乎找不到对应，应视为初唐敦煌画风的新发展。

自北朝至初唐，敦煌画师对表现三维空间进行了持续的探索，终于在莫高窟初唐窟中成功绘制出大型净土式经变画。保存贞观十六年（642）题记的第 220 窟（“翟家窟”）是一座殿堂窟，西壁开龛，南、北两壁采用通壁大画形式，南壁绘西方净土变，北壁绘东方药师经变（图 4-2-36），皆是图像繁复、色彩斑斓、气魄宏大之作，东壁门上画说法图，门两侧绘维摩诘经变。学

图 4–2–36　东方药师经变［初唐贞观年间，莫高窟第 220 窟北壁］

者对这南、北侧壁的两铺经变画讨论较多，大多围绕着图像内容和经变定名问题展开[①]。宁强注意到南壁西方净土变（图 4–2–37）表现出了强烈的空间纵深感：

> 近、中、远三景的设计，使画面具有较强的空间感，便于表现天国的宏大与辉煌。前景的石阶和中景小楼建筑用“焦点透视”画成，很有立体感，但中间的大莲花池突然改变了透视线的灭点，将其移至很远的画外，利用透视造成的视觉差，将全画的主角“西方三圣”赫然推到观者面前，并夸大其形象比例尺寸……[②]

应该说，初唐经变画的空间纵深感表现，主要是依靠两个技巧实现的。

① 胜木言一郎．敦煌莫高窟第220窟阿弥陀净土变相图考．佛教艺术，1992（202）；Ning Qiang. Art, religion and politics: Dunhuang Cave 220. Harvard University (Advisers: Wu Hung), 1997；宁强．佛经与图像：敦煌第二二〇窟北壁壁画新解．“故宫”学术季刊，1998，15（3）：75–98；公维章．莫高窟第220窟南壁无量寿经变札记．敦煌研究，2002（5）：8–12；八木春生．敦煌莫高窟第220窟南壁西方净土变相图．李梅，译．敦煌研究，2012（5）：9–15；沙武田．一幅珍贵的唐长安夜间乐舞图：以莫高窟第220窟药师经变乐舞图中灯为中心的解读．敦煌研究，2015（5）：34–44.

② 宁强．敦煌佛教艺术．高雄：高雄复文图书出版社，1992：208.

图 4-2-37 西方净土变［初唐贞观年间，莫高窟第 220 窟南壁］

图 4-2-38 东方药师经变（局部）［初唐贞观年间，莫高窟第 220 窟北壁］

一是，以斜边形图式为画面基本结构。在西方净土变图像中部，即宁强所谓的中景位置，描绘出一个梯形形态的大型莲池，整个画面的空间关系都以此为参照，近者绘于下方，远者绘于上方。此外画面下部左右各有一组乐工，盘坐于平行四边形的蓝色毛毡上，这些都是汉代画法的复现。第 220 窟北壁的东方药师经变同样以梯形图式为基础，药师七佛所在的平台、画面近处的水池及地面都呈现为梯形（图 4-2-38），该图的基本结构方式与对面的西方净土变完全相同。八木春生考察过初唐的净土变相后，认为“第220窟与具有浓厚隋代风韵的第57、322窟等初唐初期窟迥然不同。贞观年间已经形成几个系派的西方净土变相图，可以肯定借此也形成了其他的净土变相图”[①]。笔者认为，敦煌初唐“几个系派的西方净土变相图”，在图像内容和表现形式的差异性之下，还分享着共同的画面构成方式。

二是，在梯形“图式”（scheme）基础上，再进行种种“矫正”（correction），包括调整角度、调适物象比例关系、强化地面的连续感等，此外还经常利用“近大远小”的视觉习惯加强画面空间感。这方面最明显的实例是西方净土变画面两侧的楼阁图像（图4-2-39）。这种表现方式在汉画中难以找到其身影，就目前的材料看，应该是隋和初唐艺术的新成就。类似的楼阁画法在初唐壁画中屡见不鲜，如第71窟北壁西方净土变和南壁弥勒经变（图4-2-40）[②]、第321窟北壁西方净土变（图4-2-41）[③]以及第338窟龛顶弥勒经变（图4-2-42）等，不胜枚举。

图4-2-39　西方净土变左侧楼阁图像［初唐贞观年间，莫高窟第220窟南壁］

宁强把第220窟西方净土变中的“前景的石阶和中景小楼建筑”理解为“焦点透视”，认为该图像有时会改变“透视线的灭点”，并且“利用透视造成的视觉差”以达到画师的某种意图。笔者认为，这种观点具有明显的逻辑缺失。因为“近大远小”是一种普遍的视觉经验，南朝刘宋画家宗炳在《画山水序》中所云“诚由去之稍阔，则

① 八木春生. 敦煌莫高窟第220窟南壁西方净土变相图. 李梅，译. 敦煌研究，2012（5）：14.

② 图版见：段文杰. 中国敦煌壁画全集5：敦煌初唐. 天津：天津人民美术出版社，2006：图版一七四，一七六，一七七，一八一。

③ 图版见：段文杰. 中国敦煌壁画全集5：敦煌初唐. 天津：天津人民美术出版社，2006：图版一〇九。

图 4-2-40 弥勒经变上部楼阁［初唐，莫高窟第 71 窟南壁］

其见弥小”一句[①]，曾明确阐发了这一视觉原理。但是“焦点透视”的成立，除去符合“近大远小”规律外，更重要的，还要具有“焦点意识”。所谓焦点，就是指在一个维度轴（通常是进深轴）上仅有一个灭点，多焦点本身就意味着没有焦点。但是，当时的画师还没有形成“焦点意识”（详见第五章第四节）。

在研究神龙二年（706）陕西乾县懿德太子墓壁画时，傅熹年注意到，墓道两侧的阙楼图像具有多个焦点（图 4-2-43），而到宋代才开始出现相对统一的灭点[②]。北宋《宣和画谱》卷八“宫室”部分记录的第一位画家是唐末尹继昭：

> 尹继昭，不知何许人。工画人物、台阁，冠绝当世，盖专门之学耳。……而千栋万柱，曲折广狭之制，皆有次第。又隐算学家乘除法于其间，亦可谓之能事矣。[③]

尹继昭的过人之处在于绘制界画，能够“隐算学家乘除法于其间”，这是迄今可知“运用数学知识”入画最早的记录[④]。尹继昭所采用的算法是否与透视术类似不得而知，假设有关，那也是晚唐的艺术现象。除非能够证明初唐画师具有“焦点意识”，否则只能把这种具有强烈空间感的楼阁画法，理解为符合尽人皆有的“近大远小”视

---

① 张彦远. 历代名画记：卷六.
② 详阅：傅熹年. 中国古代的建筑画// 傅熹年书画鉴定集. 郑州：河南美术出版社，1999：199-202.
③ 卢辅圣. 中国书画全书：第2册. 上海：上海书画出版社，1993：第83页b.
④ 傅熹年. 中国古代的建筑画// 傅熹年书画鉴定集. 郑州：河南美术出版社，1999：199.

图 4-2-41　西方净土变右侧楼阁［初唐，莫高窟第 321 窟北壁］

图 4-2-42　弥勒经变之兜率天宫［初唐，莫高窟第 338 窟龛顶］

图 4-2-43 阙楼图［神龙二年（706），陕西乾县懿德太子李重润墓墓道西壁］

觉习惯，而非“焦点透视”。

如上两方面技巧，斜边形空间画法是汉代艺术传统的延续和发展，各种“矫正”技艺，则是六朝隋唐所获得的新成就。其中斜边形空间画法所起的作用更为重要，它不仅实现了图像的三维立体化，而且斜边形图式（经变中多表现为梯形）成为图像的内在结构，以图式的方式把丰富繁多的母题组织得有条不紊，通过母题位置，观者可以判断出其所处的空间位置。有鉴于此，应该把唐代净土式经变画视为中国化佛教艺术之典型，其视觉看法和表现模式体现出鲜明的东方美术特色。

（四）隋唐经变画列举

初唐 220 窟之后，这种以佛陀说法图为中心、以梯形图式组织画面的方式，成为经变画的标准模式，无论图像内容、母题形式如何变化，图像的基本模式始终保持不变。以下举一些典型实例，略加分析。

1. 初唐 329 窟

这是一座佛殿窟，大约修建于贞观年间（627—649）[①]。窟内南、北两壁分别绘巨幅经变画，南壁为西方净土变（图 4-2-44），北壁绘弥勒经变（图 4-2-45）。梁尉英认为第 329 窟南壁的净土变“是阿弥陀经变中少有的构图形式，完全以绿水池潭和楼阁亭台表现净土世界，而不着意于天际的表现。由于没有天际，显得画面局促拥塞，因而也没有纵深开阔感，也就失去了恢宏无限的气势，但是庄严典肃”[②]。这铺壁画由上、中、下三段构成，中段和上段中部，各绘出一个梯形的宝台，画面上方出现如此明显的宝台，在西方净土变中不太多见（初唐 331 窟北壁西方净土变与之略同），其形式与同窟北壁的弥勒经变极为相似，二者之间应该具有关联。北壁的弥勒经变，画面也绘出上下两层宝台，均呈梯形，分别表现了《弥勒上生经》和《弥勒下生经》的内容。梁尉英认为南壁的西方净土变采用了“少有的构图形式”，其所指的实际是图像内容的部分改变，即画面上方强调出了宝台，但这铺经变画的基本表现模式并没

图 4-2-44　西方净土变［初唐，莫高窟第 329 窟南壁］

① 施萍婷. 敦煌石窟全集5：阿弥陀经画卷. 香港：商务印书馆有限公司，2002：69.

② 梁尉英. 敦煌石窟艺术：莫高窟第三二一、三二九、三三五窟（初唐）. 南京：江苏美术出版社，1996：233，图九〇图版说明.

图 4-2-45 弥勒经变［初唐，莫高窟第 329 窟北壁］

有发生实质性变化。

2. 初唐 331 窟

第 331 窟开凿于 684 年之前①，为覆斗顶式佛殿窟。

主室东壁窟门上方有一铺“法华经变”（图 4-2-46），画面采用横卷形式，是莫高窟法华经变壁画的特例②。画面以释迦、多宝二佛并坐为中心，两侧描绘出法华会的闻法众，包括菩萨、声闻弟子、诸天、国王、大臣等，每组人物都坐在呈平行四边形的毛毡上，远景位置有十三尊坐佛，排成一列，面向画面中心，整铺壁画既内容丰富，又秩序井然。段文杰认为，该铺法华经变壁画“内容不多而且结构新颖，是初唐法华经变的一种探索形式”③。所谓“结构新颖”，仅是针对同类主题而言的，除中部位置的宝塔和尊像外，图像基本结构方式在汉代艺术中颇为常见，类似实例有河南密县

① 贺世哲. 敦煌石窟全集7：法华经画卷. 上海：上海人民出版社，2000：40.

② 敦煌文物研究所. 中国石窟：敦煌莫高窟：第3卷. 北京：文物出版社，东京：平凡社，1987：229，图版75文字说明。第331窟法华经变壁画的详尽图像资料，见：段文杰. 中国敦煌壁画全集5：敦煌初唐. 天津：天津人民美术出版社，2006：图版一四七- 一六〇。

③ 段文杰. 中国敦煌壁画全集5：敦煌初唐. 天津：天津人民美术出版社，2006：52，图版一四七文字说明.

图 4-2-46　法华经变［初唐，莫高窟第 331 窟东壁上部］

打虎亭 2 号墓《宴饮百戏图》、山东沂南北寨村墓中室东壁《乐舞百戏图》、四川成都羊子山 1 号汉墓画像石《宴乐图》等。简言之，第 331 窟法华经变，体现出本土传统的艺术形式与佛教图像内容之结合。

第 331 窟北壁绘西方净土变，施萍婷将其定为"无量寿经变"①，画面格局以及宝台、楼阁、七宝池的位置和样式，都与初唐 329 窟南壁西方净土变（被施萍婷定为"阿弥陀经变"）非常接近，应该采用了相同的粉本。第 331 窟南壁为弥勒下生经变，格局和北壁的西方净土变大同小异，王惠民认为它"几乎没有继承隋代弥勒经变的内容和形式，采用的是西方净土经变的构图形式，因而具有浓厚的净土意匠"②。

3. 初唐 334 窟

第 334 窟为覆斗顶式佛殿窟，南壁、侧壁各有一铺净土变。北壁是西方净土变（图 4-2-47），场景并不大，共出现 26 人，没有绘出楼阁，"西方三圣"占据了画面大部分空间，宝台也未描绘出两侧的斜向边缘线，但其基本视觉结构仍是由斜边形构成的，具有显著的纵深感。为了说明这一点，不妨再看一下第 334 窟西壁主龛顶部的说法图（图 4-2-48），这里描绘出一个由祥云构成的椭圆形，居中者是一尊倚坐佛，正在说法，其身旁环绕的菩萨众构成一个隐形的梯形图式。

4. 初唐 335 窟

第 335 窟是覆斗顶式佛殿窟，大约开凿于垂拱二年（686）至长安二年（702）之间③。南壁绘西方净土变④，这铺壁画只出现了一层宝台，画面远景处也未绘制楼阁，因

① 图版见：施萍婷. 敦煌石窟全集5：阿弥陀经画卷. 香港：商务印书馆有限公司，2002：44，图21。
② 图版见：王惠民. 敦煌石窟全集4：弥勒经画卷. 香港：商务印书馆有限公司，2002：49。
③ 莫高窟第三二一、三二九、三三五窟的内容及艺术风格// 梁尉英. 敦煌石窟艺术：莫高窟第三二一、三二九、三三五窟（初唐）. 南京：江苏美术出版社，1996：13-14.
④ 图版见：梁尉英. 敦煌石窟艺术：莫高窟第三二一、三二九、三三五窟（初唐）. 南京：江苏美术出版社，1996：190，200，图一六五。

图4-2-47 西方净土变［初唐，莫高窟第334窟北壁］

图4-2-48 说法图［初唐，莫高窟第334窟西龛顶部］

此画面上部除弥陀顶上的华盖外，表现的几乎完全是“虚空段”内容，如前来赴会的十方诸佛、空中飘扬的乐器等。

5. 初唐 321 窟

第321窟同样是覆斗顶式佛殿窟，约开凿于武周时期（690—705）[①]。主室北壁绘西方净土变（图 4-2-49），南壁绘十轮经变，均为通壁大画。与第 220 窟和第 71 窟同类题材相比，第 329、321 等窟的净土变形式略有调整，图像中梯形宝台两侧斜边的角度倾斜得更厉害，导致俯视感更加显著。

6. 盛唐 217 窟

第 217 窟为覆斗顶式佛殿窟，约开凿于初、盛唐之交的景云年间（710—711）[②]，为敦煌望族阴家营建的功德窟。主室侧壁绘通壁大铺经变画，北壁为西方净土变（图 4-2-50）。该画作中部绘西方净土场景，西侧和下部绘“未生怨”，东侧绘“十六观”。“未生怨”和“十六观”内容出自《观无量寿经》，因此这铺壁画也被称为“观无量寿经变”。除去这两部分内容外，壁画中部净土场景的基本结构与其余西方净土

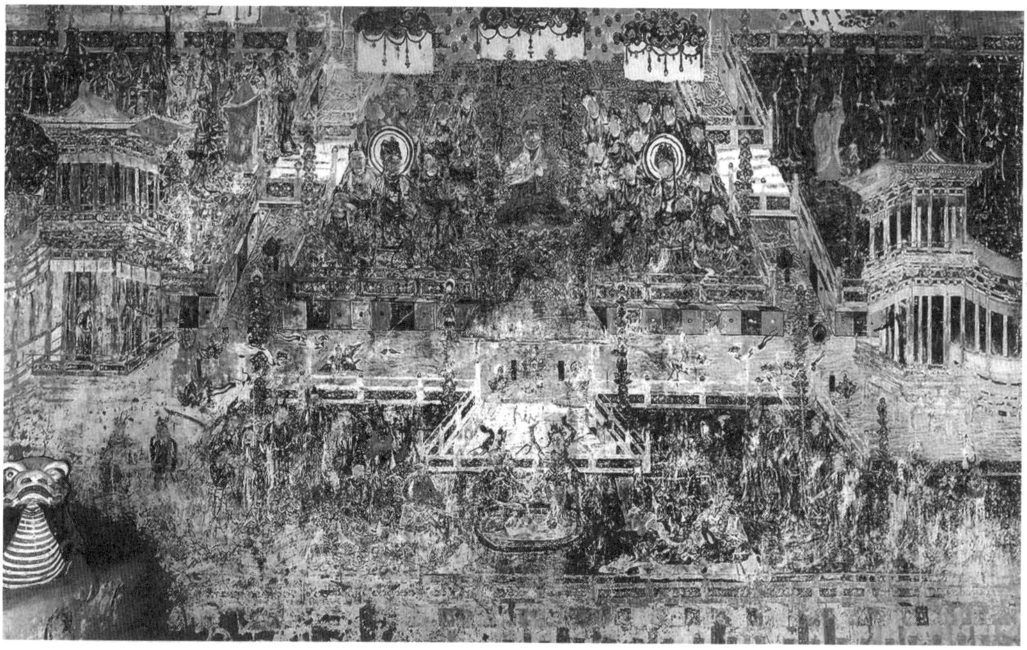

图 4-2-49　西方净土变［初唐武周时期（690—705），莫高窟第 321 窟北壁］

① 王惠民. 敦煌净土图像研究. 广州：中山大学，2000：142-144；梁尉英. 莫高窟第三二一、三二九、三三五窟的内容及艺术风格// 敦煌石窟艺术：莫高窟第三二一、三二九、三三五窟（初唐）. 南京：江苏美术出版社，1996：11-12；李玉珉. 敦煌莫高窟第三二一窟壁画初探. 美术史研究集刊，2004（16）：49-80.

② 赵声良. 敦煌石窟全集18：山水画卷. 香港：商务印书馆有限公司，2002：86.

图 4-2-50 西方净土变［唐景云年间（710—711），莫高窟第 217 窟北壁］

变（阿弥陀经变、无量寿经变）并无大异。值得一提的是，画面上部绘宏伟的大型建筑群，绘画品质非常突出（图 4-2-51），有前后两座佛殿，后殿左右有回廊环绕，围合成一庭院，两侧另有数座楼阁，对称而置。然而出现大量建筑图像，并未减弱该画面的空间纵深感。赵声良曾用“鱼骨式构成”概念来概括此铺壁画的空间表现特征[①]，对此后文将略加辨析。

7. 盛唐 45 窟

第 45 窟为殿堂窟，该窟因主龛内一组精彩的盛唐彩塑造像而闻名[②]。窟室北壁通壁绘西方净土变，这也是观无量寿经变，两侧有“未生怨”和“十六观”（图 4-2-52），中心是净土景观，但其表现形式与其他经变画略有差异。通常在净土变图像中，多运用向画面上方汇聚的正向梯形图式（即顶边短、底边长的梯形）以表现空间进深，当把这些梯形两侧的斜向线条向中心延长时，就形成了所谓“鱼骨式构成”。而第 45 窟北壁西方净土变的上部，殿堂两侧的廊庑和最远一段宝台形象，运用了罕见的反向梯形（顶边长、底边短的梯形），这种处理很少见。

8. 盛唐 320 窟

第 320 窟也是一座殿堂窟，大约创建于开元年间（713—741），主室近方形，覆

① 赵声良. 敦煌壁画风景研究. 北京：中华书局，2005：115-166.

② 杨雄. 盛唐彩塑的代表作：论莫高窟第四五窟（附第四六窟）的艺术// 敦煌石窟艺术：莫高窟第四五窟附第四六窟（盛唐）. 南京：江苏美术出版社，1993：11-22.

图 4-2-51　西方净土变之净土楼阁［唐景云年间（710—711），莫高窟第 217 窟北壁］

图 4-2-52　西方净土变［唐开元年间（713—741），莫高窟第 45 窟北壁］

斗顶。南壁画千佛，中央绘说法图一铺，部分壁画被华尔纳盗取，北壁主要墙面绘西方净土变，两端各有一身菩萨立像。该铺壁画是观无量寿经变典型之作，以西方净土世界为中心，色调清雅，东侧有“未生怨”，西侧绘“十六观”，这种形式被称为“三分构图”、“三联式布局”或“中堂式”（图 4－2－53）。画面中“西方三圣”所占比重较大，导致不能像第 321、217 窟等壁画那样，把宝台两侧的斜向边缘线描绘出来，然而远处和两侧的建筑围合出一个空间场域，仍然呈梯形形态。

9. 盛唐 172 窟

这是一座覆斗顶式殿堂窟，约建于天宝年间（742—756）。第 172 窟堪称一个“净土窟”，主室南、北两壁各有一铺大型西方净土变，此外东壁窟门上方还有一铺较小的净土变。

两侧壁的西方净土变均为“中堂式”（图 4－2－54、图 4－2－55），左右相对，类似于“镜像”，中部绘净土胜景，近主龛一侧（西侧）绘“未生怨”，靠窟门一侧（东侧）绘“十六观”。这两铺净土变中的建筑表现极为精彩，画面中的殿堂和楼阁高低错落、富于变化，在盛唐 320 窟西方净土变基础上有所调整，缩小了“西方三圣”的比例，使整个画面空间显得更开阔（北壁净土变尤其突出），同时把画面顶部的主要

图 4–2–53 西方净土变［唐开元年间（713—741），莫高窟第 320 窟北壁］

图 4-2-54　西方净土变［唐天宝年间（742—756），莫高窟第 172 窟南壁］

图 4-2-55　西方净土变［唐天宝年间（742—756），莫高窟第 172 窟北壁］

图 4-2-56 西方净土变之净土楼阁［唐天宝年间（742—756），莫高窟第 172 窟北壁］

建筑增高，整体上增强了建筑表现的比重，以此凸显出极乐国土的庄严（图4-2-56）。这两铺经变画中的建筑虽多，但能彼此配合，给人一种秩序井然之感。特别是远景的楼阁和左右两侧的建筑，形成一个巨大的梯形，“西方三圣”所处的宝台，又恰好形成一个稍小的梯形，就这样用一大一小两个梯形图式，构成了该铺画作的基本结构。此外“未生怨”一侧也描绘出大量建筑形象，同样以半俯视角度、利用斜边形图式的方式加以绘制（图4-2-57）。

图4-2-57　西方净土变“未生怨”局部［唐天宝年间（742—756），莫高窟第172窟北壁西侧］

巫鸿曾考察过这两铺经变画，仔细比较了其视觉效果和人物造型（比例、衣饰、笔法）等方面的差异，他认为这两铺净土变“不同的用色用笔和不同的整体视觉效果显示出艺术家独立的风格取向。在这种意义上，他们不再是装饰同一石窟的合作者，而是为了表现自己的卓越艺术而在互相竞争”[①]。这是一个很有意思，同时也很有意义的观察，然而，无论唐代画师如何实践自己“独立的风格取向”，他们之间还是在更

① 敦煌217窟《观无量寿经变》及其宗教、礼仪和美术的关系//巫鸿. 礼仪中的美术：巫鸿中国古代美术史文编：下卷. 北京：三联书店，2005：415.

深的层面具有某种内在一致性。盛唐172窟壁画显示出，艺术竞争主要是在风格表层层面中实现的，而二者在视觉结构方面则完全一致。

10. 盛唐148窟

第148窟是敦煌第一座涅槃窟，也是盛唐开凿的最后一座大型洞窟。窟主李大宾是敦煌望族，前室存大历十一年（776）镌刻之《大唐陇西李府君修功德碑记》碑（即“大历碑”），故该窟也称“李家窟”或“大历窟”[①]。

窟室呈横向长方形，窟内空间尺度宏阔，壁画也极为丰富。甬道首次出现报恩经变，西壁设涅槃床，塑涅槃像及72身哀像，壁面绘长卷形式巨幅涅槃经变，东壁窟门北侧为东方药师经变（图4–2–58）[②]，窟门南侧为西方净土变（图4–2–59）。除图像志区别外，两铺壁画均为“中堂式”构图，东方药师经变两侧绘条幅式的“十二大愿”和“九横死”，西方净土变两侧绘“未生怨”和“十六观”，经变画中部“净土庄严相”的视觉结构及空间表现方式也高度一致。此外南壁上部的弥勒经变（图4–2–60）与北壁上部天请问经变也极近似，说明盛唐晚期经变画的模式化。第148窟窟室及壁画规模巨大，窟内的经变画大多是敦煌壁画中同类题材中面积最大的（中唐以后流行屏风式壁画，画幅变小），同时壁画中出现的人物和建筑数量也更多，其视觉效果更为宏伟壮观。以西方净土为例，第148窟甚至比第172窟的净土变相还复杂，描绘出来的建筑和人物数量都更多，细节处理也极尽形似之能事，此外画面中还附有大量榜题，但是第148窟并没有改变净土式经变画的视觉结构和基本表现模式，画面扩大、图像内容增多后，整体感仍处理得恰到好处，这在很大程度上应归功于斜边形空间画法的适用性。

11. 斜向的经变画

以上所举之例，都是对称式的经变画，画面以纯正面的尊像为中心，整个图像也要相应选择梯形或三角形这样的对称形态作为基本“图式”。也有极少数经变画，以半侧面角度表现主尊，画面呈平行四边形图式，可称之为“斜向的经变画”。

艾尔米塔什博物馆收藏一铺敦煌西方净土变壁画残片（图4–2–61），原出自莫高窟初唐71窟（伯希和编号第108a窟），壁画残片高76厘米，宽173.6厘米[③]。画面左半部有一身右侧而坐着红袈裟的佛像，身旁有胁侍菩萨和伎乐，画面右半部为略呈平行四边形的莲池，池中有莲花化生。该铺西方净土变的形式很特殊，但同样属于斜

① 关于盛唐148窟，详阅：公维章. 涅槃、净土的殿堂：敦煌莫高窟第148窟研究. 北京：民族出版社，2004。

② 王惠民. 敦煌净土图像研究. 广州：中山大学，2000：94–99.

③ 俄罗斯国立艾尔米塔什博物馆，上海古籍出版社. 俄藏敦煌艺术品：第2册. 上海：上海古籍出版社，1998：150.

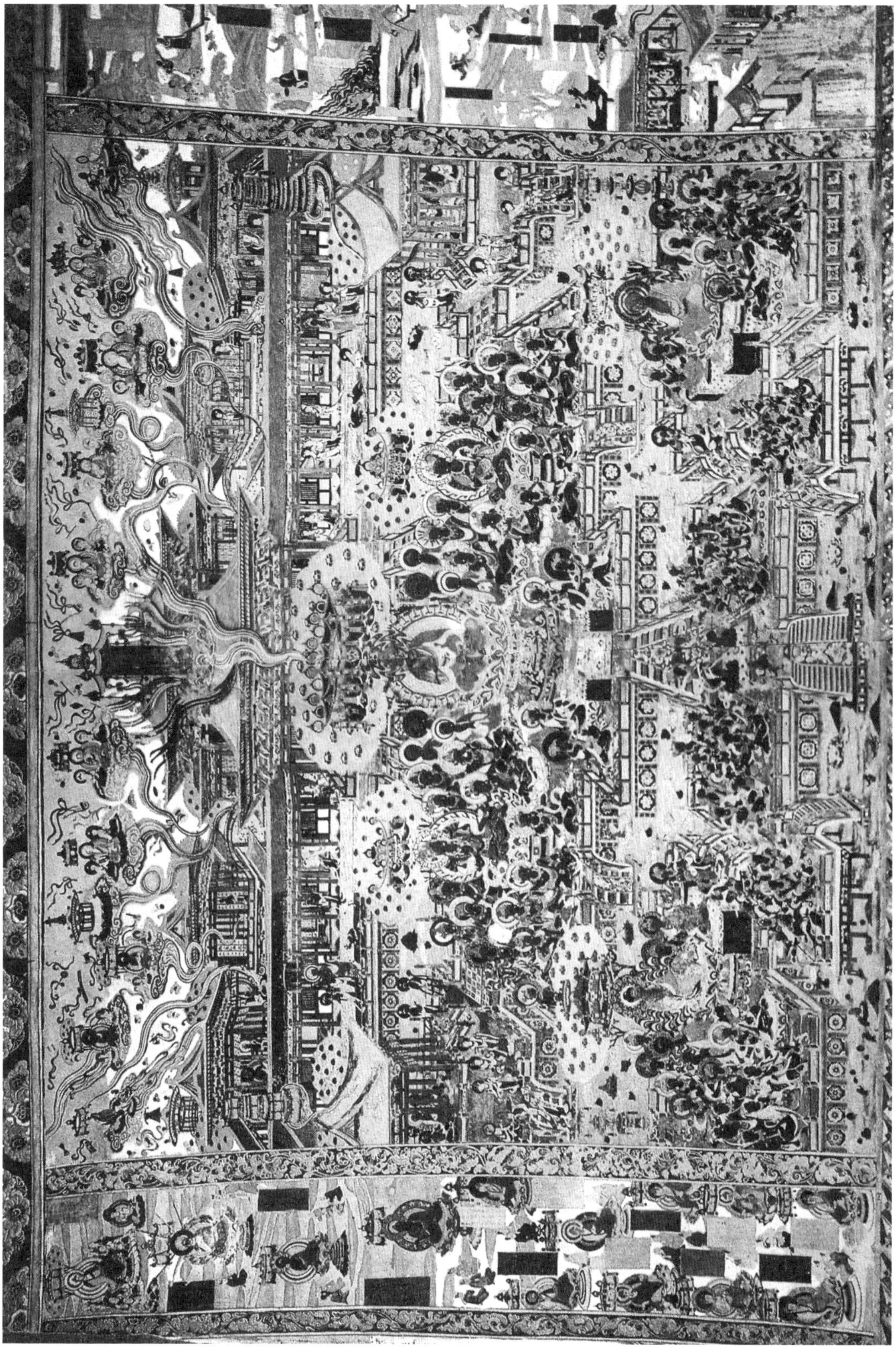

图 4-2-58　东方药师经变［唐大历年间（766—779），莫高窟第 148 窟东壁北侧］

图 4-2-59　西方净土变［唐大历年间（766—779），莫高窟第 148 窟东壁南侧］

图 4–2–60　弥勒经变［唐大历年间（766—779），莫高窟第 148 窟南壁上部］

图 4-2-61 西方净土变壁画残片［初唐，出自莫高窟第 71 窟，现藏俄罗斯艾尔米塔什博物馆］

边形空间画法。这个壁画残片出自洞窟的什么位置？画中的佛像，到底是经变画的主尊，抑或仅是三佛甚至多佛之一？该画作能否算作“斜向的经变画”？这都有待进一步考察。

晚出的日本佛画，以及中国藏区唐卡中，的确出现过“斜向的经变画”。比如日本平等院凤凰堂壁画①，以及延命寺所藏《兜率天曼陀罗图》(即“弥勒上生经变”)②，就采用平行四边形图式作为图像的基本结构（图 4-2-62），同样成功表现出了空间宏阔、气象庄严的净土景象。

五、问题辨析：定名、分类与描述用语

（一）西方净土变之定名与分类

首先讨论西方净土变的定名问题，原因是学者对该题材的定名经常不统一。

以敦煌最早的一铺西方净土变，即隋 393 窟西壁壁画为例，最初，《敦煌莫高窟内容总录》(包括后来的《敦煌石窟内容总录》) 将其定名为“阿弥陀经变”，李其琼《隋代的莫高窟的艺术》一文也认为它是“阿弥陀经变”③。后来，施萍婷根据七宝池中的化生等图像，称其为“无量寿经变”。王惠民也指出：“本铺西方净土变是根据《观

① 星云大师，总监修. 世界佛教美术图说大典14：绘画1. 高雄：佛光寺宗委会，2013：305.

② 永井信一. 日本古寺美术全集7：四天王寺と河内の古寺. 东京：集英社，1981：138.

③ 李其琼. 隋代的莫高窟的艺术// 敦煌文物研究所. 中国石窟：敦煌莫高窟：第2卷. 北京：文物出版社，东京：平凡社，1984：165-166.

图 4-2-62　兜率天曼陀罗图［镰仓时期（1185—1333）末期，绢本设色，日本延命寺藏］

无量寿佛经》绘制”[①]，原因是该图像绘出了双树，而没有出现楼阁，《无量寿经》叙述的说法场景在楼阁内，《阿弥陀经》也隐含此意，只有《观无量寿经》说阿弥陀佛在树下说法。

施萍婷在《敦煌石窟全集·阿弥陀经画卷》（2002）中，把西方净土变分为无量寿经变、阿弥陀经变和观无量寿经变三大类，这是该书最重要的学术观点。在现实操作中，“观无量寿经变”因绘出“未生怨”和“十六观”，比较好分辨，早在1937年，松本荣一就在《燉煌畫の研究》（1937）中将“观经变相”从“阿弥陀净土变相”中分离出来。但那些只描绘“净土庄严相”的经变画，往往难以准确归于某一类，因此施萍婷只得把盛唐至西夏（705—1227）这段漫长的历史，称之为“净土三经交错影响时期”[②]。在统计经变画数量时，王惠民在名义上坚持上述西方净土变三分法，具体统计数字时，则只以是否有“未生怨”和“十六观”作为标准，将其分为两类：（1）有“未生怨”“十六观”画面的观无量寿经变；（2）没有“未生怨”的西方净土经变（据《阿弥陀经》，或据《无量寿经》，或据《观无量寿经》绘制）[③]。很显然，这又回归到了松本荣一的二分法。

为什么会出现这种现象？原因很简单，因为经变画是“人造物”，合理的分类法，必须得契合制作者的想法，而绘制净土变相的古人并不这样认识，导致现代学者对古人绘制的作品也难以强行分类。以下从三个方面略加分析。

首先，看作品。举一个典型实例，盛唐148窟的西方净土变，现在被定名为“观无量寿经变”，因两侧有“未生怨”和“十六观”，所以素无争议。然而当我们阅读画面中榜题文字，就会发现问题。1908年，伯希和抄录了壁画中的榜题，那时比现在能辨识的文字要多，其中有“东方□阿□鞞佛”“须弥相佛”“妙音佛”“西方世界□马（？）□无量寿佛”“北方世界□□肩（？）佛”“最胜音佛”“难阻佛”“下方世界有师子佛”“上方世界有梵音佛”“杂色宝华严身佛”的名号，此外还有“池中莲花大如车轮黄色黄光”“池中莲花大如车轮赤色赤光”，以及“池中□花中大□□□青□□□……”等字样[④]，这些榜题文字都来自鸠摩罗什所译的《阿弥陀经》。再看该铺壁画的图像，第148窟的西方净土变，在画面下部莲池中绘出“九品往生”的图像及相应之榜题，画面最底部有四朵莲花。“九品往生”出自畺良耶舍（383—442）所译之《观无量寿经》，而青、黄、赤、白四色莲花又出自《阿弥陀经》。很显然，该铺壁画所依据的经典不止一部。

① 王惠民. 敦煌净土图像研究. 广州：中山大学，2000：138.
② 施萍婷. 敦煌石窟全集5：阿弥陀经画卷. 香港：商务印书馆有限公司，2002：53.
③ 王惠民. 经变画研究论著目录：8.
④ 伯希和. 伯希和敦煌石窟笔记. 耿昇，唐健宾，译. 兰州：甘肃人民出版社，1993：43-44.

其次，再举两则文献，看古人怎么说。

众所周知，唐代净土宗祖师善导（613—681）一生绘制过大量西方净土变，据说有三百铺之多，他还主持过洛阳龙门石窟奉先寺的建造。今存由他所集的《观念阿弥陀佛相海三昧功德法门》，其云：

> 又若有人，依《观经》等画造净土庄严变，日夜观想宝地者，现生念念除灭八十亿劫生死之罪。①

所谓“依《观经》等”，并不专依据《观无量寿经》一部佛经，所绘制的图像也不称“观经变”，而称“净土庄严变”。

开成五年（840），年老患病的白居易（772—846）请画师绘制净土变相，为此白居易撰写了《画西方帧记》记录此事：

> 当衰暮之岁，中风痹之疾，乃舍俸钱三万，命工人杜宗敬按《阿弥陀》、《无量寿》二经，画西方世界一部。②

可见，白居易出资绘制的这幅西方净土变，乃据《阿弥陀经》《无量寿经》二经绘制而成，也不是专依一部佛经，将其命名为“阿弥陀经变”或“无量寿经变”，似乎都不太合适。

为什么会这样？最后简单分析一下其中之理。

无论是“无量寿经变”“阿弥陀经变”，还是“观无量寿经变”，这些都是“所指”的范畴，而“西方净土变”或“净土庄严变”，其本身是“能指”。好像一个人，有名（如白居易）、有字（乐天）、有号（香山居士），“能指”（符号）存在区别，但“所指”本身不变。古代画师是根据一部或几部佛经的描述，来绘制西方净土的景象，但不能理解为绘制经文本身。在这点上，西方净土变同弥勒经变本质上不同。弥勒信仰有上生和下生两类，其“所指”的时、位、地都不同：“弥勒上生经变”描绘现在，弥勒尚在菩萨位时，正在兜率天宫说法；而“弥勒下生经变”描绘未来，弥勒成佛之时，来此世界度化众生。所以弥勒上、下生经变一定要加以区别。反之，无论依据哪部佛经，西方净土变这个“能指”都不变（“未生怨”“十六观”另当别论）。假使有必要，也能做细化分类，固然有其意义，但不好区分时，不宜强行把所有描绘西方净土的图

---

① 大正藏：第47卷，No. 1959，第25页上.

② 董诰，等. 全唐文. 上海：上海古籍出版社，1990：3058.

像，都硬要分作“无量寿经变”或“阿弥陀经变”中的某一类。

（二）对两个术语的辨析

1. 所谓“焦点透视”

在表现空间场景方面，唐代经变画所取得的成就毋庸置疑，经常能看到有人将其与“焦点透视”进行比较。譬如，巫鸿分析盛唐172窟观无量寿经变壁画时所说：“居于中心的尊像是宗教礼拜的主体，……采用单幅结构，以阿弥陀佛为中心对称布局，强烈的视觉凝焦效果不仅由佛的正面姿态、不同寻常的尺度和庄严的宝相所造成，而且通过建筑的设置得到加强。这些建筑界画采用了中国传统绘画中较少使用的近于‘焦点透视’的手法，引导观众将目光集中朝向主尊。”[①] 然而，当把经变画中表现三维空间的方法与“焦点透视”进行比较时应格外小心，因为二者是两种不同“视觉看法”的产物，可以类比，但不应混作一谈。宁强曾对莫高窟唐代壁画在空间表现方面的成就做过如下概括：

> 透视法的丰富与完善，使盛期壁画在空间处理上远远超越前代。早期壁画中的形象以平列为主，装饰性强，与汉代画像石的手法类似。盛期壁画用三度空间感极强的透视法处理建筑、器物和其他形象，但并不拘泥于单点透视，而是根据内容和不同人物的需要，分组确定透视灭点，从而更好地突出主题，并与建筑平面相适应。[②]

这段文字有两点问题有待讨论。首先，所谓“三度空间感极强的透视法”恰好是东汉流行画法的发展，汉画并非都是单一的“平列为主，装饰性强”模式，关于此点，第一章已有讨论，不再赘述。其次，文中说唐代净土变壁画表现空间感时“并不拘泥于单点透视，而是根据内容和不同人物的需要，分组确定透视灭点”。这句话很自然会引起读者的追问：唐代画师真的具有“透视灭点”的意识吗？“灭点意识”是成立焦点透视的根本因，在证明“灭点意识”存在之前，应该谨慎用“焦点透视”这个术语来定义汉唐绘画。

2. 所谓“鱼骨式构成”

东京艺术大学教授小山清男曾引入“鱼骨式构成”概念，来描述日本的佛教绘

① 敦煌217窟《观无量寿经变》及其宗教、礼仪和美术的关系// 巫鸿. 礼仪中的美术：下卷. 北京：三联书店，2005：407.

② 宁强. 敦煌佛教艺术. 高雄：高雄复文图书出版社，1992：169.

画[①]。受其启发，赵声良进而用此概念来概括盛唐217窟西方净土变的空间表现特征：

> 首先我们在画面的中央画出一根中轴线。由下而上，这条中轴线贯穿了小桥、平台、佛像、大殿等建筑。中轴线两侧的建筑都呈对称排列。于是我们把两侧的建筑形成的斜线向中轴线连接起来，就形成了鱼骨的形式。中轴线两侧的斜线大体是平行的，不同的斜线与中轴线连接而形成的交点就有很多，说明透视的消失点不在一个点上，而是不断地推移。这就是鱼骨式构成的特点。比起科学的透视法来，它还不完善，但在科学的透视法还未发现之前的8世纪，鱼骨式构成就是表现空间远近关系最有效的办法。[②]

文中“鱼骨式构成”概念与宁强“分组确定透视灭点”的说法所表达的含义是一致的。尽管上文对“鱼骨式构成”的分析与莫高窟壁画之形式特征相契合，但正如笔者在前文所说的那样，目前没有证据可以证明8世纪的中国画师具有“焦点意识”（详见第五章第四节），因此所谓“并不拘泥于单点透视，而是根据内容和不同人物的需要，分组确定透视灭点”的看法，或者“透视的消失点不在一个点上，而是不断地推移”的看法，都是具备焦点透视知识的今人，对于“前透视时代”绘画的理解，即“文化外部的观点”，而非唐代画师头脑中的真实。

笔者将敦煌经变画的空间表现方式定义为斜边形空间画法，并认为这种利用平行四边形、梯形等斜边形图式来创造三维空间的方式，对于古代画师而言是有明确认识的事实。前文谈到，莫高窟第45窟北壁的西方净土变，画面上方运用了少有的顶边长、底边短的反向梯形图式，赵声良说它“在透视方面有明显的矛盾”[③]。虽然这是一则特例，但笔者认为，该形式恰好证明了唐代画师的确是在利用“斜边形”来创造立体空间，“鱼骨”和“焦点”则不是他们头脑中的真实存在。

笔者之所以不惜笔墨辨析此问题，不仅出于对“文化内部观点”的尊重，更重要的是，这出于一种文化立场：若承认“透视的消失点不在一个点上，而是不断地推移”的说法，就意味着还要承认如下观点，即中国中古艺术的空间画法，只不过是在实现“焦点透视术”过程中达到了某一阶段而已，还有另外一些技术问题——此处主要是统一的消失点问题——尚未得到彻底解决。

小山清男在引入“鱼骨式构成”概念之前，它本来就是一个用于描述文艺复兴早

---

① 小山清男. 幻影としての空間：図学からみた東西の絵画. 东京：东信堂，1996.
② 赵声良. 敦煌壁画风景研究. 北京：中华书局，2005：114-166.
③ 同②117.

期画家杜乔（Duccio di Buoninsegna，活跃于 1278—1318 年）画风的术语[①]，换言之，它是一个描述欧洲早期透视术的概念。然而笔者认为，虽然欧洲文艺复兴时期发展出的“科学透视术”与中国的斜边形空间画法在表现三维空间方面具有相同或相近的功效，但二者终究是不同的方式，分属于两种绘画乃至文化系统，并非同一路径上的前后不同阶段。

总结对敦煌经变画的考察，莫高窟的净土变在盛唐时达到一个高峰，画面中人物和建筑表现日臻成熟，总体视觉效果雄伟庄严，尤其是盛唐 217、172、148 窟等中的宏幅巨制，成为今人理解“盛唐气象”所能见到最撼人心魄的视觉证据。然而，当考镜净土式经变画源流时，可以发现其基本表现模式在初唐已经形成，而且这种表现空间场景的方式——利用梯形、平行四边形等斜边形来暗示三维空间纵深——可以一直上溯到南北朝，直至汉代。净土式经变画在表达空间结构方面所取得的成就，是唐代艺术史精彩异常的篇章之一，我们对该问题的缕析，不仅照亮了佛教艺术最具中国化色彩的一个侧面，同时也揭示出了汉唐风格史上的某些深层次、长时段的内容。

① 赵声良. 敦煌壁画风景研究. 北京：中华书局，2005：114，注1.

第三节　敦煌壁画中的“山水之变”

一、小　引

此前笔者论述过南北朝晚期，艺术家对于山水的偏好表现为，一方面山水图像在墓葬美术和佛教艺术中大量出现，另一方面从宗炳《画山水序》、王微（415—443）《叙画》等画史文献可知[①]，南朝已出现了独立意义的山水画。

具体到山水图像的风格发展，可以分作两个层次加以阐述：在母题方面，6世纪艺术家逐渐积累出多样化的类型，在同一画面中出现的山石、树木画法有诸种变化。在母题多样化方面，敦煌北朝壁画同中原美术相比，存在明显差距。在视像结构方面，南北朝后期艺术普遍注重三维空间表现，山水画法亦莫能外。就西陲之敦煌来说，山水图像的三维化进程比中原地区略晚，在西魏时期（如西魏285窟南壁）出现了显著变化，佛教故事被“安置”到有纵深感的山水场景中加以演绎，与洛阳地区的时间差有二三十年。

入隋之后，山水画法继续发展，至盛唐出现了张彦远所谓的“山水之变”：

> 由是山水之变始于吴，成于二李（李将军、李中书）。树石之状，妙于韦鶠，穷于张通（张璪也）。[②]

隋至盛唐的山水画法演进，仍可以从母题类型和视像结构两方面进行分析，以下分别从这两个层次，考察敦煌壁画中的“山水之变”。

需要说明一点，“山水图像”和“山水画”是两个不同的概念，前者范围更宽泛，

---

① 徐复观认为，到了宗炳和王微时代才“产生出真正的山水画和山水画论”，其独立的标准是“把山水画完全从实用中摆脱出来，使其具有独立的艺术性”。徐复观. 中国艺术精神. 上海：华东师范大学出版社，2001：141，146.

② 张彦远. 历代名画记：卷一.

比如经变画中的山水形象（如“法华经变”之化城喻品、“观无量寿经变”一侧的十六观等），属于山水图像，但算不上独立的山水画作。笔者主要考察绘画中山水的描绘方式和风格，并不局限于“山水画”范畴，因此本文选用“山水画法”或“山水图像”这种称谓。

二、母题画法：“若可扪酌”

（一）画作分析

就母题而言，敦煌北凉及北朝壁画中的山水树石样式，显然没有中原绘画那样丰富。赵声良曾用类型学方法，把敦煌北朝壁画中的山岳图像划分为“驼峰式山峦”、“角型山峦”和“多角型山峦”三类[①]，这三种山峦类型的时段，始于北魏，迄于隋代。对比出土于洛阳的北魏“纳尔逊孝子石棺”，以及出土于西安的北周康业墓石榻，这两件作品出现大量山峦、树木母题，同一作品中的类型种类也更趋多样化。隋以降，敦煌壁画在山水母题方面有了明显发展，与中原地区渐趋一致。更重要的是，母题的描绘逐渐朝着更具立体感和质感的方向发展，与北朝壁画的那种平涂或“沿带状线分染”的装饰性画法明显拉开了距离。

隋276窟壁画呈现出鲜明的中原风格，按石守谦的说法，它是“将阴影凹凸成功地‘转译’成线条的最早范例”[②]。第276窟壁画数次出现山峦树石图像（图4-3-1），多以土红色线勾勒而成，个别地方施以晕染，以加强山石的立体感。比起人物轮廓线的平滑圆转，描绘山石的线条多了几分持重和顿挫，说明画家有意识利用线条的变化以表现不同物象的质感，同时还体现出书法性用笔的意趣。2005年，陕西潼关税村发现的隋代壁画墓，与莫高窟隋276窟颇可比较，二者都采用了以线条为主导的画法。除题材外，最大的区别在于，潼关税村隋墓壁画以墨线绘出，敦煌第276窟壁画以土红色线描述[③]。

初唐209窟约开凿于武德年间（618—626），洞窟南、西、北三壁的佛教故事画中，出现大面积山水图像，被认为“是最早一个改变了早期那种人大于山状况的例证”[④]。在西壁南侧的“未生怨”故事中（图4-3-2），山峦母题自下（近）而上（远）分置于画面左右两侧，中间形成了一个蜿蜒曲折的谷地。为强化山峦的立体感，其阳

① 赵声良. 敦煌壁画风景研究. 北京：中华书局，2005：32-34.
② 石守谦. 风格与世变：中国绘画十论. 北京：北京大学出版社，2008：43.
③ 陕西省考古研究院. 陕西潼关税村隋代壁画墓发掘简报. 文物，2008(5)：4-31.
④ 同①128.

图 4–3–1　山石图像［隋，莫高窟第 276 窟壁画］

面以青绿色染出，沿轮廓线位置色调明显加深，山体的阴面留白或染赭黄色。赵声良指出，第209窟壁画中的“山峰还缺乏立体感”①，其说不无道理，但笔者以为，它已在加强物象立体感表现的大方向上朝前迈进了一步：这种以不同色彩区分阴阳、以色

① 赵声良. 敦煌壁画风景研究. 北京：中华书局，2005：128.

图 4-3-2 未生怨（局部）［唐武德年间（618—626），莫高窟第 209 窟西壁南侧］

调变化表现立体感的新画法，与北朝和隋代皆不同，就敦煌壁画来看，此画法到 7 世纪初才出现，不能不说是一个新变。

至初唐后段的高宗、武周时期（650—705），这种描绘山峦的方式在莫高窟中仍然流行，见于第 321（图 4-3-3）、323、332、431 窟等。区别在于，7 世纪下半叶壁画中的山峦母题有更多变化，描绘手法也趋于成熟。比如在第 431 窟壁画中，不仅山体的阴阳、向背清晰可辨，更有意思的是，画面近处的树叶或草丛以精致的手法描绘出来，而远方山顶上的树丛，则以概括性的横点形式加以表现（图 4-3-4），颇似后世所称的“雨点皴”①。传统画史通常把“雨点皴”的创造归功于王维（701—761），这则例子提示我们，要以一种自下（无名氏工匠）而上（名家）的方式考察艺术史，尤其是面对早期艺术时，较稳妥的做法是，首先通览一般性的艺术基础和文化情境，在此基础上，才有可能评价杰出艺术家的成就和价值。

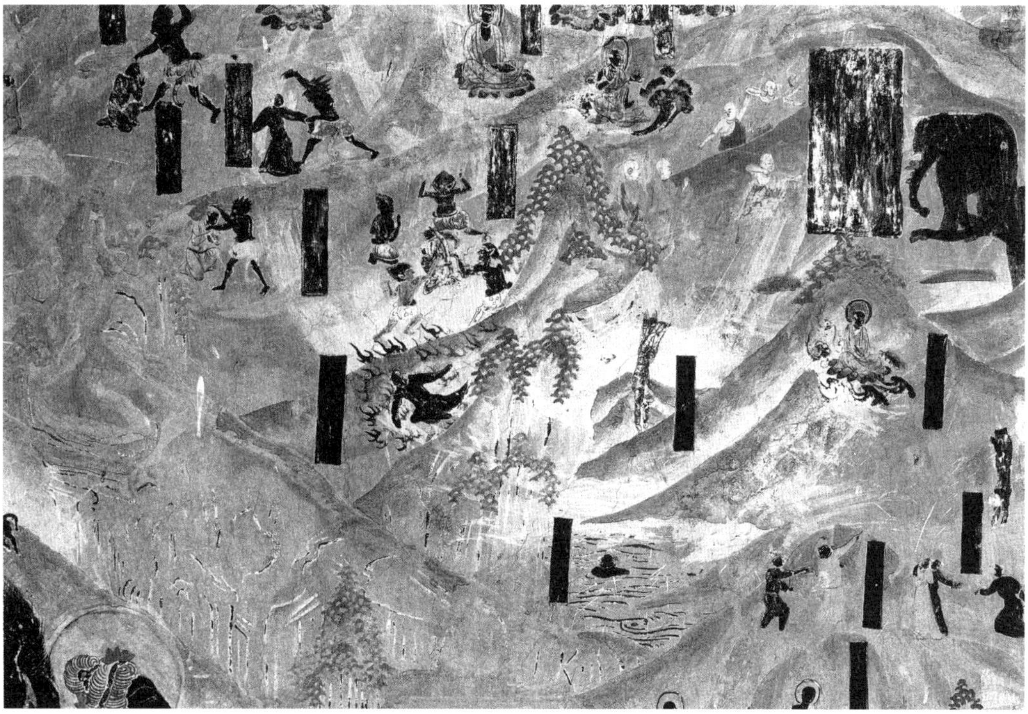

图 4–3–3　宝雨经变（局部）［唐高宗、武周年间（650—705），莫高窟第 321 窟南壁］

① 如清唐岱《绘事发微》“皴法”条云：“王维亦用点攒簇而成皴，下笔均直形似稻谷，为雨雪皴也，又谓之雨点皴。”（黄宾虹，邓实. 美术丛书：第1册. 杭州：浙江古籍出版社，1986：258）又清布颜图《画学心法问答》（1745）谓：“故右丞始用笔正锋，开山披水，解廓分轮，加以细点，名为芝麻皴，以充全体，遂成开基之祖，而山水始有专学矣。……南唐董北苑……山头重加墨点，添以渲淡，而山水之全体备矣。”（于安澜. 画论丛刊：上卷. 北京：人民美术出版社，1989：277）

图 4-3-4 未生怨与十六观（局部）[初唐，莫高窟第 431 窟]

第 323 窟开凿于武周时期（690—705），该窟北、南、东三壁绘出大面积的佛教史迹画，属于“中国自创的新题材”①。这些佛教史迹画中有大量山水图像，其山形母题画法丰富多样（图 4-3-5）：前景的峰峦以纵向取势为主，画师以青绿色和淡褐色晕染的方式表现出山脉走向，山头位置以稍重的青绿色表示树丛；中景位置的山峦形若驼峰，起伏感较前景明显平缓；远山则以深褐色绘出，形体缩小，山脚也变成一条水平线。同属武周年间的第 332 窟壁画也体现出一种强化体积感的艺术旨趣，该窟南壁“涅槃经变”中有山水图像（图 4-3-6），画师用青绿色顺着山峦的走向加以描绘，以多个笔触暗示出了山体的起伏纹理。

经历了近百年的持续探索，敦煌盛唐壁画中，山水母题的表现技法已近于成熟。

绘制于开元年间（713—741）的第 320 窟壁画，对山水画法进行了新的尝试。画师用青绿色和朱红色，分别晕染出不同山峦的质地感和起伏层次，尤其值得注意的是，部分山峦具有转动的形态和轻盈的笔法，表现出画师对动感的有意追求（图 4-3-7）。这种富于运动感的山峦画法，画史上通常认为是北宋画家李成（919—967）的风格特征，如米芾（1051—1107）《画史》所云：“李成淡墨如梦雾中，石如云动，多巧少真意。”②方闻进而把李成传派的山水画作《雪山行旅图》（波士顿艺术博物馆藏）

① 段文杰. 创新以代雄：敦煌石窟初唐壁画概观// 中国敦煌壁画全集5：敦煌初唐. 天津：天津人民美术出版社，2006：11.

② 黄宾虹，邓实. 美术丛书：第2册. 杭州：浙江古籍出版社，1986：1198.

图 4-3-5　佛教史迹画（局部）[唐武周时期（690—705），莫高窟第 323 窟南壁]

图 4–3–6　涅槃经变（局部）［唐武周时期（690—705），莫高窟第 332 窟南壁］

图 4–3–7　未生怨（局部）［唐开元年间（713—741），莫高窟第 320 窟北壁］

作为此种画风的典型之作（图4–3–8）[1]。敦煌壁画提示我们，所谓“石如云动”的画风，实际上是宋人对既有画法的继承和发展，而这种追求山体动感的审美趣味在盛唐时已经出现。

开凿于天宝年间（742—756）的第 172 窟，出现了极精彩的山水壁画。

洞窟东壁北侧“文殊变”顶部的山水图像（图 4–3–9），山峦以两种颜色绘出，阳面为青绿色，阴面为红赭色，对比显著、色彩明快。在莫高窟，这种山峦染色法首见于初唐壁画，至盛唐时仍是流行画法，第 172 窟表现得格外突出。就传世画作看，传为隋展子虔（545—618）所绘之《游春图》（故宫博物院藏）用的就是此种染色法，有时山峦阴面留出绢的赭黄色。归于唐代画家李思训（651—716/718）及其子李昭道（675—741）这一传派的作品亦用此法，如台北“故宫博物院”所藏的《江帆楼阁图》《明皇幸蜀图》等。王希孟（1096—？）的《千里江山图》（故宫博物院藏）进一步加强了冷暖色彩对比，给“千里江山”蒙上了一层神圣性。在手卷画

① Wen C. Fong. *Images of the Mind: Selections from the Edward L. Elliott Family and John B. Elliott Collections of Chinese Painting and Calligraphy at The Art Museum*. Princeton: Princeton University Press, 1984: 40.

图 4-3-8 （仿）李成《雪山行旅图》（局部）[约 1100 年，绢本设色，波士顿艺术博物馆藏]

图 4-3-9 文殊变（局部）[唐天宝年间（742—756），莫高窟第 172 窟东壁北侧]

中，很多时候山峦阴面的暖色不需特别设色，而是用绢的本来颜色自然呈现，佛教壁画中山水图像的这种设色法，是否是对绢本手卷画的模仿，有待进一步考察。

第 172 窟文殊变壁画中“水”的描绘也十分成功。根据赵声良的分析：“不仅能画出波浪起伏的状态，而且通过晕染表现出光影的效果”①。绘制该铺壁画的画师运用了一种描绘性极强的笔法，使得壁画中水波、树丛等细节处理得恰到好处。另外一些画面上水的画法略有不同（图 4-3-10），画师在某些水面的边缘地带以淡墨色染出崖岸的倒影，但水面部分没有晕染，仅以线条勾勒出水纹，但即便是这些未曾晕染的水面，仍能给观者一种起伏摇曳、波光粼粼之感，与大都会艺术博物馆藏的传为五代南唐董源（即董元）《溪岸图》及台北“故宫博物院”藏南唐赵幹《江行初雪图》中的水波画法颇为相似（图 4-3-11）。

在大历年间（766—779）的第 148 窟巨幅壁画中，山形母题的样式更加富于变化，

① 赵声良. 敦煌石窟全集18：山水画卷. 香港：商务印书馆有限公司，2002：137.

图 4-3-10　日想观（局部）[唐天宝年间（742—756），莫高窟第 172 窟北壁东侧上部]

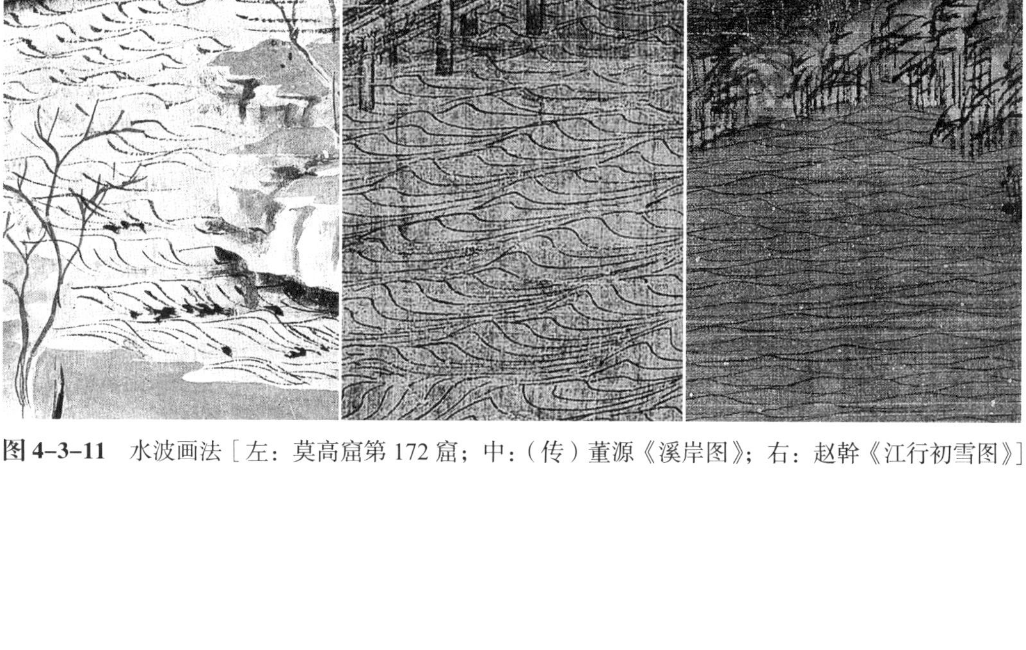

图 4-3-11　水波画法［左：莫高窟第 172 窟；中：（传）董源《溪岸图》；右：赵幹《江行初雪图》］

同时立体感也进一步加强。在西壁涅槃变“均分舍利”一段的上部山水图像，明显可分为远景的“岭”、中景的“塬”和近景的“坡”三种不同形态（图 4-3-12）。画师以大面积的青绿色涂于山峦的阳面，山阴位置则以留出壁面“地仗”底色为主，局部转折处用朱红色加以晕染，很好地表现出了西北黄土高原那种四边陡而顶上平的“塬地”的视觉效果。

图 4-3-12 涅槃变（局部）[唐大历年间（766—779），莫高窟第 148 窟西壁]

（二）文献考察

张彦远《历代名画记》卷一“论画山水树石”总结了山水画的发展历程，其云：

魏、晋以降，名迹在人间者，皆见之矣。其画山水，则群峰之势，若钿饰犀栉，或水不容泛，或人大于山，率皆附以树石，映带其地，列植之状，则若伸臂布指。详古人之意，专在显其所长，而不守于俗变也。

国初，二阎擅美匠学，杨、展精意宫观。渐变所附，尚犹状石，则务于雕透，如冰澌斧刃，绘树则刷脉镂叶，多栖梧菀柳。功倍愈拙，不胜其色。

吴道玄者，天付劲毫，幼抱神奥，往往于佛寺画壁，纵以怪石崩滩，若可扪酌。又于蜀道写貌山水，由是山水之变始于吴，成于二李（李将军、李中书）。树石之状，妙于韦鶠，穷于张通（张璪也）。通能用紫毫秃锋，以掌摸色，中遗巧饰，外若混成。又若王右丞之重深，杨仆射之奇赡，朱审之浓秀，王宰之巧密，刘商之取象，其余作者非一，皆不过之。

按照张彦远的看法，魏晋至隋唐的山水画法经历了持续的演进，也取得了一系列成就。约分为三个发展阶段，首先是魏晋南北朝之际，“群峰之势，若钿饰犀栉”，山形母题画法古拙，具有平面性或装饰性的倾向。尔后到初唐，山石加强了立体感，即所谓“尚犹状石，则务于雕透，如冰澌斧刃”，发展出一种雕琢剔透、细致周到的描绘技艺。然而“功倍愈拙，不胜其色”一句，说明张彦远对此种画风并不十分认同。最后到盛唐吴道玄（吴道子）时，完成了“山水之变”，另有李思训父子（二李）、韦鹍、张通（璪）、王维诸山水名家，皆有过人之处，山水画至此可谓蔚为大观。

“纵以怪石崩滩，若可扪酌”一句，是张彦远对吴道子山水画风的概括。冈村繁对此句的释读是：“自由奔放地表现那奇形怪状的岩石、波浪滔天的急流，而那岩石就像可以攀援，那激流之水犹如可以汲取那样”①。更为常见的解读，是把“若可扪酌”的“扪”理解为触碰、抚摸，即岩石刻画逼真，“犹如可以触碰感受”②。好在上述这两种解读的方向是一致的，都强调山水画法逼真写实的品质。

在唐代画史中，这种以形似再现为根本，同时追求表现手法新奇多变的风尚绝非孤例，而是初、盛唐绘画的基本宗趣。如刘孝师（生卒年不详）：

点画不多，皆为枢要，鸟雀奇变，甚为酷似。③

又康萨陀（或云善陀，生卒年不详）：

初花晚叶，变态多端，异兽奇禽，千形万状。④

又檀智敏（生卒年不详）：

栋宇楼台，阴阳向背，历观前古，独见斯人。⑤

---

① 冈村繁.《历代名画记》译注. 俞慰刚，译. 上海：上海古籍出版社，2002：67.
② 载承，译注.《历代名画记》全译. 贵阳：贵州人民出版社，1999：82.
③ 张彦远. 历代名画记：卷九. 案：刘孝师，《历代名画记》卷一“叙历代能画人名”中作“刘孝思”。
④ 同③.
⑤ 同③. 案：檀智敏，《后画录》作“檀知敏”。

“阴阳向背”，是指檀智敏通过明暗变化，使得其笔下的屋宇楼台具有立体效果。虽然檀智敏描绘建筑的这种技艺并不常见（“历观前古，独见斯人”），然而其背后对形似再现的追求却非偶然。如上三例皆在吴道子之前。

又吴道子弟子卢稜伽（卢楞伽）：

颇能细画，咫尺间山水寥廓，物像精备。①

又李思训：

其画山水树石，笔格遒劲，湍濑潺湲，云霞缥缈，时睹神仙之事，窅然岩岭之幽。②

观赏李思训笔下的山水林泉，仿佛能令观者听到溪水的流淌声，水流时而湍急、时而徐缓（“湍濑潺湲”），云霞飘忽无定，神仙故事穿插其间，“充分地表现出深山峡谷的幽邃”③。作为李唐宗室，李思训的画作或许多与道教有关，或者具有道家象征含义④，除此之外，“湍濑潺湲，云霞缥缈”“窅然岩岭之幽”等句反映出8世纪初绘画在形似再现方面的成就，与莫高窟唐代323、320、172、148窟等中的山水图像颇为契合。

以下三位皆为8世纪画家。朱审是一位吴兴籍山水画家，在“论画山水树石”篇中，张彦远称赞他以“浓秀”见长，其后又说他：

工画山水，深沉瑰壮，险黑磊落，湍濑激人，平远极目。⑤

又蜀中画家王宰：

多画蜀山，玲珑窳窆，巉差巧峭。⑥

---

① 张彦远. 历代名画记：卷九.

② 同①.

③ 冈村繁.《历代名画记》译注. 俞慰刚，译. 上海：上海古籍出版社，2002：445.

④ 据《宣和画谱》卷十记载，北宋御府收藏李思训画作共17幅，包括《山居四皓图》《神女图》《四皓图》等，佛教题材仅《无量寿佛图》一幅。

⑤ 张彦远. 历代名画记：卷十.

⑥ 同⑤.

又客居蜀中的长安籍画家韦鹖：

> 咫尺千寻，骈柯攒影，烟霞翳薄，风雨飕飗，轮囷尽偃盖之形，宛转极盘龙之状。[①]

通过文献可知，山水画在盛唐时已十分成熟，画水则“湍濑激人”，画山则“玲珑窳窆，巉差巧峭”，画树则“骈柯攒影”“宛转极盘龙之状”，皆能“物像精备”，得形似之妙。据《历代名画记》记载，韦鹖的叔父韦銮也好画山水，张彦远批评他“虽有其名，未免古拙”[②]。这或许可以说明，山水画取得了一系列成就后，唐人对山水画技艺有了更高的要求和期待，倘仍墨守早期古拙之画风，则难免招来诟病。

以上首先对唐代前期的莫高窟壁画进行了形式分析，之后简要缕析了唐代画史文献，证明张彦远《历代名画记》对唐前期山水画风的描述，与敦煌艺术实例大体上是吻合的。就母题层面而言，唐代绘画在形似再现方面取得了一系列成就，借用张彦远对吴道子山水画的描述，就是“若可扪酌”，画作上的物象仿佛触手可及一样。

三、空间效果：“咫尺重深”

（一）画作分析

除母题画法愈加真实、手法多样外，唐代壁画中的山水图像在表现空间方面的成就更为显著。这种山水图像“远近法”的实现，主要归功于两方面因素，其中首要因素是引入了斜边形图式。方闻教授曾指出，早期山水画主要是依靠提高视点的“鸟瞰法”，以及运用三角形山峦母题依次叠肩的方式来表现空间进深的[③]。实际上，这两方面的结合就是运用斜边形（最常见的是平行四边形）图式。在敦煌莫高窟中，这种表现方式最早见于西魏 285 窟南壁“得眼林因缘”等叙事画中，画师用一列列斜向叠肩退错的山形母题，分隔出不同的“空间单元”，以此方式展开故事情节。在研究传为

① 张彦远. 历代名画记：卷十. 唐朱景玄《唐朝名画录》：“山以墨干，水以手擦，曲尽其妙，宛然如真。”

② 同①.

③ Wen C. Fong. Why Chinese Painting is History?. *The Art Bulletin*, June, 2003, 85(2): 272-273；方闻.《溪岸图》：从鉴定到艺术史. 卢缓，译// 上海书画出版社. 董源《溪岸图》研究（《朵云》第58集）. 上海：上海书画出版社，2003：205，206.

展子虔所绘的《游春图》时，傅熹年发现，画面中的“山形自左上角倾斜向下方”①，从而形成了一个略呈平行四边形的开阔水面（图 4-3-13）。僧彦悰《后画录》评介展子虔云：“尤善楼阁，人马亦长。远近山川，咫尺千里”②。从传世画作《游春图》看，“远近山川，咫尺千里”的效果主要是依靠平行四边形的图式得以实现的。

第二种因素是物象比例的变化。不仅人物和山水之间的比例关系进一步协调，早期绘画那种“水不容泛，或人大于山”③的情况较少发生，更重要的是“近大远小”现象愈加显著。这是隋唐之新变，隋窟中开始出现因空间位置不同而产生显著的比例变化，如隋 393 窟西壁的“西方净土变”，而北朝敦煌壁画较少出现“近大远小律”。上述两种手法的结合，使得唐代壁画在表现空间进深方面比北朝又迈进了一大步。

在绘制于武德年间（618—626）的敦煌第 209 窟壁画中，人物和山水之间的比例关系更为协调，正如赵声良的描述，“高大的山峰远远超过了佛像的高度，树木也画得较小，与山峰构成一种和谐”④，而且远景中的山形明显缩小，体现出了一种通过物

图 4-3-13 （传）展子虔《游春图》[绢本设色，故宫博物院藏]

① 傅熹年. 关于展子虔《游春图》年代的探讨. 文物，1979（11）：51. 该文认为，《游春图》乃北宋摹本，但其底本在唐代已经存在，“它在山水树石画法上，较多地保存了底本的面貌”（第 52 页）。

② 卢辅圣. 中国书画全书：第1册. 上海：上海书画出版社，1993：178. 案：张彦远《历代名画记》所引僧彦悰评语与今本《后画录》略有不同，《历代名画记》卷八：“展子虔……触物留情，备皆妙绝，尤善台阁、人马、山川，咫尺千里。”另，《宣和画谱》卷一“道释一”评价展子虔“写江山远近之势尤工，故咫尺有千里趣。”

③ 张彦远. 历代名画记：卷一“论画山水树石”.

④ 赵声良. 敦煌壁画风景研究. 北京：中华书局，2005：128.

象比例来暗示空间远近的“再现意识”。

武周时期（690—705）的第323窟佛教史迹画中，出现大量山水图像，这些图像反复运用三角形山形母题向斜后方叠肩退缩的空间表现技巧（图4-3-14），远山体量明显缩小，创造出一种层峦叠嶂、山水无尽的视觉效果。南朝陈姚最（536—603）在《续画品》中记载南朝梁画家萧贲：

> 尝画团扇，上为山川，咫尺之内而瞻万里之遥，方寸之中乃辨千寻之峻。①

这段对南朝绘画的描述，倒是和莫高窟第323窟壁画很能契合。虽然目前见不到“咫尺之内而瞻万里之遥”的南朝绘画作品，推想其基本手法，应该无外乎“斜边形图式”和“近大远小律”这两类。在解读姚最的这段《续画品》文字时，钱钟书推测，其画法与绘制地图类似：“六朝山水画犹属草创，想其必采测绘地图之法为之。”②

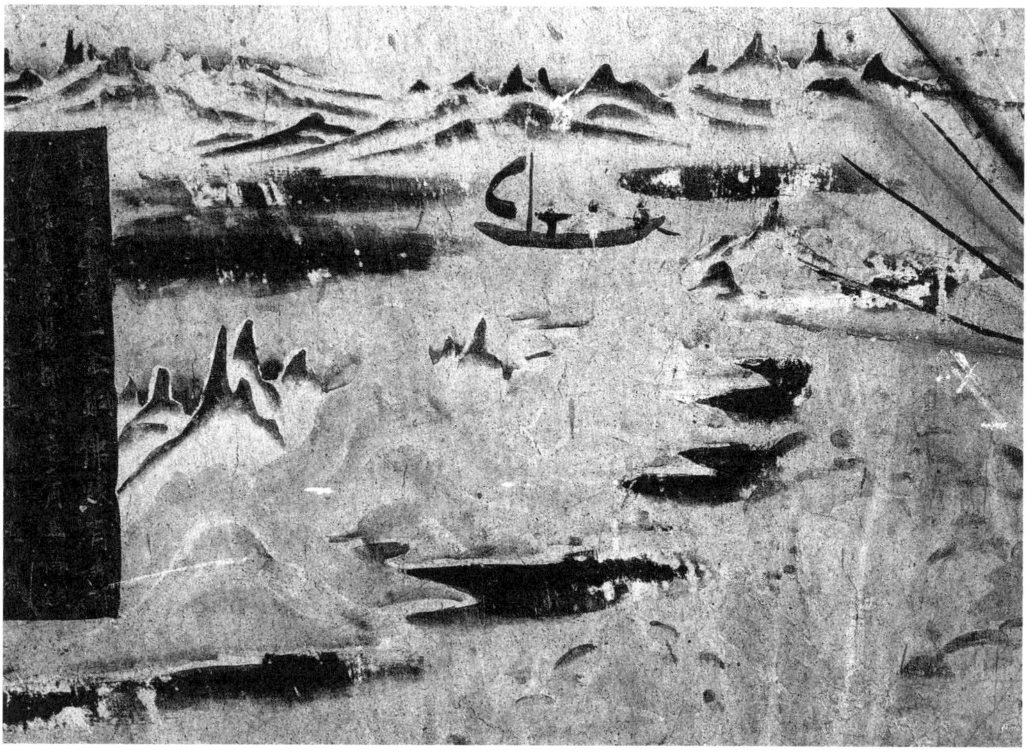

图4-3-14　佛教史迹画（局部）［唐武周时期（690—705），莫高窟第323窟南壁］

① 卢辅圣. 中国书画全书：第1册. 上海：上海书画出版社，1993：5. 又张彦远《历代名画记》卷七：“萧贲……曾于扇上画山水，咫尺内万里可知。”
② 钱钟书. 管锥编：第4册. 北京：中华书局，1996：1284.

笔者认为，地图的绘制重在知识上的“说明”，而山水“远近法”重在视觉上的“再现”。从形式角度看，斜边形图式及近大远小律都是对地图的超越。再考察文献，姚最“咫尺之内而瞻万里之遥”，所用“瞻”字也很能说明问题，故钱钟书的看法不甚可取。

盛唐217窟开凿于景云年间（710—711），窟内有大量山水图像，充分体现出唐代在空间表现方面的新成就。北壁东侧的“十六观”图像中，多次出现叠肩斜向后退的山形母题（图4-3-15），重山之间绘出“日想观”、“水想观”及“地想观”等内容，山峦之斜向走势，与呈“平行四边形”的琉璃地面及宝池相得益彰，说明了斜边形图式在山水图像中的运用。南壁壁画中有与唐代盛行的“佛顶尊胜信仰”密切相关的佛陀波利事迹[①]，每个情节都在由山水所构成的特定“空间单元”中展开（图4-3-16）。在壁面中下部的空间单元中，山峦母题没有明显的体量变化，原因在于上、下每两个故事情节中，位于下方位置的“远景”同时还是上方故事的“近景”，缩小某些山形母题的体量，势必将破坏另一组画面的比例关系。但是对于壁面顶部的图像，无须这种担忧，因此其近处山峦和远山之间具有了明显的区别（图4-3-17）。此外画师还在画面最上方，绘出绵延曲折的“之”字形河流，进一步加深了空间纵深感。

盛唐103窟开凿于天宝年间（742—756），其南壁的“法华经变”也运用了青绿山水形式[②]，但在空间处理上，和盛唐217窟南壁略有差异。第217窟仅在壁面最上方（最远处）才出现缩小的远山形象，或许缘于近大远小律更为普及，在晚出的第103窟南壁“化城喻品”中（图4-3-18），每个空间单元中的近山和远山，都体现出明显的体量差异。从局部看，空间退错感有所加强，从画面整体看，则破坏了统一的前后比例关系。方闻教授认为，中国山水画“征服空间幻象”经历了三个阶段，其中第一阶段从唐代至北宋早期（约700年至1050年），以正仓院所藏8世纪绘画《隼鸭图》为代表，画面中从前到后由几个断裂的层次构成，每个层次都有其后退的角度，“以其自身提示的地面向观者呈现不同的倾斜角度”，画面整体没有形成统一的、不间断的空间序

① 该铺壁画，过去一直被定名为“法华经变”，下野玲子认为是“佛顶尊胜陀罗尼经变”，但其观点只得到部分学者的赞同。详阅：下野玲子. 莫高窟第217窟南壁经变新解. 美术史，2004（157）；中译本载：牛源，译. 敦煌研究，2011（2）：21-32. 施萍婷，范泉. 关于莫高窟第217窟南壁壁画的思考. 敦煌研究，2011（2）：12-20；张元林. 也谈莫高窟第217窟南壁壁画的定名：兼论与唐前期敦煌法华图像相关的两个问题. 敦煌学辑刊，2011（4）：39-48。

② 在考证“二李”（李思训、李昭道父子）文献时，李星明发现，盛唐并没有根据设色不同划分山水画类型的做法，所谓“青绿山水”和“金碧山水”均是晚出的术语，北宋出现“着色山水”的说法，“金碧山水”则出现于南宋，元代才出现“青绿山水”的概念。李星明. 唐代墓室壁画研究. 西安：陕西人民美术出版社，2005：234-236.

图 4-3-15　十六观（局部）［唐景云年间（710—711），莫高窟第 217 窟北壁东侧］

图 4-3-16 佛陀波利事迹图［唐景云年间（710—711），莫高窟第 217 窟南壁西侧］

图 4-3-17 佛陀波利事迹图（局部）

图 4–3–18　化城喻品（局部）[唐天宝年间（742—756），莫高窟第 103 窟南壁]

列[①]。就本章所考察的敦煌壁画而论，盛唐217、103窟中的山水壁画，同样缺乏空间纵深的连续性，此类图像由多个不同时空的“情节”或“空间单元”所构成，绘画的内

① Wen C. Fong. *Images of the Mind: Selections from the Edward L. Elliott Family and John B. Elliott Collections of Chinese Painting and Calligraphy at The Art Museum*. Princeton: Princeton University, 1984: 20.

容决定了无须描绘有统一的或连续后退的地面，完全可以允许每个“空间单元”在一定程度上自成一体。笔者并不把第 103 窟壁画的这种形式，看作透视比例关系出现了“失真”现象，而是将其视为唐代前期山水图像进深感增强的视觉证据。

倘若不是由多情节构成的画面，其空间连续性和前后物象比例关系的整体性，往往更趋合理，同为天宝年间的盛唐 172 窟就有此类壁画。如东壁北侧的“文殊变”上部山水图像，其山峦、树木和水纹的体量感从前到后依次缩小，创造出了一派寥廓而悠远的山水空间场景，不像第 103 窟壁画那样，出现明显的前后空间断裂现象。据《历代名画记》记载，吴道子弟子卢稜伽“颇能细画，咫尺间山水寥廓，物像精备”[①]。按此说法，卢稜伽的山水画风有两大特点——“山水寥廓”和“物像精备”（即“颇能细画”），第 172 窟壁画中的山水图像与此非常吻合。

第 172 窟南、北两壁各有一条幅式“十六观”图像，都把“日想观”安排在了画面顶部，两幅“日想观”的空间纵深序列感都很强（图 4–3–19、图 4–3–20）。北壁东侧顶部的“日想观”更突出，三角形山形母题连续叠肩后退，远方的山峦、树木逐渐缩小，中间是一条呈“之”字形曲折婉转的河流纵贯画面，水面自下而上逐渐变窄，进一步强化了画面的三维纵深感。

这种“之”字形逐渐变窄的河流，是盛唐时极流行的山水画远景处理手法。除上述两幅“日想观”外，在第 172 窟东壁“文殊变”画面的右上角，也有一条曲折蜿蜒的河流向斜后方延伸（图 4–3–21）。图像提示我们，画师仿佛不忍停下手中的画笔，因为河流已经超出了地平线的范围，几乎延伸到了天际。陕西富平县朱家道村唐墓中的山水屏风壁画，在远景位置也运用了类似的手法（图 4–3–22），该屏风画与莫高窟第 172 窟壁画的绘制时间大体相当[②]，说明这种远景处理手法绝非敦煌的地方性特色，它更可能传自东部的两京地区。

宋人叶梦得（1077—1148）在《避暑录话》中记载了他所见的李思训《明皇幸蜀图》摹本（图 4–3–23）：

> 方广不满二尺，而山川云物、车辇人畜、草木禽鸟，无一不具。峰岭重复，径路隐显，渺然有数百里之势，想见为天下名笔。[③]

---

① 张彦远. 历代名画记：卷九. 案：卢稜伽亦作“卢楞伽”。

② 富平县朱家道村唐墓发现时已被盗，未发现墓志，因此建墓的准确时间无法确定，原发掘报告推测其年代为盛唐，李星明进一步将其断为盛唐后期。井增利，王小蒙. 富平县新发现的唐墓壁画. 考古与文物，1997（6）：8–11；李星明. 唐代墓室壁画研究. 西安：陕西人民美术出版社，2005：351.

③ 叶梦得. 避暑录话：卷下. 叶氏观古堂本. 1909（宣统元年）：第34叶b.

图 4-3-19　日想观［唐天宝年间（742—756），莫高窟第 172 窟南壁东侧］

图 4-3-20 日想观［唐天宝年间（742—756），莫高窟第 172 窟北壁东侧］

图 4–3–21　文殊变（局部）[唐天宝年间（742—756），莫高窟第 172 窟东壁北侧]

图 4–3–22　六扇屏风山水壁画局部（南数第二屏）[盛唐，陕西省富平县朱家道村唐墓出土]

图 4-3-23 （传）李昭道《明皇幸蜀图》[绢本设色，台北“故宫博物院”藏]

文中“峰岭重复，径路隐显，渺然有数百里之势”一句是对李思训风格特征的描述，同时也可视为对敦煌唐代山水壁画，以及陕西富平山水屏风画形式的绝佳概括。

盛唐以后，山水画家仍然常用通过“之”字形河流或道路推远空间的手法，且举两例。首先是传为五代董源（亦作“董元”）所绘之《溪岸图》（大都会艺术博物馆藏），这幅作品上部出现了一条蜿蜒曲折、逐渐变窄的河流（图 4-3-24）。此画的真伪问题，曾引起艺术史学界一场热烈的学术讨论[①]。主张《溪岸图》为近代张大千伪作的是高居翰（James Cahill，1926—2014）教授，其立论的一个重要依据是，张大千画作中常出现如《溪岸图》上部这种“蜿蜒曲折呈‘之’字形的白色条纹——可以看做为道路、河流或是高原和小山平整的顶部”[②]。然而敦煌第323、217、172窟等壁画提

① 这场讨论主要有三派意见：以方闻、启功、石守谦为代表的观点认为《溪岸图》乃董源真迹；第二种意见与此接近，何慕文、傅申、班宗华和陈葆真等认为假使非出董源亲笔，也是一件宋代画作；与上述两派观点相对，高居翰和古原宏伸认为此画是近代张大千的伪作。上海书画出版社《朵云》编辑部将这场讨论中的一些重要文章，结集为《董源〈溪岸图〉研究》专集，收入了方闻、高居翰、启功、古原宏伸、何慕文、石守谦、谢柏柯等学者的专文。详阅：上海书画出版社. 董源《溪岸图》研究（《朵云》第58集）. 上海：上海书画出版社，2003。

② 高居翰. 对《溪岸图》的十四点质疑. 孙丹妍，译// 上海书画出版社. 董源《溪岸图》研究. 上海：上海书画出版社，2003：48.

图 4-3-24 （传）董源《溪岸图》（局部）［绢本水墨，纽约大都会艺术博物馆藏］

示我们，这种处理手法不仅在张大千画作中常见，更是唐代山水的常见画法。

第二个实例是北宋许道宁（约 970—1051）所绘的《渔父图》（纳尔逊-阿特金斯美术馆藏）。这幅横卷形式的作品仍运用纵向的“之”字形河流，在三个山谷地带，都出现了蜿蜒远去的河流（图 4-3-25）。而且画家有意使远处物象的墨色逐渐变淡，出现类似“空气透视”的空间层次，使画面纵深感更加幽远难测。

宋人对“远”的理解愈加深入，更富形而上意味[①]，山水画形式也有所发展，追求一种掩映委曲、盘桓回荡之境，如郭熙（约 1023—约 1085）《林泉高致》云：“山欲高，尽出之则不高，烟霞锁其腰则高矣。水欲远，尽出之则不远，掩映断其派则远矣。盖山尽出，不唯无秀拔之高，兼何异画碓嘴。水尽出，不唯无盘折之远，兼何异画蚯蚓。”[②]尽管敦煌壁画中的唐代前期的“之”字形河流（道路）画法，还没有强调“掩映断其派”，较之许道宁的《渔父图》还不免有些像“画蚯蚓”，然而对郭熙所谓“盘折之远”的追求绝非宋画之“专利”，实开启于唐。

① 详阅：徐复观. 中国艺术精神. 上海：华东师范大学出版社，2001：第八章第八节“形与灵的统一——远的自觉”。

② 卢辅圣. 中国书画全书：第1册. 上海：上海书画出版社，1993：500.

图 4-3-25 许道宁《渔父图》(局部)[北宋，绢本淡设色，堪萨斯市纳尔逊-阿特金斯美术馆藏]

(二)文献考察

唐代画史文献中有大量对绘画空间深度的论述，已有学者对此类文献材料进行过梳理[①]。其中朱景玄(活跃于806—846)在《唐朝名画录》中对唐代画家张璪(约735—785)山水画风的描述很有代表性，其云：

> 其山水之状则高低秀丽，咫尺重深，石尖欲落，泉喷如吼。其近也，若逼人而寒；其远也，若极天之尽。[②]

又朱景玄对朱审山水画风的描述与张璪颇为相似：

> 其峻极之状，重深之妙，潭色若澄，石文似裂，岳耸笔下，云起锋端，咫尺

① 赵声良. 敦煌壁画风景研究. 北京：中华书局，2005：122-125；李星明. 唐代墓室壁画研究. 西安：陕西人民美术出版社，2005：347，348.

② 卢辅圣. 中国书画全书：第1册. 上海：上海书画出版社，1993：165. 案：张璪(亦作张藻)，生平未详，笔者对其生卒年的说法采取了谢巍的考证。谢巍. 中国画学著作考录. 上海：上海书画出版社，1998：73.

之地，溪谷幽邃，松篁交加，云雨暗淡。①

时至今日，张璪或朱审的山水画作已不传世，仅从文献上看，较之隋展子虔山水“远近山川，咫尺千里”的面貌，唐代张璪、朱审等人的山水画似乎又有大幅度发展。在山水母题表现层面，“石尖欲落，泉喷如吼”“潭色若澄，石文似裂”；在空间表现上，则是“高低秀丽，咫尺重深”“峻极之状，重深之妙”。两方面因素相合，达到了空前的形似再现高度，给人一种“其近也，若逼人而寒；其远也，若极天之尽”，或者“咫尺之地，溪谷幽邃，松篁交加，云雨暗淡”的美妙观感。

《唐朝名画录》中“咫尺重深”四字，可谓是对8世纪后期山水画特点的精要概括。汪去非把“咫尺千里”和“咫尺重深”解释为两种不同的空间表现模式，认为所谓“咫尺千里”是指魏晋至隋代山水画“只有左右横向的远近之别，将画的主要部分作横向布局”的平面表现模式，而到了唐武则天时期，画面开始明显具有深度感，至盛唐天宝年间后，表现幽深之境才愈益纯熟，从而形成了“咫尺重深”的深度表现模式②。晋唐绘画的总体风格走向是三维再现逐步成熟，对此汪去非的把握是无误的，但是他对“咫尺千里”的解读笔者却不甚赞同。笔者以为，“咫尺千里”和“咫尺重深”都是对画面空间纵深感的描述，在形式和发展阶段上或有小异，但绝非是如此判然的平面性与纵深感画法之别。试问，仅以画面中左右横轴维度，如何实现《续画品》所谓“咫尺之内而瞻万里之遥”的效果？③相比之下，赵声良的解读更趋合理：“比起‘咫尺千里’来，‘咫尺重深’更注重的是风景的深度表现，也就是三度空间的表现。从‘咫尺千里’到‘咫尺重深’表明了唐代山水画中，远近空间表现越来越受到重视。”④

最后举两则文献，说明空间表现之于山水画的重要性。第一则是传王维《山水论》：

凡画山水，意在笔先。丈山尺树，寸马分人。远人无目，远树无枝，远山无

① 卢辅圣. 中国书画全书：第1册. 上海：上海书画出版社，1993：166. 另，张彦远《历代名画记》卷十：“朱审，吴兴人。工画山水，深沉瑰壮，险黑磊落，湍濑激人，平远极目。建中年颇知名。”可知朱审活跃于唐建中年间（780—783），约为莫高窟148窟绘制之时。

② 汪去非. 试谈山水画发展史上的一个问题：从“咫尺千里”到“咫尺重深”. 文物，1980（12）：76-81.

③ 汪去非把所有具有空间深度感的作品（如莫高窟唐代山水壁画、正仓院藏琵琶画、（传）展子虔《游春图》等）都划分为“咫尺重深”一类，而对“咫尺千里”的解释仅流于文献和猜想。

④ 赵声良. 敦煌壁画风景研究. 北京：中华书局，2005：125.

石，隐隐如眉，远水无波，高与云齐，此是诀也。……定宾主之朝揖，列群峰之威仪，多则乱，少则慢，不多不少。要分远近，远山不得连近山，远水不得连近水。……凡画林木，远者疏平，近者高密……①

第二则是传李成《山水诀》，其开篇即云：

凡画山水，先立宾主之位，次定远近之形，然后穿凿景物，摆布高低。②

以上两书未必出自王维和李成之手，但其成书不晚于宋代，性质属于画法口诀一类，代表了唐宋画师一般性的“知识”，具有珍贵的史料价值。

《山水诀》中说“先立宾主之位，次定远近之形”，把营造空间远近放到了一个极为重要的地位。《山水论》更是处处都与空间表现相关涉。首先是“丈山尺树，寸马分人”，此论述的是物象间的比例关系，与《历代名画记》描述早期山水画“水不容泛，或人大于山”③之语构成了鲜明对照。二者间的巨大差异，乃中古绘画“形似再现”方面的成就使然。以下“远人无目，远树无枝，远山无石，隐隐如眉，远水无波，高与云齐”“凡画林木，远者疏平，近者高密”等语，说的是在具体母题画法上的要诀，其目的无非也是首在强化画面的空间纵深感，与郭熙《林泉高致》“远山无皴，远水无波，远人无目”④之说文辞甚符。《山水论》接下来表述了与《山水诀》“先立宾主之位，次定远近之形”完全一致的思想，只不过《山水论》中论述更为详尽。“要分远近，远山不得连近山，远水不得连近水”一句，是关于空间问题的总纲，强调山水画一定要符合真实空间意义上的合理性。

苏轼（1037—1101）《跋宋汉杰画山》之首则云：

---

① 卢辅圣. 中国书画全书：第1册. 上海：上海书画出版社，1993：177. 案：此据王氏书画苑本。前人多认定《山水论》为伪托之作，据谢巍考证，《山水论》起首“凡画山水，意在笔先”等语却为骈体文辞，且有宋人转录，可知并非全伪。谢巍. 中国画学著作考录. 上海：上海书画出版社，1998：61.

② 同①187. 案：此据王氏书画苑本，亦作《画山水诀》。此书虽未必出自李成之手，但其成书年代问题不大。《四库全书总目提要》云：“大抵庸俗画工有是口诀，辗转相传，互有损益，随意伪题古人耳”。谢巍认为，《山水诀》“流传已近千年，未尝不可以宋画工论画山水视之……乃我国千年以前诸家画山水经验累积之言”。谢巍：中国画学著作考录. 上海：上海书画出版社，1998：104.

③ 张彦远. 历代名画记：卷一“论画山水树石”.

④ 同①500.

> 唐人王摩诘、李思训之流，画山川峰麓，自成变态，虽萧然有出尘之姿，然颇以云物间之。作浮云杳霭，与孤鸿落照，灭没于江天之外，举世宗之，而唐人之典刑尽矣。[①]

苏轼所谓“唐人之典刑”的提法，是针对唐代中后期至为完善的绘画法度而说的，而这套绘画法度的建立，大多都与汉唐间模拟再现之成就密切相关。虽然苏轼强调出王维和李思训画作“自成变态”“萧然有出尘之姿”“灭没于江天之外”的一面，但笔者的考察表明，唐代中后期山水画的种种变化，都是以模拟再现的辉煌成就为契机的，它还可以成为理解宋代以后文人画所倡导的“超越形似”诉求的逻辑起点[②]。

---

① 苏轼. 东坡题跋：卷五// 卢辅圣. 中国书画全书：第1册. 上海：上海书画出版社，1993：638.
② 详阅：徐复观. 中国艺术精神. 上海：华东师范大学出版社，2001：第九章“宋代的文人画论”。

第五章　远近法与透视术

第一节　术语与观念

一、小　引

在欧美艺术史家眼中，中国古代艺术家成功地解决了描绘三维空间的课题。贡布里希曾指出："具象绘画的艺术风格都有着意描绘物体及其空间。……远东艺术的各种风格都能成功地表现出自然形象周围的空间。"[①]然而在中国艺术史学著述中，对空间问题的研究，远未达到如欧洲绘画史研究那样的深度，甚至很多学者有意回避讨论这个问题，诚如方闻教授所说：

> 詹姆士·艾尔金斯……指出："'空间'并不是一个既定的概念，它被视为后文艺复兴时期西方艺术史的基本概念而存在于历史中。这种空间概念与后文艺复兴时期艺术的'自我'定义互相纠织在一起……在现今风行的西方艺术与经验中，也无法摆脱这种空间概念的纠缠。"同时我也感到，早年我的一些优秀学生不愿意用"空间"两字解析中国山水画，实因传统中国画论中没有与"空间"对等的语汇。[②]

简言之，之所以有些中国艺术史学者有意避免讨论空间问题，其中一个重要原因是，他们对"空间"是否乃中国古代艺术的"文化内部概念"表示怀疑。

二、中国古代术语："远近"

笔者在阅读古代画学论著时，感触颇深的一点是，尽管"空间"二字难寻其迹，

① 贡布里希. 西方艺术与空间知觉// 范景中. 贡布里希论设计. 长沙：湖南科学技术出版社，2001：240.

② 方闻，谢柏柯. 问题与方法：中国艺术史研究答问（上）. 何金俐，译. 南京艺术学院学报（美术与设计版），2008（3）：28.

但它也并非如艾尔金斯所说的那样，仅作为“后文艺复兴时期西方艺术史的基本概念而存在于历史中”。在中国画论中，存在着与之对等的术语——“远近”。

如“远近之形”：

凡画山水，先立宾主之位，次定远近之形，然后穿凿景物，摆布高低。（传李成《山水诀》）[①]

或“远近之势”：

展子虔……写江山远近之势尤工，故咫尺有千里趣。（《宣和画谱》卷一）[②]

又“远近之理”：

画叠嶂层崖，其路径村落寺宇，能分得隐见明白，不但远近之理了然，且趣味无尽矣。（明·唐志契《绘事微言》“丘壑藏露”）[③]

亦作“远近之法”：

今人画树，枝干如人之臂指仿佛，此不知远近之法也。（清·蒋骥《读画纪闻》“写照布景”）[④]

甚至古人把西洋绘画的透视效果，也称为“远近”。明王绂（1362—1416）《书画传习录》卷四“灵异门”谓：

元世始以今北京为大都，宣武门内东城隅有天主堂，大西洋奉耶稣教者也。……山人曰：此洋画之始也。……其画宫观园亭，亦用界划法，而以勾股法算之，故远近深浅，尺幅之内，若有数里数亩之广。震旦人效之，概不能及。[⑤]

① 卢辅圣. 中国书画全书：第1册. 上海：上海书画出版社，1993：187.
② 卢辅圣. 中国书画全书：第2册. 上海：上海书画出版社，1993：64.
③ 卢辅圣. 中国书画全书：第4册. 上海：上海书画出版社，1992：63.
④ 卢辅圣. 中国书画全书：第8册. 上海：上海书画出版社，1994：851.
⑤ 王伯敏，任道斌. 画学集成：明—清. 石家庄：河北美术出版社，2002：153，154.

三、观念："尤讲远近"

更为重要的是，画学文献提示我们，中国古代画家对于如何描绘空间远近极为重视。能支持此观点的文献极多，仅陈其要者，略录数则。

六朝之际，画论中已开始以"远近"二字来指称画面之空间进深关系。如东晋顾恺之《魏晋胜流画赞》云：

> 人有长短，今既定远近以瞩其对，则不可改易阔促、错置高下也。①

顾恺之《画云台山记》也出现了"远近"一词。此篇文献对山水树石画法的描绘细致入微，几乎到了令人瞠目的境地：

> 山别详其远近。发迹东基，转上未半……夹冈乘其间而上，使势婉蟺如龙，因抱峰直顿而上。下作积冈，使望之蓬蓬然凝而上。……东邻向者峙峭峰，西连西向之丹崖，下据绝磵。……中段东面，丹砂绝崿及荫，当使嵃嶻高骊，孤松植其上。对天师所壁以成磵。磵可甚相近，相近者，欲令双壁之内，凄怆澄清，神明之居，必有与立焉。……高骊绝崿，西通云台以表路。路左阙峰，似岩为根……临东磵。其西石泉又见，乃因绝际作通冈，伏流潜降。小复东出，下磵为石濑，沦没于渊。所以一西一东而下者，欲使自然为图。云台西北二面，可一图，冈绕之。……后一段，赤岓，当使释弁如裂电。对云台西凤所临壁以成磵，磵下有清流。②

文中"山别详其远近"一句是总摄，以下详述画面中山石、树木、人物、鸟兽等物象之间的上下、左右、远近、东西等种种位置关系。此段文献显示，该作者对画面中的空间关系，具有明确的自觉意识。

传王维《山水论》云：

> 凡画山水，意在笔先。丈山尺树，寸马分人。远人无目，远树无枝，远山无石，隐隐如眉，远水无波，高与云齐，此是诀也。……定宾主之朝揖，列群峰之威仪，多则乱，少则慢，不多不少。要分远近，远山不得连近山，远水不得连近

① 张彦远. 历代名画记：卷五.

② 同①.

水。……凡画林木，远者疏平，近者高密……[①]

相传北宋李成的《山水诀》，与前引《山水论》文义相近：

凡画山水，先立宾主之位，次定远近之形，然后穿凿景物，摆布高低。[②]

《山水诀》开宗明义，“凡画山水，先立宾主之位，次定远近之形”，营造空间远近关系虽非第一要务，但也格外重要。《山水论》同样说要先“定宾主之朝揖”，然后再强调“要分远近”，与《山水诀》所论述的顺序相同。另外，《山水论》“要分远近，远山不得连近山，远水不得连近水”一句非常重要，它是关于绘画空间问题的基本原则，要求画面中的空间关系要具合理性。

元人饶自然（1312—1365）撰《绘宗十二忌》，总结了绘画中易犯的十二种过失，其中第二种即是“远近不分”：

二曰远近不分。作山水先要分远近，使高低、大小得宜。[③]

与饶自然的看法相同，清人郑绩（1813—1874）也将“远近不分”视为绘画之大忌。他在《梦幻居画学简明》卷一“论忌”第二条中指出：

远近不分者，远与近相连，近与远无异也。[④]

可见，空间观念绝非仅是欧洲“后文艺复兴时期西方艺术史的基本概念而存在于历史中”的，对于中国绘画而言，营造画面之空间远近，同样是一个至关重要的问题。

众所周知，宋以后流行的文人画论倡导一种“超越形似”的艺术旨趣[⑤]，然而从逻

① 卢辅圣. 中国书画全书：第1册. 上海：上海书画出版社，1993：177.

② 同①187.

③ 卢辅圣. 中国书画全书：第2册. 上海：上海书画出版社，1993：952.

④ 王伯敏，任道斌. 画学集成：明—清. 石家庄：河北美术出版社，2002：762.

⑤ 关于中国艺术“超越形式”问题，可参阅：Wen Fong. *Beyond Representation: Chinese Painting and Calligraphy, 8th-14th Century*. New York: Metropolitan Museum of Art，New Haven: Yale University Press, 1992；朱良志. 中国美学十五讲. 北京：北京大学出版社，2006：第七讲“灵的空间”，第十四讲“形神之间”。

辑上讲，超越形似的诉求，必要先以实现“形似再现”为前提。对于“形似”与“超越形似”二者之间的次第关系，清人邹一桂（1686—1772 或 1766）在《小山画谱》中有一段论述，颇为精要：

> 要之，画以象形，取之造物，不假师傅。……今之画花卉者，苞蒂不全、奇偶不分、萌蘖不备，是何异山无来龙、水无脉络，转折、向背、远近、高下之不分，而曰“笔法高古”，岂理也哉？①

在邹一桂看来，山水之“转折、向背、远近、高下”，是画家需要解决的基本课题，在此实现的基础上才可能谈得到笔墨、格调等高层问题，断无凌空踏虚的道理，其说甚是。

此种认识非邹一桂所独有，郑绩《梦幻居画学简明》卷一“论界尺”亦云：

> 文人之画，笔墨形景之外，须明界尺者，乃画法界限尺度，非匠习所用间格方直之木间尺也。夫山石有山石之界尺，树木有树木之界尺，人物有人物之界尺。如山石在前，其山脚、石脚应到某处，而在后之山石，其脚应在某处；如树在石之前，则树头应在石前，而石脚应在树后……近人如此大，远人应如此小。……故读古人书，要揣情度理，勿以词害意，方善取法。此文人作画界尺，即前后、远近、大小之法度也。②

此段文中，“界尺”是指绘画必要遵循的法度，最基本的就是空间关系，即所谓“此文人作画界尺，即前后、远近、大小之法度也”。在郑绩看来，它非但不与文人画的旨趣相害，而且是其必要的基础，故云“文人之画，笔墨形景之外，须明界尺”。

林纾（1852—1924）是近代著名翻译家兼画家，他在《春觉斋论画》中屡次强调远近法的重要性，其云：

> 山势取起伏，林木取远近，此画诀也。……山讲起伏，即所谓主客朝揖也。……且不惟讲起伏，尤讲远近。③

---

① 卢辅圣. 中国书画全书：第14册. 上海：上海书画出版社，2000：701.

② 王伯敏，任道斌. 画学集成：明—清. 石家庄：河北美术出版社，2002：779.

③ 同②853.

文中“起伏”指的是二维形态，“远近”则指三维空间纵深感。林纾的主要观点是山水画“不惟讲起伏，尤讲远近”。《春觉斋论画》又云：

> 唐人论张员外画松石……其山水之状，其近也若逼人而寒，其远也若极天之尽。呜呼，画工至此，登峰造极矣！远近之法，人多不讲。余则谓惟有置身与放眼二法。所以能逼人而寒者，非谓画中能出寒气，盖布置时清冷阒寂，凄神寒骨。设吾置身其间，必凛栗不可耐。此由近处写法也。远处则宜广拓，使人有一目千里之概。由平时观佳山水，多体认远处精神，方能造出飘渺虚无眼界。①

通过整段文义可知，“远近之法，人多不讲”一句，并非是说古人作画不讲远近，而是林纾认为对远近法的重视还不够，进而他把远近法划分为“置身”与“放眼”二法。

如上所举文献，仅是古代画学著述中论及“远近法”较直接或显明之例，此外尚有大量论述表现空间远近之要诀或技法的文献。总之，空间问题（此处是指三维空间再现）是中国画史的真实问题，古代画论在在强调“作山水先要分远近”（饶自然《绘宗十二忌》），可见其并非是欧洲艺术之“专利”。诚然，中国古代艺术特别强调诸如境界、气韵、艺品、人品等高层次问题，与之相比，空间表现则属基层问题，然而倘若因此就无视其存在，则难免会有凌空踏虚的危险。

---

① 王伯敏，任道斌. 画学集成：明—清. 石家庄：河北美术出版社，2002：862. 案：“张员外”即唐代画家张璪（约735—785），朱景玄（活动于806—846 年）《唐朝名画录》云：“其山水之状则高低秀丽，咫尺重深，石尖欲落，泉喷如吼。其近也，若逼人而寒；其远也，若极天之尽。”卢辅圣. 中国书画全书：第1册. 上海：上海书画出版社，1993：165.

第二节　斜边形图式

前文所引艾尔金斯“(西方的)这种空间概念与后文艺复兴时期艺术的‘自我’定义互相纠织在一起”，其言下之意是，那些缺乏“自我”观念的他者文化，不可能孕育出类似于近代欧洲的空间观念。

成熟于文艺复兴时期的欧洲透视体系主要由线性透视(liner perspective)和空气透视(aerial perspective)两方面技艺构成。其中线性透视是实现三维空间再现的主要途径，它也被称为“焦点透视”或“中心透视”。众所周知，线性透视是文艺复兴时期的一项重大发明，其核心是假设画面中“焦点”(灭点)的存在。这种方式不仅使画面中的形象都符合近大远小律，更重要的是，它是一种赋予杂乱的视觉世界以井然秩序的有效手段。

进一步讲，它体现了文艺复兴时期欧洲文化特定的世界观。在1927年发表的《作为象征形式的透视》(*Perspective as Symbolic Form*)一书中[①]，潘诺夫斯基提出这种看法，他认为文艺复兴以来的线性透视，正是现代世界观的“象征形式”。此后，英国艺术史家肯尼斯·克拉克(Kenneth Clark，1903—1983)更详尽地剖析了这种世界观的内容：

> (通过透视)人能够再现一个真实环境中的人，计算出他的位置，在一个可论证的和谐秩序中处理人，这种信念象征性地表达了人在万物系统中的位置及人能控制其自身命运的新思想。[②]

另外一些学者则认为，透视术剥夺了艺术的自由创造性。最具代表性的批评来自“格式塔派”艺术心理学家鲁道夫·阿恩海姆(Rudolf Arnheim，1904—2007)，他

---

① Erwin Panofsky. *Perspective as Symbolic Form*. New York: Zone Books, 1997.

② 肯尼斯·克拉克. 艺术与文明：欧洲艺术文化史. 易英，译. 北京：东方出版社，2001：114.

认为：

> 中心透视法为正确地模仿自然提供了一套新的和合乎科学的标准，但同时却又排除了人的一切自由任性。……这是西方思想发展史上的一个危险的时刻！这一新的发现无疑等于宣告，人类所进行的一切成功的创造，充其量也不过是对自然进行的准确的机械复制罢了。[①]

笔者无意辨析何种评价更公允，在此只想强调，焦点透视术是特定文化背景下的产物，只有在“因缘具足”的前提下才能成立，而古代中国并不具备这种文化情境，因此笔者赞同艾尔金斯的判断。常能看到有人以“多点透视”“散点透视”等词汇，概括诸如王希孟《千里江山图》此类长卷山水画的空间表现模式，笔者认为这是一种“似是而非”的说法，这种说法暗示画面中存在着多个焦点。欧洲的线性透视与中国绘画在空间再现方面，根本区别不是焦点的“一”或“多”，而是“有”与“无”。是否具有“焦点”以及“焦点意识”，是中西绘画空间再现之根本分界所在。

包华石（Martain Powers）教授曾做过一个比喻，此国人吃饭用刀叉，彼国人则用筷箸，若仅仅由于彼国与本国所使用的餐具不同，就认为对方文化中没有餐具，这显然是一种偏见。然而当面对跨文化的问题时，很容易犯此过失。比如中国古代没有出现类似于欧洲文艺复兴的那种“自我”观念，因而也未产生出焦点透视术，但倘若因此就否认中国艺术传统中“空间再现”问题的真实性，这就犯了如上述“否认筷箸（或刀叉）为餐具”的错误。中国和欧洲的艺术传统，历史上都成功解决了三维空间再现的课题，只不过实现空间再现的具体方式颇为不同。

贯穿本书的主旨是想证明，中国古代的空间再现，主要是通过斜边形图式（scheme）的方式完成的。典型的斜边形包括平行四边形、三角形和梯形，笔者将这种以平面性图式再现三维空间的方式，称为“斜边形空间画法”，或“斜边形画法”。这个概念来自于方闻教授提出的“平行透视”（parallel perspective）[②]，或“平行四边形透视”（parallelogram perspective）概念[③]。这是方闻教授中国艺术史学的核心概念之一，他终生都在强调。

笔者之所以将其调整为“斜边形空间画法”，要从两个方面加以说明。

---

① 鲁道夫·阿恩海姆. 艺术与视知觉. 滕守尧，朱疆源，译. 成都：四川人民出版社，1998：389-390.

② Wen C. Fong. Why Chinese Painting is History?. *The Art Bulletin*, June, 2003, 85(2): 272-273.

③ Wen C. Fong. *Art as History: Calligraphy and Painting as One*. Princeton: Princeton University Press, 2014: 264-266.

首先说用“斜边形”代替“平行四边形”的原因。简单地说，“平行四边形”图式非常适合于卷轴画，特别是横向的“卷”（图 5-2-1、图 5-2-2）。本研究以佛教艺术为主，佛教叙事画中的“图式”多为“平行四边形”（图 5-2-3），这点和传统的山水画、人物故事画区别不大，而佛教经变画（净土变相）要描绘正面角度的“尊像”，画面往往采用对称式布局，因此图像结构多呈现为“三角形”“梯形”这种有对称性的图式（图 5-2-4），只用“平行四边形”不足以概括全部作品的特点。其实，无论是以平行四边形，还是以三角形、梯形图式所描绘的空间场景，都可视为斜边形空间画法的亚型。虽然形式有所差异，但其所遵循的内在视觉原则却是一致的。以西安理工大学壁画墓为例，这是迄今可知运用这种画法最早的实例，大约为西汉晚期，

图 5-2-1　顾闳中《韩熙载夜宴图》（局部）［绢本设色，故宫博物院藏］

图 5-2-2　马和之《豳风图》（局部）［绢本设色，故宫博物院藏］

图 5-2-3 佛传图［唐（9 世纪），绢本设色，敦煌藏经洞出土，斯坦因收集品 Ch. lv. 009，大英博物馆藏］

该墓壁画中既有表现为平行四边形的《斗鸡图》，又出现了呈三角形图式的《宴乐图》[①]。再如敦煌的西方净土变，中间的净土世界图采用对称的梯形图式，两侧“未生怨”和“十六观”由很多小画面构成，这些画面场景则大多为平行四边形图式。两种图式并用的现象，同样出现在卷轴画中，如李公麟《孝经图》（大都会艺术博物馆藏）相邻的两组画面（图 5-2-5），右侧的“感应章”采用了三角形图式，左侧的“事君章”则由两个方向相反的平行四边形图式部分所构成。这三个例子足以说明，不同的图式适用于不同的绘画主题、画幅形制或画面位置，但其本质上并无差别。

然后再说为什么用“空间画法”取代“透视”（perspective）。方闻教授在西方语境中用“perspective”一词，笔者总感觉其实是一种“格义”，利于西方人理解、接受。但若深究起来，并不准确，很容易令人联想到“焦点透视”，只有仔细阅读方先生的描述文字，才能体会到他真正想要强调的是，两种艺术传统的空间再现方式很不一样。而中国古代常用的“远近”一词，今天几乎不再用，不利于沟通。有鉴于此，笔者选用了较为中性的“空间画法”，就好像包华石的上述比喻中，用“餐具”一词，可以避免说“刀叉”（如“透视术”）或“筷箸”（如“远近法”）有可能引起的误会。

附带再说一句，由于中国绘画的三维空间再现，是以“图式”为基础的，没有焦点的限制，因此很便于画面的横向或纵向延展，图像之间也可以相对自由地组合，无论是壁画还是卷轴画，都能体现出这个特点。比如莫高窟的“未生怨”及“十六观”图像（图 5-2-6），每个情节都自成一相对独立的“空间单元”，相临空间单元之间仅

① 西安市文物保护考古所. 西安理工大学西汉壁画墓发掘简报. 文物，2006（5）：7-44.

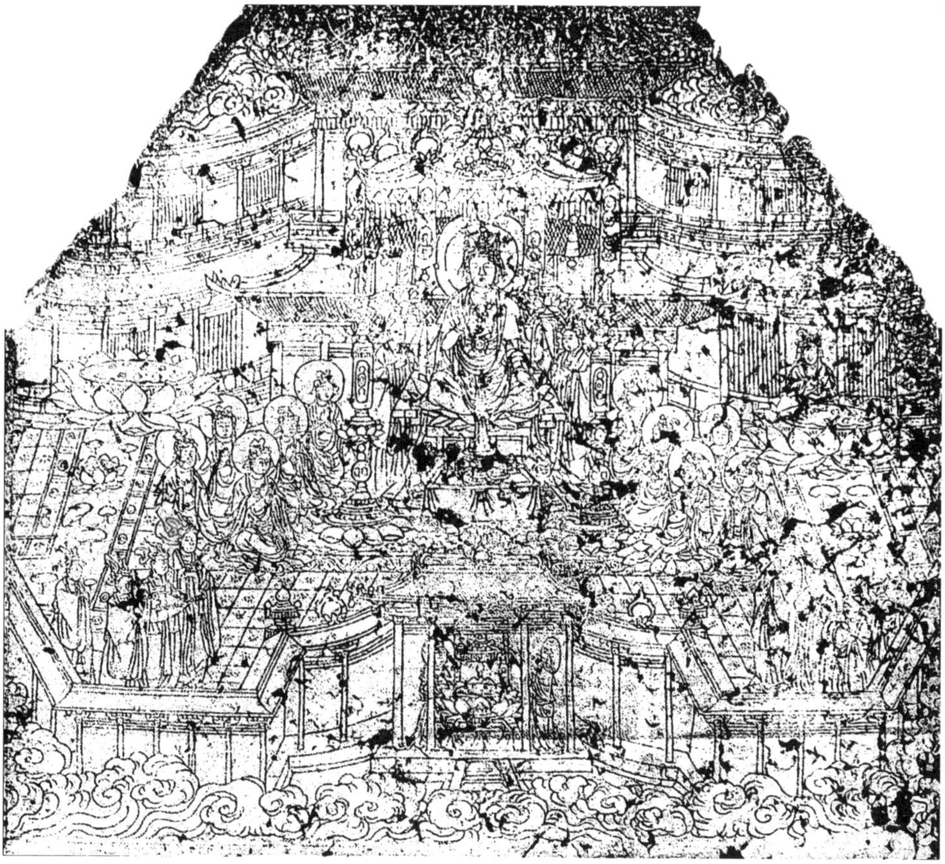

图 5-2-4　弥勒上生经变（拓本反相）[唐宝历元年（825），《硖石寺大隋远法师遗迹》碑首线刻，山西晋城古青莲寺藏]

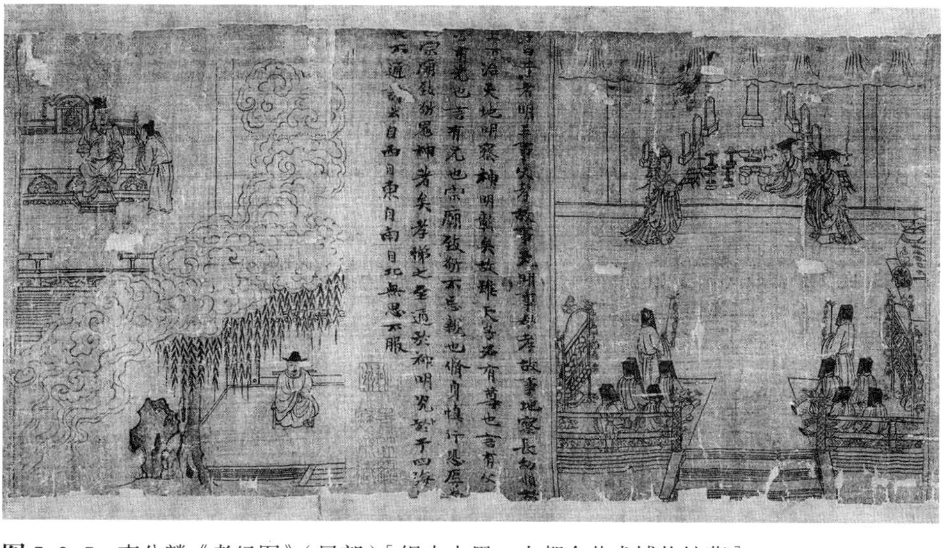

图 5-2-5　李公麟《孝经图》（局部）[绢本水墨，大都会艺术博物馆藏]

图 5-2-6 未生怨［唐开元年间（713—741），莫高窟第 45 窟北壁东侧］

有平面意义上的上下或左右关系，而单个空间单元内部却具有空间进深感。在手卷画中，多个空间单元进行横向组合更为常见，传王维《辋川图》摹本（图5-2-7），可见到多组场景横向排布的构图，再如顾闳中《韩熙载夜宴图》，现存的南宋摹本（故宫博物院藏）以屏风或家具区分出多组场景，每组场景的空间建构基本都以斜边形图式为基础。

图5-2-7 （传）郭忠恕临王维《辋川图》（拓本局部）[纸本墨拓，美国芝加哥大学东方图书馆藏]

第三节 矫 正

贡布里希在《艺术与错觉》中提出了一个著名的“图式加矫正”（scheme plus correction）公式，旨在描述艺术从概念性到自然主义的发展过程。方闻教授注意到，这一模式远胜于沃尔夫林和巴克霍夫的风格演变模式，其原因在于它“体现了开放性而无决定性的变化过程，它能适合每一时代有不同变化的‘观看’模式（mode of seeing）”[①]。

笔者在研究中国艺术时，深感“图式加矫正”模式很适合描述汉唐之间绘画的空间发展历程。汉代开创了以斜边形图式表达空间纵深的模式，此后的数个世纪，中国画家对这种独特的空间表现方式逐渐加以完善，在物象比例、云烟变灭（类似于空气透视感）、地面连续性等方面取得一系列进展，使画面空间更符合真实的视觉经验，乃至最终实现“创造幻觉空间”。

一、近大远小

中国绘画虽然没有焦点意识，但仍然发展出描绘物象比例关系的近大远小律，尽管不像焦点透视术那样严格。“近大远小”是一种人类所共有的视觉经验，并不必然和“焦点意识”相关。南朝刘宋画家宗炳《画山水序》云：

> 且夫昆仑山之大，瞳子之小，迫目以寸，则其形莫睹，迥以数里，则可围于寸眸。诚由去之稍阔，则其见弥小。今张绡素以远映，则昆阆之形，可围于方寸之内。竖划三寸，当千仞之高，横墨数尺，体百里之迥。是以观画图者，徒患类之不巧，不以制小而累其似，此自然之势，如是则嵩华之秀，玄牝之灵，皆可得

① 方闻. 中国艺术史与现代世界艺术博物馆：论“滞后”的好处. 黄厚明，尹彤云，译. 清华大学学报（哲学社会科学版），2008（2）：79.

之于一图矣。[①]

其中“诚由去之稍阔，则其见弥小”一句，明确揭示了近大远小的视觉原理。冈村繁的翻译是“距离不断地拉远，而所看的对象也就变的小了”[②]。正是由于画面契合了此视觉原理，才可能将广阔的山水景象（“千仞之高”“百里之迥”）收摄于区区方寸大的图画之中（“可围于方寸之内”），即所谓“如是则嵩华之秀，玄牝之灵，皆可得之于一图矣”。

北魏晚期的纳尔逊孝子石棺、元谧石棺、宁懋石室等图像中，画面上方的远山形象已明显缩小，是符合近大远小律的较早实例。唐宋之际，山水画比例越来越符合人的视觉习惯，比如天宝年间（742—756）的莫高窟第172窟壁画，山峦、树木、水纹等母题都具有渐远渐小的视觉变化，带给观者一种真实的空间后退感。后期画论对近大远小律有更为清晰的认识，如元代饶自然在《绘宗十二忌》中所论：“盖近则坡石树木当大，屋宇人物称之，远则峰峦树木当小，屋宇人物称之；极远不可作人物。”[③]

中国画家凭借视觉经验发展出画面物象比例的近大远小律，虽与欧洲透视术有类似之处，但透视术主要依靠算法实现，时常出现夸张的比例反差，这在中国绘画中是较为罕见的。林纾在《春觉斋论画》中讨论了这个问题：

> 西人画境，极分远近。有画大树参天者，而树外人家林木如豆如苗，即远山亦不愈寸，用远镜窥之，状至逼肖。若中国山水亦用此法，不惟不合六法，早已棘人眼目。笪江上曰：树大无作高山。确哉。[④]

同书复云：

> 西人之画分远近处，与吾国古名家不同。西画之近处，写人物极伟，至身外远瞭，则山如小几、树如纤草矣。盖西人以算学入画，目力所及处，凡山水树木，均可缩小。若以中国画法绳之，则一无理解矣。[⑤]

以上表述很好地体现出，在同样都符合近大远小律的前提下，中西画法之别。在

---

① 张彦远. 历代名画记：卷六.
② 冈村繁.《历代名画记》译注. 俞慰刚，译. 上海：上海古籍出版社，2002：324.
③ 卢辅圣. 中国书画全书：第2册. 上海：上海书画出版社，1993：952.
④ 王伯敏，任道斌. 画学集成：明—清. 石家庄：河北美术出版社，2002：854.
⑤ 同④904.

林纾看来，西方绘画“以算学入画”，物象比例差异过大，完全打破了中国古人“丈山尺树，寸马分人”[①]的固有概念，因此对西方绘画的这种巨大比例反差表示不可理解。

二、墨色浓淡

欧洲文艺复兴画家还发明了空气透视术（aerial perspective），这种技巧通过不同的光影对比强度以及色彩鲜艳度，来暗示空间距离。列奥纳多·达·芬奇（Leonardo da Vinci，1452—1519）在其著作中，曾以空气的密度和厚度来解释空气透视术的基本原理[②]。类似的空间表现技巧在五代之后的中国绘画中极为常见，尽管中国山水画那种云烟缥缈、雾霭氤氲的形式特点，在很大程度上应归因于中国哲学对“气化宇宙”的认识[③]，然而也不应因此就否认视觉层面上的意义和作用，尤其是再现性占主导的宋代。

辽宁省博物馆所藏《茂林远岫图》是一件李成风格的画作[④]，画面前景位置的林树、坡石和屋宇以较浓的墨色精致绘出，中景部分山形体量逐渐变小，墨色亦随之转淡（图5-3-1）。画面上方以柔和的淡墨表现出远山的轮廓，山脚下的寺院隐约可见、似有若无，正如米芾在《画史》中对李成画风的描述：

> 李成淡墨如梦雾中。[⑤]

北宋许道宁所绘的《渔父图》（纳尔逊-阿特金斯美术馆藏）也是一个典型实例。这幅横卷形式的作品多次运用纵向的“之”字形河流，画家有意将远处物象的墨色逐渐变淡，出现类似“空气透视”的空间层次，使画面纵深感更加幽远难测。

郭熙父子对“远近法”有着深刻理解，《林泉高致》云：

---

① （传）王维. 山水论// 卢辅圣. 中国书画全书：第1册. 上海：上海书画出版社，1993：177.

② 贡布里希. 西方艺术与空间知觉// 范景中. 贡布里希论设计. 长沙：湖南科学技术出版社，2001：247.

③ 朱良志. 中国美学十五讲. 北京：北京大学出版社，2006：119-127.

④《茂林远岫图》原是一件小型屏风画，方闻认为此画风格介于李成和燕文贵之间，绘于1050年前后。Wen C. Fong. *Images of the Mind: Selections from the Edward L. Elliott Family and John B. Elliott Collections of Chinese Painting and Calligraphy at The Art Museum*. Princeton: Princeton University, 1984: 45.

⑤ 黄宾虹，邓实. 美术丛书：第2册. 杭州：浙江古籍出版社，1986：1198.

图 5–3–1 （传）李成《茂林远岫图》（局部）[绢本墨色，辽宁省博物馆藏]

> 正面溪山林木盘折，委曲铺设，其景而来，不厌其详，所以足人目之近寻也。傍边平远，峤岭重叠，钩连缥缈而去，不厌其远，所以极人目之旷望也。远山无皴，远水无波，远人无目。非无也，如无耳。①

按此段文义，山水画的前景描绘应“其景而来，不厌其详”，给观者以“若可扪酌”之感，远景则“缥缈而去，不厌其远”。如此“足人目之近寻”的前景与“极人目之旷望”的远景画法各异、相反相成，以此营造出幽远奇幻的山水胜境。《宣和画谱》卷十一记述郭熙山水画作的特点是“云烟变灭，晻霭之间，千态万状”②，今藏台北“故宫博物院”的郭熙名作《早春图》与这段文献甚合。在《早春图》中，随着空间的推远，物象墨色渐次变淡，表现出晨曦的那种雾霭迷离的效果（图 5－3－2）。

宋人对“远”的讨论很丰富，郭熙提出“三远论”（高远、深远、平远）后不久，韩拙（生卒年不详）在《山水纯全集》（1121）“论山”条中，又提出了另一种“三远论”，即阔远、迷远与幽远：

> 愚又论三远者，有近岸广水，旷阔遥山者，谓之阔远；有烟雾溟漠，野水隔

① 卢辅圣. 中国书画全书：第1册. 上海：上海书画出版社，1993：500.
② 卢辅圣. 中国书画全书：第2册. 上海：上海书画出版社，1993：94.

图 5-3-2 郭熙《早春图》(局部)[绢本墨色，台北“故宫博物院”藏]

而仿佛不见者，谓之迷远；景物至绝，而微芒（茫）缥缈者，谓之幽远。①

徐复观（1903—1982）认为，“韩氏所补充之三远，实可包括于平远之内，无特别意义”②。但笔者的体会是，郭熙之“三远论”以山水形质和观察视角为主要出发点，韩拙提出的迷远与幽远，进一步强化出平远“有明有晦”“缥缥渺渺”的特质，两种“三远论”的侧重点并不尽同。直至晚近，中国画家仍强调墨色浓淡对表现空间远近的重要性。如林纾《春觉斋论画》所云：

然远近之分，亦宜从大小、浓淡分之。……总言之，近处宜著实，远处宜模糊。能于云根石气中讲究用墨，则不患远近之不分也。③

此外设色画还经常表现为近处色彩浓艳、远处淡雅的特点，与墨色浓淡之分同理。

三、详略有别

除上述讨论过的比例关系、墨色浓淡外，描绘同一类母题时，处理画面前景和远景位置，刻意运用详略不同的手法，也是古代画家加强空间远近的另一个惯用技巧。

传王维《山水论》云：

远人无目，远树无枝，远山无石，隐隐如眉，远水无波，高与云齐，此是诀也。……凡画林木，远者疏平，近者高密……④

这段话说的是在具体处理手法上，绘制前景和远景的不同诀窍，强调远处物象不要再刻画细节，其目的无非也是为了增强画面的空间纵深感。郭熙《林泉高致》说“远山无皴，远水无波，远人无目”⑤，与前引《山水论》完全相符。

在莫高窟盛唐172窟北壁东侧顶部的《日想观》图像中，三角形山形母题连续叠肩后退，中间是一条呈“之”字形曲折婉转的河流，水面自下而上逐渐变窄，在绘制

① 卢辅圣. 中国书画全书：第2册. 上海：上海书画出版社，1993：355.
② 徐复观. 中国艺术精神. 上海：华东师范大学出版社，2001：213.
③ 王伯敏，任道斌. 画学集成：明—清. 石家庄：河北美术出版社，2002：904.
④ 卢辅圣. 中国书画全书：第1册. 上海：上海书画出版社，1993：177.
⑤ 同④855.

近处的水面时，画师运用了一种描绘性极强的笔法，“不仅能画出波浪起伏的状态，而且通过晕染表现出光影的效果”[①]，到了河流远处，画师不再绘出波纹，仅在某些水面的边缘地带以淡墨染出崖岸的倒影，带给观者一种渐行渐远之感。台北“故宫博物院”藏南唐赵幹《江行初雪图》中的水波画法与此颇似，同样符合“远水无波”的画诀。

宋韩拙《山水纯全集》中有“论用笔墨格法气韵之病”一条，其云：

> 若行笔，或粗或细，或挥或勾，或重或轻者，不可一一分明，以布远近，……若不从古画法，只写真山，不分远近深浅，乃图经也，焉得其格法气韵哉！[②]

韩拙明确指出，山水画之行笔要有种种变化，“或粗或细，或挥或勾，或重或轻者，不可一一分明”，其目的不仅旨在“以布远近”，而且同“格法气韵”亦有紧密关联。清人郑绩在《梦幻居画学简明》中发挥得更为详尽，卷一“论忌”条云：

> 夫近须浓，远须淡；浓当详，淡宜略。惟其略也，故远山无纹，远树无枝，远人无目，远水无波；以其详也，故山隙石凹，人物须眉，枝叶波纹，瓦鳞几席，井然可数。而由近至远，由远而至至远，则微茫仿佛，难言其妙，宜望真景，以法取之，其中深意在目中，斯在图中矣。[③]

如上，笔者简要缕析了中国画表现空间远近的三种辅助性手法，即物象比例的近大远小律、墨色浓淡（色彩鲜浊）、前后景物描绘详略有别。在具体作品中，不同技巧往往要彼此配合运用。王希孟的宏幅巨制《千里江山图》（故宫博物院藏）是北宋晚期院体画代表作，在这幅画中王希孟运用了多种空间表现技巧（图 5-3-3），其中连贯而统一地面后退感是北宋晚期的新成就，此外母题比例依次缩小，细节描绘也完全符合郭熙“远山无皴，远水无波”的要求。这幅画作还运用了依靠颜色鲜艳度暗示空间远近的技巧，前景的山峦以绚烂的石青、石绿色染出，远山设色则淡雅异常。此外这幅作品创造出一种“超出视框局限的‘更开阔的视野’（expanded field of vision）”[④]，体现出宋代院体绘画空间再现技巧的全面成熟。

---

① 赵声良. 敦煌石窟全集18：山水画卷. 香港：商务印书馆有限公司，2002：137.
② 卢辅圣. 中国书画全书：第2册. 上海：上海书画出版社，1993：358.
③ 王伯敏，任道斌. 画学集成：明—清. 石家庄：河北美术出版社，2002：762.
④ 方闻. 中国艺术与文化史. 林海燕，译. 香港中文大学讲稿，2004.

图 5-3-3　王希孟《千里江山图》(局部)[绢本设色，故宫博物院藏]

除作品外，画论文献也强调表现空间远近，需要多重手法互相配合。元饶自然《绘宗十二忌》云：

> 作山水先要分远近，使高低、大小得宜。虽云丈山尺树，寸马分人，特约略耳；若拘此说，假如一尺之山，当作几大人物为是？盖近则坡石树木当大，屋宇人物称之；远则峰峦树木当小，屋宇人物称之；极远不可作人物。墨则远淡近浓，逾远逾淡，不易之论也。[①]

在此段画论中，饶自然论及了实现远近法的几个主要方面：首先，最重要的是通过位置关系表现空间感（“高低……得宜”）；其次，物象比例须大小得宜，饶自然认为“丈山尺树，寸马分人”之旧说尚显不足，特别强调要符合近大远小律；最后，还

① 卢辅圣. 中国书画全书：第2册. 上海：上海书画出版社，1993：952.

要以墨色浓淡，进一步强化空间感（“墨则远淡近浓，逾远逾淡”）。

综上，中、西绘画在表现空间问题上根本区别在于，中国没有“焦点”以及“焦点意识”，中国绘画以平面性的图式为基础，在此基础上再进行种种矫正（correction），而中国绘画表现空间纵深的辅助性技巧（前述三种矫正手段），与欧洲绘画相比，并没有实质性的区别。

第四节　余　论

晚近艺术发生了变化，大约在明末清初，欧洲的焦点透视术传入中国①。雍正七年（1729），年希尧（1671—1738）所撰写的《视学精蕴》一书初版刊刻，这是中国首部系统介绍欧洲透视学的著作。六年后出版了增订版，改名《视学》（图 5-4-1），后收入《续修四库全书》第 1067 卷②。年希尧在《视学》增订版（1735）“弁言”中这样

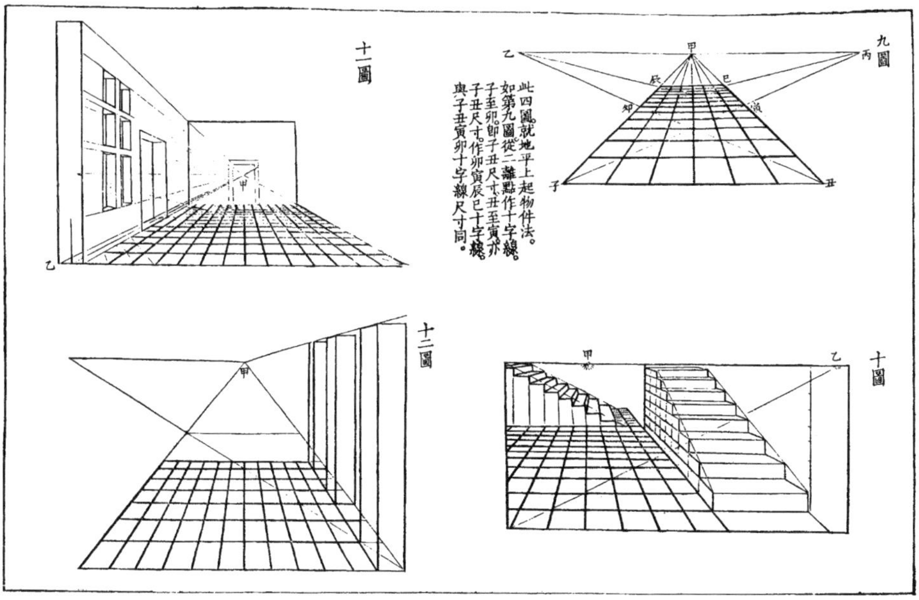

图 5-4-1　年希尧《视学》插图［清雍正十三年（1735）］

---

① 李晓丹，王其亨，吴葱. 西方透视学在中国的传播及其对中国装绘画的影响. 装饰，2006（5）：28-30.

② 谢巍. 中国画学著作考录. 上海：上海书画出版社，1998：497. 另参阅：沈康身. 从《视学》看十八世纪东西方透视学知识的交融和影响. 自然科学史研究，1985（3）：258-166；伊丽. 年希尧的生平及其对艺术和科学的贡献. 中国史研究，2000（3）：155-165；王珏. 年希尧《视学》研究. 北京：中央美术学院硕士论文，2013。

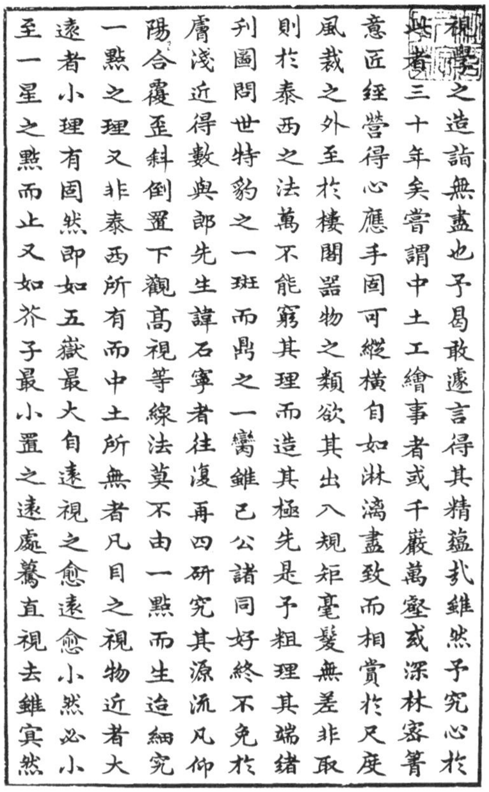

視學之造詣無盡也予曷敢遽言得其精蘊哉雖然予究心於
此者三十年矣嘗謂中土工繪事者或千巖萬壑或深林密箐
意匠經營得心應手固可縱横自如淋漓盡致而相賞於尺度
風裁之外至於樓閣器物之類欲其出入規矩毫髮無差非取
則於泰西之法萬不能窮其理而造其極先是予粗理其端緒
刋圖問世特豹之一斑而鼎之一臠雖已公諸同好終不免於
膚淺近得數與郎先生諱石寧者往復再四研究其源流凡仰
陽合覆歪斜倒置下觀高視等線法莫不由一點而生迨細究
一點之理又非泰西所有而中土所無者凡目之視物近者大
遠者小理有固然即如五嶽最大自遠視之愈遠愈小然必小
至一星之點而止又如芥子最小置之遠處驀直視去雖實然

说道（图 5-4-2）：

> 虽然予究心于此者三十年矣……终不免于肤浅。近得数与郎先生讳石宁者往复，再四研究其源流，凡仰阳合覆、歪斜倒置、下观高视等线法，莫不由一点而生。①

这段话记录了年希尧学习欧洲透视术的过程。年希尧坦言，他对欧洲画法素有兴趣，前后长达三十余年之久，但始终未能彻底洞悉焦点透视术的诀窍。后在郎先生的点拨下，才懂得焦点透视术的精要是“莫不由一点而生”。这

图 5-4-2 年希尧《视学》书影［清雍正十三年（1735）］

图 5-4-3 越南下龙湾全景照片［2011-03-22］

① 续修四库全书：第1067卷：子部：艺术类. 上海：上海古籍出版社，1995：27.

位“郎先生”，就是著名的来华意大利籍画家郎世宁（Giuseppe Castiglione，1688—1766），他在清宫廷供职多年。年希尧所谓“莫不由一点而生”的“一点”，就是今人说的“焦点”或“灭点”。在欧洲透视术已经传入中国之际，对此深感兴趣的年希尧，“究心于此者三十年”，居然还不能领会到“焦点”这个诀窍，直至得到郎世宁的指导，才终于领会其要诀，知道“线法”的变化依据在于“一点”。这充分说明，在中国古代文化情境中，要想理解“焦点透视术”是何其困难，更何况独立发展出“焦点意识”。直到两百年后的20世纪，发轫于欧洲的这种单点式“视觉看法”，才在中国真正普及开来。

另一方面，西方艺术在其发展进程中，也注入了新的内涵。其中一个明显的例子就是近年来“全景摄影”（panoramic photography）的产生和流行。全景摄影，也称宽角摄影[①]，它通过广角或超广角镜头拍摄，并配合电脑软件加工合成，最终获得一种“超出视框局限的更开阔的视野”，与中国传统长卷山水画有几许相似（图5-4-3）。全景摄影的流行，也在改变着人们根据传统摄影术建立起的既有“视觉习惯”，照片中唯一的“焦点”被悄然解构掉，不过这个过程将是另一个故事的主题。

① 李・弗罗斯特（Lee Frost）. 全景摄影. 杨小军，译. 北京：中国摄影出版社，2007.

图版目录及来源

第一章

图1-2-1　大汶口灰陶尊刻符［新石器时代，山东莒县陵阳河出土，莒县博物馆藏］（中国美术全集编辑委员会. 中国美术全集：绘画编1：原始社会至南北朝绘画. 北京：人民美术出版社，1986：38，图三五）

图1-2-2　猪纹黑陶钵［新石器时代，浙江省余姚市河姆渡出土，高11.7厘米，浙江省博物馆藏］（高滨秀，冈村修典. 世界美术大全集：东洋编第1卷：先史、殷、周. 东京：小学馆，2000：28，图17）

图1-2-3　水鸟衔鱼图彩陶壶［新石器时代，陕西宝鸡北首岭出土，中国国家博物馆藏］（安金槐. 中国陶瓷全集1：新石器时代. 上海：上海人民美术出版社，2000：图二〇）

图1-2-4　鹳鱼石斧图彩绘陶缸［新石器时代，河南临汝阎村出土，中国国家博物馆藏］（安金槐. 中国陶瓷全集1：新石器时代. 上海：上海人民美术出版社，2000：图四〇）

图1-2-5　人物龙凤帛画［战国，绢本墨绘淡设色，长31厘米，宽22.5厘米，湖南长沙陈家大山楚墓出土，湖南省博物馆藏］（中国古代书画鉴定组. 中国绘画全集1：战国—唐. 杭州：浙江人民美术出版社，1997：图一）

图1-2-6　崖画村寨图（摹绘）［新石器时代，沧源第二号崖画地点］（陈兆复. 古代

岩画. 北京：文物出版社，2002：138，图二四）

图1-2-7　崖画圆舞图（摹绘）[新石器时代，沧源第七号崖画地点]（陈兆复. 中国岩画发现史. 上海：上海人民出版社，2009：269，图4-26）

图1-2-8　青铜画像车马图（摹绘）[春秋战国]（Charles D. Weber. "Chinese Pictorial Bronze Vessels of the Late Chou Period：Part Ⅳ, *Artibus Asiae*, 1968，30（2/3）, Fig. 79）

图1-3-1　青铜画像水陆攻战图（摹绘）[战国，河南汲县山彪镇M1出土铜鉴，现藏台湾"中央研究院"历史语言研究所]（郭宝钧. 山彪镇与琉璃阁. 北京：科学出版社，1959：21，图十一）

图1-3-2　青铜画像宴乐攻战图（摹绘）[战国，四川成都百花潭出土铜壶]（文物，1976（3）：图版二）

图1-3-3　青铜画像采桑图[上：北京故宫藏铜壶纹饰局部；下：成都百花潭出土铜壶纹饰局部]（刘敦愿. 美术考古与古代文明. 北京：人民美术出版社，2007：228，图1）

图1-3-4　车马出行图（摹绘）[战国，木胎漆画，湖北荆门包山2号楚墓出土，湖北省博物馆藏]（Michael Loewe, Edward L. Shaughnessy. *The Cambridge History of Ancient China: From the Origins of Civilization to 221 B.C.* Cambridge University Press：706）

图1-3-5　咸阳宫壁画车马图（局部）[战国至秦，咸阳宫第3号宫殿遗址东壁，陕西省秦都文物管理委员会藏]（曾布川宽，谷丰信. 世界美术大全集：东洋编第2卷：秦汉. 东京：小学馆，1998：图版51）

图1-3-6　贝壳彩绘狩猎图[战国至西汉，纵7.5厘米，横9厘米，美国克利夫兰艺术博物馆藏]（采自克利夫兰艺术博物馆网站）

图1-3-7　马王堆1号墓出土T形帛画[西汉初期，纵205厘米，上横92厘米，下横47.7厘米，湖南省博物馆藏]（湖南省博物馆，中国社会科学院考古研究所. 长沙马王堆一号汉墓. 北京：文物出版社，1973：38，图版三八）

图1-3-8　马王堆3号墓出土帛画《车马仪仗图》（局部）[西汉初期，长2.12米，宽0.94米，湖南省博物馆藏]（中国古代书画鉴定组. 中国绘画全集1：战国—唐. 杭州：浙江人民美术出版社，1997：图一二）

图1-3-9　陶壶彩绘马车图[西汉中期，洛阳金谷园小学IM1254西汉墓出土]（文物，1999（9）：封三）

图1-3-10　斗鸡图（摹本）[西汉晚期，西安理工大学M1墓室西壁中部壁画]（西

安市文物保护考古所. 西安理工大学西汉壁画墓发掘简报. 文物，2006（5）：36－37，图六七）

图1－3－11　宴乐图（摹本）[西汉晚期，西安理工大学M1 墓室西壁南部壁画]（文物，2006（5）：38，图六八）

图1－3－12　山水图 [新莽或东汉初期，山西平陆枣园村汉墓壁画，高88厘米]（杨新，等. 中国绘画三千年. 北京：外文出版社，纽黑文：耶鲁大学出版社，1997：31，图21）

图1－3－13　夫妻宴饮图（摹本）[东汉晚期，河南洛阳朱村墓北壁西部]（文物，1992（12）：17，图五）

图1－3－14　打虎亭1号墓画像（拓本）[东汉晚期，河南新密市打虎亭1号墓北耳室东壁]（河南省文物研究所. 密县打虎亭汉墓. 北京：文物出版社，1993：168，图一三二）

图1－3－15　打虎亭1号墓画像（拓本）[东汉晚期，河南新密市打虎亭1号墓北耳室北壁]（河南省文物研究所. 密县打虎亭汉墓. 北京：文物出版社，1993：174，图一三六）

图1－3－16　宴饮百戏图（局部）[东汉晚期，河南新密市打虎亭2号墓中室北壁壁画]（中国美术全集：绘画卷：墓室壁画：图25）

图1－3－17　打虎亭1号墓东耳室石门背景及甬道 [东汉晚期，河南新密市]（河南省文物研究所. 密县打虎亭汉墓. 北京：文物出版社，1993：图版三〇）

图1－3－18　宴饮图（摹本）[东汉中期，河南淮阳北关1号墓出土画像石]（文物，1991（4）：43，图一六）

图1－3－19　庭院图（摹本）[东汉晚期，山西夏县王村壁画墓北后室东端壁画]（文物，1994（8）：43，图二二）

图1－3－20　官吏图（摹本）[东汉晚期，河北望都所药村1号墓北壁壁画 [（文物参考资料，1954（12）：54）

图1－3－21　庄园坞堡图（局部）[东汉晚期（176），河北安平逯家庄墓室壁画]（河北省文物研究所. 安平东汉壁画墓. 北京：文物出版社，1990：图52）

图1－3－22　阳嘉三年画像石（拓本）[134 年，纵64厘米，残横152厘米，安徽灵璧县文物管理所藏]（汤池. 中国画像石全集：第4卷：江苏、安徽、浙江汉画像石. 济南：山东美术出版社，2000：135，图一七七）

图1－3－23　庭院图（拓本）[东汉中期，山东曲阜东风乡旧县村出土画像石]（王建中. 汉代画像石通论. 北京：紫禁城出版社，2001：400，图七八）

图1-3-24　庭院图（摹本）[东汉晚期，山东诸城前凉台墓]（文物，1981（10）：16，图四）

图1-3-25　宴饮讲学图（摹本）[东汉晚期，山东诸城前凉台墓]（文物，1981（10）：21，图九）

图1-3-26　乐舞百戏图（拓本局部）[东汉晚期，山东沂南北寨村画像石墓中室东壁门楣]（山东石刻艺术馆藏拓本）

图1-3-27　建筑图（拓本）[左：沂南北寨村画像石墓前室东壁横额；右：沂南北寨村画像石墓中室南壁横额。东汉晚期]（文物参考资料，1954（8）：图二十三,三十）

图1-3-28　朱鲔石室画像分布图（摹本）[东汉晚期，山东金乡县，费慰梅绘制]蒋英炬，杨爱国，蒋群. 朱鲔石室. 北京：文物出版社，2015：图53）

图1-3-29　朱鲔石室北壁画像复原图（摹本）[东汉晚期，山东金乡县，费慰梅绘制]（Wilma Fairbank. A Structural Key to Han Mural Art. *Harvard Journal of Asiatic Studies,* 1942，7（1）：Fig. 9.）

图1-3-30　画像石宴饮图（拓本）[东汉中晚期，山东出土，藏地未详]（巴黎大学北京汉学研究所，傅惜华. 汉代画象全集：初编. 上海：上海商务印书馆，1950：194，图二七三）

图1-3-31　庭院图[新莽到东汉初期，陕西定边郝滩汉墓墓室南壁]（陕西省考古研究院. 壁上丹青：陕西出土壁画集：上册. 北京：科学出版社，2009：68）

图1-3-32　庭院图（拓本局部）[东汉中期偏晚，陕西绥德延家岔画像石墓前室西壁横额]（汤池. 中国画像石全集：第5卷：陕西、山西汉画像石. 济南：山东美术出版社，2000：70-71，图九七）

图1-3-33　乐舞图[东汉，陕西靖边杨桥畔壁画墓前室东壁下层]（陕西省考古研究院，榆林市文物研究所，靖边县文物管理办公室. 陕西靖边东汉壁画墓. 文物，2009（2）：38，图二五）

图1-3-34　宁城图（摹绘）[东汉晚期，内蒙古和林格尔新店子1号墓中室东壁]（文物，1974（1）：16，图八）

图1-3-35　繁阳县城图（摹绘）[东汉晚期，内蒙古和林格尔新店子1号墓中室南壁]（内蒙古自治区文物考古研究所. 和林格尔汉墓壁画. 北京：文物出版社，2007：132）

图1-3-36　院落、山峦、车骑出行图（摹绘）[东汉晚期至曹魏，内蒙古鄂托克凤凰

山1号汉墓西壁壁画］（内蒙古文物考古研究所. 内蒙古中南部汉代墓葬. 北京：中国大百科全书出版社，1998：170）

图1-3-37　墓主饮食图（摹绘）［东汉晚期，辽宁辽阳棒台子屯1号墓］（文物参考资料，1955（5）：18，插图八）

图1-3-38　宴饮图（摹绘）［东汉晚期，辽宁辽阳棒台子屯2号墓］（考古，1960（1）：22，图三）

图1-3-39　墓主夫妇对坐宴饮图（摹绘）［东汉晚期，辽宁辽阳三道壕窑业第四现场墓］（文物参考资料，1955（5）：30，插图十八）

图1-3-40　农作及养老图（拓本局部）［东汉晚期，四川成都曾家包画像砖石墓东后室后壁，成都市博物馆藏］（汤池. 中国画像石全集：第7卷：四川汉画像石. 济南：山东美术出版社，2000：图四六）

图1-3-41　宴乐图（拓本局部）［东汉晚期，四川成都羊子山1号汉墓画像石，重庆市博物馆藏］（汤池. 中国画像石全集：第7卷：四川汉画像石. 济南：山东美术出版社，2000：图六三）

图1-3-42　宴饮图（拓本局部）［东汉，四川乐山沱沟嘴东汉崖墓石棺左侧，石棺藏于乐山麻浩崖墓博物馆］（文物，1993（1）：48，49，图二三）

图1-3-43　庭院图（拓本）［东汉晚期，纵40厘米，横44.8厘米，四川成都羊子山2号汉墓出土画像砖，四川博物院藏］（龚廷万，等. 巴蜀汉代画像集. 北京：文物出版社，1998：图56）

图1-3-44　宴饮图（拓本）［东汉，纵39厘米，横46.6厘米，四川成都市郊出土画像砖，四川博物院藏］（龚廷万，等. 巴蜀汉代画像集. 北京：文物出版社，1998：图65）

图1-3-45　讲学图（拓本）［东汉，纵39.5厘米，横41厘米，四川成都站东乡青杠坡3号墓出土画像砖，四川博物院藏］（龚廷万，等. 巴蜀汉代画像集. 北京：文物出版社，1998：图62）

图1-4-1　古帝王图与孝子故事（拓本局部）［东汉元嘉元年（151），山东嘉祥武梁祠西壁上部画像石］（山东石刻艺术馆藏拓本）

图1-4-2　车马出行图［东汉晚期，河南荥阳苌村壁画墓前室西壁北端］（郑州市文物考古研究所，荥阳市文物保护管理所. 河南荥阳苌村汉代壁画墓调查. 文物，1996（3）：21，图六）

图1-4-3　山东曲阜出土画像石（拓本）［东汉中期，山东曲阜孔庙藏］（京都大学人文科学研究所藏拓本）

图1-4-4　隋家庄关庙画像残石（拓本）[东汉中晚期，山东嘉祥隋家庄出土]（巴黎大学北京汉学研究所，傅惜华. 汉代画象全集：初编. 上海：上海商务印书馆，1950：125，图一八九）

第二章

图2-1-1　莫高窟“早期三窟”平面图（敦煌研究院. 莫高窟第266—275窟考古报告：第一分册. 北京：文物出版社，2011：23，图6）

图2-1-2　莫高窟第272窟[北凉]（孙毅华，等. 敦煌石窟全集22：石窟建筑卷. 香港：商务印书馆有限公司，2003：65，图版36）

图2-1-3　供养菩萨像[北凉，莫高窟第272窟西壁龛外南侧]（敦煌研究院. 莫高窟第266—275窟考古报告：第二分册. 北京：文物出版社，2011：594，图版124）

图2-1-4　狩猎图[魏晋，纵17.5厘米，横36.5厘米，甘肃省嘉峪关市新城7号墓前室东壁]（徐光冀. 中国出土壁画全集：9：甘肃、宁夏、新疆. 北京：科学出版社，2012：93，图版89）

图2-1-5　飞马图[十六国，甘肃省酒泉市丁家闸5号墓前室南壁上层]（徐光冀. 中国出土壁画全集：9：甘肃、宁夏、新疆. 北京：科学出版社，2012：136，图版131）

图2-1-6　菩萨、飞天（局部）[西秦建弘元年（420），炳灵寺第169窟第12号]（甘肃省文物考古研究所. 中国敦煌壁画全集11：麦积山、炳灵寺. 天津：天津人民美术出版社，2006：图版一八）

图2-1-7　天宫伎乐图[北凉，莫高窟第272窟窟顶南披]（敦煌研究院. 莫高窟第266—275窟考古报告：第二分册. 北京：文物出版社，2011：618，图版148-2）

图2-1-8　天宫伎乐图[阿富汗巴米扬石窟I窟（第530窟）顶部]（Joseph Hackin. *Nouvelles Recherches Archéologiques à Bāmiyān*, Paris, G. Van Oest, 1933：Fig. 17.）

图2-1-9　天宫伎乐图[新疆克孜尔第76窟（孔雀窟）主室窟顶，现藏德国柏林亚洲艺术博物馆]（段文杰. 中国新疆壁画全集：克孜尔1. 天津：天津人民美术出版社，乌鲁木齐：新疆美术摄影出版社，1995：图一一四）

图2-1-10　莫高窟第275窟透视图（敦煌研究院. 莫高窟第266—275窟考古报告：第一分册. 北京：文物出版社，2011：153，图107）

图2-1-11 佛传出游四门［北凉，莫高窟第275窟南壁］（敦煌研究院. 莫高窟第266—275窟考古报告：第二分册. 北京：文物出版社，2011：679，680，图版209，210）

图2-1-12 毗楞竭梨王等本生故事画［北凉，莫高窟第275窟北壁］（敦煌研究院. 莫高窟第266—275窟考古报告：第二分册. 北京：文物出版社，2011：659，图版189）

图2-1-13 佛传浮雕［2至3世纪，巴基斯坦Loriyān-Tangai出土供养舍利塔塔基，高20厘米，加尔各答印度博物馆藏］（田边胜美，前田耕作. 世界美术大全集：东洋编第15卷：中亚. 东京：小学馆，1999：12，图7，8）

图2-1-14 须大拏太子本生故事（残片）［2至3世纪，巴基斯坦Jamal Garhi出土，大英博物馆藏］（栗田功. ガンダーラ美術Ⅱ：佛陀の世界. 东京：二玄社，1990：275，276，图843，845）

图2-1-15 羼提婆梨本生［5世纪，吐峪沟第44窟主室正壁］（中国美术全集：绘画编16：新疆石窟壁画：图二〇二）

图2-1-16 太子出游四门（局部）［北凉，莫高窟第275窟南壁］（敦煌研究院. 莫高窟第266—275窟考古报告：第二分册. 北京：文物出版社，2011：691，图版221）

图2-2-1 莫高窟第254窟［北魏］（段文杰. 中国敦煌壁画全集1：敦煌北凉、北魏. 天津：天津人民美术出版社，2006：图版一〇七）

图2-2-2 降魔变［北魏，莫高窟第254窟南壁］（段文杰. 中国敦煌壁画全集1：敦煌北凉、北魏. 天津：天津人民美术出版社，2006：图版一一八）

图2-2-3 降魔变［约2世纪末至3世纪初，巴基斯坦出土，华盛顿弗利尔美术馆藏］（Gloria K. Fiero. *The Humanistic Tradition 2: Medieval Europe and the World Beyond*. London: Brown & Benchmark, 1995: 33, Fig 9.22.）

图2-2-4 太子通学［犍陀罗浮雕，维多利亚和阿尔伯特博物馆藏］（栗田功. ガンダーラ美術Ⅰ：佛传. 东京：二玄社，1988：14，图版Ⅻ）

图2-2-5 阿育王施土因缘［犍陀罗浮雕，英国私人藏品］（栗田功. ガンダーラ美術Ⅰ：佛传. 东京：二玄社，1988：179，图352）

图2-2-6 双神变［犍陀罗浮雕，加尔各答印度博物馆藏］（栗田功. ガンダーラ美術Ⅰ：佛传. 东京：二玄社，1988：192，图383）

图2-2-7 难陀出家缘变［北魏，莫高窟第254窟北壁］（段文杰. 中国敦煌壁画全集1：敦煌北凉、北魏. 天津：天津人民美术出版社，2006：图版一三一）

图2-2-8　尸毗王割肉贸鸽变［北魏，莫高窟第254窟北壁］(段文杰. 中国敦煌壁画全集1：敦煌北凉、北魏. 天津：天津人民美术出版社，2006：图版一二五)

图2-2-9　山岳图像［北魏，莫高窟第254窟北壁难陀出家缘变局部］(段文杰. 中国敦煌壁画全集1：敦煌北凉、北魏. 天津：天津人民美术出版社，2006：图版一三一)

图2-2-10　山岳图像［十六国，酒泉丁家闸5号墓前室顶部西壁］(甘肃文物考古研究所. 酒泉十六国壁画墓. 北京：文物出版社，1989)

图2-2-11　萨埵太子本生［北魏，莫高窟第254窟南壁］(段文杰. 中国敦煌壁画全集1：敦煌北凉、北魏. 天津：天津人民美术出版社，2006：图版一一二)

图2-2-12　舍利塔图［北魏，莫高窟第254窟南壁萨埵太子本生局部］(段文杰. 中国敦煌壁画全集1：敦煌北凉、北魏. 天津：天津人民美术出版社，2006：图版一一七)

图2-2-13　礼拜佛塔［犍陀罗浮雕，日本私人收藏］(栗田功. ガンダーラ美術Ⅰ：佛传. 东京：二玄社，1988：257，图528)

图2-2-14　莫高窟第257窟［北魏］(段文杰. 中国敦煌壁画全集1：敦煌北凉、北魏. 天津：天津人民美术出版社，2006：图版一四二)

图2-2-15　九色鹿本生（局部一）［北魏，莫高窟第257窟西壁］(段文杰. 中国敦煌壁画全集1：敦煌北凉、北魏. 天津：天津人民美术出版社，2006：图版一四六)

图2-2-16　九色鹿本生（局部二）［北魏，莫高窟第257窟西壁］(段文杰. 中国敦煌壁画全集1：敦煌北凉、北魏. 天津：天津人民美术出版社，2006：图版一四三)

图2-2-17　沙弥守戒自杀因缘（局部一）［北魏，莫高窟第257窟南壁］(段文杰. 中国敦煌壁画全集1：敦煌北凉、北魏. 天津：天津人民美术出版社，2006：图版一四八)

图2-2-18　宁懋石室左壁孝子图（局部反相）［北魏（6世纪20年代），河南洛阳出土，波士顿艺术博物馆藏］(周到. 中国画像石全集：第8卷：石刻线画. 郑州：河南美术出版社，2000：9，图九)

图2-2-19　沙弥守戒自杀因缘（局部二）［北魏，莫高窟第257窟南壁］(段文杰. 中国敦煌壁画全集1：敦煌北凉、北魏. 天津：天津人民美术出版社，2006：图版一四九、一五〇)

图2-2-20 须摩提女因缘（局部）[北魏，莫高窟第257窟西壁](段文杰. 中国敦煌壁画全集1：敦煌北凉、北魏. 天津：天津人民美术出版社，2006：图版一五三)
图2-2-21 宴饮讲学图（摹本）[东汉晚期，山东诸城前凉台墓](文物，1981(10)：21，图九)
图2-2-22 刺绣供养人像（局部）[北魏太和十一年（487），莫高窟第125窟和第126窟间发现，敦煌研究院藏](曾布川宽，冈田健. 世界美术大全集：东洋编第3卷：魏晋南北朝. 东京：小学馆，2000：图版156)

第三章

图3-1-1 山西大同沙岭7号墓南壁壁画（局部）[北魏太延元年（435）](贺西林，李清泉. 中国墓室壁画史. 北京：高等教育出版社，2009：84，图2-24)
图3-1-2 庖厨炊作图 [北魏，山西大同沙岭7号墓出土彩绘漆皮](大同市考古研究所. 山西大同沙岭北魏壁画墓发掘简报. 文物，2006(10)：13，图二〇)
图3-1-3 屏风漆画班姬辞辇 [北魏太和八年（484）之前，山西大同司马金龙墓出土，山西博物院藏](James C.Y. Watt. *China: Dawn of a Golden Age, 200-750 AD*. New York: The Metropolitan Museum of Art, 2004：159, pl. 69)
图3-1-4 屏风漆画临深履薄（局部）[北魏太和八年（484）之前，山西大同司马金龙墓出土，山西博物院藏](James C.Y. Watt. *China: Dawn of a Golden Age, 200-750 AD*.New York：The Metropolitan Museum of Art，2004：159, pl. 69)
图3-1-5 张永造石佛坐像背面 [北魏太安元年（455），日本京都藤井有邻馆藏](松原三郎. 增订中国佛教雕刻史研究. 东京：吉川弘文館，1966：图版16b)
图3-1-6 宋德兴造石佛坐像背面 [北魏太安三年（457），日本私人收藏](松原三郎. 中国仏教彫刻史論：图版编一：魏晋南北朝前期. 东京：吉川弘文館，1995：图版27b)
图3-1-7 石造交脚弥勒像（“皇兴造像”）背面浮雕（拓本）[北魏皇兴五年（471），陕西兴平出土，西安碑林博物馆藏](自藏拓本)
图3-1-8 张伯□造释迦坐像背屏 [北魏延兴二年（472），日本大和文华馆藏](松原三郎. 中国仏教彫刻史論：图版编一：魏晋南北朝前期. 东京：吉川弘文馆，1995：图版44c)

图3-1-9　睒子本生浮雕［北魏，云冈石窟第1窟东壁下层］（水野清一，长广敏雄. 云冈石窟：西历五世纪における中国北部佛教窟院の考古学的调查报告：第1卷. 京都大学人文科学研究所，1951—1956：图版20）
图3-1-10　佛传浮雕（摹绘）［北魏，云冈石窟第6窟中心柱下层］（水野清一，长广敏雄. 云冈石窟：西历五世纪における中国北部佛教窟院の考古学的调查报告：第3卷. 京都大学人文科学研究所，1951—1956：图18）
图3-1-11　"皇兴造像"背面浮雕"乘象入胎"（拓本）［北魏皇兴五年（471），陕西兴平出土，西安碑林博物馆藏］（自藏拓本）
图3-1-12　纳尔逊孝子石棺画像（拓本）［北魏（6世纪20年代），河南洛阳出土，美国纳尔逊-阿特金斯美术馆藏］（Alexander C. Soper. Life-Motion and the Sense of Space in Early Chinese Representational Art. *The Art Bulletin*, 1948，30（3）：fig. 6, 7）
图3-1-13　纳尔逊孝子石棺左挡画像（拓本局部一）
图3-1-14　纳尔逊孝子石棺左挡画像（拓本局部二）
图3-1-15　纳尔逊孝子石棺左挡画像（拓本局部三）
图3-1-16　纳尔逊孝子石棺左挡画像（拓本局部四）
图3-1-17　元谧石棺左侧挡丁兰事木母画像（拓本）［北魏正光五年（524），河南洛阳出土，美国明尼阿波利斯美术馆藏］（周到. 中国画像石全集：第8卷：石刻线画. 郑州：河南美术出版社，2000：47，图六三）
图3-1-18　元谧石棺足挡画像（拓本局部）（黄明兰. 洛阳北魏世俗石刻线画集. 北京：人民美术出版社，1987：46，图53）
图3-1-19　《鸷鸟水禽图》摹绘及示意图［8世纪，日本奈良正仓院藏］（Wen C. Fong. Why Chinese Painting is History?. *The Art Bulletin*, 2003，85（2）：273, fig. 17）
图3-1-20　宁懋石室后壁庖厨图（拓本）［北魏（6世纪20年代），河南洛阳出土，美国波士顿艺术博物馆藏］（采自波士顿艺术博物馆网站）
图3-1-21　升仙石棺足挡画像（拓本）［北魏晚期，河南洛阳出土，洛阳古代艺术博物馆藏］（黄明兰. 洛阳北魏世俗石刻线画集. 北京：人民美术出版社，1987：77，图85）
图3-1-22　洛阳石棺床孝行画像（拓本）［北魏（6世纪前半叶），洛阳古代艺术博物馆藏］（周到. 中国画像石全集：第8卷：石刻线画. 郑州：河南美术出版社，2000：57-59，图七六，七七，七八）

图3-1-23　天理参考馆藏石棺床画像（拓本反相）[北魏晚期，日本奈良天理大学附属天理参考馆藏]（曾布川宽，冈田健. 世界美术大全集：东洋编第3卷：魏晋南北朝. 东京：小学馆，2000：图版70）

图3-1-24　洛阳石棺床墓主人画像（拓本）[北魏晚期，洛阳古代艺术博物馆藏]（周到. 中国画像石全集：第8卷：石刻线画. 郑州：河南美术出版社，2000：54，图七二）

图3-1-25　萨埵太子本生图（描摹）[北魏晚期，洛阳龙门石窟宾阳中洞前壁北侧]（水野清一，长广敏雄. 龙门石窟の研究. 东京：座右宝刊行会，1941：图18）

图3-1-26　须大拏太子本生图（描摹）[北魏晚期，洛阳龙门石窟宾阳中洞前壁南侧]（水野清一，长广敏雄. 龙门石窟の研究. 东京：座右宝刊行会，1941：图19）

图3-1-27　升仙石棺右侧挡画像局部（拓本）[北魏晚期，河南洛阳出土，洛阳古代艺术博物馆藏]（黄明兰. 洛阳北魏世俗石刻线画集. 北京：人民美术出版社，1987：14，图16）

图3-1-28　屋形龛[北魏晚期，洛阳龙门石窟路洞北壁上层内侧]（龙门文物保管所，北京大学考古系. 中国石窟：龙门石窟：第1卷. 北京：文物出版社，1991：图版216）

图3-1-29　佛传浮雕太子出宫[北魏晚期，河南渑池鸿庆寺石窟第1窟北壁上层]（丁明夷. 中国石窟雕塑全集：第6卷：北方六省. 重庆：重庆出版社，2001：图版50）

图3-1-30　法义兄弟等二百人造像背面（局部）[北魏永熙三年（534），山东临淄出土，纽约大都会艺术博物馆藏]（采自大都会艺术博物馆网站）

图3-1-31　道俗九十人造像碑（拓本局部）[东魏武定元年（543），河南沁阳出土，河南博物院藏]（周到. 中国画像石全集：第8卷：石刻线画. 郑州：河南美术出版社，2000：78，图一〇一）

图3-1-32　李赞邑等邑义五百余人造像碑（局部）[东魏武定元年（543），河南淇县出土，纽约大都会艺术博物馆藏]（Laurence Sickman & Alexander Sope. *The Art and Architecture of China*. Penguin Books Ltd, 1956：pl. 44）

图3-1-33　杨善万等造像碑碑侧“须大拏太子本生”浮雕[北齐天保二年（551），河南密县，美国宾夕法尼亚大学考古学与人类学博物馆藏]（Alexander C. Soper. Early Chinese Landscape Painting. *The Art Bulletin*, 1941，23（2）：157, Fig. 13）

图3-1-34　登封刘碑寺造像碑座“睒子本生”（拓本反相）[北齐天保八年（557），河

南登封刘碑村](周到. 中国画像石全集：第8卷：石刻线画. 郑州：河南美术出版社，2000：86，图一一一)

图3-1-35　康业墓石榻画像右侧第1、2幅(摹绘)[北周天和六年(571)，西安出土，西安博物院藏](寇小石. 西安北周康业墓发掘简报. 文物，2008(6)：33，图三一)

图3-1-36　天水石马坪石棺床画像(摹绘)[北周至初唐，甘肃天水出土，天水市博物馆藏](天水市博物馆. 天水市发现隋唐屏风石棺床墓. 考古，1992(1)：47，图二)

图3-1-37　青州傅家庄画像石第八石(拓本反相)[北齐武平四年(573)，山东青州出土，青州市博物馆藏](夏名采. 益都北齐石室墓线刻画像. 文物，1985(10)：54，图八)

图3-1-38　史君墓石椁北壁画像(摹绘)[北周大象二年(580)，西安博物院藏](荣新江. 一位粟特首领的丝路生涯：史君石椁图像素描// 国家文物局. 丝绸之路. 北京：文物出版社，2014：47，图2)

图3-1-39　北朝石椁侧面出行图(摹绘)[北朝晚期，中国国家博物馆藏](葛承雍. 北朝粟特人大会中祆教色彩的新图像：中国国家博物馆藏北朝石堂解析. 文物，2016(1)：76，图九)

图3-1-40　安阳北齐石棺床画像[北齐(550—577)，河南安阳出土，波士顿艺术博物馆藏](采自波士顿艺术博物馆网站)

图3-1-41　庭院图(拓本)[东汉中期，山东曲阜东风乡旧县村出土画像石](王建中. 汉代画像石通论. 北京：紫禁城出版社，2001：400，图七八)

图3-1-42　西安北周安伽墓围屏石榻画像(局部)[北周大象元年(579)，西安出土，陕西历史博物馆藏](陕西省考古研究所. 西安北周安伽墓. 北京：文物出版社，2003：30，图二七)

图3-1-43　“红厅”壁画(局部)[8世纪初，乌兹别克斯坦瓦拉赫沙“红厅”遗址出土，俄罗斯艾尔米塔什博物馆藏](张建宇摄)

图3-1-44　“蓝厅”壁画(局部)[约740年，塔吉克斯坦片治肯特“蓝厅”遗址出土，俄罗斯艾尔米塔什博物馆藏](张建宇摄)

图3-1-45　“大使厅”西壁壁画复原图(葛乐耐复原，灰底部分为想象复原)[7世纪中期，壁画藏乌兹别克斯坦撒马尔罕历史博物馆](Frantz Grenet. Maracanda/Samarkand, une métropole pré-mongole: Sources écrites et archéologie *Annales. Histoire, Sciences Sociales*, 59e Année, No. 5/6, Asie centrale (2004)：1066, fig. 4）

图3－1－46　巴克特里亚陶版画Pharro神及其供养者［约3世纪，纽约大都会艺术博物馆藏］（采自大都会艺术博物馆网站）

图3－2－1　城邑图（拓本反相）［西魏，释迦多宝对坐说法造像碑碑阴画像，陕西耀州药王山博物馆藏］（张燕．陕西药王山碑刻艺术总集：第2卷：西魏造像碑．上海：上海辞书出版社，2013：154，图169－2）

图3－2－2　乐舞图（拓本反相）［约北周，陕西兴平出土石雕佛座画像］（单庆麟．茂陵古佛座．文物参考资料，1957（3）：47，图四）

图3－2－3　因缘故事图［北魏晚期（502），天水麦积山石窟第115窟右壁］（甘肃省文物考古研究所．中国敦煌壁画全集11：麦积山、炳灵寺．沈阳：辽宁美术出版社，天津：天津人民美术出版社，2006：图版六六）

图3－2－4　萨埵太子本生（局部）［北魏末或西魏初（6世纪30年代），天水麦积山石窟第127窟窟顶西披］（甘肃省文物考古研究所．中国敦煌壁画全集11：麦积山、炳灵寺．沈阳：辽宁美术出版社，天津：天津人民美术出版社，2006：图版八九）

图3－2－5　睒子本生之出行图［北魏末或西魏初（6世纪30年代），天水麦积山石窟第127窟窟顶南披］（甘肃省文物考古研究所．中国敦煌壁画全集11：麦积山、炳灵寺．沈阳：辽宁美术出版社，天津：天津人民美术出版社，2006：图版九一）

图3－2－6　睒子本生之"草庐探望"［北魏末或西魏初（6世纪30年代），天水麦积山石窟第127窟窟顶南披］（甘肃省文物考古研究所．中国敦煌壁画全集11：麦积山、炳灵寺．沈阳：辽宁美术出版社，天津：天津人民美术出版社，2006：图版九三）

图3－2－7　莫高窟第249窟［西魏］（樊锦诗，主编．吴健，摄影．世界文化遗产：敦煌石窟．北京：中国旅游出版社，2004：30）

图3－2－8　说法图［西魏，莫高窟第249窟北壁中央］（敦煌文物研究所．中国石窟：敦煌莫高窟：第1卷．北京：文物出版社，东京：平凡社，1982：图95）

图3－2－9　山峦与野猪［西魏，莫高窟第249窟窟顶北披］（敦煌文物研究所．中国石窟：敦煌莫高窟：第1卷．北京：文物出版社，东京：平凡社，1982：图102）

图3－2－10　狩猎图［西魏，莫高窟第249窟窟顶北披］（敦煌文物研究所．中国石窟：敦煌莫高窟：第1卷．北京：文物出版社，东京：平凡社，1982：图107）

图3-2-11　殿堂图像［西魏，莫高窟第249窟窟顶西披］(段文杰. 中国敦煌壁画全集2：敦煌西魏. 天津：天津人民美术出版社，2002：图版七三,七四)

图3-2-12　梵天御三凤辂车［西魏，莫高窟第249窟窟顶南披］(段文杰. 中国敦煌壁画全集2：敦煌西魏. 天津：天津人民美术出版社，2002：图版七〇)

图3-2-13　帝释天乘四龙辂车［北魏末或西魏初（6世纪30年代），天水麦积山石窟第127窟窟顶天井］(甘肃省文物考古研究所. 中国敦煌壁画全集11：麦积山、炳灵寺. 沈阳：辽宁美术出版社，天津：天津人民美术出版社，2002：图版八〇)

图3-2-14　传顾恺之《洛神赋图》之宓妃乘六龙云车［宋摹本（故宫甲本），故宫博物院藏］(中国古代书画鉴定组. 中国绘画全集1：战国—唐. 杭州：浙江人民美术出版社，1997：图三九)

图3-2-15　莫高窟第285窟平面图及剖面图［西魏］(国家文物局教育处. 佛教石窟考古概要. 北京：文物出版社，1993：56，图版1-3-12)

图3-2-16　莫高窟第285窟［西魏］(段文杰. 中国美术全集：绘画编14：敦煌壁画：上册. 上海：上海人民美术出版社，1985：图版八六)

图3-2-17　莫高窟第285窟西壁［西魏］(曽布川宽，冈田健. 世界美术大全集：东洋编第3卷：魏晋南北朝. 东京：小学馆，2000：图版176)

图3-2-18　诸天与供养菩萨［西魏，莫高窟第285窟西壁南龛上部］(段文杰. 中国美术全集：绘画编14：敦煌壁画：上册. 上海：上海人民美术出版社，1985：图版八四)

图3-2-19　无量寿佛说法图［西魏，莫高窟第285窟东壁北侧］(段文杰. 敦煌石窟艺术：莫高窟第二八五窟（西魏）. 南京：江苏美术出版社，1995：28，图三)

图3-2-20　刘根等四十一人造像（拓本）［北魏正光五年（524），河南博物院藏］(自藏拓本)

图3-2-21　须弥座比较图［上：刘根等四十一人造像拓本；中：第285窟北壁东起第二铺说法图；下：第285窟北壁东起第四铺说法图］

图3-2-22　二佛并坐图［西魏，莫高窟第285窟北壁西侧］(段文杰. 中国敦煌壁画全集2：敦煌西魏. 天津：天津人民美术出版社，2002：图版一三六)

图3-2-23　二佛并坐图［西魏，莫高窟第285窟南壁西侧］(段文杰. 中国敦煌壁画全集2：敦煌西魏. 天津：天津人民美术出版社，2002：图版一一四)

图3-2-24　莫高窟第285窟南壁［西魏］(曽布川宽，冈田健. 世界美术大全集：东

洋编第3卷：魏晋南北朝. 东京：小学馆，2000：图版179）

图3-2-25　沙弥守戒自杀因缘（局部）[西魏，莫高窟第285窟南壁龛楣间]（段文杰. 敦煌石窟艺术：莫高窟第二八五窟（西魏）. 南京：江苏美术出版社，1995：97，图七七）

图3-2-26　得眼林因缘（局部一）[西魏，莫高窟第285窟南壁]（段文杰. 敦煌石窟艺术：莫高窟第二八五窟（西魏）. 南京：江苏美术出版社，1995：102，图八二）

图3-2-27　建筑图对照之一[左：第285窟南壁“得眼林因缘”；右：第249窟窟顶西披]

图3-2-28　建筑图对照之二[左：第285窟南壁“沙弥守戒自杀因缘”；右：第249窟窟顶西披]

图3-2-29　建筑图对照之三[左：第285窟南壁“得眼林因缘”；右：第285窟南壁“沙弥守戒自杀因缘”，经水平翻转]

图3-2-30　得眼林因缘（局部二）[西魏，莫高窟第285窟南壁]（段文杰. 敦煌石窟艺术：莫高窟第二八五窟（西魏）. 南京：江苏美术出版社，1995：84，图六二）

图3-2-31　得眼林因缘（局部三）[西魏，莫高窟第285窟南壁]（段文杰. 敦煌石窟艺术：莫高窟第二八五窟（西魏）. 南京：江苏美术出版社，1995：85，图六二）

图3-2-32　得眼林因缘（局部四）[西魏，莫高窟第285窟南壁]（段文杰. 敦煌石窟艺术：莫高窟第二八五窟（西魏）. 南京：江苏美术出版社，1995：86，图六三）

图3-2-33　宝应声菩萨与宝吉祥菩萨[西魏，莫高窟第285窟窟顶东披]（段文杰. 中国美术全集：绘画编14：敦煌壁画：上册. 上海：上海人民美术出版社，1985：图版一一一）

图3-2-34　日天与三凤驭车、月天与三狮驾车[西魏，莫高窟第285窟西壁]（段文杰. 中国美术全集：绘画编14：敦煌壁画：上册. 上海：上海人民美术出版社，1985：图版九四－九七）

图3-2-35　摩醯首罗天比较图[左：于阗丹丹乌里克木版画；中：第285窟西壁；右：云冈石窟第8窟]

图3-2-36　那罗延天与摩醯首罗天[西魏，莫高窟第285窟西壁]（段文杰. 中国敦煌壁画全集2：敦煌西魏. 天津：天津人民美术出版社，2002：图版

一〇一，一〇七）

图3-3-1　莫高窟第428窟［北周］（孙毅华，等. 敦煌石窟全集22：石窟建筑卷. 香港：商务印书馆有限公司，2003：60，图33）

图3-3-2　菩萨像（局部）［北周，莫高窟第428窟中心柱西向龛外南侧］（段文杰. 中国敦煌壁画全集3：敦煌北周. 沈阳：辽宁美术出版社，天津：天津人民美术出版社，2006：74，图版七三）

图3-3-3　佛塔图［北周，莫高窟第428窟西壁］（施萍婷，贺世哲. 敦煌石窟艺术：莫高窟第四二八窟（北周）. 南京：江苏美术出版社，1998：117，图九一）

图3-3-4　须大拏太子本生［北周，莫高窟第428窟东壁北侧］（施萍婷，贺世哲. 敦煌石窟艺术：莫高窟第四二八窟（北周）. 南京：江苏美术出版社，1998：153，图一三五）

图3-3-5　萨埵太子本生［北周，莫高窟第428窟东壁南侧］（施萍婷，贺世哲. 敦煌石窟艺术：莫高窟第四二八窟（北周）. 南京：江苏美术出版社，1998：145，图一二二）

图3-3-6　萨埵太子本生"投崖饲虎"［北周，莫高窟第428窟东壁南侧］（段文杰. 中国敦煌壁画全集3：敦煌北周. 沈阳：辽宁美术出版社，天津：天津人民美术出版社，2006：38，图版三九）

图3-3-7　萨埵太子本生"策马报信"［北周，莫高窟第428窟东壁南侧］（段文杰. 中国敦煌壁画全集3：敦煌北周. 沈阳：辽宁美术出版社，天津：天津人民美术出版社，2006，39，图版四〇）

图3-3-8　萨埵太子本生"悲恸起塔"［北周，莫高窟第428窟东壁南侧］（段文杰. 中国敦煌壁画全集3：敦煌北周. 沈阳：辽宁美术出版社，天津：天津人民美术出版社，2006：40，图版四一）

图3-3-9　萨埵太子本生"山林打靶"［北周，莫高窟第428窟东壁南侧］（段文杰. 中国敦煌壁画全集3：敦煌北周. 沈阳：辽宁美术出版社，天津：天津人民美术出版社，2006：36，图版三七）

图3-3-10　佛传图之一［北周，莫高窟第290窟人字披顶东披］（段文杰. 中国敦煌壁画全集3：敦煌北周. 沈阳：辽宁美术出版社，天津：天津人民美术出版社，2006：93，图版九六）

图3-3-11　佛传图之二［北周，莫高窟第290窟人字披顶西披］（段文杰. 中国敦煌壁画全集3：敦煌北周. 沈阳：辽宁美术出版社，天津：天津人民美术出

版社，2006：93，图版九七）

图3-3-12　佛传图（局部一）[北周，莫高窟第290窟人字披顶东披]（段文杰. 中国敦煌壁画全集3：敦煌北周. 沈阳：辽宁美术出版社，天津：天津人民美术出版社，2006：94，图版九八）

图3-3-13　佛传图（局部二）[北周，莫高窟第290窟人字披顶东披]（段文杰. 中国敦煌壁画全集3：敦煌北周. 沈阳：辽宁美术出版社，天津：天津人民美术出版社，2006：96，图版一〇〇）

图3-3-14　犍陀罗浮雕“乘象入胎”[约2—3世纪，巴基斯坦Jamal Garhi出土，大英博物馆藏]

图3-3-15　皇兴造像背面浮雕“乘象入胎”（拓本）[北魏皇兴五年（471），陕西兴平出土，西安碑林博物馆藏]（自藏拓本）

图3-3-16　古阳洞南壁第二龛龛楣（拓本）[北魏晚期，洛阳龙门石窟]（李静杰. 北朝佛传雕刻所见佛教美术的东方化过程：以诞生前后的场面为中心. 故宫博物院院刊，2004（4）：82，图五）

图3-3-17　佛传图之“乘象入胎”[北周，莫高窟第290窟人字披顶东披]（谢成水. 敦煌石窟艺术：莫高窟第290窟（北周）. 南京：江苏美术出版社，1994：40，图八）

图3-3-18　莫高窟第296窟窟顶[北周]（段文杰. 中国敦煌壁画全集3：敦煌北周. 沈阳：辽宁美术出版社，天津：天津人民美术出版社，2006：117，图版一二六）

图3-3-19　须阇提本生图（局部）[北周，莫高窟第296窟北壁]（段文杰. 中国敦煌壁画全集3：敦煌北周. 沈阳：辽宁美术出版社，天津：天津人民美术出版社，2006：140，图版一四九）

图3-3-20　萨埵太子本生图（局部）[北魏末或西魏初（6世纪30年代），天水麦积山石窟第127窟窟顶左披]（甘肃省文物考古研究所. 中国敦煌壁画全集11：麦积山、炳灵寺. 沈阳：辽宁美术出版社，天津：天津人民美术出版社，2006：图版八三）

图3-3-21　建筑图对照[左：第285窟南壁“得眼林因缘”局部；右：第296窟北壁“须阇提本生图”局部]

图3-3-22　得眼林因缘（局部）[北周，莫高窟第296窟南壁]（段文杰. 中国敦煌壁画全集3：敦煌北周. 沈阳：辽宁美术出版社，天津：天津人民美术出版社，2006：133，图版一四二）

图3-3-23　善事太子本生（局部一）[北周，莫高窟第296窟窟顶东披]（段文杰. 中国敦煌壁画全集3：敦煌北周. 沈阳：辽宁美术出版社，天津：天津人民美术出版社，2006：122，图版一三一）

图3-3-24　西王母乘凤车 [北周，莫高窟第296窟西壁]（段文杰. 中国敦煌壁画全集3：敦煌北周. 沈阳：辽宁美术出版社，天津：天津人民美术出版社，2006：127，图版一三六）

图3-3-25　萨埵太子本生图（局部）[北周，莫高窟第301窟窟顶南披]（段文杰. 中国敦煌壁画全集3：敦煌北周. 沈阳：辽宁美术出版社，天津：天津人民美术出版社，2006：173，图版一八二）

图3-3-26　善事太子本生（局部二）[北周，莫高窟第296窟窟顶东披]（段文杰. 中国敦煌壁画全集3：敦煌北周. 沈阳：辽宁美术出版社，天津：天津人民美术出版社，2006：121，图版一三〇）

图3-3-27　福田经变（局部）[北周，莫高窟第296窟窟顶北披]（段文杰. 中国敦煌壁画全集3：敦煌北周. 沈阳：辽宁美术出版社，天津：天津人民美术出版社，2006：124，图版一三三）

图3-3-28　建筑图对照 [左：北周296窟窟顶东披“善事太子本生”局部；右：隋420窟窟顶南披“法华经变”局部]

图3-3-29　东王公图对照 [左：北周296窟西壁；右：隋423窟西壁]

图3-3-30　萨埵太子本生与福田经变（局部）[隋，莫高窟第302窟人字披西侧]（敦煌文物研究所. 中国石窟：敦煌莫高窟：第2卷. 北京：文物出版社，东京：平凡社，1984：图版10）

图3-3-31　须大拏太子本生（局部）[隋，莫高窟第423窟人字披东侧]（敦煌文物研究所. 中国石窟：敦煌莫高窟：第2卷. 北京：文物出版社，东京：平凡社，1984：图版35）

图3-4-1　传顾恺之《列女仁智图》（局部）[宋摹本，绢本墨色，故宫博物院藏]（中国古代书画鉴定组. 中国绘画全集1：战国—唐. 杭州：浙江人民美术出版社，1997：图二八）

图3-4-2　传顾恺之《女史箴图》之“出其言善”[唐摹本，绢本设色，大英博物馆藏]（中国古代书画鉴定组. 中国绘画全集1：战国—唐. 杭州：浙江人民美术出版社，1997：图二三）

图3-4-3　传顾恺之《女史箴图》之“割欢同辇”（中国古代书画鉴定组. 中国绘画全集1：战国—唐. 杭州：浙江人民美术出版社，1997：图二一、二二）

图3-4-4　传顾恺之《女史箴图》之“灵鉴无象”（中国古代书画鉴定组. 中国绘画全集1：战国—唐. 杭州：浙江人民美术出版社，1997：图二三）

图3-4-5　传顾恺之《女史箴图》之“防微虑远”（中国古代书画鉴定组. 中国绘画全集1：战国—唐. 杭州：浙江人民美术出版社，1997：图二二）

图3-4-6　漆画《贵族生活图》[三国孙吴，安徽马鞍山朱然墓出土漆盘，马鞍山三国朱然家族墓地博物馆藏]（采自三国朱然家族墓地博物馆网站）

图3-4-7　漆画《季札挂剑图》[三国孙吴，安徽马鞍山朱然墓出土漆盘，马鞍山三国朱然家族墓地博物馆藏]（曾布川宽，冈田健. 世界美术大全集：东洋编第3卷：魏晋南北朝. 东京：小学馆，2000”：图版151）

图3-4-8　漆画《宫闱宴乐图》[三国孙吴，木胎髹漆，安徽马鞍山朱然墓出土漆案，马鞍山三国朱然家族墓地博物馆藏]（采自三国朱然家族墓地博物馆网站）

图3-4-9　武士画像砖[南朝，河南邓州市学庄墓东壁第二柱，中国国家博物馆展出]（刘雷摄）

图3-4-10　抬轿画像砖（拓本）[南朝，河南邓州市学庄墓出土，河南博物院藏]（Annette L. Juliano. Teng-Hsien: An Important Six Dynasties Tomb. *Artibus Asiae. Supplementum*, 1980，37：fig. 41）

图3-4-11　南山四皓画像砖（摹绘）[南朝，河南邓州市学庄墓出土，河南博物院藏]（郑岩. 魏晋南北朝壁画墓研究. 北京：文物出版社，2002：218，图153）

图3-4-12　孝子故事画像砖（拓本）[南朝，湖北襄阳贾家冲画像砖墓出土，襄阳博物馆藏]（襄樊市文物管理处. 襄阳贾家冲画像砖墓. 江汉考古，1986（1）：21，图八）

图3-4-13　郭巨埋儿画像砖（拓本）[南朝，湖北襄阳贾家冲画像砖墓出土，襄阳博物馆藏]（襄樊市文物管理处. 襄阳贾家冲画像砖墓. 江汉考古，1986（1）：21，图九）

图3-4-14　砖画《竹林七贤和荣启期图》（拓本）[南京西善桥墓右壁，高80厘米，宽240cm，南京博物院藏]（南京博物院，南京市文物保管委员会. 南京西善桥南朝大墓及其砖刻壁画. 文物，1960（Z1）：36，图版1）

图3-4-15　“元嘉二年造像碑”背面及碑侧佛传图（拓本）[南朝梁，成都万佛寺出土，原石已佚]（邹安. 古石抱守录// 石刻史料新编：第3辑：第1册. 台北：新文丰出版公司，1986：265）

图3-4-16　“梁二菩萨造像碑”背面画像[南朝梁，成都万佛寺出土，四川博物院藏]（James C.Y. Watt. *China: Dawn of a Golden Age, 200-750 AD*.New York：

第四章

图4-2-11　王州子等造释迦石像顶部浮雕（拓本）[梁天监十年（511），四川成都商业街出土，四川博物院藏]（张肖马，雷玉华. 成都市商业街南朝石刻造像. 文物，2001（10）：15，图二二）

图4-2-12　僧和兄弟造释迦石像背面上部浮雕（拓本）[南朝梁，四川成都下同仁路遗址出土]（成都文物考古研究所. 成都市下同仁路遗址南朝至唐代佛教造像坑. 考古，2016（6）：73，图四二）

图4-2-13　比丘晃藏造释迦石像顶部浮雕（描摹）[梁中大通二年（530），四川成都西安路出土，成都市文物考古研究所藏]（四川博物院，等. 四川出土南朝佛教造像. 北京：中华书局，2013：158，图54）

图4-2-14　张元造释迦多宝并坐石像顶部浮雕[梁大同十一年（545），四川成都西安路出土，成都市文物考古研究所藏]（张建宇摄）

图4-2-15　比丘慧影造释迦坐像顶部说法图[梁中大同元年（546），上海博物馆藏]（松原三郎. 中国仏教雕刻史论：图版编一：魏晋南北朝前期. 东京：吉川弘文馆，1995：图版229）

图4-2-16　梁十一尊石刻造像顶部浮雕（拓本）[南朝梁，四川成都商业街出土，成都市文物考古研究所藏]（张肖马，雷玉华. 成都市商业街南朝石刻造像. 文物，2001（10）：13，图一九）

图4-2-17　背屏式造像残件浮雕（拓本）[南朝梁，四川成都下同仁路遗址出土]（成都文物考古研究所. 成都市下同仁路遗址南朝至唐代佛教造像坑. 考古，2016（6）：73，图四四）

图4-2-18　须弥山造像碑碑阴弥勒经变浮雕[南朝梁，四川成都万佛寺遗址出土，四川博物院藏]（James C.Y. Watt. *China: Dawn of a Golden Age, 200-750 AD*. New York：The Metropolitan Museum of Art，2004：225, pl. 126, back）

图4-2-19　法义兄弟等二百人造像背面（拓本局部）[北魏永熙三年（534），山东临淄出土，纽约大都会艺术博物馆藏]（颜娟英. 北朝佛教石刻拓片百品. 台北："中央研究院"历史语言研究所，2008：83，图版33）

图4-2-20　法华经变[北周，甘肃天水麦积山第27窟窟顶正披]（花平宁，魏文斌. 麦积山. 南京：江苏美术出版社，2013：157，图144）

图4-2-21　晋城北齐"十二梦王"石刻右侧面浮雕（拓本局部）[北齐乾明元年（560），山西晋城青莲寺出土，晋城博物馆藏]（刘建军.《大方等陀罗尼经》的"十二梦王"石刻图像. 文物，2007（10）：90，图四）

图4-2-22　北朝石椁背面画像局部（摹绘）[北朝晚期，中国国家博物馆藏]（葛承

雍. 北朝粟特人大会中祆教色彩的新图像：中国国家博物馆藏北朝石堂解析. 文物，2016(1)：80，图十四）

图4-2-23　弥勒上生经变（局部）[隋，莫高窟第423窟人字披西侧]（段文杰. 中国壁画全集：敦煌 隋. 天津：天津人民美术出版社，1991：46，图四四）

图4-2-24　佛说法图[隋，莫高窟第302窟北壁中央]（敦煌文物研究所. 中国石窟：敦煌莫高窟：第2卷. 北京：文物出版社，东京：平凡社，1984：图版8）

图4-2-25　佛说法图[隋末唐初，莫高窟第244窟北壁东侧]（敦煌文物研究所. 中国石窟：敦煌莫高窟：第2卷. 北京：文物出版社，东京：平凡社，1984：图版177）

图4-2-26　供养伎乐[隋末唐初，莫高窟第390窟南壁]（敦煌文物研究所. 中国石窟：敦煌莫高窟：第2卷. 北京：文物出版社，东京：平凡社，1984：图版167）

图4-2-27　佛说法图[隋末唐初，莫高窟第390窟北壁西侧]（敦煌文物研究所. 中国石窟：敦煌莫高窟：第2卷. 北京：文物出版社，东京：平凡社，1984：图版163）

图4-2-28　西方净土变（摹绘）[隋，莫高窟第393窟西壁]（敦煌文物研究所. 中国石窟：敦煌莫高窟：第2卷. 北京：文物出版社，东京：平凡社，1984：165，插图8）

图4-2-29　莫高窟第461窟正壁全景[北周]（段文杰. 中国敦煌壁画全集3：敦煌北周. 沈阳：辽宁美术出版社，天津：天津人民美术出版社，2006：1，图版一）

图4-2-30　莫高窟第393窟正壁全景[隋代壁画，宋代彩塑]（敦煌研究院. 阿弥陀佛的中国之路. 上海：上海人民出版社，2007：42，图2-2-1）

图4-2-31　药师经变[隋，莫高窟第394窟东壁窟门上方]（王惠民. 敦煌石窟全集6：弥勒经画卷. 香港：商务印书馆有限公司，2002：163，图版139）

图4-2-32　佛说法图[初唐，莫高窟第322窟东壁南侧上部]（赵声良. 敦煌石窟艺术：莫高窟第五七、三二二窟（初唐）. 南京：江苏美术出版社，1996：165，图一四三）

图4-2-33　佛说法图[初唐，莫高窟第322窟南壁中央]（赵声良. 敦煌石窟艺术：莫高窟第五七、三二二窟（初唐）. 南京：江苏美术出版社，1996：132，图一一二）

图4-2-34　佛说法图[初唐，莫高窟第57窟北壁中央]（赵声良. 敦煌石窟艺术：莫

高窟第五七、三二二窟（初唐）. 南京：江苏美术出版社，1996：67，图四六）

图4-2-35　西方净土变［初唐，莫高窟第322窟北壁中央］(赵声良. 敦煌石窟艺术：莫高窟第五七、三二二窟（初唐）. 南京：江苏美术出版社，1996：144，图一二三）

图4-2-36　东方药师经变［初唐贞观年间，莫高窟第220窟北壁］(段文杰. 中国敦煌壁画全集5：敦煌初唐. 天津：天津人民美术出版社，2006：图版四四）

图4-2-37　西方净土变［初唐贞观年间，莫高窟第220窟南壁］(段文杰. 中国敦煌壁画全集5：敦煌初唐. 天津：天津人民美术出版社，2006：图版三四）

图4-2-38　东方药师经变（局部）[初唐贞观年间，莫高窟第220窟北壁］(段文杰. 中国敦煌壁画全集5：敦煌初唐. 天津：天津人民美术出版社，2006：图版四四）

图4-2-39　西方净土变左侧楼阁图像［初唐贞观年间，莫高窟第220窟南壁］(段文杰. 中国敦煌壁画全集5：敦煌初唐. 天津：天津人民美术出版社，2006：图版三四）

图4-2-40　弥勒经变上部楼阁［初唐，莫高窟第71窟南壁］(段文杰. 中国敦煌壁画全集5：敦煌初唐. 天津：天津人民美术出版社，2006：图版一七六）

图4-2-41　西方净土变右侧楼阁［初唐，莫高窟第321窟北壁］(段文杰. 中国敦煌壁画全集5：敦煌初唐. 天津：天津人民美术出版社，2006：图版一〇九）

图4-2-42　弥勒经变之兜率天宫［初唐，莫高窟第338窟龛顶］(段文杰. 中国敦煌壁画全集5：敦煌初唐. 天津：天津人民美术出版社，2006：图版一四四）

图4-2-43　阙楼图［神龙二年（706），陕西乾县懿德太子李重润墓墓道西壁］(周天游，申秦雁. 懿德太子墓壁画. 北京：文物出版社，2001：图版5）

图4-2-44　西方净土变［初唐，莫高窟第329窟南壁］(梁尉英. 敦煌石窟艺术：莫高窟第三二一、三二九、三三五窟（初唐）. 南京：江苏美术出版社，1996：92，124，图九〇）

图4-2-45　弥勒经变［初唐，莫高窟第329窟北壁］(梁尉英. 敦煌石窟艺术：莫高窟第三二一、三二九、三三五窟（初唐）. 南京：江苏美术出版社，1996：150，图一二二）

图4-2-46　法华经变［初唐，莫高窟第331窟东壁上部］(段文杰. 中国敦煌壁画全集5：敦煌初唐. 天津：天津人民美术出版社，2006：图版一四七）

图4-2-47 西方净土变［初唐，莫高窟第334窟北壁］（段文杰. 中国敦煌壁画全集5：敦煌初唐. 天津：天津人民美术出版社，2006：图版一六三）

图4-2-48 说法图［初唐，莫高窟第334窟西龛顶部］（段文杰. 中国敦煌壁画全集5：敦煌初唐. 天津：天津人民美术出版社，2006：图版一六六）

图4-2-49 西方净土变［初唐武周时期（690—705），莫高窟第321窟北壁］（梁尉英. 敦煌石窟艺术：莫高窟第三二一、三二九、三三五窟（初唐）. 南京：江苏美术出版社，1996：图六〇）

图4-2-50 西方净土变［唐景云年间（710—711），莫高窟第217窟北壁］（敦煌文物研究所. 中国石窟：敦煌莫高窟：第3卷. 北京：文物出版社，东京：平凡社，1987：图版103）

图4-2-51 西方净土变之净土楼阁［唐景云年间（710—711），莫高窟第217窟北壁］（段文杰. 中国敦煌壁画：盛唐. 天津：天津人民美术出版社，2010：图版四一）

图4-2-52 西方净土变［唐开元年间（713—741），莫高窟第45窟北壁］（敦煌文物研究所. 中国石窟：敦煌莫高窟：第3卷. 北京：文物出版社，东京：平凡社，1987：图版135）

图4-2-53 西方净土变［唐开元年间（713—741），莫高窟第320窟北壁］（敦煌文物研究所. 中国石窟：敦煌莫高窟：第4卷. 北京：文物出版社，1987：图版4）

图4-2-54 西方净土变［唐天宝年间（742—756），莫高窟第172窟南壁］（敦煌文物研究所. 中国石窟：敦煌莫高窟：第4卷. 北京：文物出版社，东京：平凡社，1987：图版9）

图4-2-55 西方净土变［唐天宝年间（742—756），莫高窟第172窟北壁］（敦煌文物研究所. 中国石窟：敦煌莫高窟：第4卷. 北京：文物出版社，东京：平凡社，1987：图版10）

图4-2-56 西方净土变之净土楼阁［唐天宝年间］（742—756），莫高窟第172窟北壁］（敦煌文物研究所. 中国石窟：敦煌莫高窟：第4卷. 北京：文物出版社，东京：平凡社，1987：图版10）

图4-2-57 西方净土变“未生怨”局部［唐天宝年间（742—756），莫高窟第172窟北壁西侧］（赵声良. 敦煌石窟全集18：山水画卷. 香港：商务印书馆有限公司，2002：141，图版117）

图4-2-58 东方药师经变［唐大历年间（766—779），莫高窟第148窟东壁北侧］（敦

煌文物研究所. 中国石窟：敦煌莫高窟：第4卷. 北京：文物出版社，东京：平凡社，1987：图版37）

图4-2-59 西方净土变［唐大历年间（766—779），莫高窟第148窟东壁南侧］（施萍婷. 敦煌石窟全集5：阿弥陀经画卷. 香港：商务印书馆有限公司，2002：188，图版176）

图4-2-60 弥勒经变［唐大历年间（766—779），莫高窟第148窟南壁上部］（敦煌文物研究所. 中国石窟：敦煌莫高窟：第4卷. 北京：文物出版社，东京：平凡社，1987：图版28）

图4-2-61 西方净土变壁画残片［初唐，出自莫高窟第71窟，现藏俄罗斯艾尔米塔什博物馆］（俄罗斯国立艾尔米塔什博物馆，上海古籍出版社. 俄藏敦煌艺术品：第1册. 上海：上海古籍出版社，1997：图版37）

图4-2-62 兜率天曼陀罗图［镰仓时期（1185—1333）末期，绢本设色，日本延命寺藏］（永井信一. 日本古寺美术全集7：四天王寺と河内の古寺. 东京：集英社，1981：图版55）

图4-3-1 山石图像［隋，莫高窟第276窟壁画］（敦煌文物研究所. 中国石窟：敦煌莫高窟：第2卷. 北京：文物出版社，东京：平凡社，1984：图版122，124）

图4-3-2 未生怨（局部）［唐武德年间（618—626），莫高窟第209窟西壁南侧］（赵声良. 敦煌石窟全集18：山水画卷. 香港：商务印书馆有限公司，2002：65，图版47）

图4-3-3 宝雨经变（局部）［唐高宗、武周年间（690—705），莫高窟第321窟南壁］（赵声良. 敦煌石窟全集18：山水画卷. 香港：商务印书馆有限公司，2002：127，图版103）

图4-3-4 未生怨与十六观（局部）［初唐，莫高窟第431窟］（赵声良. 敦煌石窟全集18：山水画卷. 香港：商务印书馆有限公司，2002：70，71，图版52，53）

图4-3-5 佛教史迹画（局部）［唐武周时期（690—705），莫高窟第323窟南壁］（赵声良. 敦煌石窟全集18：山水画卷. 香港：商务印书馆有限公司，2002：72，图版54）

图4-3-6 涅槃经变（局部）［唐武周时期（690—705），莫高窟第332窟南壁］（赵声良. 敦煌石窟全集18：山水画卷. 香港：商务印书馆有限公司，2002：87，图版68）

煌石窟全集18：山水画卷. 香港：商务印书馆有限公司，2002：142，图版118）

图4-3-20　日想观［唐天宝年间（742—756），莫高窟第172窟北壁东侧］（赵声良. 敦煌石窟全集18：山水画卷. 香港：商务印书馆有限公司，2002：143，图版119）

图4-3-21　文殊变（局部）［唐天宝年间（742—756），莫高窟第172窟东壁北侧］（赵声良. 敦煌石窟全集18：山水画卷. 香港：商务印书馆有限公司，2002：137，图版113）

图4-3-22　六扇屏风山水壁画局部（南数第二屏）［盛唐，陕西省富平县朱家道村唐墓出土］（徐涛先生提供）

图4-3-23　（传）李昭道《明皇幸蜀图》［绢本设色，台北“故宫博物院”藏］

图4-3-24　（传）董源《溪岸图》（局部）［绢本水墨，纽约大都会艺术博物馆藏］

图4-3-25　许道宁《渔父图》（局部）［北宋，绢本淡设色，堪萨斯市纳尔逊-阿特金斯美术馆藏］

第五章

图5-2-1　顾闳中《韩熙载夜宴图》（局部）［绢本设色，故宫博物院藏］

图5-2-2　马和之《豳风图》（局部）［绢本设色，故宫博物院藏］

图5-2-3　佛传图［唐（9世纪），绢本设色，敦煌藏经洞出土，斯坦因收集品Ch. lv. 009，大英博物馆藏］（韦陀，上野阿吉. 西域美术：第1卷. 伦敦：大英博物馆，东京：讲谈社，1982：图版30-2）

图5-2-4　弥勒上生经变（拓本反相）［唐宝历元年（825），《硖石寺大隋远法师遗迹》碑首线刻，山西晋城古青莲寺藏］（百桥明穗，中野彻. 世界美术大全集：东洋编第4卷：隋唐. 东京：小学馆，1997：110，图69）

图5-2-5　李公麟《孝经图》（局部）［绢本水墨，大都会艺术博物馆藏］

图5-2-6　未生怨［唐开元年间（713—741），莫高窟第45窟北壁东侧］（敦煌文物研究所. 中国石窟：敦煌莫高窟：第3卷. 北京：文物出版社，东京：平凡社，1987：图版139）

图5-2-7　（传）郭忠恕临王维《辋川图》（拓本局部）［纸本墨拓，美国芝加哥大学东方图书馆藏］

图5-3-1　（传）李成《茂林远岫图》（局部）［绢本墨色，辽宁省博物馆藏］

图5-3-2　郭熙《早春图》（局部）［绢本墨色，台北“故宫博物院”藏］

主要参考文献

一、古籍

大正新修大藏经. 大正一切经刊行会，1924－1932.

二十四史. 中华书局点校本.

僧祐. 出三藏记集. 苏晋仁，等点校. 北京：中华书局，1995.

张彦远. 历代名画记. 明嘉靖刊本.

王钦若，等. 册府元龟：校订本. 周勋初，等校订. 南京：凤凰出版社，2006.

董诰，等. 全唐文. 上海：上海古籍出版社，1990.

黄宾虹，邓实. 美术丛书：全3册. 杭州：浙江古籍出版社，1986.

卢辅圣. 中国书画全书：全14册. 上海：上海书画出版社，1993－1998.

王伯敏，任道斌. 画学集成：全2册. 石家庄：河北美术出版社，2002.

于安澜. 画论丛刊：上下册. 北京：人民美术出版社，1989.

二、考古报告、图录

1. 中文

斯坦因. 西域考古图记. 桂林：广西师范大学出版社，1998.

巴黎大学北京汉学研究所，傅惜华. 汉代画象全集：初编. 上海：商务印书馆，1950.

重庆市博物馆. 重庆市博物馆藏四川汉画像砖选集. 北京：文物出版社，1957.

段文杰. 中国敦煌壁画全集：全11册. 天津：天津人民美术出版社，2006.

段文杰. 中国新疆壁画全集：克孜尔：全3册. 天津：天津人民美术出版社，乌鲁木齐：新疆美术摄影出版社，1995.

敦煌文物研究所. 敦煌莫高窟内容总录. 北京：文物出版社，1982.

敦煌文物研究所. 中国石窟・敦煌莫高窟：全5卷. 北京：文物出版社，东京：平凡社，1982－1987.

敦煌研究院，江苏美术出版社. 敦煌石窟艺术：全22册. 南京：江苏美术出版社，1993－1998.

敦煌研究院. 敦煌莫高窟供养人题记. 北京：文物出版社，1986.

敦煌研究院. 敦煌石窟内容总录. 北京：文物出版社，1996.

敦煌研究院. 敦煌石窟全集：全26册. 香港：商务印书馆有限公司，1999-2005.

敦煌研究院. 莫高窟第266—275窟考古报告：全2册. 北京：文物出版社，2011.

俄罗斯国立艾尔米塔什博物馆，上海古籍出版社. 俄藏敦煌艺术品：全6册. 上海：上海古籍出版社，1997-2005.

甘肃省文物考古研究所. 酒泉十六国墓壁画. 北京：文物出版社，1989.

龚廷万，龚玉，戴嘉陵. 巴蜀汉代画像集. 北京：文物出版社，1998.

故宫博物院. 故宫青铜器. 北京：紫禁城出版社，1999.

郭宝钧. 山彪镇与琉璃阁. 北京：科学出版社，1959.

国家文物局. 丝绸之路. 北京：文物出版社，2014.

河北省文物研究所. 安平东汉壁画墓. 北京：文物出版社，1990.

河南省文化局文物工作队. 邓县彩色画象砖墓. 北京：文物出版社，1958.

河南省文物研究所. 密县打虎亭汉墓. 北京：文物出版社，1993.

湖南省博物馆，中国社会科学院考古研究所. 长沙马王堆一号汉墓. 北京：文物出版社，1973.

黄明兰. 洛阳北魏世俗石刻线画集. 北京：人民美术出版社，1987.

林保尧. 敦煌艺术图典. 台北：艺术家出版社，1991.

刘志远，刘廷壁. 成都万佛寺石刻艺术. 北京：中国古典艺术出版社，1958.

刘志远. 四川汉代画像砖艺术：四川省博物馆研究图录. 北京：中国古典艺术出版社，1958.

龙门文物保管所，北京大学考古系. 中国石窟：龙门石窟：全2卷. 北京：文物出版社，1991.

内蒙古自治区文物考古研究所. 和林格尔汉墓壁画. 北京：文物出版社，2007.

蒋英炬，杨爱国，蒋群. 朱鲔石室. 北京：文物出版社，2015.

山西省考古研究所. 太原隋代虞弘墓. 北京：文物出版社，2005.

陕西省考古研究所. 秦都咸阳考古报告. 北京：科学出版社，2004.

陕西省考古研究所. 西安北周安伽墓. 北京：文物出版社，2003.

陕西省考古研究院. 壁上丹青：陕西出土壁画集：上下册. 北京：科学出版社，2009.

四川博物院，等. 四川出土南朝佛教造像. 北京：中华书局，2013.

天水麦积山石窟艺术研究所. 中国石窟：天水麦积山石窟. 北京：文物出版社，1998.

王子云. 中国古代石刻画选集. 北京：中国古典艺术出版社，1957.

徐光冀. 中国出土壁画全集：全10册. 北京：科学出版社，2012.

颜娟英. 北朝佛教石刻拓片百品. 台北："中央研究院"历史语言研究所，2008.

曾昭燏，蒋宝庚，黎忠义. 沂南古画像石墓发掘报告. 北京：文化部文物管理局，1956.

中国古代书画鉴定组. 中国绘画全集：战国—唐. 杭州：浙江人民美术出版社，1997.

中国画像石全集编辑委员会. 中国画像石全集：全8卷. 郑州：河南美术出版社，济南：山东美术出版社，2000.

中国石窟雕塑全集编辑委员会. 中国石窟雕塑全集：全8册. 重庆：重庆出版社，2001.

2. 西文

James C.Y. Watt, China: Dawn of a Golden Age, 200–750 AD. New York: The Metropolitan Museum of Art, 2004.

Joseph Hackin, Nouvelles Recherches Archéologiques à Bāmiyān. Paris: G. Van Oest, 1933.

3. 日文

吉埃，秋山光和. 西域美术：全2卷. 巴黎：吉美博物馆，东京：讲谈社，1994–1995.

韦陀，上野阿吉. 西域美术：全3卷. 伦敦：大英博物馆，东京：讲谈社，1982–1984.

水野清一，长广敏雄. 龙门石窟の研究. 东京：座右宝刊行会，1943.

水野清一，长广敏雄. 云冈石窟：西历五世纪における中国北部佛教窟院の考古学的调查报告：全16卷. 京都：京都大学人文科学研究所，1951–1956.

栗田功. ガンダーラ美術：全2册. 东京：二玄社，1988.

高滨秀，冈村修典. 世界美术大全集：东洋编第1卷：先史、殷、周. 东京：小学馆，2000.

曾布川宽，谷丰信. 世界美术大全集：东洋编第2卷：秦汉. 东京：小学馆，1998.

曾布川宽，冈田健. 世界美术大全集：东洋编第3卷：魏晋南北朝. 东京：小学馆，2000.

百桥明穗，中野彻. 世界美术大全集：东洋编第4卷：隋唐. 东京：小学馆，1997.

田边胜美，前田耕作. 世界美术大全集：东洋编第15卷：中亚. 东京：小学馆，1999.

三、专著（学位论文）

1. 中文

毕斐.《历代名画记》论稿. 杭州：中国美术学院出版社，2008.

陈葆真.《洛神赋图》与中国古代故事画. 杭州：浙江大学出版社，2012.

陈传席. 陈传席文集：全5卷. 郑州：河南美术出版社，2001.

陈锽. 古代帛画. 北京：文物出版社，2005.

陈万里. 西行日记. 兰州：甘肃人民出版社，2002.

陈寅恪. 金明馆丛稿二编. 北京：三联书店，2001.

陈寅恪. 隋唐制度渊源略论稿　唐代政治史述论稿. 北京：三联书店，2001.

陈兆复. 中国岩画发现史. 上海：上海人民出版社，2009.

段文杰. 敦煌石窟艺术研究. 兰州：甘肃人民出版社，2007.

赵声良，等. 敦煌石窟美术史·十六国北朝：全2卷. 北京：高等教育出版社，2014.

傅熹年. 傅熹年书画鉴定集. 郑州：河南美术出版社，1999.

公维章. 涅槃、净土的殿堂：敦煌莫高窟第148窟研究. 北京：民族出版社，2004.

郭玉堂. 洛阳出土石刻时地记. 洛阳：大华书报供应社，1941.

国家文物局教育处. 佛教石窟考古概要. 北京：文物出版社，1993.
贺世哲. 敦煌图像研究：十六国北朝卷. 兰州：甘肃教育出版社，2006.
贺西林，李清泉. 中国墓室壁画史. 北京：高等教育出版社，2009.
黄佩贤. 汉代墓室壁画研究. 北京：文物出版社，2008.
贾应逸，祁小山. 印度到中国新疆的佛教艺术. 兰州：甘肃教育出版社，2002.
姜伯勤. 敦煌艺术宗教与礼乐文明：敦煌心史散论. 北京：中国社会科学出版社，1996.
姜伯勤. 中国祆教艺术史研究. 北京：三联书店，2004.
姜亮夫. 敦煌：伟大的文化宝藏. 上海：上海古典文学出版社，1956.
金申. 中国历代纪年佛像图典. 北京：文物出版社，1994.
金维诺. 中国美术史论集：全3册. 哈尔滨：黑龙江美术出版社，2004.
赖鹏举. 敦煌石窟造像思想研究. 北京：文物出版社，2009.
李零. 入山与出塞. 北京：文物出版社，2004.
李淞. 远古至先秦绘画史. 北京：人民美术出版社，2000.
李淞. 中国道教美术史：第一卷. 长沙：湖南美术出版社，2012.
李星明. 唐代墓室壁画研究. 西安：陕西人民美术出版社，2005.
李裕群. 北朝晚期石窟寺研究. 北京：文物出版社，2003.
林树中. 六朝艺术. 南京：南京出版社，2004.
刘敦愿. 美术考古与古代文明. 北京：人民美术出版社，2007.
刘克明. 中国图学思想史. 北京：科学出版社，2008.
罗世平, 廖旸. 古代壁画墓. 北京：文物出版社，2005
马德. 敦煌莫高窟史研究. 兰州：甘肃教育出版社，1996.
缪哲. 汉代艺术中外来母题举例：以画像石为中心. 南京：南京师范大学博士论文，2007.
宁强. 敦煌佛教艺术. 高雄：高雄复文图书出版社，1992.
潘絜兹. 敦煌莫高窟艺术. 上海：上海人民出版社，1957.
皮道坚. 楚艺术史. 武汉：湖北教育出版社，1995.
钱钟书. 管锥编：全5册. 北京：中华书局，1996.
沙武田. 敦煌画稿研究. 北京：中央编译出版社，2007.
施安昌. 火坛与祭司鸟神：中国古代祆教美术考古手记. 北京：紫禁城出版社，2004.
石守谦. 风格与世变：中国绘画十论. 北京：北京大学出版社，2008.
石璋如. 莫高窟形. 台北：“中央研究院”历史语言研究所，1996.
史苇湘. 敦煌历史与莫高窟艺术研究. 兰州：甘肃教育出版社，2002.
汤用彤. 汉魏两晋南北朝佛教史. 北京：中华书局，1953.
万绳楠. 陈寅恪魏晋南北朝史讲演录. 贵阳：贵州人民出版社，2007.
王伯敏. 敦煌壁画山水研究. 杭州：浙江人民美术出版社，2000.
王惠民. 敦煌佛教图像研究. 杭州：浙江大学出版社，2016.

王惠民. 敦煌净土图像研究. 广州：中山大学，2000.

王建中. 汉代画像石通论. 北京：紫禁城出版社，2001.

王景荃. 河南佛教石刻造像. 郑州：大象出版社，2009.

王敏庆. 北周佛教美术研究：以长安造像为中心. 北京：社会科学文献出版社，2013.

王子云. 中国雕塑艺术史：全2册. 北京：人民美术出版社，1988.

魏文斌. 麦积山石窟初期洞窟调查与研究. 兰州：甘肃教育出版社，2017.

萧默. 敦煌建筑研究. 北京：文物出版社，1989.

谢巍. 中国画学著作考录. 上海：上海书画出版社，1998.

谢稚柳. 敦煌艺术叙录. 上海：上海古典文学出版社，1957.

信立祥. 汉代画像石综合研究. 北京：文物出版社，2000.

宿白. 中国石窟寺研究. 北京：文物出版社，1996.

徐复观. 中国艺术精神. 上海：华东师范大学出版社，2001.

颜娟英. 镜花水月：中国古代美术考古与佛教艺术的探讨. 台北：石头出版股份有限公司，2016.

杨爱国. 幽明两界：纪年汉代画像石研究. 西安：陕西人民出版社，2006.

杨新，等. 中国绘画三千年. 北京：外文出版社，纽黑文：耶鲁大学出版社，1997.

张大千. 漠高窟记. 台北：台北“故宫博物院”，1985.

赵声良. 敦煌壁画风景研究. 北京：中华书局，2005.

郑岩. 魏晋南北朝壁画墓研究. 北京：文物出版社，2002.

朱良志. 中国美学十五讲. 北京：北京大学出版社，2006.

2. 译著

伯希和. 伯希和敦煌石窟笔记. 耿昇，唐健宾，译. 兰州：甘肃人民出版社，1993.

阿恩海姆. 艺术与视知觉. 滕守尧，朱疆源，译. 成都：四川人民出版社，1998.

夏皮罗. 艺术的理论与哲学：风格、艺术家与社会. 沈语冰，王玉冬，译. 南京：江苏凤凰美术出版社，2016.

巫鸿. 礼仪中的美术：巫鸿中国古代美术史文编：全2册. 北京：三联书店，2005.

巫鸿. 武梁祠：中国古代画像艺术的思想性. 柳扬，岑河，译. 北京：三联书店，2006.

巫鸿. 时空中的美术：巫鸿中国美术史文编二集. 北京：三联书店，2009.

曾布川宽. 六朝帝陵：以石兽和砖画为中心. 傅江，译. 南京：南京出版社，2004.

冈村繁.《历代名画记》译注. 俞慰刚，译. 上海：上海古籍出版社，2002.

宫治昭：犍陀罗美术寻踪. 李萍，译. 北京：人民美术出版社，2006.

宫治昭. 涅槃和弥勒的图像学——从印度到中亚. 李萍，张清涛，译. 北京：文物出版社，2009.

宫治昭. 吐峪沟石窟壁画与禅观. 贺小萍，译. 上海：上海古籍出版社，2009.

石松日奈子. 北魏佛教造像史研究. 筱原典生，译. 北京：文物出版社，2012.

普加琴科娃，列穆佩. 中亚古代艺术. 陈继周，李琪，译. 乌鲁木齐：新疆摄影出版社，1994.

贡布里希. 艺术与错觉：图画再现的心理学研究. 林夕，李正本，范景中，译. 长沙：湖南科学技术出版社，2007.

克拉克. 艺术与文明：欧洲艺术文化史. 易英，译. 北京：东方出版社，2001.

范景中. 艺术与人文科学：贡布里希文选. 杭州：浙江摄影出版社，1988.

范景中. 贡布里希论设计. 长沙：湖南科学技术出版社，2001.

3. 西文

Alfred Foucher. L'art Greco－Bouddhique du Gandhara. Paris: Imprimerie Nationale, 1905.

Anil de Silva. The Art of Chinese Landscape Painting: In the Caves of Tun－huang. New York: Greystone Press, 1968.

B. A. Litvinsky, Zhang Guang－da, and R. Shabani Samghabadi, eds.. History of Civilizations of Central Asia Volume Ⅲ. Paris: the United Nations Educational, Scientific and Cultural Organization, 1996.

Boris I. Marshak and V. A. Livshits. Legends, Tales and Fables in the Art of Sogdiana. New York: Bibliotheca Persica Press, 2002.

Erwin Panofsky. Perspective as Symbolic Form. New York: Zone Books, 1997.

J.J. Pollitt. Art in the Hellenistic Age.Cambridge: Cambridge University Press, 2006

Jennifer Noering McIntire. Visions of paradise: Sui and Tang Buddhist Pure Land Representations at Dunhuang. Ph. D. dissertation, Princeton University, 2000.

Langdon Warner. Buddhist Wall－Painting: A Study of a Ninth－Century Grotto at Wan－Fo－Hsia near Tun－huang. Cambridge, Mass: Harvard University press, 1938.

Lokesh Chandra and Nirmala Sharma. Buddhist Paintings of Tun－Huang in the National Museum, New Delhi. New Delhi: Niyogi Books, 2012.

Ludwig Bachhofer. A short history of Chinese art. New York: Pantheon House, 1946.

Nancy H. Ramage & Andrew Ramage. Roman Art: Romulus to Constantine. New Jersey: Prentice Hall, 1991.

Wen C. Fong. Art as History: Calligraphy and Painting as One. Princeton: Princeton University Press, 2014.

Wen C. Fong. Beyond Representation: Chinese Painting and Calligraphy, 8th－14th Century. New York: Metropolitan Museum of Art, New Haven: Yale University Press, 1992.

Wen C. Fong. Images of the Mind: Selections from the Edward L. Elliott Family and John B. Elliott Collections of Chinese Painting and Calligraphy at The Art Museum, Princeton University, Princeton, N.J.: The Art Museum. Princeton University, 1984.

Wong, Dorothy C. The beginnings of the Buddhist stele tradition in China. Ph. D. dissertation, Harvard

University, 1995.

4. 日文

八木春生. 中国仏教美術と漢民族化：北魏時代後期を中心として. 京都：法藏馆，2004.

大村西崖. 中国美術史彫塑篇. 东京：国書刊行会，1917.

松本荣一. 燉煌畵の研究. 东京：东方文化学院东京研究所，1937.

松原三郎. 增订中国佛教雕刻史研究. 东京：吉川弘文館，1966.

松原三郎. 中国仏教彫刻史論. 东京：吉川弘文館，1995.

四、论文

1. 中文

安徽省文物考古研究所, 马鞍山市文化局. 安徽马鞍山东吴朱然墓发掘简报. 文物，1986(3)：1-15.

毕波. 虞弘墓所谓"夫妇宴饮图"辨析. 故宫博物院院刊，2006(1)：66-83.

曹意强. 可见之不可见性：论图像证史的有效性与误区. 新美术，2004(4)：7-13.

陈明，施萍婷. 中国最早的无量寿经变：读支道林《阿弥陀佛像赞并序》有感. 敦煌研究，2010(1)：19-27.

成都市文物管理处. 四川成都曾家包东汉画像砖石墓. 文物，1981(10)：25-32.

成都文物考古研究所. 成都市下同仁路遗址南朝至唐代佛教造像坑. 文物，2016(6)：55-81.

程林泉，张翔宇. 关中地区汉代壁画墓浅析. 考古与文物，2006(3)：47-53.

大同市考古研究所. 山西大同沙岭北魏壁画墓发掘简报. 文物，2006(10)：4-24.

段文杰. 略论敦煌壁画的风格特点和艺术成就. 敦煌研究，1982(2)：1-16.

段文杰：略论莫高窟第249窟壁画内容和艺术. 敦煌研究，1983(创刊号)：1-9.

樊锦诗、马世长、关友惠. 敦煌莫高窟北朝洞窟的分期// 敦煌文物研究所. 中国石窟：敦煌莫高窟：第1卷. 北京：文物出版社, 东京：平凡社，1982：185-197.

樊锦诗，马世长. 莫高窟第290窟的佛传故事画. 敦煌研究，1983(创刊号)：56-82.

樊锦诗. 敦煌石窟研究百年回顾与瞻望. 敦煌研究，2000(2)：40-51.

樊锦诗. 简谈佛教故事画的民族化特色. 敦煌研究，1995(1)：1-6.

傅熹年. 关于"展子虔《游春图》"年代的探讨. 文物，1979(11)：40-52.

葛承雍. 北朝粟特人大会中祆教色彩的新图像：中国国家博物馆藏北朝石堂解析. 文物，2016(1)：71-84.

公维章. 莫高窟第220窟南壁无量寿经变札记. 敦煌研究，2002(5)：8-12.

郭晓川. 南阳汉画像视觉形式演变的分期研究. 美术研究，1994(2)：4-9.

郭晓川. 苏鲁豫皖区汉画像视觉形式演变的分期研究. 考古学报，1997(2)：171-95.

贺昌群. 敦煌佛教艺术的系统. 东方杂志，1931，28(17). 收入林保尧，关友惠. 中国敦煌学百年文库：艺术卷（一）. 兰州：甘肃文化出版社，1999：20-43.

贺世哲. 敦煌莫高窟北朝石窟与禅观// 敦煌研究文集. 兰州：甘肃人民出版社，1982：122-143.

贺世哲. 敦煌莫高窟隋朝石窟与“双弘定慧”//1983 年全国敦煌学术讨论会文集：石窟艺术编. 兰州：甘肃人民出版社，1985：17-60.

贺世哲. 石室札记. 敦煌研究，1999(4)：50-55.

贺西林. 北朝画像石葬具的发现与研究// 巫鸿. 汉唐之间的视觉文化与物质文化. 北京：文物出版社，2003：368-373.

湖北省荆沙铁路考古队包山墓地整理小组. 荆门市包山楚墓发掘简报. 文物，1988(5)：1-14.

黄厚明，叶康宁. 图像与空间：以汉代画像艺术为中心. 中国美术研究，2014(1)：4-13.

黄厚明. 艺术史与图像：《图像的意义》读后. 美术研究，2010(1)：73-76.

黄佩贤. 汉代壁画墓的分区与分期研究. 考古与文物，2010(1)：74-98.

姜伯勤. 安阳北齐石棺床画像石的图像考察与入华粟特人的祆教美术：兼论北齐画风的巨变与粟特画派的关联// 艺术史研究：第1 辑. 广州：中山大学出版社，1999：151-186.

姜伯勤. 敦煌壁画与粟特壁画的比较研究（摘要）. 敦煌研究，1988(2)：82-84.

姜伯勤. 图像证史：入华粟特人祆教艺术与中华礼制艺术的互动——Miho 博物馆所藏北朝画像石研究// 艺术史研究：第3 辑. 广州，中山大学出版社，2001：241-259.

金维诺. 西方净土变的形成与发展. 佛教文化，1990(2)：30-34.

井增利，王小蒙. 富平县新发现的唐墓壁画. 考古与文物，1997(6)：8-11.

寇小石. 西安北周康业墓发掘简报. 文物，2008(6)：14-35.

郎绍君. 早期敦煌壁画的美学性格. 文艺研究，1983(1)：52-65.

雷玉华，李裕群，罗进勇. 四川汶川出土的南朝佛教石造像. 文物，2007(6)：84-96.

雷玉华. 成都市西安路南朝石刻造像清理简报. 文物，1998(11)：4-20.

李崇峰. 敦煌莫高窟北朝晚期洞窟的分期与研究// 敦煌研究院. 敦煌研究文集：敦煌石窟考古篇. 兰州：甘肃民族出版社，2000：29-111.

李静杰，田军. 早期单体石佛区域性分析. 故宫博物院院刊，1998(2)：30-42.

李静杰. 北朝佛传雕刻所见佛教美术的东方化过程：以诞生前后的场面为中心. 故宫博物院院刊，2004(4)：76-95.

李静杰. 北朝隋代佛教图像反映的经典思想. 民族艺术，2008(2)：97-108.

李静杰. 敦煌莫高窟北朝隋代洞窟图像构成试论// 李治国. 2005 年云冈国际学术研讨会论文集（研究卷）. 北京：文物出版社，2006：365-395.

李静杰. 四川南朝浮雕佛传图像考察// 中国古迹遗址保护协会石窟专业委员会，龙门石窟研究院. 石窟寺研究. 北京：文物出版社，2010：100-118.

李淞. 马车画法与制图方式：从甲骨文到画像石// 上海师范大学美术学院. 艺术史与艺术理论Ⅱ. 杭州：中国美术学院出版社，2004：469-512.

李玉珉. 敦煌428窟新图像源流考."故宫"学术季刊，1993，10(4)：1-34.

李玉珉. 敦煌莫高窟第三二一窟壁画初探. 美术史研究集刊，2004(16)：49-80.

李玉珉. 敦煌莫高窟二五九窟之研究. 美术史研究集刊，1995(2)：1-26.

李玉珉. 中国佛教美术研究之回顾与省思. 佛学研究中心学报，1996(1)：210-234.

林圣智. 北魏宁懋石室的图像与功能. 美术史研究集刊，2005(18)：1-54.

刘波. 敦煌与阿姆河流派造像美术比较研究. 敦煌研究，1999(2)：31-38.

刘慧达. 北魏石窟与禅. 考古学报，1978(3)：337-352.

刘建军.《大方等陀罗尼经》的"十二梦王"石刻图像. 文物，2007(10)：331-348.

刘庆柱. 试谈秦都咸阳第三号宫殿建筑遗址壁画艺术. 考古与文物，1980(2)：98-108.

刘永增. 莫高窟北朝期的石窟造像与外来影响：以第275窟为中心. 敦煌研究，2004(3)：1-13.

罗世平. 地下画卷：中国古代墓室壁画. 美术研究，2009(3)：19-31.

洛阳市第二文物工作队. 洛阳金谷园小学IM1254西汉墓发掘简报. 文物，1999(9)：29-33.

洛阳市第二文物工作队. 洛阳市朱村东汉壁画墓发掘简报. 文物，1992(12)：15-20.

马德. 莫高窟崖面使用刍议. 敦煌学辑刊，1990(1)：110-115.

马世长. 交汇、融合与变化：以敦煌第249、285窟为中心// 巫鸿. 汉唐之间文化艺术的互动与交融. 北京：文物出版社，2001：299-309.

宁强. 从印度到中国：某些本生故事构图形式的比较. 敦煌研究，1991(3)：3-12.

宁强. 佛经与图像：敦煌第二二〇窟北壁壁画新解."故宫"学术季刊，1998，15(3)：75-98.

任平山."身若出壁"是吐火罗粟特壁画特征：以尉迟乙僧为线索. 敦煌研究，2015(1)：46-58.

荣新江. Miho美术馆粟特石棺屏风的图像及其组合// 艺术史研究：第4辑. 广州：中山大学出版社，2002：199-221.

荣新江. 粟特祆教美术东传过程中的转化：从粟特到中国// 巫鸿. 汉唐之间文化艺术的互动与交融. 北京：文物出版社，2001：51-72.

山西省大同市博物馆，山西省文物工作委员会. 山西大同石家寨北魏司马金龙墓. 文物，1972(3)：20-29.

山西省考古研究所，等. 太原隋代虞弘墓清理简报. 文物，2001(1)：27-52.

山西省文物管理委员会. 山西平陆枣园村壁画汉墓. 考古，1959(9)：462-468.

陕西省考古研究所. 西安北郊北周安伽墓发掘简报. 考古与文物，2000(6)：28-35.

陕西省考古研究所. 西安发现的北周安伽墓. 文物，2001(1)：4-26.

陕西省考古研究院，榆林市文物研究所，靖边县文物管理办公室. 陕西靖边东汉壁画墓. 文物，2009(2)：32-43.

陕西省考古研究院. 陕西潼关税村隋代壁画墓发掘简报. 文物，2008(5)：4-31.

施萍婷. 敦煌经变画. 敦煌研究，2011(5)：1-13.

施萍婷. 关于莫高窟第四二八窟的思考. 敦煌研究，1998(1)：1-12.

施萍婷. 建平公与莫高窟// 敦煌研究文集. 兰州：甘肃人民出版社，1982：144-150.

苏莹辉. 略论河西发现的墓室壁画与石窟寺壁画的画艺传承：兼谈山水画之南北分宗问题. “故宫”季刊，1981，16(2)：71-88.

孙修身. 敦煌莫高窟第296窟《须阇提故事》的研究. 敦煌研究，1992(1)：1-9.

孙作云. 敦煌画中的神怪画. 考古，1960(6)：24-34.

唐兰. 试论顾恺之的绘画. 文物，1961(6)：7-12.

天水市博物馆. 天水市发现隋唐屏风石棺床墓. 考古，1992(1)：46-54.

汪去非. 试谈山水画发展史上的一个问题：从“咫尺千里”到“咫尺重深”. 文物，1980(12)：76-81.

王惠民. 敦煌经变画的研究成果与研究方法. 敦煌学辑刊，2004(2)：71-76.

王惠民. 敦煌西方净土信仰资料与净土图像研究史. 敦煌研究，2001(3)：12-19.

王惠民. 经变画研究论著目录. 未刊稿.

王宁宇. 孝子变相・畋猎图・山水平远：麦积山壁画《睒子本生》对中国早期山水画史的里程碑意义. 美术研究，2002(1)：44-47.

韦正. 试谈酒泉丁家闸5号壁画墓的时代. 文物，2011(4)：41-48.

西安市文物保护考古所. 西安北周凉州萨保史君墓发掘简报. 文物，2005(3)：4-33.

西安市文物保护考古所. 西安理工大学西汉壁画墓发掘简报. 文物，2006(5)：7-44.

夏名采. 益都北齐石室墓线刻画像. 文物，1985(10)：49-54.

襄樊市文物管理处. 襄阳贾家冲画像砖墓. 江汉考古，1986(1)：16-32.

向达. 莫高、榆林二窟杂考. 文物参考资料，1951(5)：76-95.

谢振发. 北朝中原地区《须大拏本生图》初探. 美术史研究集刊，1999(6)：1-41.

谢振发. 北魏司马金龙墓的漆画屏风试析. 美术史研究集刊，2001(11)：1-29.

扬之水. 沂南画像石墓所见汉故事考证. 故宫博物院院刊，2004(6)：26-33.

杨泓. 谈中国汉唐之间葬俗的演变. 文物，1999(10)：60-68.

杨泓. 战国绘画初探. 文物，1989(10)：53-59.

杨新. 从山水画法探索《女史箴图》的创作时代. 故宫博物院院刊，2001(3)：17-29.

余德章，刘文杰. 试论四川汉代画像砖的分布地区、刻塑技法及其史料价值. 考古与文物，1986(5)：103-107.

关于“考古类型学”的问题// 俞伟超. 考古类型学的理论与实践. 北京：文物出版社，1989：1-35.

袁曙光. 四川省博物馆藏万佛寺石刻造像整理简报. 文物，2001(10)：19-37.

张朋川. 酒泉丁家闸古墓壁画艺术. 文物，1979(6)：18-21.

张肖马，雷玉华. 成都市商业街南朝石刻造像. 文物，2001(10)：4-18.

张元林. 观念与图像的交融：莫高窟285窟摩醯首罗天图像研究. 敦煌学辑刊，2007(4)：251-256.

张元林. 跨越洲际的旅程：敦煌壁画中日神、月神和风神图像上的希腊艺术元素// 沙武田. 丝绸之路研究集刊：第一辑. 北京：商务印书馆，2017：56－68.

张元林. 论莫高窟第285窟日天图像的粟特艺术源流. 敦煌学辑刊，2007(3)：161－168.

张元林. 粟特人与莫高窟第285窟的营建//2005年云冈国际学术研讨会论文集（研究卷）. 北京：文物出版社，2006：394－406.

赵声良. 成都南朝浮雕弥勒经变与法华经变考论. 敦煌研究，2001(1)：34－42.

赵声良. 敦煌石窟早期佛像样式及源流. 敦煌学，2008(27)：239－254.

赵声良. 敦煌早期山水画与南北朝山水画风貌. 敦煌研究，1990(4)：24－28.

赵秀荣. 试论莫高窟275窟北壁故事画的佛经依据：附275窟等年代再探讨. 敦煌研究，1991(3)：13－27.

郑岩. 北周康业墓石榻画像札记. 文物，2008(11)：67－76.

志工. 略谈北魏的屏风漆画. 文物，1972(8)：55－60.

周一良. 敦煌壁画与佛经. 文物参考资料，1951(4)：90－106.

2. 译文

方闻，谢伯柯. 问题与方法：中国艺术史研究答问（上）. 何金俐，译. 美术与设计，2008(3)：27－44.

方闻. “汉唐奇迹”：如何将中国雕塑变成艺术史. 申云艳，译. 美术研究，2007(1)：49－61.

方闻. 传顾恺之《女史箴图》与中国古代艺术史. 美术史研究集刊，2002(12)：1－17.

方闻. 敦煌的凹凸画. 申云艳，译. 故宫博物院院刊，2007(3)：6－15.

方闻. 清华大学中国考古与艺术史研究所学术定位及学科发展问题：答黄厚明、申云艳、邱忠鸣、彭慧萍同学问. 清华大学学报（哲学社会科学版），2006(4)：5－19.

方闻. 中国艺术史与现代世界艺术博物馆：论“滞后”的好处. 黄厚明，尹彤云，译. 清华大学学报（哲学社会科学版），2008(2)：76－88.

盖特斯. 中国颜料的初步研究. 江致勤，王进玉，译. 敦煌研究，1987(1)：98－103.

王静芬. 四件四川佛教石雕和净土图像在中国的起源. 郭春萍，译. 敦煌研究，2002(1)：34－41.

王静芬. 四件四川佛教石雕和净土图像在中国的起源（续）. 郭春萍，译. 敦煌研究，2002(2)：81－86.

周熙隽. 敦煌佛教净土变画中来自粟特的影响// 敦煌研究院. 2004年石窟研究国际学术会议论文集：下册. 上海：上海古籍出版社，2006：831－839.

八木春生. 敦煌莫高窟第220窟南壁西方净土变相图. 李梅，译. 敦煌研究，2012(5)：9－15.

百桥明穗. 敦煌学百年间美术史研究的轨迹. 王云，译// 敦煌研究院. 2004年石窟研究国际学术会议论文集：下册. 上海：上海古籍出版社，2006：645－661.

东山健吾. 麦积山石窟的创建与佛像的源流. 官秀芳，译. 敦煌研究，2003(6)：71－75.

宫治昭. 敦煌美术与犍陀罗・印度美术：早期敦煌美术受西方影响的二三个问题. 顾虹，译. 敦煌研究，1995(3)：190－199.

石松日奈子. 敦煌莫高窟第285窟北壁供养人像和供养人题记. 筱原典生，于春，译. 敦煌研究，2016(1)：12－25.

下野玲子. 莫高窟第217窟南壁经变新解. 牛源，译. 敦煌研究，2011(2)：21－32.

长广敏雄. 什么是美术样式. 邓惠伯，译. 美术研究，1980(4)：61－63.

3. 西文

Alexander C. Soper. Early Chinese Landscape Painting. The Art Bulletin, Jun., 1941, 23(2): 141－164.

Alexander C. Soper. Life－Motion and the Sense of Space in Early Chinese Representational Art. The Art Bulletin, Sep., 1948, 30(3): 167－186.

Alexander C. Soper. Northern Liang and Northern Wei in Kansu. Artibus Asiae, 1958, 21(2): 131－164.

Alexander C. Soper. The "Dome of Heaven" in Asia.The Art Bulletin, Dec., 1947,29(2): 225－248.

Annette L. Juliano. Teng－Hsien: An Important Six Dynasties Tomb. Artibus Asiae. Supplementum, 1980,37: Ⅲ－83.

B. I. Marshak. La thèmatique sogdienne dans l'art de la Chine de la seconde moitié du Vie siècle// Académie des Inscriptions & Belles－Lettres, Comptes rendus des seances de l'annee 2001 janvier－mars, Paris, 2001: 228－264.

B. I. Marshak. Le programme iconographique des peintures de la 'Salle des ambassadeurs' a Afrasiab (Samarkand). Arts Asiatiques, 1994(49): 1－20.

Charles D. Weber. Chinese Pictorial Bronze Vessels of the Late Chou Period, Part IV . Artibus Asiae, 1968,30(2/3): 145－236.

Eugene Y. Wang. Coffins and Confucianism － The Northern Wei Sarcophagus in The Minneapolis Institute of Art. Orientations, 1999,30(6): 56－66.

Frantz Grenet. Maracanda/Samarkand, une métropole pré－mongole: Sources écrites et archéologie. Annales. Histoire, Sciences Sociales, 59e Année, No. 5/6, Asie centrale (2004): 1043－1067.

Gustina Scaglia. Central Asians on a Northern Ch'I Gate Shrine. Artibus Asiae, 1958(21): 9－28.

Katherine Tsiang. Antiquarianism and Re－envisioning Empire in the Late Northern Wei//Wu Hung. Reinventing the Past: Archaism and Antiquarianism in Chinese Art and Visual Culture. Chicago: Center for the Art of East Asia, University of Chicago and Art Media Resources, Inc, 2010: 127－154.

Sherman Lee. Early Chinese Painted Shells with Hunting Scenes. Archives of the Chinese Art Society of America, 1957(11): 69－75.

Wen C. Fong. Ao－t'u－hua or Receding－and－protruding Painting at Tun－huang// Proceedings of the International Conference on Sinology: Section of History of Arts.Taipei: Academia Sinica, 1981: 73－94.

Wen C. Fong. Archaism as a "Primitive" Style// Christian F. Murck. Artists and Traditions: Uses of the Past in Chinese Culture, Princeton, N.J., Princeton University Press, 1976: 89－109.

Wen C. Fong. The Study of Chinese Bronze Age Arts: Methods and Approaches// The Great Bronze Age of China: An Exhibition from The People's Republic of China. New York: The Metropolitan Museum of Art, 1980: 20－38.

Wen C. Fong. Toward a Structural Analysis of Chinese Landscape Painting. Art Journal, Summer, 1969,28(4): 388－397.

Wen C. Fong. Why Chinese Painting is History The Art Bulletin. June. 2003,85(2): 258－280.

Wilma Fairbank. A Structural Key to Han Mural Art.Harvard Journal of Asiatic Studies, 1942,7(1): 52－88.

Wu Hung. The Transparent Stone: Inverted Vision and Binary Imagery in Medieval Chinese Art. Representations, 1994(46): 58－86.

Wu Hung. What is Bianxiang? : On The Relationship Between Dunhuang Art and Dunhuang Literature. Harvard Journal of Asiatic Studies, Jun., 1992,52(1): 111－192.

4. 日文

中國出土のソグド石刻畫像試論// 曾布川寛. 中國美術の圖像學. 京都大学人文科学研究所，2006：97－182.

索　引

后 记

本书是在我博士论文的基础上修改而成的，其写作缘起，始自2008年。那是我攻读博士学位的第二年，正在思考博士论文如何选题，我的导师方闻先生常年在美国普林斯顿大学，难得一见。2008年春末，方先生及师母回国，先到敦煌莫高窟考察数日，不久后见面时，我汇报了自己的两三个选题方向，都是关于书画的题目，方先生表示支持。到了8月，那时方先生已回美国，他征求我的意见，是否愿意从事“汉唐奇迹在敦煌”的研究。就这样，我接受了建议，选定敦煌艺术为博士论文的大方向。此后不久，我到莫高窟考察了一周左右，抓紧熟悉该领域学术史，并通过电话、邮件等方式，和导师讨论了数轮，最终在12月初确定了题目。记得那次我拟了两个题目，给方先生写邮件征求意见，其中第二个关于“空间再现”，很快就得到答复：“Your second choice is a better topic: In one word, it is the development of the Chinese parallelogram”（你的第二个选题更好，简单说，就是中国“平行四边形（图式）”的发展）。之后的研究和写作大约花了两年，其间数次到河南—陕西—甘肃一线进行考察，于2011年6月顺利通过答辩，当时的题目叫《敦煌壁画空间表现研究（北凉至盛唐）》。在研究过程中，我有一点很深的体会，方先生此前的学术成就，主要集中在宋元书画领域，一旦将其风格学方法引入到汉唐阶段，同样非常有效。在此，首先感谢恩师方闻先生的鼓励和教诲，本研究从选题到研究方法、学术思路，都深深得益于先生的指导，谨祝方先生身体健康，“蕴不尽之才，征无疆之寿”！

开题和答辩时，承蒙诸位评审老师提出宝贵意见，开题时的评审老师有北京大学李凇教授，清华大学张夫也、陈池瑜、李砚祖三位教授，答辩专家有清华大学尚刚、陈池瑜教授，北京大学李凇、朱良志教授，中国人民大学陈传席教授，感谢诸位先生的鼓励与赐教。此外要感谢清华大学高等研究院的老师们，曾在清华大学“中国考古与艺术史研究所”工作过的黄厚明、尹彤云二位老师，清华大学美术学院李静杰教授，以及我博士答辩时的秘书、清华大学美术学院博士后张卉女士。特别要感谢的，是我的硕士导师李淞先生，是他引领我进入到艺术史殿堂，并且多年给予我全方位的指导和帮助，令我铭感至深、无以言表。

难以忘怀的，还有敦煌研究院的热情襄助，从时任院长的樊锦诗女士到引领参观的讲解员，都为我提供过方便。尤其是赵声良先生，在百忙之中为我讲解敦煌北朝至唐代的代表性洞窟，厚渥情谊，令人铭记。还有张元林、夏生平、范泉、张世军、陈海涛等先生以及祁晓庆女士，都曾给予我直接帮助。

以敦煌艺术为起点，近几年来，我的研究兴趣逐渐拓展为佛教美术和丝绸之路中西艺术交流。从 2014 年起，我参加了由胡戟教授主持的“丝绸之路学丛书”编撰及系列考察活动，先后走访了印度、斯里兰卡、伊朗、乌兹别克斯坦等国，同行的有杨富学、张乃翥、石云涛、张铁山等学者，一路收获甚丰。2015 年秋，还参加了由台湾“中央研究院”历史语言研究所主办、敦煌研究院承办的“敦煌佛教艺术文化研习营”，在参观洞窟之外，还能亲炙颜娟英、李玉珉、刘淑芬、宫治昭、肥田路美、皮亚·布兰卡乔（Pia Brancaccio）等学者分享其研究心得、其治学精神。此外，近几年我所在的中国人民大学艺术学院，陆续邀请海外学者来华讲学，包括日本龙谷大学教授宫治昭，法国学者葛乐耐（Frantz Grenet），意大利学者康马泰（Matteo Compareti），俄罗斯学者波波娃（Irina Fedorovna Popova）、卢澎沙（Pavel B. Lurje），美国学者乐仲迪（Judith Lerner），以及印度尼赫鲁大学教授阿罗恩（Y. S. Alone）等，讲座内容大多围绕丝绸之路古代文化艺术展开，令我深受启发，在此一并致谢。尽管这几年的收获，很少在本书中呈现，然而我当初撰写博士论文时，主要秉承自东（中原）而西（敦煌）的思路展开，现在再以自西（波斯、印度、中亚）向东（东亚）的视角加以审视，其实也是一种印证。

2017 年暑期，我对书稿进行了补充和完善，章节设置、学术观点基本保持原样，书名改为《汉唐美术空间表现研究——以敦煌壁画为中心》，部分章节补充了新材料、增加了一些图版。本书得到中国人民大学“百家廊文丛”的赞助，同时还要感谢中国人民大学出版社的大力支持，以及帮助我调整注释格式的博士生谷新春君。我对在研究和写作过程中给予过我教益和帮助的师友，以及默默付出的家人，一并致以诚挚的谢意！

本书中，除了我的两位导师外，其他学者一般未加“教授”“先生”等敬称，在书中还与多位学者的观点有所讨论。然而笔者深知，我的所有认识，都和前辈学者的贡献与积累息息相关，对所有付出过努力的学者们，无论其观点笔者赞同与否，都心怀敬意。末学自知鄙拙，书中所有成果，无不归功于前贤时彦的研究积累、师长的谆谆教诲，以及友人的热忱襄助；所有错误和不足，都由笔者负责，尚祈贤达赐教为盼。

2017 年 9 月 18 日

图书在版编目（CIP）数据

汉唐美术空间表现研究：以敦煌壁画为中心 / 张建宇著. — 北京：中国人民大学出版社，2018.9
（百家廊文丛）
ISBN 978-7-300-25314-5

Ⅰ.①汉… Ⅱ.①张… Ⅲ.①敦煌壁画-研究 Ⅳ.①K879.414

中国版本图书馆CIP数据核字（2017）第312255号

百家廊文丛
汉唐美术空间表现研究
——以敦煌壁画为中心
张建宇 著
Han-Tang Meishu Kongjian Biaoxian Yanjiu

出版发行	中国人民大学出版社		
社　　址	北京中关村大街31号	**邮政编码**	100080
电　　话	010-62511242（总编室）		010-62511770（质管部）
	010-82501766（邮购部）		010-62514148（门市部）
	010-62515195（发行公司）		010-62515275（盗版举报）
网　　址	http：//www.crup.com.cn		
	http：//www.ttrnet.com（人大教研网）		
经　　销	新华书店		
印　　刷	涿州市星河印刷有限公司		
规　　格	185mm × 260mm　16开本	**版　　次**	2018年9月第1版
印　　张	27.5　插页2	**印　　次**	2018年9月第1次印刷
字　　数	502 000	**定　　价**	98.00元